高职高专
市场营销专业精品规划教材

# 市场调查与预测

（第二版）

王秀娥　　　　　　　　　　／主　编
杨　林　王立君　彭　华／副主编

清华大学出版社
北　京

## 内 容 简 介

本书以市场调查过程为主线，包括市场调查基本理论、市场调查的内容与调查方案设计、市场调查资料的收集方法、问卷设计技术、抽样调查、调查资料的整理与分析、市场预测的基本方法和市场调查报告的撰写共8章，系统地阐述了市场调查与预测的基本概念、基本原理，介绍了当代市场调查与预测的前沿理论和实用方法，并将理论与企业管理实践相结合，编排了大量实用的调查案例，系统性与应用性相结合，便于读者学习掌握。

本书适用于高职高专经济管理类专业学生学习，也可供市场营销、企业经济管理人员参考使用。



**图书在版编目(CIP)数据**

市场调查与预测/王秀娥主编. --2版. --北京：清华大学出版社，2014(2020.1重印)
高职高专市场营销专业精品规划教材
ISBN 978-7-302-36911-0

Ⅰ. ①市…　Ⅱ. ①王…　Ⅲ. ①市场调查－高等职业教育－教材 ②市场预测－高等职业教育－教材　Ⅳ. ①F713.5

中国版本图书馆CIP数据核字(2014)第131364号

**责任编辑**：左卫霞
**封面设计**：于晓丽
**责任校对**：刘　静
**责任印制**：宋　林

**出版发行**：清华大学出版社
**网　　址**：http://www.tup.com.cn，http://www.wqbook.com
**地　　址**：北京清华大学学研大厦A座　　**邮　　编**：100084
**社 总 机**：010-62770175　　**邮　　购**：010-62786544
**投稿与读者服务**：010-62776969，c-service@tup.tsinghua.edu.cn
**质量反馈**：010-62772015，zhiliang@tup.tsinghua.edu.cn
**课件下载**：http://www.tup.com.cn，010-62795764

**印 装 者**：北京富博印刷有限公司
**经　　销**：全国新华书店
**开　　本**：185mm×260mm　　**印　张**：16.25　　**字　　数**：387千字
**版　　次**：2009年1月第1版　2014年8月第2版　　**印　　次**：2020年1月第5次印刷
**定　　价**：46.00元

---

产品编号：050839-02

# FOREWORD

# 第二版前言

《市场调查与预测》自2009年1月出版以来，承蒙广大读者的厚爱，在几年的使用过程中，师生们提出了许多宝贵的修订建议。市场调查必须切合市场和企业实际情况，脱离了市场现状和特点的调查，企业未来趋势就难以预测。新时代又对市场调查提出了新问题，社会化媒体广泛应用的大数据时代，很大一部分数据由传感器和设备自动生成，社会化媒体的大数据如何应用于市场研究？如何将传统的市场调研与大数据相结合？定性分析和定量分析如何优势互补？根据客观形势的变化情况对教材加以修订、补充，这既是新时代的迫切要求，也是学科逐步完善的必经步骤。

本书在第一版的基础上做了如下修改。

(1) 保留并突出了原教材系统性与应用性相结合的特点，既有系统的理论介绍，又突出理论与实践相结合的实用性，并在原来基础上，增添了市场调查学科的最新发展动态以及编者多年的教学研究成果。

(2) 市场调查无处不在，无时不在，大数据时代的市场调查与传统的市场调查存在差异，全书小资料及案例几乎全部更新。

(3) 教材内容吸收了市场调查及相关学科的最新成果，尽可能反映新情况和新问题，并注意规律的揭示和特点的概括，如大数据时代市场调查及其特点，以及定性与定量调查等。

(4) 根据教材投入使用后发现的错漏及来自各方面的反馈信息，对本教材出现的疏漏和不当之处进行了修改。

本书提供了范围广泛的数据和资料，联系我国市场现状进行分析，重视市场调查的应用性和系统性，着重对市场调查与预测的一般方法和调查实践活动的全过程进行研究和总结，通过本书的学习，学生可掌握市场调查与预测的基本理论和方法，能综合运用各种调查和预测方法及计算机处理技术，收集、整理、分析、预测市场信息，解决实际问题。

本次修订具体编写分工如下：王秀娥修订第1章、第2章、第3章；杨林修订第4章、第7章；王立君修订第5章、第6章；彭华修订第8章。全书由王秀娥修改、定稿。

本书在编写过程中，参阅了大量论著及文献资料，特向作者表示深深的谢意！

由于编者水平有限，疏漏之处在所难免，敬请广大读者批评、指正。

编　者

2014年5月

# FOREWORD

# 第一版前言

市场调查与预测是一门实用性很强的应用型学科。本书突出的特点是,系统性与应用性相结合,既有系统的理论介绍,又突出了理论与实践相结合的实用性特点。系统性体现在本教材理论内容包含了市场调查全过程,内容涵盖市场调查的基本概念、常用的市场调查方法、调查方案的设计、抽样的方法、资料整理和分析方法、市场预测,以及市场调查报告等诸多方面。通过系统的理论知识学习,学生能掌握调查方案的设计、市场调查的实施及市场调查报告写作的全过程。

每章开篇均配有章节图解,从而能迅速了解知识脉络,了解理论学习的基本知识点和技能点,让学生了解自己所涉及的知识范畴及应该掌握的内容。教材中具体内容注意吸收了市场调查及相关学科的最新成果和最新成功案例,突出新颖性、实战性。每章课后都配有知识训练,及时检验学生对基本概念、基本知识点的掌握程度,从而巩固所学的知识体系,全面培养学生发现问题、解决问题的能力。同时还设置了技能训练,包括课内实训及课后实训,增强了本书的实践性与可操作性。技能训练部分一般让学生自主或以小组的形式确定调查主题来模拟完成一个调查项目,使学生直接经历:确认调查主题、确定调查计划书和调查方法、设计问卷、实地访问、数据处理、撰写报告等有关调查的一切内容。同时,通过案例讨论来提高学生分析问题、解决问题的能力。如此设计的目的是为了使学生能循序渐进地掌握市场调查与预测的知识与技能,系统地完成市场调查与预测的综合性能力训练,从而培养学生市场调查总体方案设计的能力、设计调查问卷的能力、收集市场信息的能力、资料整理与分析能力、市场预测能力等,旨在提高学生理论联系实际、运用理论解决实际问题的能力。

本书总共分8章,由沈阳理工大学及温州大学多位老师共同合作完成。具体分工如下:第1～3章由王秀娥(沈阳理工大学)编写;第4章、第7章由杨林(沈阳理工大学)编写;第5章和第6章由王立君(沈阳理工大学)编写;第8章及综合案例与实训由温州大学彭华编写。全书由王秀娥总纂定稿。

本书在编写过程中,参阅了大量论著及文献资料,特向作者表示深深的谢意!由于水平有限,难免有不妥之处,敬请广大师生批评指正。

# CONTENTS

# 目录

# 第1章 市场调查基本理论

## 章节图解

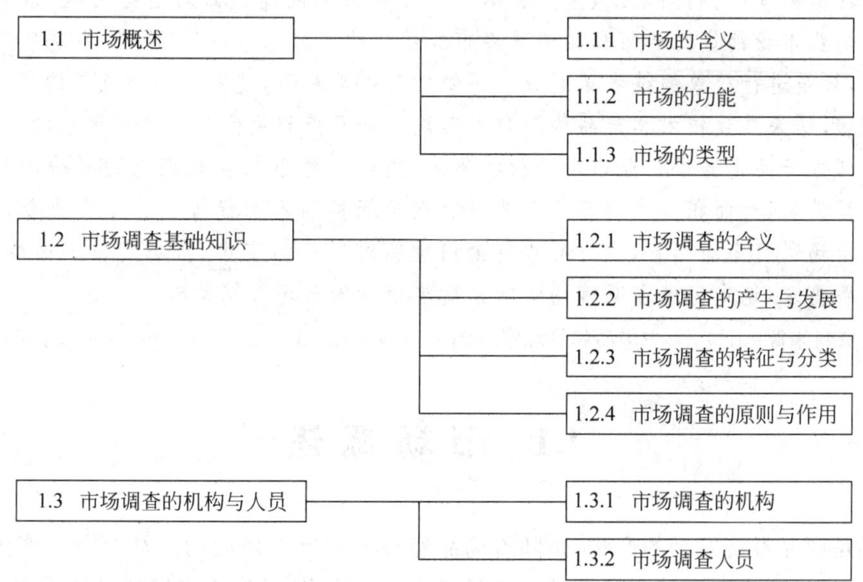


## 学习要点

### 知识点

1. 掌握市场与市场调查的概念。
2. 掌握市场调查的作用与原则。
3. 掌握市场调查机构的类型以及选择的原则。
4. 掌握一个合格的市场调查人员应该具备的素质和能力。
5. 了解市场调查的特点。
6. 了解市场与市场调查的基本分类。
7. 了解市场调查的产生与发展。
8. 了解大数据时代的市场调查。

### 技能点

1. 解释说明在现实生活中提到的对“市场”的不同理解。
2. 结合实例说明不同类型市场调查内容的差异。
3. 如何把自己训练成合格的市场调查人员。
4. 如何结合企业实际选择调查公司。

## 引导案例

### 如何从企业市场转型到消费者市场

所谓企业市场即生产资料市场,是指所有购买的商品和服务是用于生产其他商品和服务,以供销售、出租或者供应给他人的组织。近年来,很多行业面对企业市场的供应商简直到了无法生存的境地,销售困难、竞争压力增大、议价能力较低、失去定价权等频繁出现,导致企业市场份额降低、利润下滑、生产成本上涨等一系列问题。面对这些问题,很多企业认为自己在企业市场销售的产品和在消费者市场销售的产品基本一致,于是,在决定进入消费者市场时,只是进行简单的技术革新或者不做任何技术革新,就做一些小包装的产品进入到消费者市场,结果导致技术和产品的严重不匹配。如五得利集团公司是世界级的面粉企业,由于绝大部分产品是通过企业市场进行销售的,想做一些小包装有特色的面粉产品在消费者市场进行销售,大面积进入商超。企业过去在市场里的资源优势已经不再重要,因此,必须对消费市场进行全面调查,调查后决定如何重新进行产品定位、市场定位和品牌定位,如何满足消费需求,制定出清晰明确的针对消费者市场的市场营销策略。

(资料来源:任立军.中华品牌管理网. http://www.cnbm.net.cn/article/brand.asp. 2013-07-16)

# 1.1 市场概述

市场是商品经济发展的产物,是随着商品经济的发展而发展的。社会分工产生了商品交换活动,通过买卖双方的交换活动来满足各自的需要,从而形成市场的最初模型。市场不仅是企业生产经营活动的起点和终点,也是企业生产经营活动成败的评判者。认识市场、适应市场、驾驭市场,使企业活动与社会需要协调起来,是企业获得成功的核心与关键。市场经济是以市场作为资源的主要配置手段,市场调查是市场经济不可缺少的行为之一。因此,在执行市场调查之前,需要对市场的含义及其类型作深入的了解。

## 1.1.1 市场的含义

从不同的角度出发,市场的含义可以有不同的表述。

### 1. 市场是商品交换的场所

从传统意义上看,市场表现为买卖双方进行商品交换的场所。我国古代文献中记载"市场"的概念是:"日中为市,致天下之民,聚天下之货,交易而退,各得其所。"商品交换活动一般都要在一定的空间范围内进行,即买者和卖者于一定时间聚集在一起进行交换的场所。这是人们对市场最初的认识,虽不全面但很有现实意义。随着社会分工的复杂化和商品生产的专业化,商品交换日益频繁,市场也就无处不在了。在日常生活当中,人们已经习惯将市场看作是买卖的场所,如百货商场、超市、集贸市场、批发市场等。任何一个企业都要考虑本企业的产品或服务销往哪些地区，在何种场所销售。市场调查人员也应该清楚自己所研究的商品交换活动主要发生在哪些场所，不同地区、不同场所具有不同特点的目标消费者，购买行为具有很大差异。

### 2. 市场是某类或某种商品的需求总量

从市场营销者的立场来看，市场是指具有特定需要和欲望、愿意并能够通过交换来满足这种需要或欲望的全部顾客需求，是某种或某类商品需求量的总和。企业要面向市场，面向顾客，也就是要考虑顾客的需求。只有存在有某种需要的人，存在能满足这种需要的购买能力，存在购买欲望，才能构成市场。例如，一个国家或地区人口众多，但收入很低，购买力有限，则不能构成容量很大的市场；或者有些国家或地区购买力虽然很大，但人口很少，也不能形成很大的市场。只有人口既多，购买力又高，才能成为有潜力的大市场。但是，如果产品不适合需要，不能引起人们的购买欲望，对销售者来说，仍然不能成为现实的市场。人们常说的“某市场很大”，并不都是指交易场所的面积宽大，而是指某商品的现实需求和潜在需求的数量很大。因此，人口、购买力和购买欲望这三个相互制约的因素，结合起来才能构成现实的市场，并决定着市场的规模与容量。

市场＝人口＋购买力＋购买欲望

### 3. 市场是商品供求关系的总和

从商品供求关系的角度来讲，市场是商品供求双方相互作用的总和。一般用“买方市场”或“卖方市场”反映市场上供求力量的相对强度。在买方市场中，商品供给量大于需求量，消费者支配着销售关系，居于主动地位，商品价格较低；在卖方市场上，商品的需求量大于供给量，卖方在交易过程中起着支配作用，居于主动地位，商品价格往往高于正常水平。因此，通过市场调查判断市场供求力量的相对强度和变化趋势，对于企业进行营销决策是十分重要的。

### 4. 市场是交换关系的总和

从商品流通的全局看，市场是商品交换关系的总和。商品流通是以货币为媒介的商品交换过程，是商品交换过程连续进行的整体。在市场上，一切商品都要经历“商品—货币—商品”的循环过程。一种形态是由商品转化为货币，另一种则是由货币转化为商品。在现代市场经济条件下，生产趋向专业化，人们通过交换来获取所需之物。许许多多商品的形态变化组成的循环不可分割地交错联结在一起，就形成了许多并行发生和彼此联结的商品交换过程，形成了商品流通全局。企业不仅要研究本企业每一种产品的销售地区（地点）、目标顾客、供求态势，而且必须面对整体市场，通观流通全局，理清本企业的营销活动与整体市场的内在联系。调查人员必须从企业之间的联系出发，将本企业置于整体市场之中，才能把握市场活动的规律。

市场调查是以市场为研究对象的研究活动，人们所理解的“市场”的充分性和深刻性，直接影响市场调查活动的广度和深度。人们可以从不同的角度定义市场，市场的上述概念对企业的市场调查活动都具有实际意义。因此，我们应首先正确把握市场的内涵及类型，了解市场的含义与功能，才能对市场调查活动进行积极的指导。

小思考 1-1　外资企业在进入中国市场时常常感慨"中国的市场真大",这里提到的"市场"的含义是什么?

## 1.1.2　市场的功能

市场的功能一般表现为市场在运动过程中存在的客观职能。市场功能是一切市场所共有的,但由于市场的性质、社会生产力发展水平,以及商品流通的状况不同,市场功能发挥的程度、后果以及影响的范围也是不同的。市场是连接生产与消费的纽带,能把分散的经营活动和错综复杂的买卖关系结合成一个有机整体,还能在一定程度上自发地调节产销、供求之间的经济利益关系。市场是实现和检验商品使用价值和价值的场所;市场为买者和卖者提供商品信息;市场是国家对整个国民经济进行宏观控制与管理的中心环节。基于上述认识,从市场的历史和现实来考察,一般意义上的市场功能包括以下几个方面。

### 1. 交换功能

在商品经济条件下,市场是社会经济运动系统的中心,进入和退出市场的商品处在不断循环和更替运动中,商品交换是市场功能的核心,通过市场进行商品的购销能实现商品所有权与货币持有权的互相转移,使买卖双方都得到满足。市场上交易当事人的情况、交易商品的情况、交易方式、交易手段、交易机会、交易风险、交易环境、交易费用、交易效率及效益等诸多问题,都与市场的交换功能是否健全有关。

### 2. 价值实现功能

商品的价值是在劳动过程中创造的,但其价值的实现则是在市场上通过交换来完成的。任何商品都要经受市场的检验。商品的状况好,能顺利地在卖者和买者之间转移,最终送到消费者手里实现消费,价值才能得到实现。

### 3. 调节功能

一般意义上的市场调节功能是指通过市场机制运作对社会再生产各方面的调节,即市场能自发地调节商品生产、商品交换,并能调节分配与消费,调节社会劳动总量在不同部门的投入比例,从而实现社会资源的有效配置。市场的调节功能是通过价值规律和竞争规律来体现的。企业的经营者得到有关市场供求、市场价格和市场竞争情况的信息后,可以通过一定的调节手段和措施来适应市场的需要。

### 4. 联结功能

这是指市场通过横向的"商流"、"物流"、"信息流"的运动,使社会再生产的各个环节(包括不同的产业部门和企业、不同的劳动者、不同的经济形式、不同的地区)在市场上发生经济联系和经济往来。市场的横向联系功能有多极、多角、多层次的特点,这种功能发挥得越好,社会经济的开放程度就越高,横向联系就越发达。

#### 5. 信息反馈功能

市场是社会经济活动的寒暑表,能及时传导和汇集各种市场信号。通过市场信息反馈,可以及时反映社会经济运行的动态,显示国民经济中主要比例关系的协调或失调状况。正是从这个意义上,人们把市场称为国民经济的一面镜子。市场是洞察商品供求变化的窗口,就像是一种示波器,以它特有的信息反馈功能把供求正常或供求失调的信息反馈给生产经营者,以利于商品生产和流通的正常进行。

以上五个方面,可以说是市场的基本功能,也是市场机制运作所独有的区别于其他经济事物的特殊功能。它们之间互相联系、互相作用,形成市场的总体功能。至于市场的各种具体作用,是市场功能在不同的外部条件下显示其效用的结果。值得注意的是,在自然经济占统治地位,商品经济处于附属地位的情况下,市场的上述功能是不能正常发挥和显示的,市场也不可能成为社会经济的枢纽;相反,只有在商品经济占主导地位的社会化大生产中,市场的上述功能才能充分显示其作用,市场也才能成为社会经济活动的枢纽。

### 1.1.3　市场的类型

市场是一个有机的整体,随着交换关系的发展也越来越复杂化。市场是企业经营的起点,是商品流通的桥梁。哪个企业信息掌握得迅速、准确、可靠,产品更新换代快,生产计划安排得当,适销对路,哪个企业才能在竞争中取胜。因此,企业不得不投入人力物力进行专门的市场调查。现实社会中的市场非常复杂,为了进行深入的分析研究,有必要把市场分解为若干类型。市场的类型不同,企业所要了解的信息内容也不完全一致。认真研究不同类型市场的特征,有利于寻找市场机会,确定目标市场,掌握市场运行规律,制定正确的市场营销策略。对市场依一定的标准进行分类是市场分析的一种主要方法,有利于帮助营销者认识和了解某一特定市场。市场分类的方法较多,人们往往按以下方式来划分市场。

从经济学角度,按照竞争程度的不同,把市场区分为完全竞争市场、完全垄断市场、垄断竞争市场、寡头垄断市场。经济学通常从交易者数量、所交易商品的性质、进入行业市场障碍的大小、交易者所得到的信息是否完全等方面来考虑。完全竞争又称纯粹竞争,是指一个行业中有非常多的独立生产者,他们都以相同的方式向市场提供同类的、标准化产品,产品的价格由市场供需关系决定,买卖双方对于产品或服务都无影响力。实际上称得上完全竞争的产业很少,最接近的像粮食、棉花、西瓜、大白菜等农产品以及工业产品中的标准件等。寡头垄断市场是指一种产品在拥有大量消费者或用户的情况下,由少数几家大企业控制了绝大部分的生产量和销售量,每一个生产者产量在总产量中占有显著的比例,剩下的一小部分则由众多小企业去经营。产生这种市场的主要原因,是由于资源的有限性、技术的先进性、资本规模的集聚,以及规模经济效益所形成的排他性,汽车、电视、冰箱、计算机等产品的市场往往属于这种市场。垄断竞争市场是指一个行业中有许多企业生产和销售同一种产品,每个企业的产量或销售量只占总需求量的一小部分。在这种市场上,由于同行企业很多,产品替代性很大,因而竞争激烈。这种市场大量存在,食品、服装、百货、化妆品、日用杂品等市场均属于这一类。完全垄断市场表现为一个行业只有一家企业,或者说一种产品只有一个销售者或生产者,没有或基本没有别的替代者。完全垄断的行业很少,一般为国家意欲控制的行业，如电力公司、自来水公司、邮政公司等。当一家公司独自拥有制造某种产品的全部或绝大部分原料或材料时，该公司的市场就是完全垄断市场。此外，企业还可以通过拥有专利而在一定时期和范围内取得垄断地位。

从市场营销的角度剖析，主要有如下几种：①按商品的属性不同可分为一般商品市场和特殊商品市场；②按购买者不同可分为消费者市场、生产者市场、中间商市场和政府市场；③按地域划分，分为国际市场、国内市场、城市市场、农村市场、沿海市场和内地市场等；④按流通环节划分，分为批发市场、零售市场；⑤按消费者的年龄划分，分为婴儿市场、儿童市场、青少年市场及中老年市场等；⑥按产品的种类划分，分为钢材市场、木材市场、蔬菜市场、服装市场及书报市场等；⑦按营销成交的方式与交货期限划分，分为现货市场和期货市场等。

从投入产出角度分析，市场分为商品市场和生产要素市场。传统的市场调查与预测活动往往只重视消费品和生产资料这两类商品市场。近年来，随着市场经济的深入发展，人们开始重视服务市场与生产要素市场的研究，生产要素市场是当前培育市场体系的重点。它们包括金融市场、劳动力市场、房地产市场、技术市场和信息市场。对这些市场的调查活动也逐渐多了起来。因此有必要对此类市场进行研究。

**小思考 1-2** 影响消费品市场的因素有哪些？你认为目前中国居民的消费结构最大的特点是什么？

### 1. 消费品市场

消费品市场是为了满足个人和家庭生活需要的商品市场。它一般可分为吃、穿、用三种市场。而消费者的需求数量和结构的变化，受到多方面因素的影响，如人口、经济、社会文化、购买心理和购买行为等。消费品市场的基本特征有：消费者人数众多，而且对消费品需求的差异很大；一般消费品每次购买数量少、次数多、品种杂、地点分散及成交额小；消费品的购买者大多缺乏商品的专门知识，往往凭个人的情感和印象来决策；消费品的分销渠道中间环节多，销售网点密布；广告、展销、降价及示范表演等营销策略应用广泛，对消费者的诱导作用较大。消费品市场发展最快，变化也最大。目前，我国的消费品需求正处在结构转换过程中，住房、医疗和文化消费方面的比重有所上升，一些大件高档消费品已逐渐进入居民家庭，居民的消费结构将出现高档化、舒适化的趋势。消费者市场是最终产品的消费市场，消费者市场调查的目的，主要是了解消费者的需求数量和结构及其变化。

## 小资料 1-1

**大学生创业前要思考的问题**

现在大学生创业已成为热门话题，创业之前要提出这些问题：自己为什么要创业？用什么创业？你做过前期市场调查吗？同类产品经营方式，市场占有率多少，产品价格多少？自己产品成本多少，经营费用多少，利润多少？经营管理必需的费用，增加投资的费用自己有吗？能应付突发事件吗？自己有许多亲戚朋友，较多社会资源吗？自己熟悉创业的领域，并有较过硬的技术，较通畅的进出货渠道吗？自己有好的口才、亲和力和社交能力吗？自己准备怎样销售，在哪里销售，销售给谁？自己有销售渠道、销售能力、销售方法吗？产品销售不出去怎么办？可能有多大损失？自己能够承受这些损失吗？

（资料来源：百度文库. http://wenku.baidu.com.创业须知）

### 2. 生产资料市场

生产者市场购买主体是生产性企业，购买商品的目的是生产，加工成新的产品。生产者市场涉及生产领域和流通领域。生产资料市场可分为农林业生产资料市场和工业生产资料市场，也可以分为钢材市场、煤炭市场、水泥市场及木材市场等。生产资料的交易主要发生在企业之间，多为大宗批发交易业务，交易批量大，交易金额高，需求缺乏一定的弹性，购买者一般具有专业知识，不是轻易能够说服的。生产者市场调查主要是对市场商品供应量、产品的经济寿命周期、商品流通的渠道等方面内容进行调查。

### 3. 服务市场

服务市场指的是为生产消费者或生活消费者提供物质商品外的所有服务交易的市场。包括为顾客提供食品及服务的饮食服务市场，为游客提供旅游观光的公园、旅店、宾馆等旅游业市场，还包括为居民提供日常便民服务的修理业、理发业、洗染业、钟点工或保姆市场等。服务是一种特殊的商品，其生产、流通和消费在时间和空间上往往是统一的，不能运输和储存。服务市场很强调特色，服务产品不存在所谓的“同质性”。服务产品的市场价格主要由供求双方决定，通常采用固定费用加小费的形式。固定费用包括材料费和基本服务费，小费则代表顾客对服务的评价，满意则多付，不满意则少付或不付。因此，优质服务、便民服务是服务市场的永恒主题。目前，更多的外国企业逐步进入国内的服务市场，服务市场会有很大的发展前景。对服务市场的调查和预测应特别注意这一点。

### 4. 房地产市场

房地产市场按习惯划分为土地市场（一级市场）、房地产增量房市场（二级市场）和房地产存量房市场（三级市场）。土地市场是由开发商向政府购买土地使用权的市场。房地产增量房市场是开发商在土地上进行房屋开发建设并出售的市场。房地产存量房市场是业主将自己拥有的房屋进行出租、出售活动的市场。房地产的不可移动性，决定了房地产市场是区域性市场。人们经常称呼的中国房地产市场、亚洲房地产市场、世界房地产市场或者北京房地产市场、上海房地产市场及沈阳房地产市场等，都说明了房地产市场有明显的地区特性。开展房地产市场的调查和预测，应熟悉影响房地产市场的各种因素。从房地产供应来看，价格因素、投资来源及数量、交易条件、开发成本和税收等都有很明显的影响作用。从房地产需求来看，人口的数量和结构、房地产的价格水平、家庭收入水平、政策因素及需求者对经济形势的预期等都是影响房地产需求的主要因素。

### 5. 金融市场

国内金融市场是指金融商品交易发生在本国居民之间，不涉及其他国家居民，交易的标的物也以本国货币标价，交易活动遵守本国法规的市场。国内金融市场交易的结果只改变本国居民的收入分配，不直接引起资金的跨国流动，不直接影响本国的国际收支。金融市场按标的物划分为：货币市场、资本市场、外汇市场和黄金市场。货币市场，是指以期限一年以内的金融资产为交易标的物的短期金融市场，其主要功能是保持金融资产的流动性，以便随时转换成现实的货币。资本市场，是指提供长期(一年以上)资本融通和交易的市场。包括银行中长期信贷市场、股票市场、基金市场和中长期债券市场。外汇市场，是指以不同货币计值的两种票据之间交换的各种短期金融资产交易的市场。黄金市场，是指专门集中进行黄金买卖的交易中心或场所。国际金融市场，是指金融商品交易发生在本国居民与非本国居民之间所形成的市场，或以本国货币标值的金融商品在非本国居民之间进行交易的市场。金融市场的参与者有个人、企业、政府机构、商业银行、中央银行、证券公司、保险公司，以及各种基金会等，它们的身份可以分为资金需求者、资金供给者、中介人和管理者四种。对金融市场的调查和预测，就是了解和掌握不同的参与者在各种情况下可能采取的对策，为自己能正确决策提供依据。

6. 技术市场

技术市场是以科学技术、科技发明作为商品而进行交易，这种交易发生的地点或行为以及供求关系可以理解为技术市场。技术市场既是指进行技术商品交换如技术成果转让、技术咨询、技术服务、技术承包等的场所，又是指技术商品交换中供需之间各种经济关系的总和。技术市场与一般市场相比，有很大的特殊性。我国技术市场上的卖方，一般有研究机构、大专院校、厂矿企业、国防科技和国防工业部门、民办科研单位和个人及技术经营机构等。影响买方对技术商品需求程度的因素，主要有技术成果是否配套，是否易于掌握、消化、吸收乃至创新，是否有较长的生命周期，价格是否适宜，见效是否快等。总之，技术市场的发展主要取决于对技术商品的需求。

7. 劳动力市场

劳动力市场是指劳动交换的场所及其劳动供求双方交换关系的总和。劳动力市场中的交换，是等价的自由交易行为，供求双方互相选择，互相叫价，达成共同认定的价格后，才进行劳动交换活动。劳动力是特殊的商品，工资是劳动力商品的价格，它遵循价值规律，取决于劳动力的素质。人的行为目标具有多样性，人在自主择业方面也有明显的差异。在市场经济条件下，人的劳动有充分的流动性和自我选择性，因而劳动供给有明显的弹性。目前，我国的劳动力市场体系虽已基本建立，但劳动力的流动性和选择性还存在一定的行政壁垒，不过随着市场经济体制的逐步完善，劳动力市场将会得到健康的发展。劳动力市场也将成为市场调查人员关注的对象。

## 1.2 市场调查基础知识

### 1.2.1 市场调查的含义

市场调查还有很多其他名称，如市场研究、市场分析、市场营销调研等。市场调查对于企业来说就是了解企业面临的市场客观情况的一种社会实践活动。从微观的企业市场营销角度来考虑，传统观念上的市场调查，就是对消费者的调查，包括对用户和消费者个人购买和使用商品的情况进行调查。现代观念的市场调查，不仅包括对消费者进行调查，还包括对企业的营销环境和营销状况进行调查，如对经济形势、政策的调查，对企业的产品、定价、销售渠道和广告等营销策略及其效果的调查。

关于市场调查的概念的论述很多，如美国市场调查营销协会给市场调查所下的定义是：市场调查是一种通过信息将消费者、顾客和公众与营销者连接起来的职能。这些信息用于识别和确定营销机会及问题，产生、提炼和评估营销活动，监督营销业绩，增进人们对营销过程的理解。市场调查规定了解决这些问题所需的信息，设计收集信息的方法，管理并实施信息收集过程，分析结果，最后要沟通所得的结论及其意义。

美国著名营销学家菲利普·科特勒认为，市场调查是为制定某项具体的营销决策而对有关信息进行系统的收集、分析和报告的过程。

我们认为，市场调查就是指运用科学的方法，有目的地、有系统地收集、整理、分析有关市场信息资料，分析市场情况，了解市场的现状及其发展趋势，为市场预测和企业决策提供依据。这一定义包含了几层意思：

(1) 市场调查是一种有目的、有计划的认识市场的活动。任何一项市场调查，都不是盲目进行，而是围绕企业经营活动中存在的问题而展开的，有明确的目的性。

(2) 市场调查的具体对象是市场，重点调查对象是消费者市场。

(3) 市场调查需要借助一套科学的方法，在科学的程序基础上选择正确的调查方法，其中包括文案调查、观察法、询问法、实验法等。

(4) 市场调查是为企业的市场预测和经营决策服务的。市场调查是一种认识市场的手段，而不是目的，它最终是为企业的经营决策服务的。

可见，无论是哪种定义，市场调查就是对市场信息的收集、整理与分析，并使得调查结果用于企业决策。例如，某企业准备生产一种新产品或开发一个新市场，在作出决策之前，必须对该产品的市场需求潜量作出准确的预测。这种预测不能是想当然的，必须是建立在可靠的市场调查资料和科学的分析基础上的。

## 小资料 1-2

### 大数据时代的数字营销趋势

MBA online 网站曾发布了一个有意思的统计叫“互联网的一天”：一天内互联网产生的数据流量可以装满 1.68 亿张 DVD 光盘；上传到 Facebook 的照片打印堆积起来有 80 个埃菲尔铁塔那么高；上传到 Youtube 的视频时长可以不间断播放 98 年；在 Pandora 播放音乐的时长达到 1.87 亿小时，如果一台计算机从公元 1 年开始播放，到现在还没有播完。毋庸置疑，我们已经进入大数据(Big Data)时代，这些庞杂的数据既是垃圾也孕育商机，而最先将这些数据挖掘清洗创造商业价值的，正是网络广告人。

在移动互联网的时代浪潮下，国双科技开发出了 MD 产品，用以帮助广告主分析自己的 APP 应用，获取用户行为数据。国双科技是国内外第一家能够跨终端打通无线以及 Web 数据的服务提供商，成功将客户在无线和传统互联网数据对应分析，持续跟踪用户在线行为，进而帮助广告主进行量化和评价，优化数字营销决策。跨平台分析的关键是利用云计算技术，将多终端数据打通，将一个消费者还原得更加鲜活，全面立体地找到他多元的消费需求。不断增强数据的有效性和透明度，为广告主的数字营销带来更加丰满的价值。

(资料来源：孟德. 广告主. 2012-09-12)

## 1.2.2 市场调查的产生与发展

### 1. 市场调查的产生

市场调查最早在美国形成,但作为一门应用学科,它是从20世纪初才开始建立的,是现代工业发展的产物。

(1) 萌芽期(20世纪前)

20世纪前,人类社会每一阶段的发展都有其显著的标志。原始社会刀耕火种,封建社会铁器的大量使用,资本主义社会机器大工业。有正式记载的为制定营销决策而开展的第一次市场调查,是1879年由广告代理商艾尔(N. W. Ayer)做的一次系统的市场调查,调查的目的是为农业设备制造商制作广告。专门的学术研究大约是在1895年明尼苏达大学一位心理学教授哈洛·盖尔(Harlow Gale),使用邮寄问卷的调查方法进行调查。之后不久,西北大学的沃尔特·迪尔·斯克特(Walter Dill Scott)采用实验和心理学方法来研究广告的效果。

(2) 成长期(20世纪初~20世纪50年代)

1911年,科蒂斯出版社成立了一个专门的市场调查部,聘请佩林(Chailes Coolidge Perlin)作为调查经理对美国农具市场进行调查,接着又对100家大商店进行调查,并编写了一本书《商业机会》。美国政府1929—1939年对美国所有经济领域进行了调查,从此每5年进行一次调查。20世纪30年代心理学家的参与使市场调查方法得以突破。同时,问卷调查法得到广泛的使用,此时市场调查人员已了解如何有效地抽样,以及如何设计更好的问卷。尼尔森(AC Nielsen)于1922年开展调查业务,首先提出了“市场份额”的概念以及提供很多其他的服务,为后来成为美国最大的市场调查机构奠定了基础。差不多在同一时间,市场调查作为正式课程在大学校园中得到普及,课程汇集了实践和学术领域共同开发的知识。20世纪30年代末,人们已不再满足于对应答者的简单分析,于是开始根据收入、性别、家庭地位等方面的差异对被调查者进行分类和比较,简单的相关分析开始得到运用。20世纪40年代,罗伯特·默顿(Robert Merton)首先使用了小组访谈的方法,同时随机抽样的重要性也得到广泛的认识,在抽样方法和调查过程等方面取得了很大的进步。

(3) 成熟期(20世纪50年代之后)

进入20世纪50年代,经济的高速发展要求更为准确和全面的市场情报,市场调查也从容易区分的顾客人口统计特征中提出了“市场细分”的概念,并且开始了关于动机研究、消费者行为的调查,开始应用比较科学的方法解决市场问题。更为重大的发展是20世纪60年代计算机技术的快速发展,大大提高了研究人员快速分析、储存和检索大量信息的能力。市场调查人员开始设计各种调查模式,并运用计算机分析。配合计算机技术的进步,计算机业从业者提供计算机软件包,促使市场调查资料收集及分析,更趋精确迅速,市场调查的方法日趋进步。通常可见软件包有SPSS(Statistical Package for Social Science)。这一时期的市场调查,对于消费者购买行为认知上更为重视,心理学、社会心理学、社会学等行为科学方法被广泛利用。

### 2. 市场调查在中国的发展

中国的市场调查业是从 20 世纪 80 年代中期兴起和发展起来的，特别是 90 年代以来，在北京、上海、广州等城市，纷纷成立了从事专业市场调查的各种机构。我国市场调查及其发展过程如下。

(1) 萌芽期(1979—1984 年)

20 世纪 80 年代初期，国内一些省份的“社会与经济发展研究所”开始酝酿设立调查机构，例如，北京社会与经济发展研究所在内部成立了社会调查中心，是较早的调查机构。另外，这一时期广告业在我国快速兴起，广告业的发展是改革开放后由计划经济向市场经济转变的主要表现之一，市场竞争的氛围使企业认识到广告的作用，市场调查与咨询服务的意识在国内广告运动中孕育和发展。

(2) 起步阶段(1984—1992 年)

自从改革开放以来，中国社会和经济发生了翻天覆地的巨大变革，市场化的脚步越来越快。1984 年，小平同志提出“开发信息资源、服务四化建设”，酝酿已久的我国市场调查与咨询服务业犹如注入了一支催化剂，有关部门积极地着手筹办相关的机构，尝试性地进入这一行业。1984 年 9 月，作为拥有国民经济各个行业统计信息资料最全面的部门——国家统计局，在天津召开的全国统计工作会议上，提出了研究如何推进统计改革，进一步开创统计工作新局面的问题。同年年底，经国家有关部门批准，成立了“中国统计信息咨询服务中心”，作为国家统计局的一个司级事业单位，面向国内外客户提供统计信息资料和市场调查与咨询服务业务，第一个作为国家政府部门从事市场调查与咨询服务业务的机构终于成立了。1985 年，广州市委的广州软科学公司设立了市场部，在此基础上，1988 年 7 月 1 日成立了广州市场调查机构(GMR)，这是业内公认的我国最早的专业市调公司。

(3) 发展阶段(1992—2001 年)

1992 年开始从事市场调查与咨询服务业的单位越来越多，其中包括北京华通、中怡康、美兰德、精诚兴、赛诺、上海恒通，以及国家各级统计局从业人员创办的市调公司，如丰凯兴、华联信、武汉格兰德、沈阳贝斯特等，全国各地均有统计系统的市场调查与咨询服务公司，它们是活跃在我国市场调查与咨询服务业中的一支具有拓荒者意义的队伍，也是其他市场调查与咨询公司在中国从事这一行业所不可或缺的依托。一批民营市场调查与咨询公司相继出现，例如零点、新华信、新生代、勺海等。与此同时，大批的海外市场调查与咨询公司纷纷登陆我国本土，从绝对数量来说，海外公司在国内不多，但其技术、资金、人才优势却比较明显，据统计，全球前 20 位的市场调查与咨询公司已有近半进入了中国市场，其中，Gallup、MBL、AC Nielsen、RI、Millward Brown、Taylor Nelson Sofres、NOP、IPSOS、NPD 等在中国市场有很大影响，它们的到来大大加快了中国市场调查与咨询服务业的发展，并左右着中国市场调查与咨询服务行业新的格局。

(4) 新的历史阶段(2001 年至今)

2001 年，中国加入世界贸易组织，这也是中国市场化改革取得阶段性成就的重要标志。伴随国外客户的大量涌入，国外的市调公司也挟其雄厚的资金、人才、技术进来。这对国内的市调公司而言，是挑战，也是上一个台阶的机遇。经过 20 年的发展，我国的市场调查与咨询服务业已从低端的单一数据采集业务发展到提供中高端的研究甚至营销咨询服务；从入户访问、街访、座谈会等以纸质问卷为主的面访方式发展到使用先进仪器和技术的快速准确的调查手段。行业内的合并、合资、重组的情况方兴未艾。在调查技术发展的同时,行业竞争越来越激烈,标志着我国的市场调查进入了新的发展阶段。

### 3. 大数据时代的市场调查

早在1980年,著名未来学家阿尔文·托夫勒便在《第三次浪潮》一书中,将人类社会划分为三个阶段:第一次浪潮为农业阶段,从约1万年前开始;第二阶段为工业阶段,从17世纪末开始;第三阶段为信息化(或者服务业)阶段,从20世纪50年代后期开始,大数据时代是信息社会运作的必然结果。农业社会人们以土地为核心资源,工业时代转为能源,信息社会则将变更为数据,将大数据赞颂为"第三次浪潮"的核心一点儿也不为过。谁掌握数据,以及数据分析方法,谁就将在这个大数据时代胜出,无论是商业组织,还是国家。这就需要对数据的采集、存储、分析、展示比竞争对手更高一个层次。

亚马逊网络服务(AWS)、大数据科学家John Rauser提到一个简单的定义:大数据就是任何超过了一台计算机处理能力的庞大数据量。大数据可分成大数据技术、大数据工程、大数据科学和大数据应用等领域。大数据具有4V特点:Volume、Velocity、Variety、Veracity。首先是指数据体量(Volumes)大,指代大型数据集,一般在10TB规模左右,但在实际应用中,很多企业用户把多个数据集放在一起,已经形成了PB级的数据量;其次是指数据类别(Variety)大,数据来自多种数据源,数据种类和格式日渐丰富,已冲破了以前所限定的结构化数据范畴,囊括了半结构化和非结构化数据;第三是数据处理速度(Velocity)快,在数据量非常庞大的情况下,也能够做到数据的实时处理;最后一个特点是指数据真实性(Veracity)高,随着社交数据、企业内容、交易与应用数据等新数据源的兴起,传统数据源的局限被打破,企业越发需要有效的信息之力以确保其真实性及安全性。大数据的爆炸式增长在大容量、多样性和高增速方面,全面考验着现代企业的数据处理和分析能力。①

大约从2009年开始,大数据成为互联网信息技术行业的流行词汇。同时,维克托·迈尔·舍恩伯格(Viktor Mayer-Schönberger)的《大数据时代》也受到了更广泛的赞誉,他本人也因为此书被视为大数据领域中的领军人物。维克托·迈尔·舍恩伯格在书中前瞻性地指出,大数据的核心就是预测,这个核心代表着调查分析信息时的三个转变。

第一个转变就是全样而非抽样,在大数据时代,可以收集分析更多的数据,有时候甚至可以处理和某个特别现象相关的所有数据,而不再完全依赖于随机抽样。在过去,由于缺乏获取全体样本的手段,人们发明了"随机调研数据"的方法。理论上,抽取样本越随机,就越能代表整体样本。但问题是获取一个随机样本代价极高,而且很费时。如人口调查,一个稍大一点的国家做不到每年都发布一次人口调查,因为随机调研实在是太耗时耗力了。但有了云计算和数据库以后,获取足够大的样本数据乃至全体数据,就变得非常容易了。完全没有必要去抽样调查这些数据,有了数据仓库,所有的记录都在那里躺着等待人们的挖掘和分析。

第二个转变就是效率而非精确,研究数据如此之多,效率第一,以至于不完全热衷于追求精确度。信息更易于提取,数据库技术的完善使得这些存储的信息能够被轻易按照一定的条件搜索出来。如采用社会化媒体记载消费者的购买习惯,用户需求,品牌偏好等,可以

---

① 引自:人大经济论坛"大数据时代". http://bbs.pinggu.org/bigdata/.

第一时间确认理解和追踪消费者的反馈，数据具有实时化的特征。

第三个转变因前两个转变而促成相关而非因果，即不再热衷于寻找因果关系。调查研究的目的是发现和验证事物之间的因果关系，然而发现和分析因果关系是非常困难的一项任务。美国著名社会学家厄尔·芭比博士曾经指出，社会科学研究结果的最佳表述方式是概率，是相关关系，而非因果关系。这一点与舍恩伯格在《大数据时代》中提倡的"转向相关关系"分析有异曲同工之妙。

综上所述，大数据所带来的，有机遇也有挑战。数据中有黄金，对大数据进行有效的挖掘分析，能够帮助企业获得更多洞察，作出更加正确的决策，从而占领先机，这也是大数据所蕴含的最大魅力。大数据浪潮带给社会科学研究方式的影响和变化，市场研究正处在量变通往质变的道路上。

## 小资料 1-3

**"贴身"研究消费者**

如今有许多企业采取了设计研究的方法，在产品开发过程中以消费者为中心，将消费者洞察迅速有效地转化为成功的产品和服务。设计研究团队观察并记录人们在现实生活中的一举一动。他们跟随消费者进入店内，观察他们如何购买；他们走进消费者的家中，观察他们怎么拖地板；他们甚至用摄像机记录人们沐浴的整个过程。设计研究还运用心理生理手段，如生物反馈、眼球追踪、声音分析和面部解码来理解这些可观察到的行为背后所蕴藏的情感隐私。通过将生理特征，如心率、脑电波、皮肤反应或身体姿势和人们的喜好相联系，研究者能够设计出最大化贴合人们生理和心理需求的产品和服务。设计研究的结果不是以数据和报告的形式产生，而是以故事和人物的形式呈现，并记录在视频中。这些研究成果更贴近真实体验，也更富有启发性，生动地表现了消费者和产品服务之间的情感联系。在收集好这些研究成果之后，公司可运用问题汇总图、隐喻、消费者原型、工作流程图、讲故事、布告栏等方法对其进行解读，并将以消费者为中心的产品设计流程纳入公司的每一层级。关注设计的公司可能会在一开始走些弯路，但因为有着对消费者的深刻洞悉，它们得以迅速调整方向，并运用不同手段快速生动地向各部门传达新创意，为创意变为现实打下基础。

（资料来源：本刊编辑. 商业评论网. http://www.ebusinessreview.cn. 2013-09-09）

## 1.2.3　市场调查的特征与分类

### 1. 市场调查的特征

作为了解市场的活动和手段，市场调查执行着自己特殊的职能和任务，具有以下几大主要特点。

(1) 系统性

首先，调查活动是一个系统，包括设计调查方案、选取样本、实地访问、整理资料、分析资料和撰写调查报告等；其次，影响市场调查的因素也是一个系统，诸多因素互联构成一个整体，调查方案的设计和实施过程都需要全面系统的考虑，调查的每一个步骤都要有一个很具体的设想，同时要与其他环节环环相扣。

(2) 社会性和经常性

市场调查主体与对象具有社会性。调查的主体是具有丰富知识的专业人员，调查的对象是具有丰富内涵的社会个体或组织，包括企业服务的对象、企业生存的环境、竞争对手等，都是依赖于社会而存在的组织或个体。

在市场竞争越来越激烈的今天，市场调查工作要贯穿于企业生产和经营的始终，售前、售中、售后都要进行市场调查，以便收集市场信息，了解市场变化，发现潜在需求，调整经营策略，从而取得竞争的优势。影响企业发展的环境在不断变化，调查对象每时每刻都在变化，多方面、经常性收集积累市场信息，是企业立于不败之地的需要，也是市场调查的重要职能。

(3) 时效性

市场调查是在一定时间范围内进行的，只有在一定时期内才具备有效性。随着时间的推移、经济的发展、政策的调整，市场是不断变化的，顾客的需求也会出现新情况。只有通过不断的市场调查，才可以发现一些新的机会和需求，并能引进新的商品去满足这些需求，也可以通过市场调查发现企业的不足及经营中的缺点，及时加以纠正，修改企业的经营策略，使企业在竞争中保持清醒的头脑，永远立于不败之地。通过市场调查及时感知企业及其外在环境的变化，掌握企业竞争者的动态，掌握企业产品在市场中所占份额的大小，针对竞争者的策略，对自己的工作进行调整和改进，知己知彼，才能百战百胜。

(4) 针对性

市场调查的针对性主要是指在实施调查时要针对企业的调查目标有的放矢地收集资料。任何一种调查都应有明确的目的，围绕目的进行具体的调查，并根据调查的目的与调查对象的特点科学地选择不同的调查方法。企业或一个组织在运作中需要的信息资料很多，而市场正是一个庞大的信息系统，每一次市场调查都应该根据企业的具体情况以及所要达到的目的量体裁衣，所收集数据的多少和复杂程度尽可能兼顾企业的信息需求和经费预算。

(5) 局限性

市场调查应该得到也常常可以得到比投入的费用高几倍的信息，但市场调查还有很多局限性。市场调查除了需要时间和费用外，还需要智力和努力，特别是对调查设计阶段和实施过程的要求更高，而调查结论并不是百分之百正确。因为市场调查受多种因素影响，其中很多影响因素本身都是不确定的，同时，市场调查中不可避免地会有错误、误差和疏忽。调查结果只应被当成一种证据，必须参考一般实践经验，对调查来的信息资料进行定性、定量分析评价，对调查的结果要认真思考、理解，必要时需作进一步的调查和分析。

### 2. 市场调查的类型

(1) 按调查样本产生的方式分为普查、重点调查、抽样调查、典型调查等形式

① 普查就是对市场调查有关的总体即所要研究对象的全体，进行逐一的、普遍的、全面的调查。通过市场普查可以取得被调查总体全面、准确的统计资料，以掌握一定时点上某种市场现象的基本情况，并可以对所获得的资料加以分析研究，制定应对策略。例如，人口普查、库存商品普查等。普查主要用于收集那些不能或不宜通过正常调查取得的全面、精确的

统计资料。普查有两种形式：一种是专门的普查机构和人员组织的，对调查单位进行直接调查；另一种是利用机关团体、企业内部的统计报表进行汇总。市场普查是范围广、规模大的全面调查，可以在全国、全省市范围或在某个部门、某个行业，以及一种专门组织的范围内进行。市场普查有三个特点：首先，资料的准确性和标准化程度比较高；其次，普查适用于了解一些重要的基本特征，适合了解一些相对稳定的基本情况；最后，普查的费用比较高，由于普查是一种全面调查的方法，涉及面广、工作量大，不能轻易举行，一般关系到国计民生的一些大事才进行定期普查。

② 重点调查是通过对重点单位进行调查，来达到对全局基本了解的目的。重点调查是从市场调查对象总体中选取少数重点单位进行的调查，并用重点单位的调查结果来反映市场的基本情况。所谓重点单位，是指其单位数在总体中的比重不大，而某一标志值在总体标志值中占很大比重的单位。例如，要了解我国钢铁市场的基本情况，只要对鞍钢、宝钢、武钢、包钢和首钢等几家大型钢铁企业的产销情况进行调查即可。当调查的任务不要求掌握全面、准确的资料，而且在总体中确实存在着重点单位时，进行重点调查能以较少的人力和费用，较快地掌握调查对象的基本情况。重点调查涉及的对象较少，每个调查对象的调查项目就可以多一些，因而也可以进行深入细致的研究。但是，重点调查所获得的资料毕竟是少数单位的情况，其精确度难免受影响，对总体的推断不可能十分准确。因此，重点调查适用于内容比较集中、流量比较大的调查对象。

③ 抽样调查是一种非全面调查，从被调查总体中抽出一部分单位作为样本进行调查，以此推断总体的一种方法。这种方法可能产生一些误差，但它比普查花费的时间少，成本低。同时还可以利用抽样调查对普查的资料进行核对和修正。所以，抽样调查是调查中常用的方法，已被广泛用于企业的市场调查中。

④ 典型调查是在对市场总体有所了解的基础上，选择少量有代表性的单位进行周密、系统的调查研究，并以此估计总体状况的调查方法。"典型"是具有代表性的个别事物，即对总体有代表性的单位。典型调查比较灵活，能够补充全面调查资料的不足，验证全面调查数据的真实性，可以对某些重大问题进行深入细致的调查研究，了解问题的关键所在；也可以对一些新模式的运行、新政策的实施进行调查研究，以总结经验，修正完善。但是，典型单位是有意识地选取调查单位，在很大程度上受人们主观认识的影响，可能存在某些片面性。选择典型单位是做好典型调查的基础。典型不是人们随心所欲地选出来的个别事例，而应具有充分的代表性。如果是想了解总体的一般表现，可选中等水平的单位作为典型调查的调查对象；如果是为了推广成功经验或总结失败教训，可以选择先进典型或后进典型，也可以选择上、中、下各类典型进行比较。

(2) 按照资料来源分类，市场调查可分为文案调查和实地调查两种

文案调查是通过对已有的资料、数据、报告及已发表的文章等有关的二手信息，加以整理和分析的一种市场调查方法，经常在探索性研究中使用。实地调查与文案调查不同，必须在制订严谨、详细的调查计划的基础上，由调查人员直接向被调查者收集资料，并对收集的资料和数据进行整理和分析，最后做出完整的报告。常用的实地调查方法有：访问法、观察法、实验法。

(3) 按调查登记时间的连续性，市场调查可分为一次性调查、定期性调查、经常性调查

一次性调查又称临时性调查，是指为了研究某一特殊问题而进行的一次性市场调查；

定期性调查是指对市场情况或业务经营情况每隔一定时期所进行的调查；经常性调查是指在选定调查的课题和内容之后，组织长时间、不间断的调查，以收集具有时间序列化的信息资料。

(4) 按照调查的性质和目的，可以把市场调查分成探测性调查、描述性调查、因果性调查和预测性调查

① 探测性调查是为了初步了解情况以及更好地理解问题产生的环境而进行的小规模的调查活动。探测性调查的目的是提供资料和数据以帮助研究者认识和理解所面对的问题，常常用于大规模的正式调查之前，帮助研究者将问题定义得更准确，为调查方案设计、问卷设计提供更为明确的思路。如：××牌洗衣机市场份额下降了，为什么？公司方面也不能确定。是经济衰退所影响？是广告支出的减少？是市场销售效率降低？还是消费者的习惯改变了？显然，可能的原因很多，公司无法一一查知，只好用探测性调查来寻求最可能的原因。探测性调查具有灵活性的特点，适合于调查那些我们知之甚少的问题。探测性调查的结果一般只是试验性的、暂时性的，或作为进一步研究的开始。

② 描述性调查是指在收集、整理市场资料的基础上，描述某一总体或现象的基本特征的调查。大多数的调查都属于描述性调查。在描述性调查中，可以发现其中的关联因素，描述性调查的目的更加明确，研究的问题更加具体，就是要描述某些事物总体的特征或功能，具体地说，就是描述市场的特征或功能。它可以描述不同消费者群体在需要、态度、行为等方面的差异。描述性调查的设计要求清楚地规定调查的五个要素“谁”、“什么”、“什么时候”、“哪里”和“怎样”，调查要针对这些问题进行。比如，某商店了解到该店80%的顾客主要是年龄在18～44岁之间的女性，并经常带着家人、朋友一起来购物。这种描述性调查提供了重要的决策信息，使商店特别重视直接向妇女开展促销活动。描述性调查的特点是事先制订好具体的假设，常用的方法主要有：文案调查、抽样调查、固定样本连续调查、观察法等。

③ 因果性调查是调查一个因素的改变是否引起另一个因素改变的研究活动，目的是识别变量之间的因果关系。例如，通过控制广告费用在不同媒体的支出，来观察不同媒体上的广告对房地产销售量的影响。这项工作要求调查人员对所研究的课题有相当的知识，能够判断一种情况出现了，另一种情况会接着发生，并能说明其原因所在。必须了解哪些是因变量，哪些是结果变量，以及它们之间的相互关系的性质。因果性调查的特点是要处理一个或多个独立变量，要控制其他中间变量和间接变量。因果性调查是一种很深入的调查，其中最常用的方法是实验法。

④ 预测性调查是指在收集研究事物过去和现在的资料的基础上，预测市场趋势的调查。它主要解决将来会怎么样的问题。例如，根据1997—2007年的销售资料，找出变化规律，预测今后5年的销售量。预测有关指标及群体的特征，估算在某一具体总体中显示某种行为的人群所占的比例。如某地区的时装的零售销量会是多少。给出某些名牌商店经常购物者的轮廓，确定变量间的联系程度，预测未来一定时期内服装市场需求的潜量。通过收集、分析、研究现有的各种市场资料，运用数学方法，估计未来一定时期内市场对某类产品的需求量和变化趋势。

(5) 按调查方法，分为定性调查和定量调查

市场调查还有一个基本的分类就是定性调查和定量调查。定性调查是指调研资料不经过量化或数量分析的市场调查活动。定性调查研究人员必须使受访者能直接说出其内心的

意见与想法,通过对人们言谈举止的观察和陈述,以了解及发现受访者的动机与情感,作为营销决策的参考。定性调查因其样本量小而通常所需成本也较低,并能更好地了解消费者内心深处的动机和感觉。但定性调查无法像定量调查那样区分出目标消费者的细微差别;由于样本量较小,因此被访者的意见并不一定能够完全代表客户所感兴趣的人群,所以对于定性调查结果的分析准确与否在很大程度上取决于研究人员的专业知识和经验是否丰富及对研究目标的深入理解。定性调查的优点很多,如能够了解消费者的感觉、动机、态度和反应;能有效配合定量调查;调查时间短,成本低。当然,定性调查也有很多的缺点,如调查结果代表性差;所得信息不具体、不够详细;调查双方态度、调查环境等很多因素都会影响调查质量。定性调查常用的方法有小组座谈会、深度访谈法、专家意见法(也称德尔菲法)、投影技法等方法。

定量调查与定性调查相对,是指调研资料需量化或经统计学分析的市场调查活动。定量调查需要的样本量较大,定量调查的分析以客观的数据为基础,可以获得较为全面的消费者信息,调查结果比定性调查具备更高的代表性。定量调查常用的方法包括:入户访问、拦截式访问和神秘顾客法、邮寄调查等。

定性调查和定量调查各有自己不同的优势和劣势,二者相辅相成,内容侧重点不同,并且功能互补,二者或平行或交叉,你中有我,我中有你,不可分离。通常需要在定量调查之前进行一些定性调查,以保证定量样本选择的准确性,提高调查的效率。特别是在一些复杂的市场调查项目中将定性分析法与定量分析法相结合,取其各自优点,以达到最佳效果。

**小资料 1-4**

**读出消费者心理需求的方法**

韩国的俗话中"你可以知道海里有什么,但你不知道人心里有什么"。这句话表达的是,不能只看人的行为来判断他内心的想法。为了解消费者的心理,要运用科学的方法进行调查,但是真正了解消费者心理的情况却非常稀少。理由是,消费者展现的内心需求也只相当于展示了海面上的冰山一角。哈佛经济管理的札特慢(Zaltman)教授说过:"人们95%的思考是在无意识中产生,而剩下的5%也不能完全用语言来表达。"因此了解人们内心是一件很困难的事情。在这样的情况下,可以知道的是消费者并不喜欢公开他的内心需求。可以发现,通过消费者调查与通过定量调查的结果会出现相应的差异,因此现在越来越重视消费者内心的定性分析。

(资料来源:金玟洙.中国营销传播网.2012-11-06)

### 1.2.4 市场调查的原则与作用

#### 1. 市场调查的原则

市场调查是一种复杂的认识市场现象及其变化规律的活动,为了提高调查结果的可靠性,能够为企业决策提供依据,需要坚持以下原则。

（1）客观性原则

这是市场调查最重要的原则。客观性原则要求市场调查收集到的市场信息和有关资料必须真实准确地反映市场现象和市场经济活动，保证市场调查的真实性，不能带有虚假或错误的成分。真实客观是市场调查的基石。首先，在市场调查中必须对市场现象、市场经济活动做如实的描述，不能带有个人的主观倾向和偏见。调查人员自始至终应保持客观的态度去寻求反映事物真实状态的准确信息，去正视事实，接受调查的结果。其次，在市场调查中力求市场调查资料的客观性，应当采用科学的方法去设计方案、定义问题、采集数据和分析数据，从中提取有效的、相关的、准确的、可靠的、有代表性的、当前的信息资料，尽量减少错误。最后，市场调查的客观性还应该强调职业道德的重要性。调查人员的座右铭应该是："寻找事物的本来面目，说出事物的本来面目。"

（2）针对性原则

针对性原则包括两个方面的含义：一方面是指市场调查要围绕企业经营活动中存在的问题，即确定的调查目的来进行。任何市场调查都要耗费许多人力、物力、财力，因此，市场调查不能盲目进行，企业必须根据要解决的问题开展市场调查。不能解决问题的调查是无用的调查，市场目标过多的调查是空洞的调查。所有的调查活动都必须"有的放矢"，为了一定的目的而开展。另一方面是指调查必须针对特殊的群体来做。比如在大街上，不分性别、年龄、职业、收入等，见人就拦，这样的调查问卷更多的是一种"社会调查"或"公众调查"，而非我们所需要的"市场调查"。市场调查的对象必须非常确定。每一次调查活动前，总会预先确定调查对象。比如，对家电企业做调查时，调查对象就应该是那些已经购买家电或者是准备购买家电的消费者，市场调查不能随意选择那些来城市（短期）打工的或者是根本无意购买家电的居民或无能力购买的儿童。针对性强的调查，反馈出来的信息才具有价值。

### 小资料 1-5

**全民媒体时代 培养情报触角**

全民媒体时代，有媒体则有情报，全民为媒体，全民亦为情报员，情报搜集比以往更加容易，人人变为情报收发器，任何人、任何地点、任何时间以任何终端都可以获得任何公开或半公开的情报。情报不再神秘，不再需要兵行险招，深入虎穴来获取，情报似乎就在身边，只在于是否用心发现。情报目标确定，是情报搜集的核心，并非易事，一方面，情报目标是动态变化的，情报目标随着形势的转变而转变；另一方面，情报目标是广泛而多元的，情报目标涉及竞争领域方方面面。情报目标确定既要慎之又慎，又要灵活多变，重点把握形势，认清竞争状态，适时应变，选择针对性的目标。有价值信息就在身边，不懂得发现，有价值信息转瞬消失，情报也就离你而去。如何抓住身边有价值的信息，获取所需的情报，还是要用心发现，构建情报触角，全民媒体才可能向全民情报转变。

（资料来源：谢剑超（赛立信竞争情报事业部）．中国营销传播网．2012-09-13）

（3）科学性原则

科学性原则是指对市场调查的整个过程要科学安排，要以科学的知识理论为基础，要应用科学的方法收集资料。为减少调查的盲目性和人、财、物的浪费，对所需要收集的资料和信息及调查步骤要科学规划。例如，采用何种调查方式，问卷如何拟定，调查对象该有哪些等。调查内容要设计科学，以最简洁、明了而又易答的方式呈现给调查对象。市场调查中无论是收集信息资料过程，还是整理分析信息资料过程，都要采用科学方法。

（4）全面性原则

全面性原则是指要全面系统地收集与企业生产营销活动有关的市场信息资料。市场现象不是孤立、静止存在的，市场现象与政治、经济、文化、风俗、法律等社会现象之间，有着千丝万缕的联系；市场现象随着时间、地点、条件的变化而不断发生着变化。在进行市场调查时，必须对相互联系的市场现象的各种影响因素做全面性的调查，而绝不能片面地观察市场，必须对市场现象的发展变化全过程进行系统性的调查。

（5）经济性原则

经济性原则是指市场调查工作必须考虑到经济效果，要以尽可能少的费用取得相对满意的市场信息资料。市场调查工作和各项工作一样，都要提高经济效益，做到少花钱、多办事。企业应该根据自己的实力确定调查费用的支出，并制订相应的调查方案。在满足市场调查目的的前提下，尽量简化调查的内容与项目，不要随意加大调查的范围和规模，造成人力、物力、财力和时间的浪费。

## 小资料 1-6

### 无"调"不成"销"

孙子兵法云："知彼知己，百战不殆；不知彼知己，一胜一败；不知彼不知己，每战必败。"在商战中，也是同样的道理，了解企业和产品所处的内外环境和地位，决定着企业的命运。因此，要做好市场，预先做好市场调研工作，是决定一个产品和企业成功的基础。"预则立，不预则废"正是这个道理。企业策划是指在市场调研的前提下，运用脑力的理性行为寻找出市场发展规律及企业自身发展的因果关系，从而衡量企业未来应采取的方案及对策，以此来作为企业目前决策的依据。简单地说，企业策划就是在市场调研的基础上，事先决定企业应采取的措施及方案以赢得企业的发展。而这种事先决定的措施成败与否的关键一环就是要有一个完整准确的市场调研，进而实事求是地为企业的市场及形象定位，从而制定出企业战略发展规划、企业管理模式、营销计划及企业文化建设等。而制定这些战略、战术及计划时，其决定依据就是一点，那就是"建立在市场调研基础上"，由此可见市场调研在企业策划中的重要地位了。

（资料来源：钟腾海. 价值中国网. http://www.chinavalue.net. 2011-06-01）

### 2. 市场调查作用

市场调查在企业经营活动中所具有的作用是不可忽视的。能否准确掌握市场信息，制定正确的经营管理决策，市场调查是关键。市场调查的任务就是为管理和决策部门提供相关的、准确的、可靠的、有效的信息。缺乏充分依据的信息，可能导致错误的决策。企业只有在获得大量可靠的市场信息的基础上，才能在激烈的市场竞争中占据有利地位。市场调查对于企业来说有重要作用，具体表现如下。

(1) 能收集全面的市场资料为企业决策提供依据

市场调查是客观、全面地收集有关被调查对象的信息，对收集的信息进行分类整理，形成有说服力的、理论与实践相结合的结论与建议，这样对科学决策有非常大的辅助作用。只有坚持不懈地进行市场调查，不断收集和反馈消费者和竞争者的信息，才能正确把握经营策略的制定和调整。通过市场调查把消费者、客户、公众和营销的信息联系起来，以识别、定义市场机会和可能出现的问题，制定、优化营销组合并评估其效果。市场调查是管理决策和提高经济效益的必要条件，正确的管理决策能够使经济活动取得成功；不恰当的或错误的决策，则使经济活动损失或失败。正确决策的前提之一，就是对经济活动做出科学的调查和预测。

## 小资料 1-7

### 没有调查就没有发言权

对于某些刚刚进入新的领域的企业主而言，非常相信自己的火眼金睛和自我感觉，一拍脑门，灵光一闪，项目就上马了。他们对于市场调研，往往认为可有可无，甚至认为是多余的。例如，有机食品这几年大行其道，市场前景看好，不管是猪肉，还是蔬菜、粮食，很多厂家都在打有机牌。市场看上去好像很火，前景美妙，殊不知前方或许是荆棘密布，万丈深渊。黑猪肉这几年市场前景看好，山东不少企业主一哄而上，盲目跟风，没有考察市场就贸然上马，在投入不菲的资金之后，待到黑猪出栏之日，却发现市场不知何在？黑猪又在不停地消耗粮食，存栏一天就是一天的损失。如果在养殖黑猪之初，企业主们能先进行市场考察，对于销售渠道、价位、主要消费群体、黑猪的市场容量等拥有清醒的认知，就不会如此被动。企业主们在进入市场之初，被一些繁华的现象迷乱了双眼。

（资料来源：郑明哲.中国营销传播网.2012-04-23）

(2) 市场调查能帮助企业开拓新的市场

企业需要不断地开拓新的市场，以保住自己的市场份额，市场调查为企业和行业的生存和发展寻找机会。新市场的开发依赖于市场调查所提供的各类信息。通过市场调查活动，企业不仅可以了解其他地区对产品的需求，甚至可以了解到国外市场的需求情况。通过市场调查，企业可以识别目标市场，发现新的市场机会，评估和优化市场营销组合，了解新的市场环境的变化，评估产品、服务质量、经营业绩等。市场调查是探索新的市场机会的基本工具。因此，当一个企业要开拓新市场时，必须用大量的时间对新市场进行全面的调查了解，否则贸然行进，必将导致失败。

(3) 市场调查能使企业赢得竞争优势

只有掌握了竞争对手的经营策略、产品优势、经营力量、促销手段及未来的发展意图等信息，才能知己知彼，达到在竞争中取胜的目的。市场调查能帮助企业了解竞争对手的市场和营销活动，通过最新的全面信息和颇具洞察力的分析，制定切实可行的竞争策略，企业才能保持住自己现有的市场，不断地开发潜在市场，才能使企业在激烈的市场竞争中立于不败之地。

(4) 市场调查是市场营销活动的重要环节

市场调查在营销中的地位非常重要，通过市场调查能够让产品、服务提供者了解消费者的评价和期望值，有利于促进商品销售。市场营销的基本组合要素是产品、渠道、价格、促销，俗称4P，企业在制定各项营销策略之前必须进行全面的市场调查。市场调查能促进产品更新换代，制定出合理的价格以及适合消费者特点的促销手段。

**小资料 1-8**

**中小企业怎样进行市场调研**

市场调研在商战竞争激烈的今天，愈来愈受到企业的重视。中小企业，怎样进行卓有成效的市场调研呢？

首先，企业老总及其高层要从战略高度上认识到市场调研的重要性。市场调研能为企业进行决策提供强有力的支撑，也是企业开发新产品的依据，能为企业制定营销策略奠定基础。其次，中小企业要清晰认知自己的需求，有重点地进行调研。可以选择二线城市的专业营销咨询公司作为外脑，和企业一起进行调研。再次，中小企业在进行资料整理和数据分析时，一定不要陷入数字陷阱而不能自拔。中国地大物博，人口众多，各地消费习性风俗迥异。最后，市场调研有资金、人力成本等多方面制约，数据统计不可能非常精确。不管是在百分比、增长率、平均数等常用的统计方法运用上，还是在常用的线形图、饼状图、柱状图等具体示意图形的应用上，有的企业甚至要求小数点后面的数字要精确到某某位，中小企业千万不要陷入数字的陷阱。中小企业对于资料整理和数据分析，要从自身出发，从自身定位出发，切不可过分追求数据的准确性。

（资料来源：郑明哲．中国营销传播网．2012-04-23）

# 1.3 市场调查的机构与人员

## 1.3.1 市场调查的机构

市场调查机构是受部门或企业委托，专门从事市场调查的单位。企业确定需要市场调查时，必须在自己进行调查和委托调查机构代理调查之间进行抉择。因为许多企业并没有足够的实力建立独立的调查机构。即使是规模很大、实力很强的公司，虽然拥有自己的调查机构，也经常利用外部调查公司为其服务。因此，应该了解外部调查机构，并知道如何利用它们为本企业服务。在市场调查实施过程中，需要各种市场调查机构更有效地对市场信息进行收集、整理和分析，市场调查机构属于服务业，目前来看具有巨大的市场潜力。

### 1. 市场调查机构的类型

国内的市场调查起步较晚，尚处于行业调整阶段，市场调查机构规模有大有小，其隶属关系及独立程度也不一样，名称更是五花八门，但归纳起来，我国已有以下几种形式的市场调查组织机构。

① 国有的调查机构。我国最大的市场调查机构为国家统计部门，国家统计局、各级主管部门和地方统计机构通过统计报表和专业调查队伍专门收集和管理市场调查资料，便于企业了解市场环境变化及发展，指导企业微观经营活动。

② 经济主管业务部门附属的市场调查机构。如商业、轻工业和银行等系统，分别设有信息中心(处、站)或调查室等，从本系统、本部门业务发展需要出发，对自己所经营的商品、业务范围内的产销情况、供应渠道、消费需求等进行专业性调查，提供相应的市场信息。

③ 新闻单位、科研院所的调查机构。这些机构也都开展独立的市场调查活动，定期或不定期地收集和发布一些市场信息。例如，以信息起家的英国路透社，在全球设立了众多的分社和记者站，目前已成为世界上最大的经济新闻提供者，经济信息收入成为该社的主要来源。这类公司进行定期的数据收集工作，并且为企业和广告公司以及其他市场调查公司提供数据服务。如国内的央视调查咨询中心，专门提供报纸阅读率调查的数据；央视索福瑞收视率调查公司，专门提供收视率调查的数据。

④ 独立的市场调查机构。这种机构大体有两类，第一类是专业调查公司，专门承接企业和客户委托的调查项目，调查的结果也只能属于委托企业，国内现在这一类的调查公司数量最多；当有关单位和企业需要时，只需交纳一定费用，就可随时获得所需资料；同时，它们也承接各种调查委托，具有涉及面广、综合性强的特点，并且有自己的调查人员队伍，对当地实地调查执行方面，经验丰富。第二类是广告、咨询性质的调查公司，这类公司一般是由资深的专家、学者和有丰富实践经验的人员组成，为企业和单位进行诊断，充当顾问。这类公司在为委托方进行咨询时，也要进行市场调查，对企业的咨询目标进行可行性分析。当然，它们也可接受企业或单位的委托，代理或参与调查设计和具体调查工作。广告公司为了制作出打动人心的广告，取得良好的广告效果，就要对市场环境和消费者进行调查。广告公司大都设立调查部门，经常大量地承接广告制作和市场调查业务。

⑤ 企业和组织设立的专门调查机构，也可以称为企业内部调查机构，前四种类型的调查机构一般认为是企业外部专业调查机构。这类机构专门负责本企业本组织的市场调查工作，往往隶属于企业的市场部或其他职能部门。目前，市场调查已成为企业固定性、经常性的工作。例如，可口可乐公司设立了专门的市场调查部门，并由一个副总经理负责管理，这个部门的工作人员有调查设计员、统计员、行为科学研究者等。这类调查机构的数量都已经很多了，它们的产生是市场竞争日益激烈的表现，也是当今信息社会的必然产物。

**小思考 1-3** 某民营企业拟投资生产主要销往欧洲国家的服装产品，并准备请专业市场调查公司做前期市场调查。假如你是该企业成员，并被指派承担此项市场调查前期任务，你打算如何开展工作？

## 2. 委托专业市场调查机构与自行调查的优缺点

(1) 委托专业市场调查机构的优缺点

当企业缺乏自身的市场调查机构，或对有效实施市场调查感到力不从心时，可以考虑借助企业外部的专业性市场调查机构来进行市场调查。

委托专业性的市场调查机构进行市场调查的优点表现在以下几个方面：首先，委托调查客观性较大，调查代理能更客观地进行调查研究，提供不受企业内已有分歧影响的独立观点；其次，调查机构专业技能性较强，当需要采用特殊的定性调查时，代理机构通常能够利用心理学家或行为科学家提供服务，这些专业人员往往是用户自己单位中所没有的；最后，专业调查机构具有长期积累的经验，代理机构利用其多年积累的丰富经验，提供更好的调查和分析技术。

当然委托专业机构调查的缺点也较明显：外部专业调查机构对调查项目往往程序化，过于标准化和按例行事，调查成果容易失真。委托单位和调查机构间需要进行深入沟通协调，沟通在企业市场调查机构中非常重要，企业和市场调查机构如果没有深入的沟通，很容易偏离方向。同时调查的信息保密性不高，有些专业调查机构为了证明自己的经验丰富，常常把过往的调查作为案例展示给其他客户，对于受委托的调查机构来讲，应严守职业道德，时刻为用户着想，为用户提供满意的服务。

(2) 企业自行市场调查的优缺点

相对于委托外部专业市场调查机构，企业自行调查往往费用较低。委托调查的收费往往较高，因为代理机构除了固定开销和其他花费之外，还要赢利。在自行调查时，调查人员对课题和企业面临的问题背景往往更加熟悉，处理问题时更实际一些。企业工作人员可以积累自行调查的经验，在每次自行调查完成之后，就等于积累了自行调查的经验。但企业自行调查不易看清企业自身的问题，俗话说旁观者清，当局者迷，身为企业员工的调查人员很难不带着感情色彩观察问题，对企业的问题缺乏客观性的评判。同时在专业调查技术方法上会逊色于外部专业的调查机构。

### 3. 委托专业市场调查机构与自行调查的抉择原则

委托专业市场调查机构与自行调查的抉择原则归纳为以下几点：

(1) 考虑成本。进行自行调查是否合算？若不合算则应委托调查。

(2) 专业水平。自行调查是否具备调查所需的专业技能？若不具备则应委托调查。

(3) 专门设备。调查是否会用到企业没有的专门调查设备？若要则委托调查。

(4) 决策分歧。调查结果是否涉及企业内不同部门或个人之间的冲突？如有，则委托调查。

(5) 保密性。如果调查主题泄露，足以引起竞争对手的警惕，则不选择委托调查。

(6) 管理方面。企业目前是否有专门的管理人员组织实施调查？员工工作量及时间是否允许自行调查的进行？若不允许，则最好委托调查。

### 4. 如何与专业市场调查机构打交道

当企业需要委托专业市场调查机构进行调查时，应做到知己知彼，慎重地选择合作对象，以取得事半功倍的效果。需要注意对调查公司的选择。为了正确选择调查公司并保证调查效果，需要进行市场调查的企业一般应该向社会上多个营销调查机构发出招聘书，并主动与外部专业调查机构沟通，希望调查机构提供何种调查活动。企业人员最好能够与这些调查机构的负责人和主要调查人员进行面谈，或拜访调查机构的老顾客，以便全面地了解其服务质量。选择一家合适的专业市场调查机构是件慎重并十分细致的工作，可以参考以下步骤进行。

① 遴选市场调查公司。企业可从现有的名录中选出几个重点对象，以备进一步接触。如果市场上没有一份完整的市场调查机构的名录，企业应注重日常的收集。有不少市场调查公司在媒体上发表文章、刊登调查报告。这不仅为企业提供了一条有效的渠道，企业还可从中看出各市场调查公司的水平及专长。当然朋友推荐也是一种常见的方法。企业在收集到一定数量的备选对象后，便可根据自己的要求与标准来缩小选择范围。

② 接触调查公司。在遴选结束后，企业就要与这些市场调查机构开始进一步的接触。通过电话联系后，最好登门拜访。通过拜访，企业可以了解到这家市场研究公司的规模实力、研究人员的专业素质、经验等方面的信息，对其有一个整体的印象。这种感性认识将对企业选择理想的市场研究公司有所帮助。

③ 如果有委托该公司调查的意向，则要求市场调查公司提供文字资料。这些资料包括：公司简介、人员简介、项目运作流程、收费标准、客户名单等。专业的市场调查公司在替客户保密的基础上还可以提供所做过的一些范本，如策划书、调查问卷、执行手册、访问工作记录、抽样图、抽样记录表、编码原则、调查报告等。

④ 进一步与市场调查公司沟通，选择有意向的调查公司进行面谈。面谈时，企业可以向调查公司提供相关的信息及背景资料，本次调查目的是什么，需要什么样的数据，调研结果的作用，项目预算，时间要求等。企业提供的信息越多，就越有利于市场调查公司了解和定义客户所面临的问题。但有时企业不愿为市场调查公司提供过多的信息，因为有些信息会涉及企业的机密，这时必须在提供资料或调查项目开始之前与其签订保密协议。目前国内市场研究行业普遍都遵循欧洲民意市场研究协会制定的“ESOMAR”规则，该规则明确规定了市场调查机构与企业合作的“保密原则”，比如，市场调查机构要替企业保密，替被调查者保密等。

⑤ 达成委托协议签订市场调查委托合同。当双方就调查项目达成一致后，企业就可以要求市场调查公司根据项目的具体要求拟定“调查计划书”。计划书一般包括可能采用的调查方法，完成整个调查工作所需要的时间，整个调查项目所需要的费用。当得到几家市场调查公司的计划书后，就可以集中进行比较，从中选出最合适的一家作为代理，并与之再行会晤商议签订调查委托合同。

### 5. 选择专业市场调查机构时须注意的问题

首先，企业必须注意自己的调查方向和目标是否明确。一般来说，企业要对自己遇到的困难有明确的认识，同时需要了解哪些信息是自己既有的，哪些需要借助外力支持，这些信息能够有针对性地解决哪些问题，只有明确了方向、目标和需求之后，才能与市场调查机构有良好的沟通。

其次，企业必须注意在选择市场调查机构时，是否认同调查机构对问题的解释，调查机构选择的调查方法是否具有有效性和创造性，调查机构的信誉、调查机构的业务能力、调查机构的经验、调查人员的素质及配备情况、调查机构收费合理性等因素都必须考虑。当然，市场调查机构的专业特长各有不同，各市场调查机构对行业的认知深度也各不相同，这些都是企业在选择市场调查机构时必须做出正确的判断来选择适合自己的调查机构。

最后，企业应该注意能否与专业调查机构协调配合。对于委托调查的企业来讲，一旦委托调查机构进行市场调查后，应给予信任和授权，并提供充分的协助，使调查能顺利进行。由于大多数调查公司对各种专业内容并非十分了解，企业人员应拿出大量的时间和精力协助专业调查公司进行调查。在聘请外部调查公司协助进行调查时，要与该公司的人员建立相互协作的关系。企业营销人员除了应向调查人员提供本行业的基本信息外，还应有专人密切关注调查工作的每一步骤。只有在有效协作的基础上，调查工作才会取得圆满的结果。

市场调查机构通常受到企业委托后，都会确定研究目的和预期结果，并为如何达到目的进行方案设计。但是，企业应该明确，市场调查机构不是专门帮企业搞情报的，严格说来，市场调查机构不能与"私家侦探"混为一谈。

**小资料 1-9**

**商业侦探与竞争情报**

不管是新朋友还是老朋友，介绍我们所从事的竞争情报工作时，冷不防会接到这样一句问话，"007"？接着话题还会转到"二奶调查"、"个人财产跟踪"等问题上来，对于竞争情报工作，往往让我要作出一番费劲的解释。确实，社会上存在一些这样的公司，它们以婚姻调查、行踪调查、财产调查、寻人查址等业务做宣传，也包括针对企业的调查，比如假冒产品取证调查、行贿记录调查等，从事的是个人侦探业务。侦探公司有公开注册的，也有私下进行的。

对比竞争情报与商业侦探的不同，根本的一点在于是否有合法的基础。竞争情报是合法的信息活动，并且在合乎道德的手段下进行搜集，所了解的信息并不包含商业秘密内容。这里有两点内容需要强调：一是竞争情报所涉及的信息不是商业秘密，对于什么是商业秘密，我国的《反不正当竞争法》有明确的定义，只有被定义为秘密内容并且采取了安全保护措施的文件，才构成商业秘密；二是合法的信息收集手段，竞争情报强调在合法和合乎道德的层面下进行信息搜集，而商业间谍采取非法的手段，从而侵犯了别人的商业秘密。

竞争情报的搜集应该在合法的前提下进行，特别是从企业管理的角度，竞争情报是一项长期日常的工作，很难想象在违反法律规定的状态下长期运营。更重要的是，竞争情报工作的成功，根本点不在获取竞争对手的机密信息。从这个意义上说，竞争情报不是商业侦探，不是"007"。竞争情报是一门学科，具有一套科学的信息收集方法和分析方法，是现代企业战略管理的基础。

（资料来源：黄引敏. 商业情报战——企业竞争情报搜集与应用. 羊城晚报出版社，2011-12）

## 1.3.2 市场调查人员

### 1. 市场调查人员的素质要求

市场调查机构必须根据调查工作量的大小及调查工作的难易程度，配备一定数量并有较高素质的工作人员。市场调查人员是指为本组织或受托为其他组织从事市场调查、市场研究、信息分析及相关活动的人员。市场调查人员是调查工作的主体,其数量和质量直接影响市场调查的结果。在决定整个市场调查质量的诸多因素中,调查人员的表现无疑是极为重要的。若要确保调查人员的工作质量,那么调查人员的考录、挑选、培训与管理工作极其重要。根据市场调查行业的分工特点,市场调查人员可以划分为初级市场调查人员、助理市场调查师、市场分析师三个层次。就我国目前的市场需求情况看,每个层次的人员都存在着不同的匮乏。

初级市场调查人员所最重要的是敬业精神和职业素质技巧,作为工作在调查第一线的"执行者",由于是直接和调查对象接触,所以能够取得调查对象信任和理解的职业素质技巧是调查成功的第一步。为了保证调查数据的准确性,还要求从业者有认真的工作态度和敬业精神。发达国家一般采用的典型调查人员是35～54岁的已婚妇女,要求具有中等以上的文化水平和家庭收入。在实地的问卷调查中,如果调查人员与调查对象的共同特征越多,访问的成功率也就越高。因为生活方式的差异和调查行业本身的不成熟,国内专职调查人员还不多,聘用大学生为兼职调查人员的情况比较常见。助理市场调查人才的欠缺主要体现在行业经验和理论基础上,来自统计、信息数据分析等专业,但是一般招聘单位要求有具体的从业经验,对所要从事调查分析的行业的特点和属性完全了解。而作为能够独当一面的项目负责人——市场分析师的水平,不仅决定着调查的科学准确与否,而且关系着调查公司的生死存亡。调查行业对这个层次的人员有较高调查水平的要求,如掌握科学的分析方法,同时设计的问卷准确度高等。

## 小资料 1-10

### "棱镜"笼罩中国

2013年6月,美国人爱德华·斯诺登成了全球多家媒体头版上的"英雄",也成了美国政府欲根据《反间谍法》提起刑事指控的对象。在安全与自由之间,斯诺登选择了后者。美国中央情报局前雇员斯诺登的爆料,让世人知道,我们的信息正和世界各地的个人资料一起,被输入美国国家安全局庞大的硬件设备里,可以被保存几十年。中国是美国监控的重点。而在类似"棱镜"这样的美国多个信息监控和挖掘项目的"关照"下,中国近似"裸身"。"棱镜门"给中国敲响了警钟,国家级权威信息安全部门也需要尽快建立起来了。美国建立多个监视、信息挖掘项目,通过与政府关系紧密的跨国企业,已经把中国网络的七经八脉全部打通,电话、视频、邮件,甚至每一个人的刷卡和旅游记录,都有可能被一一传送到美国国家安全局情报人员的硬盘里。

(资料来源:白朝阳.中国经济周刊.2013(24))

尽管对调查人员具体的要求会随调查项目的不同而有所变化,但是对调查人员的一般要求是基本相同的,通常调查人员必须具备以下的条件和素质:

① 道德品质素质。品德问题也许是任何行业在挑选员工时都必须予以重视的问题,在调查人员的挑选过程中,坚持品德第一的标准仍然是最需要予以强调的。调查人员应具有

强烈的社会责任感和事业心；具有较高的职业道德修养，工作中能实事求是、公正无私；工作认真细致；具有创新精神。还有一些极容易被调查人员忽略但对调查质量可能产生重大影响的规则，主要有如下这些：一是不按抽样规则进行抽样，如在执行时偷工减料图方便，随意入户；二是将问卷交由被调查者自己填写；三是未按规定随便放弃已抽好的样本，如遇被调查者不在家时，未遵守至少须在每隔两小时后、先后登门三次未果才能放弃该样本的规定；四是擅自将问卷转让给其他未受培训者去完成；五是未能遵守先调查后送礼品的规定，或擅自私吞礼品；六是在询问过程中随便发表一些有可能诱导被调查者的言论，或对被调查者未明确表态的开放题不作适当的追问，等等。对于这些调查人员易犯的毛病，管理者(督导)最好先将其要求印好分发给每个调查人员，并声明违者必究，以引起调查人员的注意，养成规范良好的作业习惯。

② 心理素质。性格开朗，乐于和陌生人交谈，头脑灵活，能够随机应变，但为人要忠诚可靠，肯吃苦耐劳。市场调查的确是一件既辛苦又困难的工作，因为在你的调查过程中会听到对方太多的"不"。会遭到对方太多的白眼，会吃到人家太多的"闭门羹"。但是，当你忍受住孤独、郁闷与压力，积极转动你的大脑时，解决一切问题的办法你都会想出来的。

③ 文化素质。有较高的文化素养和必要的市场调查知识。调查人员必须具有较强的读、写能力，具有较广博的理论知识，培养较强的业务能力。大部分调查公司都要求有高中或以上的文化程度，许多公司愿意招聘受过高等教育的调查人员。市场调查和分析人才依托自己的市场学知识，通过自己掌握的调查工具和手段完成工作。从个人文化知识上来看，主要集中在以下几个方面：市场调查知识、营销学知识、管理学知识、行业知识。所以说市场调查行业急需的是复合型人才。

由于市场调查涉及面广、情况复杂，因此，调查人员在每次调查过程中都有可能遇到一些事先不曾预料到而个人又无力解决的困难。以上三点是做好一名优秀的市场调查人员的基本素质，还有很多的技巧与能力需要市场调查人员们在实践中去积累、去体会。

### 2. 市场调查人员的能力要求

① 语言能力。调查人员在调查访问时的口吻、语气和表情对调查结果有很直接的影响，因此谈话特别需要讲究技巧。一个优秀的调查人员必须口齿伶俐、表达能力强。此外，在一些普通话普及率不太高的地区，特别是一些农村偏远地区，当被调查者中有老年人时，调查人员更应注意方言的使用。

② 应变能力。调查人员应具有对调查环境较强的适应能力，特别是应该具有应变能力。一般要求调查人员能在复杂多变的社会环境里，独自一人解决随时可能遇到的各种意外问题，这样才能保证整个项目高效率、按计划完成。

③ 交际能力。调查人员应该能够与被调查者建立友善关系，应具备能联络陌生人的性格。谈话中询问和倾听的技巧都是十分重要的。要有耐心倾听，不为机械式工作所苦，且能循循善诱，与被调查者合作。此外调查人员通常必须走家串户地进行入户调查，一个调查人员的外表，不仅会影响到被调查者的合作态度，甚至会影响到调查人员能否入户成功。因此，调查人员应该穿着整洁，仪表大方端正、态度亲切、平易近人、性格外向，容易与被调查者打成一片，与调查对象沟通起来相对容易。特别是在一些社会治安较差的地区，这一点尤为突出。如果调查人员的外形令人不愉快或不平常、比较特殊，那么收集到的数据可能会有偏差。

总之，一个合格的市场调查人员应是勤学好问、有思想、有知识并具有创造性的，必须善于倾听，善于思考，善于提出问题、分析问题和解决问题，当然必须有吃苦耐劳、不怕被拒绝的精神。同一个调查，由于调查人员的素质不一，性格、思想、观念等不同，往往会产生不同的调查结果。因此，在选择调查人员时，应考虑调查的性质、收集数据的具体方法，尽量选择能与被调查者相匹配的调查人员。

**小思考 1-4** 你认为自己是否具备调查人员的条件和素质？

### 3. 对市场调查人员的培训的内容

人的素质和才能是有差异的，先天不足是可以通过后天的教育、培训来弥补的，要达到调查工作需要的理想标准，就要不断地通过各种途径，利用各种方法提高素质，培养能力。在实际调查中，调查任务是通过组建一支良好的调查队伍来完成的。因此，除对调查人员基本思想、品德要求外，不必要也不可能要求所有调查人员同时具备这些素质，而只能对调查队伍的整体结构加以考虑，包括职能结构、知识结构、年龄结构，甚至性别结构等，通过人员的有机组合，取长补短，提高调查效率。

对调查人员的培训有两种情况：普通培训和专业培训（含针对某个具体项目的特别培训）。普通培训是指对调查人员进行诸如自我介绍、入户方式、应变能力、工作态度、安全意识、报酬计算标准、奖惩条例、作业流程以及纪律与职业道德等内容的培训。对于新近录用的调查人员，不管他们是否曾为其他机构和个人工作过，都要进行严格的普通培训。对于在本调查机构已经工作了一段时间并通过多次实践积累了丰富的经验的调查人员，只需进行每次调查前的专业培训即可。对调查人员进行训练，其目的是提高他们的访问技能、处理问题的能力，以及端正他们的访问态度。因此，普通培训主要包括下列四个方面：

① 态度训练。其目的是让调查人员明确调查工作对市场调查的客观性、科学性的重要作用。通过训练，促使他们在今后的调查实践中做到认真、细致、一丝不苟地按照要求完成所有任务。组织调查人员学习市场经济的一般理论和国家有关的政策法规，充分认识市场调查的重要意义，使他们有强烈的事业心和责任感，端正工作态度和工作作风，激发调查的积极性。同时组织的规章制度也应列入培训的内容，调查人员必须遵守组织内部和外部的各种规章制度，这是调查得以顺利进行的保证。

② 沟通能力训练。目的是提高调查人员与陌生人打交道的能力，以有效地完成访问任务。注意对调查人员性格修养方面的培养以及在热情、坦率、谦虚、礼貌等方面进行培训。还包括调查人员的态度和行为准则、被调查者的心态等指导，以及如何达到能够进入交谈状态，并使被调查者产生信任，吐露心声等。

③ 理论知识培训。主要是对市场调查基本知识的培训，不仅需要讲授市场调查原理、统计学、市场学、心理学等知识，还需要加强问卷设计、提问技巧、信息处理技术、分析技术及报告写作技巧等知识方面的训练。目的是让调查人员对市场调查的基础知识能够有基本的了解，在进行调查时，能够从被调查者的角度出发，正确地处理出现的问题。

④ 问题处理训练。实施调查过程中，调查人员常常会碰到这样或那样的问题，如被调查者不愿意配合，找不到被抽取到的样本等。此时，如果调查人员经过训练，就知道该如何

处理，否则就可能因处理不当而对抽样或调查结果产生不良的影响。

专业性培训是指针对某一份具体调查中所涉及的诸如如何甄选被调查对象，如何统一理解或向被调查者解释某些专业概念与名词，如何提问，如何做好笔录，如何追问，以及如何自查问卷等技术性问题的培训。由于上述两类培训内容不同，所要解决的问题也不同，因此，通常必须分开进行，并由不同的培训教师分别进行。通常的做法是：普通性培训重点针对首次应聘的调查人员，并由调查机构的管理人员（如督导）来承担；若条件允许，专业培训最好由来自企业的技术专家与事务所的方案设计者共同完成，这样才能最大限度地保证培训效果的准确性与高效性。而对于已多次参与过调查任务的老调查人员，则只需就新的规定作扼要的说明，而将培训重点放在专业性培训上，以提高培训工作的效率，并避免调查人员对培训工作的厌倦情绪。

### 4. 对市场调查人员培训的方法

（1）集中培训法

首先是理论培训，一般用于新录用的调查人员或日常管理工作中为提升调查人员的业务水平，提高调查人员的等级资格的培训。培训中不仅需要讲授市场调查的理论、方法，资料的收集、整理和分析等各项内容，还应该聘请调查督导或有关专家对调查人员进行技能培训。

其次是调查项目培训，常常用于每次调查之前。负责培训的人员一般是市场调查项目主管、调查方案的设计者，需要对调查项目课题的意义、目的、要求、内容及调查工作的具体安排等进行讲解，介绍一些背景材料等，以及在调查实施中的注意事项。

最后是调查工作完成之后的经验交流，一般由有一定理论和实践经验的人员或业务骨干，介绍各自的调查经验，先进的调查方法、手段和成功的调查案例等，有助于新聘任的调查人员尽快熟悉调查业务，提高调查水平。

（2）模拟训练方法

模拟训练方法即设计作业情境，让调查人员进行具体操作，检查他们在模拟作业中存在的问题，并加以指导、纠正。这是人为地制造一种调查环境，由培训者和受训者或受训者之间相互分别装扮成调查者和被调查者，进行模拟调查，练习某一具体的调查过程。模拟时，要将在实际调查中可能遇到的各种问题和困难表现出来，让受训者作出判断、解答和处理，以增加受训者的经验。采用这种方法，应事先做好充分准备，模拟时才能真实地反映调查过程中可能出现的情况。

（3）实际操作训练法

采用这种训练方法，目的是使调查人员从实干中提高技能，掌握技巧。它比较能激发调查人员的学习兴趣。通过亲自调查，使受训者真切体验到调查工作的困难，同时为以后的调查做好心理上的准备，增加解决问题的经验和能力。这样，整个培训工作的效果就能得到基本保障。以入户访问实际操作训练为例，在课堂培训结束后，先拿出少量问卷，将调查任务分派给每个调查人员，让他们按正式要求去试访几份。与此同时，培训专家则以旁观陪同者的身份，对每一个调查人员的入户进行一次陪访，实地观察调查人员在实际工作中是否存在问题。在试访与陪访结束后，培训专家应再对调查人员进行一次集中总结，纠正试访中存在的问题，并及时淘汰部分难以胜任工作的调查人员。试访与陪访是确保调查人员培训效果必不可少的一环。这样,既可让新聘调查人员充当有经验的老资格调查人员的助手,也可以让新聘调查人员担当访问主角,有经验的调查人员在旁辅导。

调查人员培训是确保整个调查工作质量的重要基础。但是,倘若没有一套行之有效的管理办法,要确保整个调查任务得以优质高效地完成,也是很不现实的。诸如一些调查公司建立并储备一支相对稳定的业余调查人员队伍,并建立健全一套行之有效的调查人员晋级制度,这些人可以作为调查工作的储备力量。考虑到因调查人员工作质量与效率问题而必须承担的合同违约风险与商誉损失,适当强化对调查人员的物质激励是必要的,强化市场调查质量监督与外在约束机制。

## 小资料 1-11

### 市场调查分析师告缺

近年来,大数据带来的信息风暴正在改变我们的生活、工作和思维。随着大数据时代的到来,市场研究方法也将随之在基本原理、研究方式、具体方法各个层面发生革命性的变化和大跨度的超越。人们越发注意对数据的分析与挖掘,以及如何通过创新性的分析来应用与释放大规模信息中潜在的数据价值。

随着大数据时代的到来,新兴职业市场调查分析师一职告急,各大企业纷纷开出高薪招揽数据挖掘或运用人才。据了解,市场调查分析师,刚毕业的大学生年薪可达五六万元,有一定工作经验后年薪可达十万元甚至更高。根据中国商业技师协会提供的统计数据,目前世界500强企业中,有90%以上都建立了信息分析部门。

那么,针对此岗位有没有专门的证书?据中国社会学会方法研究会会长、复旦大学教学名师范伟达教授介绍,国家统计局与教育部(全国考委)联合推出了调查分析师证书。据悉,调查分析师总共分初、中、高三个级别。一般而言,从中级开始报读和报考的人比较多。因为高级课程中涉及专业的数据分析模型和理论,对考生的数学能力以及统计学知识也有一定要求,因此除非是已经具备一定理论和实践经验的业内人士,否则考试主办方不建议考生直接报考高级。

据悉,调查分析师一年有两次考试,时间为每年5月和11月的第三周周六或周日进行,形式是笔试,考生只需按照各个级别证书的课目修完规定课程并考试合格就能获得相应级别的证书。

(资料来源:周勇.新闻晨报.http://www.sootoo.com.2013-08-15)

## 本章小结

本章主要阐述了市场调查的基本理论和基本知识,包括三个方面的内容。首先,阐述了市场的基本概念、特征和类型,因为市场调查的内容来自于市场,不同类型的市场,调查内容不同。其次,介绍了市场调查的概念、特点,以及市场调查的基本原则和作用。对企业来说市场调查的作用很明显,市场调查不仅能为市场预测与决策提供信息,还有利于促进商品销售市场调查，能促进产品更新换代，提高企业的竞争能力，因此需要重点掌握市场调查的原则和作用。最后，介绍了市场调查机构与人员，市场调查机构是受部门或企业委托，专门从事市场调查的单位。市场调查机构种类较多，企业确定需要市场调查时，必须在自己进行调查和委托调查的机构代理调查之间进行抉择。市场调查人员可以划分为初级市场调查人员、助理市场调查师、市场调查分析师三个层次。无论哪个层次的调查人员都必须具备相应的条件和素质。

## 知识训练

**1. 基本概念**

市场　市场调查　市场调查机构　市场调查人员　探测性调查　描述性调查　因果性调查　大数据　定性调查　定量调查

**2. 选择题(可多选)**

(1) 按照资料来源分类，市场调查有(　　)。

A. 文案调查　　B. 实地调查　　C. 全面调查　　D. 非全面调查

(2) 一般来说，下述几种调查方式中，对市场调查更深入的调查方法是(　　)。

A. 探索性调查　　B. 描述性调查　　C. 因果性调查　　D. 预测性调查

(3) 市场普查的特点表现在(　　)。

A. 普查费用比较低

B. 普查的项目必须详细

C. 普查适合了解一些重要的、相对稳定现象的基本特征

D. 适用于内容比较集中、标志量比较大的调查对象

(4) 重点调查的目的是(　　)。

A. 对调查对象的基本情况作出估计

B. 利用重点调查的综合指标来推断总体的综合指标

C. 取得调查总体全面的原始资料和数据，全面地反映客观事物

D. 适合了解市场的基本情况

(5) 委托专业性的市场调查机构进行市场调查的优点有(　　)。

A. 标准化和按例行事　　B. 调查的信息保密性高

C. 成本低　　D. 客观性较强

(6) 预测性调查的作用在于(　　)。

A. 说明事物的表现　　B. 揭露问题的本质

C. 掌握准确的信息　　D. 估计未来发展趋势

(7) 市场调查的局限性主要有(　　)。

A. 要求更多的专业知识

B. 结果难免带有误差

C. 必备丰富的实践经验

D. 为营销决策提供宝贵的参考资料和信息但并不能代替决策

**3. 判断题(下列说法正确的请打√,错误的请打×)**

(1) 从市场营销者的立场来看,市场是商品供求关系的总和。 ( )

(2) 人口多,购买力强,就能成为有潜力的大市场。 ( )

(3) 市场的调节功能是通过价值规律和竞争规律来体现的。 ( )

(4) 典型调查中的典型是调查人员随机选出来的个别事例,因而具有充分的代表性。 ( )

(5) 在实地调查中,调查人员与调查对象的共同特征越多,访问的成功率也就越高。 ( )

(6) 市场调查就是对企业营销活动的有关信息、资料进行收集、整理和分析,并提出调查报告。 ( )

**4. 复习思考题**

(1) 如何理解市场与市场调查的含义?

(2) 市场调查有哪些类型和基本原则?

(3) 市场调查有哪些作用?

(4) 结合中国房地产业的实际,说明有哪些因素影响房地产市场?

(5) 如何选择市场调查机构?

(6) 市场调查人员应具备哪些素质和能力要求?

(7) 如何培训市场调查人员?

(8) 定性调查与定量调查的关系?

## 技能训练

**1. 课内实训**

实训主题:现代企业应该如何进行市场调查。

实训形式:学生每5人一个小组讨论。

实训任务:把某企业家请进课堂,以采访或直接对话的形式收集资料,了解该企业家对市场调查的认识,以及该企业的市场调查情况。通过与企业家对话使学生与企业家真诚交流。

实训步骤:

(1) 把企业家请进课堂,就"现代企业应该如何进行市场调查"为主题进行演讲。

(2) 学生提问,提问的主要问题有:您是如何看待市场调查的?您的企业需要市场调查吗?您的企业做过市场调查吗?您的企业是怎样进行市场调查的?您的企业在调查中遇到哪些问题?

(3) 组织讨论,以小组为单位组织讨论,得出结论,写下感想。

**2. 课外实训**

实训主题:市场调查人员应具备哪些素质和能力要求。

实训形式：学生3人为一组。

实训任务：走访本市一家市场调查公司，了解该公司的人员结构、素质、规模和主要业务，写出一份简要的市场实地考察报告。

实训步骤：

（1）选择本市一家市场调查公司，拟定访问提问的大纲。

（2）市场实地考察该公司，收集相关资料。

（3）实地考察结束后，组织课堂交流与讨论。

## 案例分析

### 国内袜业市场调研

春节过后，杭州长年客公司组织力量对袜业市场进行了长达一个多月的专项调研。这次市场调研的目的是进一步了解国内袜业市场的现状，更好地衔接供需，创造发挥公司的价值。本次市场调研重点在江苏、安徽以及山东进行。公司销售人员深入到各地批发市场、服装市场、步行街、服装店等城市、农村，与各级销售商、消费者进行详尽的沟通交流，对市场销售的各类袜子的情况进行认真科学的考察，通过一个多月的辛勤调研，有以下发现。

（1）当前袜子的流通方式主要是通过落后的批发市场，以自然的流通方式为主，各级销售商进货辛苦、风险也比较大。品牌袜子主要在商超销售，但总体销售量并不大。

（2）当前市场，80%以上的市场份额为低价位的袜子所占领，消费者对袜子的认知与要求都不高。

（3）市场上销售的袜子以低档次低价格、侵权仿冒的为主，有些品牌甚至自己都没有做袜业生意，但是市场上却充斥着印有其商标的低价袜子，经营这种仿冒产品对销售商来说利润低，风险也比较大。

（4）市场竞争手段基本上以简单的低价格的方式进行，一双袜子的价格甚至不如擦一次皮鞋的价格贵，更不如一根萝卜、一棵大葱值钱。

（5）各级经销商所经销的产品几乎都没有品牌，产品同质化严重，彼此没有区别，也没有差异化，利润率普遍比较低，卖出一双袜子的利润几乎低到不可想象的地步。

（6）消费者与各级袜子的经销商普遍对袜子的品质优劣认知不够，品牌关注度也不够。很多产品无厂名厂址，也有很多产品甚至连包装都没有，这在大米等农副产品都讲究包装的年代，不可想象。消费者消费后的安全健康与售后服务没有保障。

总体来说，国内袜业市场尚处于群龙无首、零散无序的状态；整个行业需要对广大消费者与各级销售商进行教育引导；整个行业需要品牌化；整个行业的销售流体模式需要转型；整个行业需要整合与提高服务水平；整个行业处于剧烈变革的前夜。

（资料来源：马克国．中国营销传播网．2012-04-25）

**问题：**

1．结合案例，分析企业自行调查与采用专业调查公司调查有何差别？

2．本案例采取了哪些调查类型？

# 第2章 市场调查的内容与调查方案设计

## 章节图解

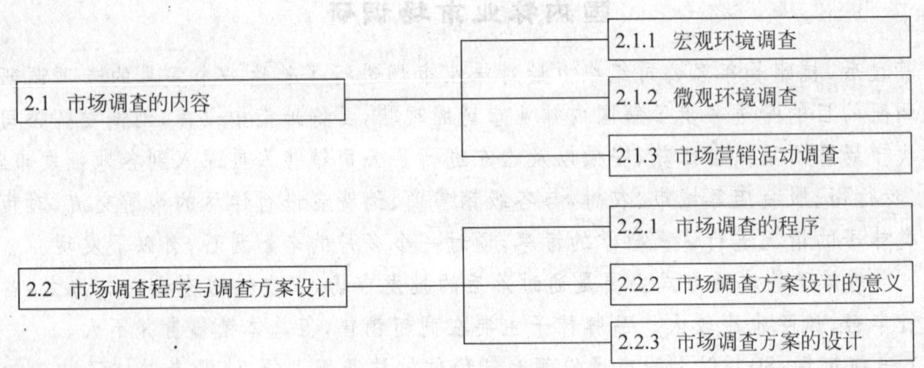


## 学习要点

### 知识点

1. 掌握市场调查的内容。
2. 掌握市场调查的基本程序。
3. 了解市场调查方案设计的意义。
4. 掌握市场调查方案设计的基本内容和方法。

### 技能点

1. 结合某个具体企业或产品谈谈在开拓新市场时需要做哪些方面的调查？
2. 如果你要自己创业，需要怎样开展调查？
3. 掌握市场调查方案的编写方法，并能设计可行的市场调查方案。

## 引导案例

### 酒水市场调研方法及技巧解密

市场调研是从事营销人员必须掌握的基本技能，合适而有方法的市场调研能使营销人员的工作事半功倍。

一、酒水市场调研的内容

营销人员到一个新的市场首先要了解该区域内的PEST,即政治、经济、文化、科技等宏观环境,当地的政治、文化、经济、科技决定着本地的消费形态,这些宏观环境情况可以通过网上收集、图书资料或拜访当地人士很容易获得。其次是要了解酒水营销需要掌握的微观环境,其主要包括如下几个层面。

(1) 产品层面:产品的包装材质及色彩,如有的区域消费者不喜欢白色或蓝色包装;产品的度数及规格,如产品的规格营销影响消费者购买的便利性。

(2) 渠道特征:酒店渠道的加价率、流通渠道的加价率、区域的自带率、终端渠道的数量、经销商及分销商数量。

(3) 市场投入状况:酒店渠道投入状况(开瓶费、礼品、进店政策)、经销商及分销商投入政策及方式、消费者促销投入状况。

(4) 品牌宣传及推广:媒体投入方式、媒介费用情况、事件营销方式。

(5) 竞争品牌运作模式:直销模式、分销模式、人员分配状况及收入构成等。

二、酒水市场调研的步骤

步骤一:寻找当地多个经销商,从整体了解该区域内酒水竞争状况。经销商最了解市场,最了解当地消费习惯,与经销商交流可以了解该区域市场整体竞争状况、整体市场容量、渠道特征、竞争品牌市场操作模式等。

步骤二:走访餐饮终端。通过经销商的访谈可以整体了解当地酒水的状况,然后走访餐饮终端,对经销商阐述的该区域的市场状况进行一一比对,有时候经销商自己的判断是片面的或者是个人主观臆断,这个时候就要通过走访餐饮终端逐步进行去伪存真,得到市场调研需要的准确信息。餐饮市场走访主要可以得到如下市场信息:酒店渠道的利润空间、进店费用情况、餐饮渠道市场投入状况、消费促销情况、消费设计情况、竞争销售情况。

步骤三:走访流通终端与超市卖场。流通渠道的走访也是对经销商提供的相关信息进行验证的过程,或者对经销商没有掌握的市场信息进行补充。通过流通终端的市场调研可以得到如下相关信息:准确市场价格体系、主流产品及具体销售量、具体市场投入政策等。

步骤四:核心消费者市场调研。它是对区域内酒水消费的忠诚者或带动者进行实地拜访,听取消费者对自身产品及竞争品牌实际感受,了解当地消费习惯及当地政商务消费主流价位及品牌。通过核心消费者的市场拜访,找出自己存在的问题,根据问题进行逐步调整,达到合理状态。

步骤五:对品牌传播及媒介进行调研。

(资料来源:戚俊文.中国营销传播网.2012-10-08)

## 2.1 市场调查的内容

市场现象非常复杂,调查的内容也十分广泛,只有按照合理的内容来进行调查,才可能以较少的投入取得较满意的效果。本节将从市场宏观环境、微观环境、企业营销活动三个主要方面来阐述市场调查的内容。市场宏观环境调查包括政治、法律、经济、社会文化、科学技术、人口、自然等环境的调查；微观环境调查包括对企业自身、竞争对手、消费者、供应商、公众等的调查；市场基本状况的调查，主要包括市场规范、总体需求量、市场的动向、同行业的市场占有率等；企业的营销活动调查包括企业产品、价格、销售渠道等调查等。

**小思考 2-1** 假如你是一个餐饮店老板，要在某地开一家新店，你会收集哪些信息呢？这些信息对此餐饮店有何作用？

## 2.1.1 宏观环境调查

任何企业、任何产品都处在一个特定的宏观经济环境中，市场环境的变化直接影响着市场需求的变化，如政治法律环境、经济形势、社会文化、科技环境、人口及自然地理情况等各个方面。因此，政府和企业都特别重视宏观环境的调查工作。

### 1. 政治法律环境调查

政治环境调查，主要是了解对市场有影响和制约作用的国内外政治形势以及国家管理市场的有关方针政策。政治因素指国家的政体、政局、政策等的状况。对于国际市场，由于国别不同，情况就复杂得多，主要可以从以下几个方面进行调查。

(1) 国家制度和政策。主要了解其政治制度、对外政策等。鉴于有些国家政权不够稳定，只有了解并掌握这些国家的政权更迭和政治趋势，才能尽可能避免承担经济上的风险和损失。

(2) 国家或地区之间的政治关系。随着国际政治关系的变化，对外贸易关系也会发生变化。

(3) 政治和社会动乱。由于罢工、暴乱、战争等引起社会动乱，会影响国际商品流通和交货期，给对外贸易带来一定的风险，但同时也可能产生某种机遇，通过调查，有助于企业随机应变，把握市场成交机会。

(4) 国有化政策。国有化政策是指了解各国对外国投资的政策。

法律因素指与市场有关的法规、条例、标准、惯例、法令等。世界许多发达国家都十分重视经济立法并严格遵照执行。尤其重要的是经济合同法、商标法、专利法、广告法、环境保护法等多种经济法规和条例，这些都对企业营销活动产生了重要的影响。西方国家一贯强调依法治国，对企业营销活动的管理和控制也主要通过法律手段。在这方面的立法主要有三个内容或目的：一是保护企业间的公平竞争，制止不公平竞争；二是保护消费者正当权益，制止企业非法牟利及损害消费者利益的行为；三是保护社会的整体利益和长远利益，防止对环境的污染和对生态的破坏。

### 2. 人口环境调查

人是市场的主体，人口环境包括人口规模及增长率、年龄结构、地理分布、家庭状况等。人口的数量和质量决定了市场需求的规模和营销战略与策略的选择。人口数量是计算需求量时必须考虑的因素。

(1) 人口规模。对于一些生活必需品来讲,人口规模的大小与这类商品的需求量成正比。人口的增长速度及其变化也将对市场需求构成产生影响。

(2) 人口地理分布。人口地理分布与市场需求有密切关系。比如,沿海地区和内地、城市与农村,无论在消费、需求构成、购买习惯和行为等方面都有着许多差异。在对人口进行研究时,应该注意地理区域流动的变化情况,人口流动会引起购买力的流动,从而引起市场需求的变化,这对于处在政治、经济、文化中心或地处交通枢纽的城市来说,尤为明显。

(3) 人口的结构。人口构成在年龄、性别、家庭结构、职业、文化程度、民族结构等方面不同,其消费投向会有很大的差异。

① 年龄结构。不同年龄的消费者对商品的需求不一样。我国人口年龄结构的显著特点是:现阶段,青少年比重约占总人口的一半,反映到市场上,在今后20年内,婴幼儿和少年儿童用品及结婚用品的需求将明显增长。按照国际通行标准,中国人口年龄结构已经开始进入老龄化阶段。调查显示,目前中国60岁以上老年人口为1.34亿,占总人口的10%以上;65岁以上的人口超过9400万,占总人口的7%以上;80岁以上老年人口达1300万。反映到市场上,老年人的需求呈现高峰。这样,诸如保健用品、营养品、老年人生活必需品、老年人文化生活需求等市场将会兴旺。

② 性别结构。人口的性别不同,其市场需求也有明显的差异。据调查,0～62岁的年龄组内,男性略大于女性,其中37～53岁的年龄组内,男性大于女性10%左右,但到73岁以上,女性多于男性20%左右,反映到市场上就会出现男性用品市场和女性用品市场需求的差异。

③ 家庭结构。家庭是购买、消费的基本单位。家庭是社会的细胞,许多商品都是以家庭为基本单位来进行消费的。家庭的数量直接影响到某些商品(如住房、家具等)的数量。因此,家庭总数和平均人口数对于家庭用品的需求有很大的影响。近年来,随着我国人民生活条件的改善,我国家庭也出现了由过去几代同堂的大家庭向三口之家的小家庭发展的趋势。目前,世界上普遍呈现家庭规模缩小的趋势,越是经济发达的地区,家庭规模就越小。家庭数量的剧增必然会引起对炊具、家具、家用电器和住房等需求的迅速增长。随着单亲家庭以及成年后独自居住的人群不断增加,简易家具、小型号家用电器等产品越来越受到欢迎。

④ 民族结构。我国是一个多民族国家,除了汉族以外,还有50多个少数民族。各民族由于其历史、文化和信仰不同,形成了各自比较鲜明的民族习惯。不同民族其生活习性、文化传统不同,对饮食、服装等商品的需求也就不同。因此,企业要注意不同民族市场的调查,尊重民族习惯,重视开发适合各民族特性、受其欢迎的商品。因此,在对消费者进行调查时,应注意这种因民族不同而产生的消费习惯的差异。

### 3. 经济环境调查

经济环境主要指一个地区的经济发展水平,企业面临的外部经济因素(如消费者的收入与支出),主要影响市场容量和市场需求结构,经济发展水平等。经济环境包括工农业生产、财政、金融、商业发展情况,基础设施完善程度,国民生产总值和人均收入水平,产业结构及其调整等。经济环境调查主要包括对消费者收入、消费者支出、消费者信贷,以及居民储蓄等指标的调查研究。其中消费者收入调查主要是对消费者的实际收入的调查。实际收入与名义收入并不是完全一致的,决定购买力的是实际收入。调查人员应注意实际收入的调查和变动趋势预测。消费者支出调查主要是对支出结构或需求结构的变化的调查。消费者支出主要取决于消费者的收入水平。要注意调查两个指标：个人可支配的收入和个人可随意支配的收入。居民储蓄及消费信贷调查是当消费者的收入一定时，储蓄数量越大，现实支出数量就越小，从而影响企业的销售量。同时，居民储蓄越多，潜在购买力越强。消费者信贷也是影响购买力的一个重要因素，如目前我国房地产市场受信贷因素影响巨大。

### 4. 社会文化环境调查

社会文化环境调查，就是对一个国家、地区或民族的传统文化风俗习惯、审美观念、价值观念、宗教信仰、道德规范及社会时尚和居民受教育程度等方面的调查。文化一般是本国或本民族人民在生活习惯、价值判断和行为模式等方面的一种长期而稳定的积淀。如中国传统的儒家文化教育一个孩子从小就要尊重长辈，胸怀大志，不断进取等。社会文化环境在很大程度上决定着人们的价值观念和购买行为，它影响着消费者购买产品的动机、种类、方式以至地点。如“回族人不吃猪肉”，“东北人一般比较高大”等。在文化因素上，市场调查活动应尊重当地的宗教信仰，否则，会引起当地人的反感，导致调查活动的失败。

### 5. 自然环境调查

自然环境调查包括自然物质环境和自然地理特征的调查。自然物质环境是指自然界提供给人类各种形式的物质财富，如矿产资源、森林资源、土地资源、水力资源等。自然地理环境的调查包括对地区条件、气候条件、季节因素、使用条件等方面进行调查。一个国家或地区的地形、地貌和气候，是企业开展市场营销所必须考虑的地理环境因素，这些地理特征对企业有一系列影响。如气候会影响消费者的饮食习惯、衣着、住房及住房设施。同样的产品在不同气候条件下，会有截然相反的需求状况，销售方面当然也会有很大差别。各个地区由于地理位置不同，气候和其他自然环境也有很大的差异，它们不是人为造成的，也很难通过人的作用去加以控制，只能在调查的基础上去适应这种环境。例如，北方地区对防寒保暖用品需求大，如羽绒服、电暖气、棉手套等；南方地区则对降温用品需求较大，如空调、电风扇、遮阳帽等；平原地区道路平坦，需要具有良好的刹车性能的交通运输工具；山区丘陵地带道路崎岖，需要具有较大马力的交通运输工具。

### 6. 科技环境调查

科技环境调查包括新发明、新成果、新技术、新工艺、新材料等的研究开发、应用状况和发展趋势等的调查。在现代，科学技术突飞猛进，新原理、新工艺、新材料等不断涌现，使得刚刚炙手可热的技术和产品转瞬间成了明日黄花。这种情况，要求企业不断地进行技术革新，赶上技术进步的浪潮。否则，企业的产品跟不上更新换代的步伐，跟不上技术发展和消费需求的变化，就会被市场无情地淘汰。科学技术革命导致新兴产业的出现，为企业提供新的市场机会，科技创新和改良导致大量新产品的出现，同时，科学技术的进步又导致人们生活方式的改变，迫使企业营销方式发生改变，如基于互联网的电子商务成为一种高效的营销手段。展开科学技术进步所产生的效果调查，科学技术的发明和应用情况调查，科学技术的进步使人们的生活方式、消费模式和消费需求结构发生深刻变化的调查，这些调查将有利于企业的管理程序和市场营销活动。

无论哪一个企业，在经营与发展中都必须对上述情况有一个基本的了解，掌握必要的数据，才能洞悉市场的变化趋势，正确制定宏观调控措施和微观经营策略。

## 2.1.2　微观环境调查

企业既要注重宏观环境调查，更要注重微观环境的研究。市场微观环境调查所需要调查的内容也很丰富，包括对企业自身、竞争对手、消费者、供应商、公众等的调查。但不是每项市场调查都必须全面涉及，而是应根据不同的调查目的确定拟调查的对象和内容。市场竞争的激烈和消费者需求的不同导致企业不可能抓住所有的消费者，因此必然需要市场细分。在消费者调查中也应该针对细分市场中的目标消费群体重点调查。这里列举微观环境中最重要的三个要素——消费者、经销商、竞争者调查的内容。

### 1. 消费者调查

企业任何生产、经营活动都离不开消费者，都应以满足消费者需求为中心。企业在选择目标市场并在产品定位研究之后要进行目标市场调查，调查市场需求量、影响消费者购买行为的因素及其消费者行为特征。

(1) 市场需求量调查

需求通常是指人们对外界事物的欲望和要求，人们的需求是多方面、多层次的。有维持生理、生存的需求，如衣、食、住、行等；也有精神文化生活的需求，如读书看报、文娱活动、旅游等；还有社会活动的需求，如参加政治、社会集团及各种社交活动等。消费者需求的变动性造成了市场的变动性。在一般情况下，市场需求都表现出一定的弹性。它受价格、质量、产品创新和配套推销活动的影响。未被满足的市场需求可以称为市场需求潜量。市场需求潜量是指在一定环境条件下，一定时期内，某一行业在某一产业营销费用下所能达到的最大销售量或销售额。企业只有及时了解需求的变动，才能把握市场的走向，做出正确的决策。通过调查确定本企业产品的目标消费者，应注意从消费者的角度收集，了解消费者的需求欲望和需求潜量。所以针对消费者需求进行的调查是市场调查内容中最基本的部分。

(2) 影响消费者购买行为的因素调查

影响消费者购买行为的主要因素，指影响消费者做出购买决策的主要因素以及消费者在购买时主要关注的因素是什么。影响消费者购买行为因素多种多样，如：文化因素、社会因素、个人因素、心理因素。个人因素主要包括消费者的年龄、职业、性别、受教育程度、生活方式、个性特点等。如不同年龄的消费者对商品和服务的数量和种类有着不同的需求，年轻人对服装、体育用品、音像制品、文具等用品需求较多，而老年人则对滋补品、保健用品有较多需求。当然，这也不是一概而论的，在不同的地区、不同的时期会有不同的特点，这都要通过市场调查去了解和把握。再如职业不同，对消费品需求的差异也是比较明显的，工人一般用于物质方面的支出较多，而教师在购买书刊等精神文化方面的支出相对多一些。

## 小资料 2-1

### 学习从不同角度观察消费者需求

今天做市场最难莫过于如何正确认识消费者。当今的"消费者"究竟是个什么样呢?一两句话可能很难说清楚。但有一点可以肯定的是"消费者是由一个希望满足他们需求的欲望而驱动的现实和潜在群体构成"。市场之所以启动是因为产品或服务迎合了消费者需求并满足了他们的欲望。多年前我在给一家化妆品企业做市场分析评估时就发现,有关调查公司做的调查,认为各类女士美容化妆品目标消费者普遍都是:收入丰厚、时间充裕、知识丰富、头脑聪明的职业女性或家境丰裕、天真可爱、无忧无虑、追求完美的青春少女等,显然这样的调查对企业来说营销意义是有限的。之所以会有这样的错误,原因就是市场调查人员从主观愿望出发,忽视对市场的分析与研究,没有学习从不同角度观察消费者,洞察消费者需求。

(资料来源:丁家永.中国营销传播网.2013-03-05)

(3) 消费者购买行为过程调查

消费者购买行为调查是指对产品购买者在购买动机、购买行为模式、购买决策过程等方面所进行的调查活动。消费者购买行为的产生需要一个过程,这个过程分几个阶段,即确认需求,收集信息,评估与判断,确定满意方案,购买决定及购后评价。所谓购买动机,就是为满足一定的需要,而引起人们购买行为的愿望和意念。人们的购买动机常常是由那些最紧迫的需要决定的,并由不同的消费心理引起,购买动机又是可以运用一些相应的手段诱发的。如常见的消费者行为动机包括模仿与从众动机、偏爱动机、求廉动机、求新动机、求便动机、求美动机、求名动机等。

购买行为模式有一定的规律性,如消费者在购物时间上存在着一定的习惯和规律。例如,对某商场一周内的客流量进行实测调查后发现,一周中客流量最多的是周日,最少的是周一;其他时间客流人数也有一定的分布规律。此外,为了合理地设置商业和服务业网点,还可对消费者常去哪些购物场所进行调查。还应该调查谁负责家庭购买,对于这个问题的调查具体可包括三个方面,一是在家庭中由谁做出购买决定;二是谁去购买;三是和谁一起去购买,这些调查对确定促销对象及促销手段尤其重要。

### 2. 经销商调查

经销商的调查和选择可有利于企业终端营销工作。一般来说,主要调查经销商的以下内容。

① 经销商资信调查。企业要仔细考察所选经销商的资金实力和信誉度,常见的办法是调查经销商的资金运行情况,可以与员工交谈,了解工资是否按时发放,与其他产品的业务代表的交流,付款是否及时等;税务的调查,交税是否及时,是否长期欠税;每月是否有固定日期给各经销企业的产品付款;了解门市部的状况等;企业的市场研究和开发部门可研制表格来评分,给经销商评定资信等级,以便于以后的资信管理。

② 经销商经营范围调查。经营商品的品种和主要品牌，是否经营同类产品和主要对手的品种，有多少畅销的品种在经营，一般来说，畅销品种对经销商的其他品种有很大的推动作用。

③ 经销商仓储及设施调查。经销商的仓储面积、容积、通风效果、防潮程度、仓储的管理水平、是否有运输设施、运力怎样等。

④ 经销商销售网络调查。一般来说，调查经销商的终端网络是否有专业人员分片管理和开拓，对县级市场和批发市场的分销能力，终端的覆盖率高低等指标。

⑤ 销售人员的调查。领导集体的文化程度、事业心、责任感，尤其是经销商经理的个人素质和事业心尤为重要。另外，要调查领导集体是否制定了近、远期目标，是否经常开展公司的内部培训，是否有利于企业员工学习和职业生涯的设计等。同时，还要调查经销商的业务代表工作是否积极、踏实等。

企业通过对以上几个方面的仔细调查，可将几个方面的资料进行综合评分来选择经销商，在评分的权数比的比例上要多偏向于经销商的资信、销售网络等参数。只有这样，企业的产品才能快速占领终端并开展各项活动，使产品在终端有效率地实现销售。

#### 3. 竞争者调查

任何产品在市场上都会遇到竞争对手，对竞争对手进行调查，以确定企业的竞争策略。竞争者调查包括现有主要竞争对手及潜在竞争者调查。调查主要竞争产品的品牌、产量、质量、价格、市场占有率；竞争者的数量、规模、实力、能力、营销策略等。潜在竞争者是将要生产或打算要生产同类产品的企业，可能的替代产品及生产企业。只有通过竞争调查才能展开竞争分析，如采用波特的五种竞争力量或 SWOT 分析。竞争分析是市场研究中相当重要的一环，其根本目的是通过一切可获得的信息来摸清竞争对手的竞争策略。通过竞争对手的调查以便于公司进行正确的市场策略的定位，并在市场中更好地与竞争对手展开竞争。想要调查竞争对手，有以下几个间接的途径：一是通过竞争对手的经销商来了解竞争对手的渠道策略、经销政策、产品及价格，同时了解经销商对竞争对手的评价；二是调查竞争对手的终端管理，了解竞争对手的终端陈列、促销、促销人员素质等相关信息；三是多收集接触竞争对手发布的广告，从上面可以了解到竞争对手的广告发布策略、广告诉求等相关信息，最好的办法是直接找到竞争对手发布广告的媒体公司，了解竞争对手广告发布的频率等情况。对竞争者的调查，要注意对其市场行为规律的分析，特别是主要经营者的变动及其他动向。有些行业新技术不断涌现，产品更新换代快，因而替代品威胁成为主要的竞争压力，应列为竞争调查的重点。通过竞争者市场调查还可以及时掌握竞争对手的动态，掌握企业产品在市场上所占份额的大小，针对竞争对手的策略，对自己的工作进行调整和改进。

**小思考 2-2**　某著名手机品牌准备推出一款新机型，但不知其主要竞争对手会作何反应，如何展开对竞争对手的调查？

### 2.1.3　市场营销活动调查

市场是不断变化的，顾客的需求各不相同。通过市场调查，可以发现一些新的市场机会和需求，开发新的产品去满足这些需求。通过市场调查可以发现企业现有产品的不足及经营中的缺点，及时加以纠正，使企业在竞争中立于不败之地。市场营销活动调查也要围绕营销组合活动展开。其内容主要包括：产品实体和包装调查、价格调查、销售渠道调查、产品生命周期调查和广告调查等。

### 1. 产品调查

① 产品实体调查。产品实体调查是对商品本身各种性能的好坏程度所做的调查，产品实体调查包括产品的规格、颜色及图案、味道、式样、原料、功能等方面的调查。通过调查可以了解哪些问题是最主要的，生产经营中应该强调的重点。例如，某企业在对淋浴器市场进行调查中了解到，淋浴器的安全性是消费者购买淋浴器时所考虑的最重要的因素，因此，该企业将提高产品质量安全作为整个工作的中心环节来抓。如果调查消费者比较看重产品制作材料，并对原料或材料有各种特殊要求，就应该注重材料的应用。

② 产品生命周期调查。任何产品从开始试制、投入市场到被市场淘汰，都经过引入期、成长期、成熟期和衰退期四个阶段，这一过程称为产品的生命周期。不同行业和不同产品的生命周期不同，就需要在不同的时期采取有针对性的营销策略，测算产品生命周期的主要指标需要对产品销售量、销售增长率及产品普及率等展开调查。

③ 企业产品品牌调查。主要包括企业和品牌的知名度、美誉度调查；企业和品牌的认知程度和认知途径调查；评价企业和品牌的各项指标调查；对新品牌和新企业的名称、商标相关设计的评价和喜好；品牌的管理和品牌力的测试；有时还可能涉及品牌形象的调查等。

### 小资料 2-2

**小米——客服营销 9：100 万**

新媒体营销怎么会少了小米的身影？"9：100 万"的粉丝管理模式。据了解，小米手机的微信账号后台客服人员有 9 名，这 9 名员工最大工作量时每天回复 100 万粉丝的留言。每天早上，当 9 名小米微信运营工作人员在计算机上打开小米手机的微信账号后台，看到每天用户的留言，他们一天的工作也就开始了。其实小米自己开发的微信后台可以自动抓取关键词回复，但小米微信的客服人员还是会进行一对一的回复，小米就是通过这样的方式大大地提升了用户的品牌忠诚度。相较于在微信上开个淘宝店，对于类似小米这样的品牌微信用户来说，做客服显然比卖掉一两部手机更让人期待。当然，除了提升用户的忠诚度，微信做客服也给小米带来了实实在在的益处。微信同样使得小米的营销、CRM 成本开始降低，过去小米做活动通常会群发短信，100 万条短信发出去，就是4 万块钱的成本，微信做客服的作用可见一斑。

（资料来源：李旭. 执行官. 2012 年第 8 期）

### 2. 价格调查

从微观角度看，价格调查的内容可包括：国家在商品价格上的控制和具体规定；企业商品定价是否合理，如何定价才能使企业增加赢利；消费者对什么样的价格容易接受以及接受程度；商品需求和供给的价格弹性有多大及其影响因素。通过价格调查可以了解影响价格变动的因素，以及价格变动规律和趋势，从而把握市场供需变动情况调整生产。

### 3. 销售渠道调查

销售渠道是指商品从生产领域进入消费领域所经过的通道，是商品从生产者市场向消费者市场转移的过程和路线。对于企业来讲，目前可供选择的销售渠道有很多，虽然有些工业产品可以对消费者采取直销方式，但多数商品要由一个或更多的中间商转手销售。销售渠道调查除了对中间商调查外，还要对批发市场、零售市场的销售层级和零售业态进行调查，要注意调查流通渠道的参加者和商品流转环节的层次。其中注意对零售市场的调查，要调查零售商品交易活动的参加者、零售商业企业的类型、零售商业网点的分布、零售企业的促销活动及零售市场的服务形式等。

## 小资料2-3

**杜蕾斯微信——活动营销**

对于杜蕾斯大家都不陌生，每每提及微博营销案例，总能看到它的身影，似乎它已经是微博营销中一块不可逾越的丰碑。这个在微博上独树一帜的“杜杜”也在微信上开启了杜杜小讲堂、一周问题集锦。广大订阅者所熟知的还是杜杜那免费的福利，杜蕾斯微信推送了这样一条微信活动消息：“杜杜已经在后台随机抽中了十位幸运儿，每人将获得新上市的魔法装一份。今晚十点之前，还会送出十份魔法装！如果你是杜杜的老朋友，请回复‘我要福利’，杜杜将会继续选出十位幸运儿，敬请期待明天的中奖名单！悄悄告诉你一声，假如世界末日没有到来，在临近圣诞和新年的时候，还会有更多的礼物等你来拿哦。”活动一出，短短两个小时，就收到几万条“我要福利”，10盒套装换来几万粉丝，怎么算怎么划算。微信活动营销的魅力在杜杜这里被演绎得淋漓尽致，毕竟免费的福利谁都会忍不住看两眼。

（资料来源：李旭.执行官.2013年第9期）

### 4. 促销调查

促销调查必须首先从企业自身的实际出发，对消费者进行细致的调查，包括目标市场调查、同类产品调查、消费心理及习惯调查、目标消费群接触媒体调查等。只有进行了充分的调查，才能有针对性地找到目标市场的诉求主题，选择最适当的媒体以及最适当的广告时机，从而打败竞争者，提高市场占有率。促销调查主要对广告宣传、人员推销、公关活动、营业推广等促销活动调查。

(1) 广告调查

广告调查是用科学的方法了解广告宣传活动的情况和过程，为广告主制定决策，达到预定的广告目标提供依据。广告调查的内容包括广告诉求调查、广告媒体调查和广告效果调查等。广告效果表现为广告的到达率、记忆率和效力。影响广告效果的因素有广告的版面大小、时间长短和传播频次等。一般而言，较大的广告费投入总伴随着较明显的广告效果。广告诉求调查也就是针对消费者需求动机调查，找到更好的传递信息的方法和内容。其中主要包括消费者收入情况、知识水平、广告意识、生活方式、情趣爱好，以及结合特定产品了解消费者对产品的接受程度等。广告媒体调查的目的是使广告宣传能达到理想的效果，广告媒体是广告信息传递的工具，目前各种媒体广告种类繁多，这就需要通过调查了解情况，将各种媒体的长处和短处进行比较，包括传播的广度、各种媒体的经济性、各种媒体相互组合的广告效果变化等。

## 小资料 2-4

### 两大打车软件之争

O2O，全称 Online To Offline，又被称为线上线下电子商务。O2O 是在线支付，购买线下的商品、服务，再到线下去享受服务。腾讯＋微信支付＋嘀嘀打车，阿里巴巴＋支付宝＋快的打车，2014 年伊始，一场惨烈的 O2O 大战已经展开，这场代理人战争打得无比惨烈。不过，无论谁赢谁输，都将打出一个更加普及和成熟的 O2O 市场，并从根本上改变中国人的出行习惯。5 元、10 元、11 元、12 元、13 元、20 元，短短 48 小时内，打车软件公司的数字补贴力度被不断刷新，嘀嘀打车和快的打车这对"冤家对头"的烧钱竞赛也让众多用户叹为观止。"两大打车 APP 撕破脸皮竞争背后的根源还是腾讯和阿里巴巴的竞争。"对于腾讯和阿里巴巴来说，打车软件是帮助它们布局移动互联网的棋子。

（资料来源：韩元佳. 人民网. 2014-02-19）

（2）人员推销调查

人员推销调查主要调查推销的几种方式，以便于企业做出选择。其一是上门推销，这是一种向顾客靠拢的积极主动的促销方式，也是被企业和公众广泛认可和接受的一种推销方式。在进行调查时，应重点调查这一促销方式。其二是柜台促销，营业员在与顾客当面接触和交谈中，介绍商品、回答访问、促成交易，这也是一种"等客上门"的促销形式。其三是会议推销，它是指利用各种会议的形式介绍和宣传产品，开展推销活动，如推销会、订货会、物资交流会、展销会等。这种推销形式具有接触面广、成交额大的特点。在各种推销会议上，往往多家企业同时参加推销活动，买卖双方能够广泛接触。

（3）营业推广调查

营业推广是指企业通过直接折扣或利用产品、价格、服务、购物方式与环境的优点、优惠或差别性，以及通过推销、经销奖励来促进销售的一系列方式方法的总和。它能迅速刺激需求，鼓励购买。首先要对营业推广对象进行调查，主要有三类：消费者或用户、中间商和推销人员。促销对象不同，必须选择不同的促销方式，对最终消费者及中间商一定要区别对待。其次是营业推广形式的调查，包括赠送产品、有奖销售、优惠券、俱乐部制和"金卡"、附赠产品、推销奖金、竞赛、演示促销、交易折扣、津贴、红利提成、展销会、订货会等，要根据促销目的及目标消费群体的差异而区别选用。

(4) 公共关系调查

由于公共关系调查是企业通过树立企业形象和产品形象,而促进产品的销售,满足了消费者高层次的精神需要,不断赢得新老顾客的信赖。因此在进行市场调查时,应重点调查公共关系的作用以及哪种公共关系形式对企业产品销售所起的作用最大。通常所用的公共关系促销形式有:制造和利用新闻,举行各种会议,参与社会公益活动,捐赠、赞助和建设企业文化等。

# 2.2　市场调查程序与调查方案设计

## 2.2.1　市场调查的程序

市场调查是一项涉及面广、复杂的认识活动。要顺利进行市场调查,确保调查质量达到预期目的,必须科学安排市场调查过程中的各项工作,必须有计划、有组织、有步骤地进行。但市场调查并没有一个固定的程序可循。一般而言,根据调查活动中各项工作的自然顺序和逻辑关系,市场调查的全过程可划分为调查准备、调查实施和结果处理三个阶段,每个阶段又可分为若干具体步骤,如图 2-1 所示。

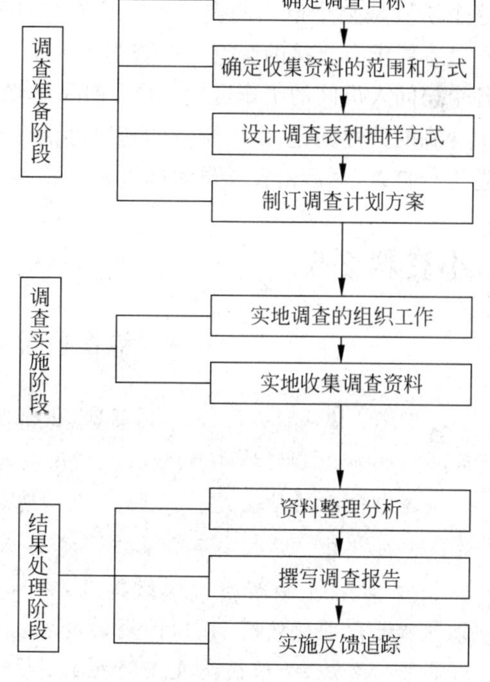

图 2-1　市场调查的全过程

### 1. 调查准备阶段

市场调查的准备阶段主要解决调查目的、范围和调查力量的组织等问题,并制订出切实可行的调查计划。为了保证市场调查的质量,必须充分、周到地做好一切准备工作。具体工作步骤是:

① 确定调查目标,拟定调查项目。这个步骤要回答为什么要进行调查、调查要了解什么问题,调查解决什么问题,应该收集哪些方面的信息资料等问题。

② 确定收集资料的范围和方式。就是要确定收集什么资料,向谁收集资料,在什么时间、什么地点、以什么方式收集资料,是实地调查收集第一手资料还是文案调查收集第二手资料,是一次性调查还是多次性调查,是普查还是抽样调查等。

③ 设计调查表和抽样方式。调查表或问卷应简明扼要、突出主题,抽样方式和样本量大小应满足调查的目的要求,也要便于统计分析。

④ 制订调查计划实施方案。把调查计划方案形成文字形式,应包括采用什么调查方法,分几个步骤,调查人员如何安排,如何分工协作,调查工作的进度,以及调查费用的预算等具体安排。

## 2. 调查实施阶段

调查实施阶段的主要任务是组织调查人员，按照调查计划的要求，听取被调查者的意见，系统地收集资料和数据的过程。这个阶段有以下两个步骤。

(1) 实地调查的组织工作

实地调查是一项较为复杂烦琐的工作，实地调查的质量取决于调查人员的素质、责任心和组织管理的科学性。实地调查之前必须建立市场调查项目的组织领导机构，负责项目的具体组织实施工作，可由企业的市场部或企划部来负责调查项目的组织领导工作。对调查人员进行培训，让调查人员理解调查计划，掌握调查技术及与调查目标有关的经济知识，这是保证调查质量的一项重要措施。要按照事先划定的调查区域确定每个区域调查样本的数量，明确调查人员及访问人员的工作任务和工作职责，做到工作任务落实到位，工作目标、责任明确。

(2) 实地收集调查资料

实地收集调查资料即调查人员按计划规定的时间、地点及方法具体地收集有关资料。这个阶段是整个市场调查过程中最关键的阶段，对调查工作能否满足准确、及时、完整及节约等基本要求有直接的影响。调查组织人员要及时掌握实地调查的工作进度完成情况，协调好各个访问人员间的工作进度；要及时了解访问人员在访问中遇到的问题，帮助解决，对于调查中遇到的共性问题，提出统一的解决办法。要做到每天访问调查结束后，访问人员对填写的问卷进行自查，然后由督导员对问卷进行检查，找出存在的问题，以便在后面的调查中及时改进。

### 小资料 2-5

**错误的数据不如没有数据**

普瑞辛格调研公司给《中国财富》出示了两组数据，来说明调研的严谨性。同样的调研问卷，完全相同结构的抽样，两组数据结论却差异巨大。问题：列举您会选择的电视机品牌？

其中一组的结论是：有15%的消费者选择本企业的电视机；另一组得出的结论却是：36%的消费者表示本企业的产品将成为其购买的首选。巨大的差异让公司高层非常恼火，为什么完全相同的调研抽样，会有如此矛盾的结果呢？公司决定聘请专业的调研公司来进行调研诊断，找出问题的真相。普瑞辛格的执行小组受聘和参与调查执行的访问员进行交流，并很快提交了简短的诊断结论：第二组在进行调查执行过程中存在误导行为。首先，调研期间，第二组的成员佩戴了公司统一发放的领带，而在领带上有本公司的标志，其尺寸足以让被访问者猜测出调研的主办方；其次，第二组在调查过程中，把选项的记录板(无提示问题)向被访问者出示，而本企业的名字处在候选题板的第一位。以上两个细节，向被访问者泄露了调研的主办方信息，影响了消费者的客观选择。这家企业的老总训斥调研部门的主管："如果按照你的数据，我要增加一倍的生产计划，最后的损失恐怕不止千万。"市场调查是直接指导营销实践的大事，对错是非可以得到市场验证，只是人们往往忽视了市场调查本身带来的风险。一句"错误的数据不如没有数据"，包含了众多中国企业家对数据的恐慌和无奈。

(资料来源：黑阳.卫生统计学.2013-06-20)

### 3. 结果处理阶段

总结工作如果草率从事，会使市场调查没有明确的结论，起不到市场调查的作用，导致整个调查工作前功尽弃。这个阶段的工作可以分为以下几个步骤。

① 资料的整理与分析。按照调查目的的要求，针对调查内容进行全面的分析工作。首先要对实地调查收集上来的资料进行筛选，由调查人员对调查表进行逐份检查，剔除不合格的调查表，然后将合格调查表统一编号，以便于调查数据的统计。即对所收集的资料进行“去粗取精、去伪存真、由此及彼、由表及里”的处理。

② 撰写调查报告。市场调查报告是市场调查的成果，调查报告将提交企业决策者，作为企业制定市场营销策略的依据。市场调查报告要按规范的格式撰写，一个完整的市场调查报告格式由题目、目录、概要、正文、结论和建议、附件等组成。报告的写作应力求语言简练、明确、易于理解，内容讲求实用性，并配以图表进行说明。

③ 追踪与反馈。调查报告提出了调查的结论和建议，不能认为调查过程就此完结，而应继续了解其结论是否被重视和采纳、采纳的程度和采纳后的实际效果，以及调查结论与市场发展是否一致等，以便积累经验，不断改进和提高调查工作的质量。

## 2.2.2　市场调查方案设计的意义

### 1. 市场调查方案设计的含义

市场调查方案设计，就是根据调查研究的目的和调查对象的性质，在进行实际调查之前，对调查工作总任务的各个方面和各个阶段进行通盘考虑和安排，以提出相应的调查实施方案，制定出合理的工作程序。客观上不存在唯一的调查计划方案，调查人员往往有很多的选择，每一种选择都会有其优缺点，这就需要调查研究人员进行综合的考虑和权衡。一般来说，主要需要权衡的是调查成本和调查信息的质量之间的关系，通常所获得的信息越精确，错误越少，成本就越高。另外需要权衡的还有时间限制和调查类型，调查人员必须在很多条件的约束下，向客户提供尽可能科学的调查方案。市场调查方案涉及整个调查的全过程和全部内容。调查方案是否科学、可行是整个调查成败的关键。市场调查方案设计通常是由计划书来体现的。简单来说，一份市场调查的计划书主要包括调查目的、调查内容、调查范围及对象、调查方法、调查日程，以及调查预算等方面。而一份详细的计划书还要增加结果报告的架构、二手资料的名称、出处以及内容概要等项目。

### 2. 市场调查方案设计的意义

市场调查是一项复杂的、严肃的、技术性较强的工作，为了在调查过程中统一认识、统一内容、统一方法、统一步调，圆满完成调查任务，必须事先制订出一个科学、严密、可行的工作计划和组织措施，以使所有参加调查工作的人员都依照执行。

① 调查方案设计起着统筹兼顾、统一协调的作用。无论是大范围的研究，还是小规模的调查，都会涉及相互联系的各个方面和全部过程。在调查中会遇到很多复杂的矛盾和问题，其中许多问题是属于调查本身的问题，也有不少问题则并非是调查的技术性问题，而是与调查相

关的问题。只有对每次调查先做出统一考虑和安排，才能保证减少误差，使调查顺利进行。

② 调查方案设计是市场调查过程的第一步，市场调查设计、资料收集、资料整理和资料分析是一个完整的工作过程，调查方案设计正是这个全过程重要的一步。

③ 调查方案设计是调查项目委托人与承担者之间的合同或协议。由于调查委托的一些主要决定已明确写入调查方案设计中，如调查目的、范围、方法等，使得有关的各方面都能有一致的看法，有利于避免或减小后期出现误解的可能性。

④ 调查方案设计在争取项目经费，或是在与其他调查机构竞争某个项目，或是在投标说服招标者时，调查方案设计质量的高低可能直接影响到项目能否被批准或能否中标。

**小思考 2-3** “听说最近有颗小行星可能撞击地球，怎么办？”“没事，地球外面有三圈香飘飘奶茶挡着呢！”这是一则网上广为流传的笑话，而这则笑话的背后是那句著名的广告语——“香飘飘奶茶，一年卖出 10 亿杯，杯子连起来可绕地球三圈”。

香飘飘，自 2004 年至今，成功开辟了中国杯装奶茶市场。时至今日，杯装奶茶已经成为一个颇有市场规模的产品品类，而香飘飘也由最初的从零起步，发展到如今 20 多亿销售额的规模，并顺理成章地成为这个市场的领导者。

然而 2004 年，杯装奶茶在中国还是一个新鲜事物，它是否能够被市场接受，蒋建琪也没有十分的把握。为了探听市场的反馈，蒋建琪决定先找几个点对香飘飘奶茶进行试销。“2004 年下半年开始，我们选择了几个市场，包括温州、无锡、湖州和苏州，在这几个城市的一些大学、中学找了几个点进行试销。当时我专门派了一辆车负责给这些经销点送货，哪怕只要五箱、十箱，我们也去送，而且经销商先卖，卖完了再给钱。但我唯一的要求就是，经销商要把每天的销售数据告诉我。我们当时专门派了一个人每天打电话去询问销量，然后进行统计分析。”蒋建琪告诉记者。

整个试销从 2004 年下半年持续到 2005 年上半年，一年试销的业绩证明，香飘飘奶茶是一个能够被市场持续接受的产品，蒋建琪果断下令，全线出击。在 2005 年于济南举办的全国糖酒订货会上，香飘飘一经登场，即受到广泛关注，与此同时则是大力度的广告投放，当时资金实力尚不雄厚的香飘飘针对性地将所有资源全部投入到湖南卫视。很快，在这一轮广告的轰炸之下，香飘飘奶茶现身于全国消费者面前，其“环绕地球的伟业”也由此开始。到了 2007 年年底，优乐美的销量几乎就要接近香飘飘了。为了扭转困境，蒋建琪找到了特劳特（中国）战略定位咨询公司（以下简称“特劳特中国”）寻求帮助。

“当时也是偶然的机会看到了一些特劳特中国的资料，觉得还挺有道理，抱着试一试的想法，我找到了他们。”蒋建琪说。经过一番调查研究，特劳特中国给出药方：做一个品牌，一定要厘清自己与对手各自的优势与不足，从中找到自身品牌最核心的竞争力，然后抓住这点大力深挖。结合香飘飘的情况，特劳特中国为之提炼出两个最核心的概念——行业的开创者和领导者。

（资料来源：曹子烈. 世界经理人. 2013-04-09）

**问题：**

（1）你认为香飘飘奶茶市场试销和市场定位前应该搜集哪些方面的资料？

（2）请站在特劳特中国角度，为香飘飘奶茶市场调查制订科学的调查方案。

## 2.2.3　市场调查方案的设计

市场调查方案设计确保了将决策部门的问题转换成能够提供相关的、及时的和准确的信息调查研究项目。值得注意的是，市场调查方案设计要根据每次的具体情况而定，一般包括以下几个方面的内容。

### 1. 确定调查任务与调查目的

首先根据企业的需要提出问题，明确市场调查的任务。一般情况下，企业的问题主要牵涉以下方面。

① 企业未来的发展方向及经营战略实施，如在企业创立之前，开拓新市场或者是开发新产品的问题，必须调查宏观市场环境的发展变化趋势，尤其要通过调查预测所处行业未来的发展状况，调查产品的需求量、市场潜力和发展前景等情况。

② 生产、经营过程中，企业制定市场营销策略或出现各种困难时，要调查营销策略执行中存在的问题、市场竞争状况、消费者购买行为等。应针对存在的问题和产生的原因进行市场调查，如销售出现下降，导致产品的积压，资金周转困难，市场占有率下降等，需要找出产生问题的原因和解决问题的方法。如果问题比较笼统，就需要一个初步探索过程，找出问题的主要原因，进而选择市场调查要解决的主要问题。明确了市场调查要解决的主要问题，也就明确了市场调查的主题和任务。

调查目的与市场调查的任务和研究目标直接相关，如果不明确调查目的，将会影响整个调查过程。确定调查目的，就是明确调查中要解决哪些问题，通过调查获得什么样的数据资料，取得这些资料有什么用途等问题。只有确定了调查目的，才能确定调查的范围、内容和方法，否则就会列入一些无关紧要的调查项目，而漏掉一些重要的调查项目，无法满足调查的要求。无论是市场营销管理者还是市场调查负责人都希望探明问题产生的原因，如果诊断出了差错，问题就无法解决。

### 小资料 2-6

**2013 年微信用户调查**

从 2011 年 1 月 21 日发布第一个微信版本，到 2012 年 3 月底，微信用户突破 1 亿大关，2013 年 1 月 15 日，腾讯微信宣布已达到 3 亿用户，仅仅两年的时间，微信成为最热门的话题，无论是行业、企业还是个人都在关注着微信的一举一动。二维码、开放平台、公众账号牵动着大家的心。速途研究院分析师团队在问卷网站发起了关于微信使用状况的问卷调查，根据调查数据以及其他相关数据对微信的用户行为进行了分析。

通过微信的用户调查，了解到有 92.97％的用户使用过微信，微信的普及量已经非常高，只有 7.03％的用户没有使用过微信。

（资料来源：陈明宇．速途网．2013-06-20）

## 2. 确定调查范围和调查对象

首先，明确调查的地理范围，调查的地区应与企业产品销售范围相一致，当在某一城市做市场调查时，调查范围应为整个城市；但由于调查样本数量有限，调查范围不可能遍及城市的每一个地方，一般可根据城市的人口分布、收入、文化程度等因素，在城市中划定若干个小范围调查区域，这样可相对缩小调查范围，减少实地访问工作量，提高调查工作效率，减少费用。

其次，明确调查对象的范围，这主要是为了解决向谁调查和由谁具体提供资料的问题。调查的对象就是根据调查目的、任务，确定调查的总体，它是由某些性质上相同的许多调查单位所组成的。需要注意调查单位与填报单位是不同的，调查单位是调查项目的承担者，而填报单位是调查中填报调查资料的单位。例如，对某地区工业企业设备进行普查，调查单位为该地区工业企业的每台设备，而填报单位是该地区每个工业企业。在以消费者为调查对象时，还要注意到有时某一产品的购买者和使用者不一致，如对婴儿食品的调查，其调查对象应为孩子的母亲。此外还应注意到一些产品的消费对象是某一特定消费群体或侧重于某一消费群体，这时调查对象应注意选择产品的主要消费群体，如对于化妆品，调查对象主要选择女性；对于酒类产品，其调查对象主要为男性。确定调查样本，调查样本要在调查对象中抽取，由于调查对象分布范围较广，应制订一个抽样方案，以保证抽取的样本能反映总体情况。样本的抽取数量可根据市场调查的准确程度的要求确定，市场调查结果准确度要求愈高，抽取样本数量应愈多，但调查费用也愈高，一般可根据市场调查结果的用途情况确定适宜的样本数量。

### 小资料 2-7

央行发布《四季度储户问卷调查》显示，超过六成居民认为目前房价过高。不过，一、二线城市居民对高房价的感受有所缓解。央行调查显示，居民偏爱的前三位投资方式依次为：基金及理财产品、房地产投资和购买债券。选择这三种投资方式的居民占比分别为 26.3%、17.9%和 15.9%。房地产投资已经从原先的投资首选地位，下滑至第二名。央行称，66.5%的居民认为目前房价“高，难以接受”，比上季度降低 1.1 个百分点，31.1%的居民认为目前房价“可以接受”，2.4%的居民认为“令人满意”。但中原地产市场研究部总监张大伟分析认为，部分城市用限价等措施短期抑制了房价上涨，在统计上出现降温假象。

（资料来源：姜樊. 北京晨报. 2013-12-20）

## 3. 确定调查内容

调查内容即调查项目，是指对调查单位所要调查的主要内容。确定调查内容就是要明确向被调查者了解些什么问题。例如，在消费者需求调查中，消费者的性别、民族、文化程度、年龄、收入，消费者喜爱的商品品牌、规格、款式、价格，消费者对服务的满意程度等，都属于调查项目。调查内容是收集资料的依据，是为实现调查目标服务的，可根据市场调查的目的确定具体的调查内容。调查内容的确定要全面、具体，条理清晰、简练，避免面面俱到，内容过多，过于烦琐，避免把与调查目的无关的内容列入其中。当调查内容确定后，可将调查内容科学地分类、排列，构成调查提纲，方便调查登记和汇总。

### 4. 确定调查方法

在调查方案中，要明确规定采用什么组织方式和方法取得调查资料。调查中采用何种方式、方法不是固定和统一的，而是取决于调查目的不同、调查对象的差异。调查方法使用得当，才能获得较准确的信息。收集调查资料的方式有普查、重点调查、典型调查、抽样调查等。具体调查方法有文案调查法、访问法、观察法和实验法等。在市场经济条件下，为准确、及时、全面地取得市场信息，尤其应注意多种调查方式的结合运用。

### 5. 制作调查表

调查表又称调查问卷，是市场调查的基本工具，调查表将调查内容具体化，是收集一手数据资料最常用的手段。调查表的设计质量直接影响到市场调查的质量。设计调查表要注意以下几点：首先，调查表的设计要与调查主题、调查目的密切相关，重点突出，避免可有可无的问题。向调查对象询问什么，提什么样的问题，调查表中不应有与调查目的不相符的提问。其次，调查表中的问题要容易让被调查者接受，避免出现被调查者不愿回答或令被调查者难堪的问题，要考虑以什么样的形式提问。最后，调查表的内容要简明，尽量使用简单、直接的词汇，保证被调查者能在较短的时间内完成调查表。

### 6. 确定调查资料整理和分析的方法

采用实地调查方法收集的原始资料大多是零散的、不系统的，只能反映事物的表象，无法深入研究事物的本质和规律性，这就要求对大量原始资料进行加工汇总，使之系统化、条理化。如何进行数据资料的分析，一般来说是作为调查计划的一环在资料收集之前计划好的。人工统计时由编码卡按目的进行统计，而使用计算机时则记入穿孔卡进行统计。目前这种资料处理工作一般已由计算机进行，这在设计中也应予以考虑，包括采用何种操作程序以保证必要的运算速度、计算精度及特殊目的。资料的整理方法一般可采用统计学中的方法，利用 Excel 工作表格，可以很方便地对调查表进行统计处理，获得大量的统计数据。每种分析方法都有其自身的特点、适用性和相关的技术要求，因此，应根据调查的要求，选择最佳的分析方法，并在方案中加以规定。

### 7. 确定调查时间和调查工作期限

调查时间是指调查资料所属的时间。如果所要调查的是时期现象，就要明确规定资料所反映的是调查对象从何时起到何时止的资料。如果所要调查的是时点现象，就要明确规定统一的标准调查时点。

调查期限是规定调查方案设计到提交调查报告的整个工作时间，即调查工作的开始时间和结束时间。其目的是使调查工作能及时开展、按时完成。在市场调查方案的设计过程中，需要制定整个调查工作完成的期限，以及各阶段的日程安排，即必须有详细的调查日程进度计划，以便督促或检查各阶段的工作，保证按时完成整个市场调查工作。如某次调查时间分配如下：文案调查 10％～15％，实地调查 30％～40％，整理资料、分析资料 20％～

25%，调查报告形成和修改提交时间 10%～15%。每项计划时间要稍稍留有余地，但也不能把时间拖得太长。通常一项普通的定量调查，仅仅从问卷的印制到整个活动的完成，最少也要有 45～60 个工作日，一些大规模的调查会持续半年到一年。也有对时间性要求较强的调查，如收视率调查等。在可能的情况下，为了提高信息资料的时效性，调查期限应尽可能缩短，并且计划要稍稍留有余地。

### 8. 制订调查的组织计划

调查的组织计划，是指为确保实施调查的具体工作计划。主要是指调查的组织领导、调查机构的设置、人员的选择和培训、工作步骤及其善后处理等。确定调查人员，主要是确定参加市场调查的条件和人数，包括对调查人员的必要培训。由于调查对象是社会各阶层的生产者和消费者，思想认识、文化水平差异较大，因此，要求市场调查人员具备一定的思想水平、工作能力和业务技术水平。建立市场调查的组织领导机构，可由企业的市场部或企划部来负责调查的组织领导工作，负责项目的具体组织和实施工作。

### 9. 确定提交报告的方式

主要包括报告书的形式和份数、报告书的基本内容、报告书中图表量的大小等。撰写调查报告是市场调查的最后一项工作内容，市场调查工作的成果将体现在最后的调查报告中，调查报告将提交企业决策者，作为企业制定市场营销策略的依据。调查者必须在计划中列明调查报告提交的方式、时间等内容。

### 10. 经费预算

在制订调查方案时，应编制调查费用预算。调查方案设计中的预算部分也是客户比较关心的问题，在进行调查预算安排时，需要尽可能将调查预算使用在最恰当的调查方法中，同时也要将可能需要的费用尽可能全面地考虑，以免将来出现一些不必要的麻烦而影响调查的操作。详细列出每一项所需的费用，合理估计调查的各项开支，通过认真的估算实事求是地给出每项的预算和总预算。市场调查费用的多少通常视调查的目的、调查的范围和调查的难易程度而定。在保证实现调查目标的前提下，力求使调查费用支出最少。通常，一个市场调查中实施调查阶段的费用安排仅占总预算的 40%，而调查前期的计划准备阶段与后期分析报告阶段的费用安排则分别占总预算的 20%和 40%。在进行调查经费预算时，一般需要考虑如下几个方面：调查方案设计费与策划费，抽样设计费、实施费，问卷设计费(包括测试费)，问卷印刷、装订费，调查实施费用，数据录入费，数据统计分析费，调查报告撰写费，管理费、税金等。

市场调查方案是整个市场调查工作的行动纲领，起到保证市场调查工作顺利完成的重要作用。市场调查的主持者应花大力气精心制订好市场调查方案。

## 本章小结

本章在阐述市场调查内容的基础上，介绍市场调查的程序及调查方案设计。首先，介绍市场调查的内容，主要包括市场的宏观环境调查、消费者购买行为调查、竞争者调查及市场营销要素调查等。宏观环境包括人口、经济和社会文化环境等，而这些因素往往是企业自身难以驾驭和影响的。微观环境包括企业自身的管理和财务状况研究、消费者购买行为、经销商、竞争对手的情况等。企业营销环境需要结合外在环境和内部环境，进行深入的调查和分析，才能制定适合企业发展的营销策略。其次，介绍了市场调查的一般程序，包括三个阶段：准备阶段、实施阶段和结果处理阶段，每个阶段又包含了众多的调查步骤，以供调查者参考。最后，介绍了市场调查方案的基本内容，要求学生在掌握调查方案的内容的基础上，能对各种方案进行设计并评价。

## 知识训练

**1. 基本概念**

市场调查方案的设计　市场需求潜量

**2. 选择题（可多选）**

(1) 市场需求调查的核心是(　　)。

A. 企业经营活动的调查　　B. 消费者需求的调查

C. 企业自身优势的调查　　D. 企业外部环境的调查

(2) 市场调查过程中的各项工作，必须有计划、有组织、有步骤地进行。调查过程可划分为(　　)三个阶段。

A. 调查准备　　B. 调查实施　　C. 结果处理　　D. 问卷设计

(3) 价格调查的内容一般包括(　　)。

A. 市场供求情况及其变化趋势的调查　　B. 影响价格变化的各种因素的调查

C. 替代品价格的调查　　D. 新产品定价策略的调查

(4) 分销渠道调查的内容一般包括(　　)。

A. 对影响分销渠道选择各个因素的调查

B. 影响价格变化各种因素的调查

C. 选择各类中间商的调查

D. 市场供求情况及其变化趋势的调查

(5) 市场调查方案设计的含义主要是指(　　)。

A. 市场调查的唯一计划方案

B. 市场调查的实施过程

C. 市场调查人员的策划过程

D. 对调查工作总任务的各个方面和各个阶段进行通盘考虑和安排

**3. 判断题（下列说法正确的请打√，错误的请打×）**

(1) 探测性调查、描述性调查和因果关系调查在作用和方法上没有明显区别。(　　)

(2) 广告促销调查主要是指选择何种广告方式促销效果最好的调研。(　　)

(3) 居民自住房贷款利率调高是对房地产企业影响较大的社会性宏观环境影响因素。(　　)

(4) 市场调查有固定的程序,一定要按照程序进行调查。 ( )

(5) 市场调查方案是整个调查的全部内容,调查方案是否科学、可行,是整个调查成败的关键。 ( )

**4. 复习思考题**

(1) 市场调查的内容有哪些?

(2) 市场调查过程包括哪几个阶段?

(3) 市场营销活动调查主要有哪些内容?

(4) 市场调查方案设计主要包括哪些内容?

(5) 怎样理解市场调查方案设计的意义?

## 技能训练

**1. 课内实训**

实训主题:设计市场调查方案。

实训形式:以个人为单位完成。

实训任务:最近国家颁布了一系列政策鼓励国民购买环保型节能汽车,为适应这一变化,某汽车企业拟开发新型小排量汽车。假如你被邀请为该企业做即将推出的小排量汽车定价调查,你将如何完成这项任务呢?请写出你的工作思路。重点在于考核学生方案设计能力及创新能力。

实训步骤:

(1) 明确实训的任务。

(2) 设计市场调查方案。

(3) 全班对某个同学设计的方案进行讨论,指出其优缺点,提出修改意见。

(4) 教师点评。

**2. 课外实训**

实训主题:设计市场调查方案。

实训形式:学生每 3 人为一个小组。

实训任务:选择在校大学生常用的一类(一种)商品,并设计该产品在大学生消费群体中需求情况的市场调查方案。

实训步骤:

(1) 明确任务,每人设计一份商品调查方案(含问卷)。

(2) 小组讨论,每个小组选择较好的一份方案进行修改完善。

(3) 以小组为单位在本校实施该方案。

(4) 以小组为单位向老师及全班同学汇报方案设计及实施过程和实施结果。

(5) 由教师与学生根据其所做的调查方案及发言情况进行打分。

## 案例分析

### 便当也疯狂

2012 年，上海罗森通过市场调查发现，尽管上海人普遍喜欢偏甜的食物，但并不认为甜品越甜越好。罗森遂借鉴了日本总公司的甜点制作经验，并大幅降低了奶昔的甜度，再次推出了“整根香蕉奶昔蛋糕”。结果，这种“不太甜的甜点”的销量远远高于预期，顶峰时期，它在上海一天的销量高达 1 万个。由于研发过程严格，一项新的鲜食产品开发往往需要两三个月时间，即使研发成功，也不会立刻拿去店铺销售。试吃是要经过的第一关。每周五的下午 1 时 30 分，罗森的商品部都会迎来最紧张的时刻。由商品部筛选过的新品将接受公司经营部和总经理的试吃。在试吃会上，只要有一个人提出意见，商品就必须返回工厂重新改进。通过试吃的产品将经历试销考验。那些在策划时就已拟定了目标客户群的产品，试销方式会更有针对性。比如，在写字楼里试销针对白领的鲜食产品，除了观察新品的销售额，也要记下该产品的销售高峰。如果试销时，产品能在早中晚时段都有不错的销量，则能判断它是普遍受欢迎的产品，从而增加生产量。大部分新品的试销周期为一周，罗森也有为期一个月的试销计划。每天晚上，上海罗森宏汇国际店的店长黄跃翠都要看天气预报。由于鲜食的保质期只有 24 小时至 48 小时，数量预测必须极为精确，如果订少了造成缺货会降低客户购买体验，订多了则意味着未售完的商品会带来高报废率。除了参考天气情况，还要预知店铺周围的活动。为了保证食品的鲜度，物流公司一天两次至三次小批量、高频率送货到便利店，这要求店长知晓门店每日每时段的客流量，以做出精准的订货指示。总部则提供鲜食的单日销量、销售排名、前周比、报废率等数据供其参考。在罗森每周五的店长会议上，“如何更精确地预订鲜食货品”是培训的长期科目。当消费者结账时，收银员需要在 POS 机上输入他的性别和年龄段。“如果收银员不输入，收银机无法打开。”顾星说，“通过这样的记录我们就知道便当购买者的购买时间和购买的东西，甚至精确到他一起买的饮料品牌，这样我们就能根据消费者的需求设计促销活动。”

（资料来源：黄瀚玉，侯佳．环球企业家．2013-09-23）

**问题：**

1. 本案例中采取试吃和试销的目的是什么？
2. 结合案例，分析快速消费品市场调查一般包括哪些内容。

# 第3章 市场调查资料的收集方法

## 章节图解

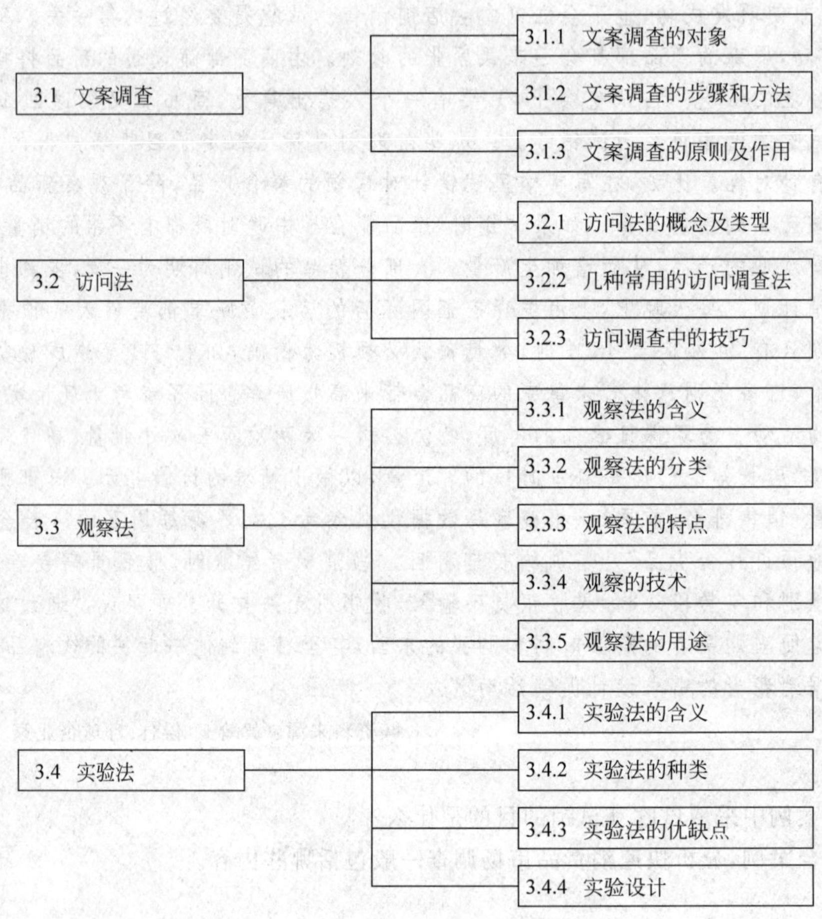


## 学习要点

### 知识点

1. 掌握文案调查的含义和特点。
2. 掌握文案调查的方法。
3. 掌握访问法的含义及类型。
4. 掌握面谈访问的类型及特点。

5. 掌握观察法的含义及特点。
6. 掌握实验法的含义及特点。
7. 了解文案调查对象的基本形式。

**技能点**

1. 如何利用文案调查收集资料。
2. 结合实际对各种调查法恰当选用。
3. 根据不同的调查对象选用不同的调查方法。
4. 如何进行实验设计。

## 引导案例

### 一个汽车销售员的情报收集招数

对于一些小企业而言，竞争情报同样重要。但他们没有专门负责竞争情报的部门和相关的竞争情报人员，没有足够的财力或觉得没有必要花钱委托调研机构、竞争情报服务机构去收集情报信息，那他们是如何进行竞争情报活动的呢？汽车销售专卖店通常会让处于市场一线的销售人员去收集竞争对手相关的情报信息，这样就可以知己知彼，及时调整价格和销售策略了。

首先，销售人员要对公司附近的所有汽车经销商进行踩点，主要获取这些汽车经销商的店面地址、座机号码，所经销的汽车品牌等信息。然后，在这些店面里找出自身公司最大的竞争对手，再通过一定的方法，收集一手情报资料。下面归纳一些汽车销售人员常用的招数。

招数一：佯装顾客，电话套取一手资料

汽车销售人员会收集他们竞争对手店面的联系方式，不定期地佯装准备买车的顾客，套取对手的车型价格和促销活动等信息。一个电话，十分钟左右，就可以知道这种车型对手的大致进货价格，大体的进货成本，他们最近的营销活动、售后服务情况。还可以从侧面了解他们销售人员的服务态度、员工士气、素质情况等。

招数二：实地观察，了解竞争对手员工素质

汽车销售人员也会在早上到竞争对手的公司附近进行观察，主要了解对手的员工早上上班的精神面貌如何，上班的时候做什么，是否玩手机打发时间，是否采用轮班制……这些都从侧面反映了对手员工的销售心态和能力素质。时间久了，有经验的“情报员”还可以类推出竞争对手公司的销售培训工作做得好不好。

招数三：旁敲侧击，从对手客户口中获取情报

汽车销售人员也会去竞争对手的服务站，和他们服务站的修理师傅打交道，寒暄一番后，拿到客户的电话号码。然后销售人员假装是对手公司的客服人员要进行客户回访和信息核实，巧妙地问客户购车价格、所送礼品、公司服务的好坏等问题，以此得出对手的情报信息或反证出之前的情报是否准确。

（资料来源：李倩宇. 中国营销传播网. 2012-09-12）

依据对市场调查资料取得的方式不同，市场调查的基本方法分为文案调查法和实地调查法。文案调查是收集二手资料的方法，文案调查法的调查对象是文献档案材料。二手资料又称次级资料，是相对于原始资料来说的，次级资料是由他人收集并整理的现成资料。原始资料指的是研究者基于某个特殊的研究项目而亲自收集的资料，指首次收集到的资料，具有直观、具体、零碎等特点，是直接感受和接触的现象。次级资料研究能使研究者熟悉行业状态，确定概念、术语和数据，这在对原始资料进行研究时是很有帮助的。实地调查是为了取得原始资料，主要采用访问法、观察法以及实验法等。访问调查法是实地调查中最基本、最常用的调查方法。原始资料的收集是市场调查中一项复杂、辛苦的工作，本部分重点介绍这类资料收集方法。

## 3.1 文案调查

### 3.1.1 文案调查的对象

#### 1. 文案调查法的含义

文案调查法，又称文献资料调查法或称间接调查法，是指调查人员在充分了解市场调查目的后，通过收集各种有关文献资料，对现成的数据资料加以整理、分析，进而提出有关建议以供企业相关人员决策参考的市场调查方法。文案调查法主要收集、鉴别、整理文献资料，并通过对文献资料的研究，形成对事实科学的认识。文案调查法打破了对市场研究的时间和空间限制，调查人员不需要亲临，只通过大量的二手资料就能了解和掌握市场的变动规律，为各种营销决策提供有效的支持。文案调查法不直接接触被调查者，在调查过程中不存在与被调查者的人际关系。作为一种间接资料调查法，有其他调查方法不可替代的作用，特别适用于调查以往的产品销售状况、以往的市场占有率、现在的市场供求趋势和市场环境因素变化等。例如，要调查某地区前两年各种品牌啤酒的市场占有率，就要采用文案调查法，从有关部门获取相关资料。

#### 2. 文案调查的对象及分类

文案调查的对象是各种历史和现实的统计资料，即次级资料，包括各种文献、档案中的信息资料，如图书、期刊、报纸、政府文件、统计数据、会议记录、专刊文献、学术论文、档案材料等，也包括网络信息资料，如政府信息网、各种网络公司建立的信息数据库。从企业经营的角度讲，我国目前有关市场信息的文案种类根据其来源，即存在于企业内部还是企业外部，分为内部次级资料和外部次级资料。

(1) 内部次级资料

内部次级资料是指来自于企业或公司内部的资料。它们是存在于企业内部，在企业的正常运转过程中收集、整理并使用的。根据其来源不同分为两个方面。一是通过企业实际的市场活动而取得的宝贵的实际体验资料，包括企业业务资料、统计资料、财务资料。业务资料是与企业业务经济活动有关的各种资料，如订货单、进货单、发货单、合同文本、发票、销售记录、业务员访问报告等；统计资料，主要包括各类统计报表，企业生产、销售、库存等各种数据资料和统计分析资料等；财务资料反映了企业活劳动和物化管理的占用和消耗情况及所取得的经济效益。二是企业平时收集、掌握、储存的一些有关市场、产品、顾客、竞争企业及其他数据资料，各种调查报告、经验总结、顾客建议等。所有企业的内部资料，都可为市场研究计划的设定提供指导与基础。内部次级资料还有两个最突出的优点，那就是它的可获得性与低成本性。

(2) 外部次级资料

外部次级资料是指企业之外的机构、团体、媒介等所提供的资料。可从以下几个主要渠道加以收集。

① 政府机构及统计部门资料。政府机构及统计部门的有关方针、政策、法令、统计公报、统计年鉴等。内容包括全国人口总数、国民收入、居民购买力水平等，这些均是很有权威和价值的信息。这些信息都具有综合性强、辐射面广的特点。

② 行业协会和各种信息咨询机构的信息资料。行业协会经常发表和保存有关行业销售情况、经营特点、发展趋势等信息资料；金融机构的金融信息资料、研究机构或高等院校发表的学术论文和市场调查报告等；各种经济信息中心、专业信息咨询机构、各行业协会和联合会提供的市场信息和有关行业情报。它们拥有各种市场经济活动信息，企业可以从这些信息咨询机构中获取有关资料。这些机构的信息系统资料齐全，信息灵敏度高，可以满足各类用户的需要。行业协会和各种信息咨询机构通常还提供资料的代购、咨询、检索和定向服务，这也是获取次级资料的重要来源。

③ 各种大众传播媒介。近年来全国各地的电台和电视台为适应市场经营形势发展的需要，都相继开设了市场信息、经济博览等以传播经济、市场信息为主导的专题节目及各类广告，各种大众媒介对文献的主要内容、主要观点、主要材料、主要数据等进行叙述，如电视、广播、报刊、杂志及信息网数据库，含有丰富的经济信息和相关因素的信息。图书资料及国内外有关报纸、杂志、电视及其他大众传播媒介提供的各种形式多样的直接或间接的市场信息资料；图书馆，档案馆，博物馆，社会、科学、教育事业单位或机构等提供的资料。其中，图书馆是收集文献最主要、最重要的渠道之一，也是最早出现的文献集中形式。现代图书馆成为收集、整理、保存、传递科学文献知识的服务性和学术性机构，也是教育文献交流系统和教育研究工作者查寻资料的主要场所。档案馆是收集国家需要长期保管的档案和有关资料，并对其进行整理、编目、保管、研究和提供查询、备案的专门机构。

④ 计算机信息网络。计算机互联网的网上资源量可以说是数不胜数，从国际联机数据网络和国内数据库获取有关数据，包括政治、经济、文化、商业、教育、科技、卫生、体育、天文、新闻、娱乐等，应有尽有，浩瀚无边，几乎一切人类的信息资源都可以在这里找得到。但在收集这类资料时，要对准备使用的文献进行真伪、可靠程度的鉴别，要明确其出处，并考核其准确性，特别是一些数据资料，最好经过相关权威部门检验或验证后再采用。

⑤ 国际商业组织定期发布大量市场信息资料。各种国际组织、外国使馆、商会所提供的定期或不定期的统计公告或交流信息，如联合国国际贸易中心发行的《世界外贸统计指南》，经济合作与发展组织发布的指导性文件。

⑥ 国内外各种博览会、交易会、展销订货会等营销性会议，以及专业性、学术性会议上发放的文件资料。

利用企业内部和外部过去和现在的各种信息、情报资料，对调查内容进行分析、深入研究，将有助于市场营销问题的发掘和营业成果的衡量评估。企业通过对这些资料的研究，可以收集竞争对手及相关行业发展的现状和态势，以确定本企业的发展前景，考核企业经济时效。

## 3.1.2 文案调查的步骤和方法

### 1. 文案调查的步骤

文案调查相对于实地调查来说，操作过程相对简单易行，但为了使文案调查能顺利地取得成效，在进行文案调查时一般应参考以下步骤进行。

① 确定市场调查的主题及基本目标。首先，实施文案调查的目的必须明确，必要时限定调查的范围，在调查的执行者与调查结论的使用者之间加强沟通，使双方就调查的目的、用途、内容涵盖范围等方面达成共识。其次，确定调查的主题，依据主题对有可能得到的文献进行分类，从中选择适合于本次研究使用的一种或几种文献类型。

② 拟订详细的调查计划。包括列出各种调查目标并排列优先顺序，列出各种可能使用的资料及来源，列出各协助调查人员的学识水平和能力，列出关键术语和姓名。预计调查所需时间及最后完成日期；估算与控制调查成本，避免无谓浪费；训练调查人员并分配相应工作。

③ 开展资料收集工作。拟订详细的调查计划并安排相关调查人员广泛了解行业的基本常识，从而保证调查的内涵和质量。主要工作有：寻找可供利用的资料及档案，从一般性相关资料开始逐步延伸至专门性资料；也可先取得充足的相关资料，再来筛选。如果需要主动函索资料，应清楚说明需要资料的缘由、类别及数量。

④ 筛选资料和评估资料的适用性。筛选的目的是去伪存真、去粗取精，并将资料整理成需要的形式。筛选资料的原则，首先是寻找其中可能隐藏的错误或特定意图；其次是对引用的各种外来资料，应寻找原始资料文件或参考书籍；然后对资料进行分类，分类是将资料按照需要分类整理，以便进一步分析。

评估资料的适用性，就是要评价资料的切题性、准确性、专题性、时效性和经济性。评估的目的就是所有的资料应与调查目的相吻合，避免内容夸张、失实和信息被歪曲，资料比较深入且有实质性的内容，资料获取后能快速处理。经过筛选评估再加以重点摘要之后，资料便进入了可使用状态。

⑤ 资料的调整与衔接。文案调查通常使用两种以上的文书档案，资料之间可能有中断和矛盾，也可能有互补。此时，调查人员应以自身学识及自我判断加以调整、衔接相充实。主要工作有：综合使用各种资料，发挥资料间的互补作用；将调整及补足后的资料制成统计图和统计表，并全部转换为标准单位；对资料进行逻辑性研究后重新编排组合；详细检查资料是否全面严谨，衔接是否得当。

⑥ 制作文案调查报告。文案调查报告可以是书面报告，也可以是口头报告。此步骤的工作重点，一是客观、准确地提出调查结论和对未来事态发展的估计和建议；二是必须按重要程度排列调查结论；三是报告内容应力求简明且与题目高度有关；四是保证全部信息资料的准确性。

一般情况下，书面报告的内容有扉页、调查目的、调查结论和附录四部分。扉页部分包括市场调查报告的日期、为谁制作、撰写人等；调查目的部分要求简要说明调查动机、调查要点及所要解答的问题；调查结论部分要指明对调查目的的贡献、对调查问题的解答、可行性措施的提供、调查重大发现及应对建议等；附录部分包括资料来源和所使用的统计方法等。而口头报告是指调查人员口头报告市场调查的过程和结论。做口头报告时，应注意内容简明扼要，运用生动的动态资料和浅显的语言来传递信息；有时还应鼓励质疑并耐心讲解，使调查结果能得到充分的理解。此外，市场调查主持人将报告递送之后，还应继续做必要的跟踪，了解报告被采用的程度和采用后产生的实际效果。

### 2. 文案调查的方法

(1) 文献资料筛选法

文献资料筛选法指从各类文献资料，如科研报告、会议文献、论文、专刊文献、档案文献、政府政策条例文献、内部资料，以及地方志等当中，分析和筛选出与企业生产经营有关的信息和情报的方法。在筛选文献资料时，一种方法是通过参考文献查找，利用有关著作、论文的末尾所开列的参考文献目录，或者文中所提到的某些文献资料，以此为线索追踪、查找和筛选有关文献资料的方法。采用这种方法，可以提高查找和筛选效率。另一种方法是检索工具法，即利用手工检索工具和计算机检索工具查找文献资料的方法。手工检索工具主要有目录卡片、目录索引和文摘。目录卡片指简要记录文献资料要点（例如题目、作者、出处、年代等）的卡片，是目前最常用的对各类图书馆或资料室所藏文献图书进行检索的工具；目录索引是汇集了一定时间内各类文献的题目与出处的一览表，其特点是分类明确统一、按时间顺序编排、便于检索，目录索引主要有综合目录索引、报刊目录索引、专业目录索引和专题目录索引等。计算机文献检索系统分为文献检索、数据检索和事项检索三种，可以根据特定的研究目的和需要，选用适当的检索服务方式。

(2) 报刊剪辑分析法

报刊剪辑分析法是指调查人员平时从各种报刊上所刊登的与企业经营和市场有关的文章、报道中，分析和收集情报信息的一种方法。

(3) 互联网资料收集法

随着互联网技术的迅速发展和普及，人们可以方便地在互联网上获得许多有价值的信息。互联网的特征是，容易进入，查询速度快，数据容量大，同其他资源连接方便。在市场调研中，互联网已成为各种二手资料的主要来源，为吸引更多用户的访问，不少网站往往拥有很多有价值的信息，用户可以利用搜索引擎找到这些网站，如政府、行会和商会的网站、国际闻名的商务网站以及付费服务网站等。在市场调研中，从互联网上获取二手资料的主要方法包括：网站搜索；用 Baidu、Google、Yahoo 等搜索引擎搜索；对人物、事件、重要参数、重要指标等关键词搜索。搜索的时候，可以加上空格 doc、pdf、ppt、xls、ra、avi、wav、mp3、mp4、jpg 等方法。还有几种常见的网络情报获取途径，如微博、网络用户评论、网络广告等。互联网的发展使信息搜集变得容易，互联网上的原始电子信息比其他任何形式存在的信息都多，有很多内容是调查所需要的情报，文案调查人员坐在计算机前便能轻松获得大量信息，只要在正确的地方查寻就可能找到，不仅包括行业发展趋势、市场动态、买价动态和终端消费者信息，而且还包括竞争对手的各种情况。互联网资料收集大大推动了市场调查的发展。

(4) 广告收集法

广告收集法指通过收集其他厂商免费赠送的产品目录、说明书等资料获得文献资料的方法，企业还可以根据自己需要的内容通过书信索取、访问、现场收集、接受赠阅等获得这些资料。

应当指出的是，文案调查所收集的次级资料，有些十分真实、清楚、明了，可直接加以利用；而有些则杂乱无章且有失真情况发生，对此还应该经过甄别、筛选和加工，最终获得有价值的、可用的信息。

### 3. 文案资料获取的方式

对于公开出版、发行的资料，一般可通过有偿购买、索取、企业查找等方式获得，而对于对使用对象有一定限制或具有保密性质的资料，则需要通过间接的方式如交换等获取。随着国内外市场竞争的日益加剧，获取竞争对手的信息已成为市场调查的一个重要内容，但获取资料的手段应该合理合法，提倡采取正当的市场竞争，不应该把市场调查人员当成侦探。

① 有偿购买。在市场经济条件下，信息是一种商品，因此购买是取得信息资料的常用方法。企业可以向信息资料的所有者直接购买，可以向掌握信息资料的商业性机构购买。信息资料价格的高低决定了信息的重要性和获取的难易程度。有偿购买资料这种方式实际上是实现信息、情报商品化，比较有效及时地获得高质量情报信息的重要途径。既然是花钱买情报信息，就应当考虑获得情报信息的费用与带来的经济效益，所以，有偿收集更讲究情报信息的针对性、可靠性、及时性和准确性。

② 索取。索取是一种无偿收集文案资料的方法，它不需支付费用。企业可以向一些免费提供信息资料的机构直接索取。例如，政府部门的部分信息是可以免费提供的；有的企业为了促销或者树立形象，也有免费提供的信息资料，如免费赠送产品目录、产品说明书等资料；有的网站也免费提供信息；一些以举办展览会、交流会提供咨询为营业内容的机构也会提供相当部分的免费资料，一些外国驻我国的商务机构，也会免费提供一些关于所在国的资料。

③ 企业查找。企业查找是指企业指定专门人员进行企业内部信息资料的收集、整理分析和提供的工作。企业查找是文案资料获取的主要方法，它分为经常性查找和临时性查找两种类型。

④ 交换。交换是指不同企业和部门之间相互交换各自拥有的信息资料的方法。交换的目的是从对方获得需要的信息资料。交换可以是企业间的交换、合作者之间的交换、企业与学术机构之间的交换、企业与信息咨询机构的交换等。

#### 小资料 3-1

**第 33 次中国互联网络发展状况统计报告**

1. 互联网发展从“量变”转向“质变”　手机终端应用持续升温

2014 年 1 月 16 日，中国互联网络信息中心(CNNIC)在京发布第 33 次《中国互联网络发展状况统计报告》(以下简称《报告》)。《报告》显示，截至 2013 年 12 月，中国网民规模达 6.18 亿，互联网普及率为 45.8%。其中，手机网民规模达 5 亿，继续保持稳定增长。手机网民规模的持续增长促进了手机端各类应用的发展，成为 2013 年中国互联网发展的一大亮点。

2. 网民规模增长进入平台期 发展主题从“量变”转向“质变”

《报告》显示，截至2013年12月，中国网民规模达6.18亿，全年新增网民5358万人。互联网普及率为45.8%，较2012年年底提升了3.7个百分点。综合近年来网民规模数据及其他相关统计，中国互联网普及率逐渐饱和，互联网发展主题从“数量”向“质量”转换，具备互联网在经济社会中地位提升、与传统经济结合紧密、各类互联网应用对网民生活形态影响力度加深等特点。

3. 手机网民数量持续增长 高流量手机应用成亮点

截至2013年12月，中国手机网民规模达到5亿，年增长率为19.1%，继续保持上网第一大终端的地位。网民中使用手机上网的人群比例由2012年年底的74.5%提升至81.0%，远高于其他设备上网的网民比例，手机依然是中国网民增长的主要驱动力。

在3G网络进一步普及、智能手机和无线网络持续发展的背景下，视频、音乐等高流量手机应用拥有越来越多的用户。截至2013年12月，我国手机端在线收看或下载视频的用户数为2.47亿，与2012年年底相比增长了1.12亿，增长率高达83.8%，在手机类应用用户规模增长幅度统计中排名第一。用户上网设备向手机端转移、使用基础环境的改善和上网成本的下降三方面是手机端高流量应用使用率激增的主要原因。

4. 社交类综合平台持续升温 网络游戏终端竞争加剧

《报告》显示，2013年微博、社交网站、论坛等互联网应用的使用率较2012年有所下降。类似即时通信等以社交元素为基础的平台应用则发展稳定：在2013年，整体即时通信用户规模在移动端的推动下提升至5.32亿，较2012年年底增长6440万，使用率达86.2%。与传统即时通信工具、社交网站相比，以社交为基础的综合平台不仅拥有更强的通信功能，还增加了信息分享等社交类应用，并为用户提供了诸如支付、金融等内容的综合服务，最大限度地增加了用户黏性，保证了用户规模的持续增长。

与之相比，2013年中国网络游戏用户增长速度明显放缓。《报告》显示，网民使用率从2012年的59.5%降至54.7%。网络游戏用户规模为3.38亿，增长数量仅为234万。与网络游戏市场整体增长乏力现状形成鲜明对比的是，手机网络游戏用户的增长十分迅速：截至2013年12月，我国手机网络游戏用户数为2.15亿，较2012年年底增长了7594万，年增长率达到54.5%。传统的PC端网络游戏增长乏力，面临手机网络游戏高速增长的挑战。

5. 网购团购规模增速明显 企业电商应用尚待提升

《报告》表明，2013年以网络购物、团购为主的商务类应用保持较高的发展速度。2013年，中国网络购物用户规模达3.02亿，使用率达到48.9%，相比2012年增长6.0个百分点。在商务类应用中，团购市场的增长最为迅猛：2013年团购用户规模达1.41亿，团购的使用率为22.8%，相比2012年增长了8.0个百分点，使用率年增速达54.3%，成为商务类应用的最大亮点。

对比高速增长的网络购物和团购类商务应用，企业电子商务应用仍然存在提升空间。2013年，中国企业在线采购和在线销售的比例分别为23.5%和26.8%，利用互联网开展营销推广活动的企业比例为20.9%。不同行业的电子商务应用普及率差距较大，其中制造业、批发零售业电子商务应用化较为普遍。在企业电子商务应用的规模方面，与大中型企业相比，微型企业对电子商务的应用普及还需要进一步加强。

（资料来源：中国互联网信息中心. http://www.cnnic.net.cn. 2014-03-05）

### 3.1.3 文案调查的原则及作用

#### 1. 文案调查的原则

文案调查法的关键在于如何快捷、科学、全面地收集有关的次级资料。次级资料的获取仅仅是开展市场调查工作的第一步，要保证文案调查法的成功应用，在收集次级资料时必须遵循以下原则。

（1）针对性原则

文案资料的收集必须针对市场调查的目的、任务来进行。要把与调查主题密切相关的资料收集出来，要把对企业生产经营活动有用的资料收集出来。根据调查的目标要求，确定资料选择的范围和内容，重点收集与调查项目主题关系最密切的情报资料。文案调查所收集的资料与所调查的内容要有很大的相关性，收集次级资料时必须有确定的指向，避免无的放矢，最终调查结果应该能为企业的决策提供实际的效用。

（2）时效性原则

文献资料大多数是历史性资料，要求调查人员在资料的收集过程中，必须考虑资料的时间背景，摒弃过时的、与目前市场情况不相符的资料内容，确保收集的资料能够准确反映调查对象的发展规律性。资料制作完成时间愈近，价值愈高；时间太久远，有明日黄花之感觉，应断然拒用。同时必须及时收集市场变化的数据资料，分析市场变化的最新趋势。

（3）系统性原则

文案调查收集的资料必须全面、系统，能满足市场调查课题的要求，力求全面系统地反映市场行情的来龙去脉，所获取的同类数据在时间上应当是连续的，形成一定的序列，能够反映各时期情况及其发展趋势。为此，要通过各种信息渠道，利用各种机会，采取多种方式广开信息源，大量收集各方面有价值的文献，并且在时序上要保持连续性，以便获得反映客观事物发展变化情况的资料。

（4）经济效益性原则

文案资料的收集必须考虑其经济成本和使用后的效益。文案调查的好处就是省时省钱，如果费用支出过高，就失去了它的经济效益。资料的收集、处理、传递方式必须符合经济利益的要求，通过资料的使用，使企业在经济上有所收益，没有经济效益的资料是没有任何意义的。

（5）真实性原则

对文案调查收集的次级资料，要进行认真鉴别和筛选，坚持实事求是，避免个人偏见和主观臆断。要充分搞清这些资料所载信息的来源和可靠程度，要对资料做认真的分析，即分析所收集的资料是否有误，资料所涉及的时期是否适当，是否反映客观实际情况，与第一手资料的接近程度如何等。

#### 2. 文案调查作用

（1）文案调查可以发现问题并为市场研究提供重要参考依据

文案调查适应面广，不论什么类型的调查，也不论是一般性市场调查还是专业性市场调查，国内市场调查还是国际市场调查等，都可运用此方法。文案调查提供市场信息，以供企业拟定未来市场营销策略参考，利用文案调查资料，可以探讨现象发生的各种原因并进行说明，洞悉企业营销活动得失利弊及改进建议，市场发展趋势及市场新契机提示，为企业决策提供依据。

（2）文案调查可为实地调查创造条件

通过文案调查，可以初步了解调查对象的性质、范围、内容和重点等，并能提供实地调查无法或难以取得的市场环境等资料，便于进一步开展和组织实地调查，以取得良好的调查效果。文案调查所收集的资料还可用来证实各种调查假设，即可通过对以往类似调查资料的研究来指导实地调查的设计，用文案调查资料与实地调查资料进行对比，鉴别和证明实地调查结果的准确性和可靠性。

（3）文案调查可用于有关部门和企业进行经常性的市场调查

持续性进行文案市场调查，建立企业信息库，平时有系统、有目的、勤于收集各类市场资料及档案，定期制作文案市场调查报告，以提供企业在不同时期的业绩成效比较。文案调查不是一朝一夕的事，而是一件日积月累的工作。只有重视对各种资料的积累，才能取得全面、系统的间接资料。

### 3. 文案调查的特点

（1）文案调查的优点

① 可获得超越时空条件限制的文献资料，文案调查可以不受时间和空间的限制，通过文献档案资料的收集和分析，不仅可以获得有价值的历史资料，而且可以收集到比直接调查范围更为广泛的多方面资料。从时间上看，文案调查不仅可以掌握现实资料，还可获得实地调查所无法取得的历史资料。从空间上看，文案调查既能对企业内部资料进行收集，还可掌握大量的有关市场环境方面的资料。文案调查所收集的资料包括动态和静态两个方面，尤其偏重于动态角度。

② 方便实施、费用低廉。调查人员只需花费较少的费用和时间就可以获得有用的信息资料。文案调查的目的就是为了省时省钱。因此，在进行文案调查前必须制订详尽的计划，确定资料的来源，计算出合理成本，最大限度地利用免费资料。

③ 由文案调查收集的资料都是书面形式的，因此不受调查人员和被调查者主观因素的干扰，避免因被调查者心理因素而产生的种种反应性误差，反映的信息内容更为真实、客观。

④ 具有较强的机动性和灵活性，随时能根据企业经营管理的需要，收集、整理和分析各种市场信息，定期为决策者提供有关市场调查报告。

（2）文案调查的不足

文案调查先天的缺点有待克服。主要表现在以下几方面。

① 资料时效性较差，不够全面系统。资料提供有时间限制，通常各种资料均为年报、季报、月报，影响资料使用人完成报告的时效。文案资料收集的依据主要是历史资料，过时资料比较多，现实中正在发展变化的新情况、新问题难以得到及时的反映。

② 资料不全未能深入，收集资料时易有遗漏或者力不从心。其中的问题包括测量单位的不一致、对数据进行分类的标准不同、次级资料的更新缓慢、缺乏信息以评估次级资料的可信度。研究者必须在使用次级资料前确定这些问题。

③ 文案调查要求调查人员有较广的理论知识、较深的专业知识及技能、较高的语言文字处理能力、查找文献的能力，否则将感到无能为力等，这在一定程度上限制了该方法的应用，一般仅限于做叙述性的调查。

**小资料 3-2**

**经济普查利国利民**

新年首日，举国放假，有一群人却在忙碌着。他们佩戴统一证件，手持电子终端设备，入户询问并录入相关数据。五年一次的经济普查再次来到你我身边。从 2014 年 1 月 1 日起，第三次全国经济普查大幕正式拉开，300 万普查员"上岗"。搞好经济普查，最重要的是确保数据真实。入户经济普查最忌两点：一忌拒不配合；二忌数据造假。这两种行为的出发点，有可能是因为不理解经济普查的意义，认为"事不关己"；有可能是因为担心企业信息或商业秘密被泄露；还有可能是因为诚信问题，平时申报有关数据不严谨怕暴露。如何让每家企业、每个个体经营户都愿意主动亮明家底配合普查登记工作，一是要讲透经济普查的法律依据和重要意义。根据《统计法》和《全国经济普查条例》，普查对象有义务依法接受调查，不得虚报、瞒报、拒报、迟报经济普查数据。家底清楚了，政策的针对性加强了，企业得利，百姓受益，利国利民利大家。二是要确保企业数据安全。要让普查对象了解，数据的使用严格限定，不会作为任何处罚的依据，同时确保不泄露原始数据。三是要加强对普查员的培训。300 万普查员，有的是在校大学生、企业统计人员、社区干部，还有的是村干部，不仅需要掌握一定的知识，更要讲究工作方法，有耐心有热情。

（资料来源：陈学慧. 经济日报. 2014-01-02 第一版）

# 3.2 访 问 法

## 3.2.1 访问法的概念及类型

### 1. 访问法的定义

访问法又称询问调查法，是由访问者向被调查者提出问题，通过被调查者的口头回答或填写调查表等形式来收集市场信息资料的一种方法。访问法是最常用的市场调查方法，也是收集第一手资料最主要的方法。访问法既可以独立使用，也可以与观察法等结合应用。

### 2. 访问法的基本类型

① 根据对访问内容是否有统一设计，访问法可以区分为标准化访问和非标准化访问。标准化访问也称结构性访问，就是按照统一设计的、有一定结构的问卷所进行的访问调查。这种访问调查法把问题标准化，事先拟好题目、问题顺序和谈话用语，按一定的方式询问。其特点是：选择访问对象的标准和方法，访谈中提出的问题、提问的方式和顺序，以及对被

调查者回答的记录方式等都是统一设计的，甚至连访谈的时间、地点、周围环境等外部条件，也力求保持基本一致。标准化访问的最大好处是，便于对访问结果进行统计和定量分析，便于对不同被调查者的回答进行对比研究。但是，这种访问方法缺乏弹性，难以灵活反映复杂多变的社会现象，难以对社会问题进行深入探讨，同时也不利于充分发挥访问者和被调查者的积极性、主动性。

非标准化访问，也称非结构性访问，是指事先不制定表格，也不按固定的问题顺序去问，访问者可以就某些问题与被调查者进行自由的交谈，以了解某些想研究的心理问题。这种访问方法，适合于探索性研究。对访问对象的选择和访谈中所要询问的问题有一个基本要求，但可根据访谈时的实际情况做必要调整。非标准化访问，有利于充分发挥访问者和被调查者的主动性、创造性，有利于适应千变万化的客观情况，有利于调查原设计方案中没有考虑到的新情况、新问题，有利于对社会问题进行深入的探讨。但是，这种方法对访问者的要求较高，同时对访问调查的结果难以进行定量分析。

② 按访问者与被调查者的交流方式不同，访问法可分为直接访问与间接访问。直接访问，就是访问者与被调查者进行面对面的访谈以收集资料的调查方式，可以是访问者走到被调查者中间去就地进行访问，或者将被调查者请到访问者安排的地方来，然后再进行访问。这种方法能够看到被调查者的表情、生活环境等，能够了解更多的信息，有助于研究者更加准确地解释访谈内容的意义。间接访问，是双方不直接见面，而是通过电话、计算机等工具进行信息交流的方式。可以减少奔波之苦与长途旅行的经济负担，但是往往了解的信息比较有限。

③ 根据访问调查一次访问人数的多少，访问法可分为个别访问和集体访问。个别访问是由一个访问者和一个被调查者所构成的访问，适合于访问某个特定个体的情况，了解带有隐私性、隐蔽性的个体情况，作深入的研究。集体访问是由一至三名访问者和两名以上的被调查者所构成的访谈。适合于为了了解某个群体的情况和想法的调查。

④ 按访问内容传递方式的不同，访问法可分为面谈访问、电话访问、邮寄访问、留置访问、日记调查和互联网调查等。这是市场调查中最常见的一种方法。

**小思考 3-1**　企业在选用调查方法时考虑哪些因素？

## 3.2.2 几种常用的访问调查法

访问法广泛用于第一手资料的收集，是一种富有柔性的调查法。调查人员访问被调查者，常用面谈访问、电话访问、邮寄访问、留置访问、日记调查和网上调查等形式。很多企业在进行调查时，往往想知道消费者的真实感受和想法，因此很想与消费者进行面对面的交谈，以此来把握市场信息，面谈访问法将为企业成功地解决这一问题。

### 1. 面谈访问调查

(1) 面谈访问的含义及特点

所谓面谈访问，就是调查人员按照调查目的的要求，按事先规定的方法选取适当的被调查者，再依照问卷或调查提纲进行面对面的直接访问。面谈可以直接听取被调查者的意见，是最直接的访问调查方法。面谈访问的过程是双方互相作用、互相影响的过程。只有被调查者有了对访问者的基本信任，消除了紧张与疑虑，才能愉快、顺利地回答问题。因此，面谈访问要求访问者能熟练掌握访谈技巧，这样才能了解人们的知识、态度、偏好和购买行为，了解被调查者的深层次思想。

面谈访问是调查者与被调查者面对面交谈的一种方法，是最直接的访问调查方法。面谈访问是目前在国内使用最广泛的方法，几乎涉及市场调查的各个方面。因为面谈调查法有其独特的优点，具体有以下几点。

① 回答率高。与其他方式相比，面谈访问容易得到较高的回答率，拒答率较低，这也可以说是面谈访问最为突出的优点之一。

② 具有较强的灵活性。面谈调查法可以根据被调查者的性格特征、心理变化、对访问的态度及各种非语言信息，扩大或缩小调查范围，可以对调查的环境和调查背景进行了解，可以用来收集许多不同场合下的不同信息，面谈访问时调查人员可以及时、灵活地改变提问的角度和方法，引导被调查者全面、真实地发表自己的意见。

③ 调查资料的质量较好。面谈访问容易建立访问人员与被调查者之间的信任和合作关系，有望得到较高质量的样本和获取较多内容、较深问题、较高质量的数据，在访问过程中由于调查者在场，因而既可以对访问的环境和被调查者的表情、态度进行观察，又可以对被调查者回答问题的质量加以控制，从而使得调查资料的准确性和真实性大大提高。

④ 调查对象的适用范围广。既可以用于文化水平较高的调查对象，也可以用于文化水平较低的调查对象。

面谈访问虽然有以上的优点，但不可避免地也存在不足：调查费用较高，人力物力耗费较大，主要表现为调查者的培训费、交通费、工资，以及问卷及调查提纲的制作成本费等；对调查者的要求较高，要求调查人员的素质要高，对调查人员的管理较困难；可以说，调查结果的质量很大程度上取决于调查者本人的访问技巧和应变能力；访问调查周期较长，不适合大规模的市场调查；面谈访问如果受到一些单位和家庭的拒绝，就无法完成调查。

(2) 面谈访问的方式

面谈访问在实施中有几种常用的方式，按照选取访问对象的方法及访问地点不同，面谈访问法分为入户(或单位)访问、街头拦截访问、神秘顾客访问等几种方法。按照访问对象的多少，面谈访问法分为个别访问和集体访问，个别访问中比较典型的是深度访谈法，集体访问中的焦点小组访谈比较常用。

① 入户访问。入户访问是指调查人员到被调查者的家中或工作单位进行访问，直接与被调查者接触，然后利用访问式问卷逐个问题进行询问，并记录下对方的回答，或是将自填式问卷交给被调查者，讲明方法后，等对方填写完毕再收取问卷的调查方式。入户访问是一种私下的、面对面的访问形式，是在市场调查中被认为最佳的访问方法，也是使用最普遍的调查方法。对于入户面访调查，决定访问什么样的家庭(或单位)是调查工作的第一步，如果抽样方案中已经详细地给出了被访问者的家庭的地址和名单，那么调查人员必须严格按照名单上的地址进行访问，不得随意更换。但是，在许多情况下，抽样方案无法给出具体的、待

访的家庭地址，而只是给出了若干个抽样点(居委会或居委会内的某个楼、地段等)和如何抽取访问家庭的具体规定，在这种情况下，调查人员有一定的选择调查对象的主动权。重要的是，调查主管赋予调查人员的抽样主动权应该保持在尽可能小的范围，即应该尽可能详细地规定选取抽样户的方法。同时要求调查人员必须严格按照规定进行抽样，绝对禁止随意地选取调查户的做法。同时，抽样方案中还要给出被调查者不在或拒访的处置方法。

同时应该根据调查目的不同，选择不同的抽样对象。因此，入户以后还要确定该由谁接受调查访问。通常一个家庭，只选择一个被调查者接受访问。如果调查的内容主要涉及整个家庭，则一般是访问户主；如果调查的内容主要涉及个人的行为，一般是访问家庭中某个年龄段的成员，或是按某种规定选取一位家庭成员进行访问。不管是什么方法，需要调查人员严格按照规定执行。在调查结束时，通常要赠送一件小礼物以示感谢。入户访问调查对调查人员的特别要求主要是认真负责、诚实可靠和善于交流。

入户访问的优点很多，如调查者直接与被调查者接触，可以观察被调查者回答问题的态度，能够直接得到反馈，可以对复杂的问题进行解释等；同时，调查中采用严格的抽样方法，可使样本的代表性更强；能够得到较高的有效回答率；对于不符合填答要求的答案，可以在访问当时予以纠正；能够确保消费者轻松自然，在一个自己熟悉、安全、舒适的环境中接受访问。

入户访问的缺点表现在：人力、时间及费用消耗较大，且随着调查地区及规模的增大，相对增加的费用很高；调查工作中必须详细计划，严密控制进度，并且应该由专业机构来完成；入户访问对访问人员的要求较高，调查人员的素质非常重要，适用者难找，并需要严格管理访问人员；访问时调查人员在场会增加被调查者的心理压力。

② 街头拦截访问。街头拦截访问简称拦截访问，是指在某个场所(一般是较繁华的商业区)，如超市、写字楼、街面、车站、停车场等拦截在场的一些人进行面谈访问调查。这种方法常用于商业性的消费者意向调查。例如，在商场的化妆品柜台前拦截女性顾客访问她们对各种化妆品的偏好以及购买习惯、行为等。拦截访问的好处在于效率高，但是，无论如何控制样本及调查的质量，收集的数据都无法证明对总体有很好的代表性。街头拦截调查主要有两种方式：第一种是由经过培训的调查人员在事先选定的若干地点，如交通路口按照一定的程序和要求、时间间隔和客流量间隔等，选取访问对象，征得对方同意后，在现场按问卷进行简短的调查。这种方式常用于需要快速完成的小样本的探索性调查。第二种方式也叫中心地调查或厅堂测试，是在事先选定的若干场所内，租借好访问专用的房间，根据调查的要求，可能还要摆放供被调查者观看或使用的物品，然后按照一定的程序拦截访问对象，征得其同意后，带到专用的房间和厅堂进行面访调查。这种方式常用于需要实物显示或特别要求的有现场控制的探索性调查项目，如新产品的测试、广告测试等。拦截访问能依照委托方的要求灵巧地选取工作地点，这样便于寻找合格的被调查者，从而提高访问效率，在直接面对访问者进行启发和运用专门问卷等方面具有同入户访问一样的优势。

拦截访问的优点表现在：拦截访问时被调查者相对集中，可以节省寻找被调查者的时间，并且使调查者容易接近目标顾客进行资料收集；整个项目的访问时间短，调查人员的主要精力将被集中在选择访问调查对象、填答问卷上；可以在访问进行时对问卷的真实性及质量进行控制；可以节省抽样环节和费用，街头拦截往往比入户访问的费用低很多。

拦截访问也有很多不足之处：由于在固定场所，容易流失掉不到该场所去的群体；在人口流量比较大的商场和超市等地方，很难得到能够代表大部分地区消费者的样本；访问的时间太短，街头拦截访问的拒访率也是比较高的；街上的访问环境并不舒适，被调查者可能会产生不安、压力，或是调查人员无法控制的嘈杂状态，这些因素都会影响收集信息的质量。

拦截访问的注意事项：访问地点的允许；调查机构对现场环境要进行有效的控制；调查对象、时间、地点是否适当；访问人员必须有礼貌，讲明进行调查的目的；访问的时间不宜过长；问卷的设计应简短等。

③ 神秘顾客访问。神秘顾客访问又称神秘购物、神秘人检测，是近年发展起来的一种新的调查方法。它是经过严格培训的调查人员，在规定或指定的时间里扮演成顾客，对事先设计的一系列问题或者现象逐一进行评估或评定的一种调查方式。由于被检查或需要被评定的对象，事先无法识别或确认"神秘顾客"的身份，故该调查方式能真实、准确地反映客观存在的实际问题，能够更真实、客观并系统地反映出目标对象的真实状况，但访问人员要始终坚持公平、公正、中立、保密的工作原则。神秘顾客访问是介于访问法与观察法之间的，是顾客满意度调查的重要方法之一，经常用于对服务行业的监督与管理活动的调查。

神秘顾客访问通常有如下几种形式。

其一，神秘顾客拨打神秘电话，在这种调查方法中，神秘顾客给其被调查的客户拨打电话，并根据电话内容评估所接受的服务水平，继而与之进行一番照本宣科式的谈话。在实际访问过程中，通常会设计好一些问题或者困难，然后引导被调查者进行作答。

其二，神秘顾客造访某个企业。在这种调查方法中，神秘顾客用事先准备好的手稿或者方案与被调查者单位的代表进行谈话，然后把感受服务的过程记录下来，并根据印象对其服务进行评估。

其三，神秘顾客与被调查者进行技术或者有关产品方面的知识交流。在这种调查方法中，神秘顾客会就某一个重大购买事件与被调查者进行技术或者销售方面的充分沟通与交流，然后把感受服务的过程记录下来，并根据印象对其服务进行评估。

其四，神秘顾客通过参加行业会展的方式，以不同的身份多角度同参展商、客户进行交流沟通，获得一手的实地信息。

神秘顾客访问的优点是了解被检测对象标准流程的执行情况，为执行情况不良的企业或部门的处罚提供依据；通过神秘客户可以对窗口服务型行业中的各项服务项目进行质量控制；了解消费者需要和不需要的服务项目，持续监督服务质量，调整服务规范，更新、跟进客户服务体系；被调查者没有意识到被调查，故反映的情况准确性、真实性较高。

神秘顾客访问的缺点包括：在调查时无法做记录，可能产生细节的遗漏；调查结果的客观真实性取决于调查人员的心理状态、综合素质，以及对考核指标的理解等，不同的调查者往往存在一定差异，可能会对考核结果产生一定的误差；这种调查法无法观察到被调查者的内在因素，有时需做长时间的观察；调查人员经验不足或者组织流程不严密时，会导致考核结果失偏，缺乏公正性和准确性。

要克服神秘顾客访问的缺点，需要调查访问人员具有较高的综合素质和理解能力、良好的心理状态、端正的工作态度、敏锐的观察分辨能力，这是调查质量的有力保证；同时应该注意神秘顾客的实地训练及心理培训，适度掌握神秘顾客的更换频率。

## 小资料 3-3

### 用户调研的误区

参加过很多次用户访谈，但作为用户参加，还是第一次。这次有趣的换位思考促使我反思，目前的用户调研普遍存在哪些误区？如何以用户为中心，却又不唯用户为中心？

在调研中，我被频频提问这样的问题："在你的这几个阅读来源中，书、Reader、杂志分别占的比例是多少？"、"你使用这几款阅读产品的频率比例是多少？"、"你获知并购买书籍的这几个渠道占比分别是多少？"。以前作为提问者不觉得这样有什么问题，今天一一回答才发现，给出的数字那真是拍脑袋。一是因为使用过程中没有具体统计过时间、频率，只能大概估算；二是因为普通用户只关注使用体验，对统计数字不敏感，就拿阅读产品的使用频率比例来说吧，并不是以产品为维度的，而是以内容为维度的，最近在读什么书决定了最近使用哪款产品。所以呢，最好不问过于量化的问题，如果要量化，用户数据和用户日志更能诚实准确地反映用户行为。

（资料来源：林茜茜. http://www.yixieshi.com. 2013-01-31）

④ 深度访谈法。深度访谈法是通过心理访谈挖掘出被调查者深层次甚至本人也没有意识到的东西的一对一交流的访问调查法。深度访谈前，调查人员有一个粗略的访谈提纲，访谈的方向完全根据被调查者的回答，以及调查人员的追问技术来决定。深度访谈主要用于获取对问题的理解和深层了解的探索性研究，消除了被调查者的群体压力，因而每个被调查者会提供更真实的信息。其在市场调查中的应用也日趋广泛，如详细地刺探被调查者的想法，讨论一些保密的、敏感的或让人为难的话题，详细地了解复杂行为(例如选择购物的商店)，访问专业人员(如对医务工作者的调查)，访问竞争对手，调查的产品比较特殊，例如有感情色彩的产品(如香水、洗浴液)等。通过一对一的交谈使被调查者感到自己是注意的焦点，可以鼓励被调查者提供更多、更新的信息，可以更深入地揭示隐藏在表面陈述下的感受和动机。

不过，深度访谈使用不那么普遍，深度访谈只在某些特殊情况下有效，相对小组座谈会来说，深度访谈具有如下的优点：深度访谈是一对一的访谈，更容易与访问者进行感情上的交流与互动，揭示对某一问题的潜在动机、信念、态度和感情，深度访谈能更深入地探索被调查者的内心思想与看法，适用于复杂的行为动机的调查，可以有效配合定量调查；深度访谈法是一种无结构的、直接的、个人的访问，在访问过程中，一个掌握技巧的高级调查人员深入地访谈一个被调查者，可以获得更多的、有价值的信息。

但是深度访谈也有不可避免的缺点，如成本较高，需要较大的费用投入；访问时间较长，调查速度较慢；难以招集高素质的调查人员，调查结果容易受调查人员自身的影响，其结果的质量的完整性也十分依赖于调查人员的技巧；相对拒访率较高，即成功率较低。同时能够做深层访谈的有技巧的人才稀缺，高层次的专家、学者毕竟有限，因而在一个调查项目中深度访谈的数量是十分有限的。

## 小资料 3-4

### 定性研究中的小组座谈方法

某研究机构A为某寿险机构B开展一项寿险产品研究。为了深度挖掘用户对寿险产品的需求，同时借鉴同行成功的理财产品设计与推广经验，拟采用定性与定量研究相结合的方法，定性群组座谈对象为竞争对手寿险代理人和高端寿险客户。参与者均从区域范围、人口特征、消费特征方面进行了界定。

针对寿险代理人群组设计如下。

小组形式：小小组(4～5人)；组数：共5组；平安、新华、太平洋、泰康和友邦，每家寿险的代理人组成一组；组内构成：年龄、性别大致平均。针对高端寿险客户群组设计如下：小组形式：标准组；组数：5组；中高端客户组(北京)，中高端潜在客户组(北京)，普通客户组(北京)，中高端客户组(上海、广州各一组)；组内构成：年龄、性别、收入、教育程度及保险拥有状况大致相当。

(资料来源：刘鸿.探索世界.2012年第8期)

⑤ 焦点小组访谈法。焦点小组访谈法是经过训练的主持人与一个小组的被调查者交谈，从而获取对一些有关问题的深入了解的收集资料办法。焦点小组访谈法源于精神病医生所用的群体疗法。焦点小组访谈是目前最为流行的一种定性调查技术，它经常被市场调查人员用来作为大规模调查的事先调查，帮助确定调查范围，产生调查假设。焦点小组一般由8～12人组成，在一名主持人的引导下对某一主题或观念进行深入讨论，了解被调查者对一种产品、观念或组织的看法，同时可以利用单面镜及隐蔽性的摄影机设备，在隔壁的观察室直接观察整个访谈的过程。在焦点小组访谈中，一般避免直接访问，鼓励间接访问、自由激发，某个小组成员的想法往往成为其他人的一种刺激，从而互相启发，能以较少的成本很快地获得丰富的信息。这种办法可用于研究广告创意，获取价格印象，获取消费者对具体的市场营销计划的初步反应等。座谈的时间最好在一个半小时至两小时之间。这样能够深入地了解受访对象的信念、感情、观点、态度，以及对有关问题的动机、认识，如果时间过长，会使接受访谈的消费者出现厌烦情绪，或者提前离开会场。小组成员应以具有同性质者为佳，例如年龄、嗜好、学历、职业等，以免造成沟通障碍，影响讨论气氛。

焦点小组访谈法的优点有：参与者之间的互动作用可以激发新的思考和想法，在小组座谈会中，一个人的评论会启动参加者的一连串反应，容易激发灵感，产生想法，能相互启发，集思广益；可以在单面镜后观察被调查者，允许对数据的收集进行密切的监视，观察者可以亲自观看座谈的情况，并可以将讨论过程录制下来用作后期分析；能直接、快捷、有效地获取所要信息，通常比其他方法容易执行，由于同一时间内同时访问了多个被调查者，因此数据收集和分析过程都是相对比较快的；焦点小组访谈相对来说更节省费用。

焦点小组访谈法的最大的潜在不足在于群体会谈本身，获取的信息可能会存在偏激和不全面；调查的结果仅属于定性的范围，但准确的信息应来自于定量研究；对场地要求较高，不适合的场地可能不会达到理想的效果；多个被调查者要同时参与，对主持人的要求相当高，它不仅要求主持人有敏捷的思维、丰富的知识，而且要灵活地控制会场的气氛，调动所有参与者的积极性，这样收集的信息非常具有前瞻性和代表性；具有高素质的主持人是很少的，而调查结果的质量十分依赖于主持人的技术；小组座谈会的数据是凌乱的，对结果的分析和解释都很困难，因此不能把小组座谈的结果当作是决策的唯一根据。

### 2. 电话调查

电话调查是 20 世纪 90 年代最流行的市场调查技术方法。电话调查是调查者通过电话与被调查者进行询问收集市场信息资料的一种方法。在发达国家，特别是在美国，采用电话调查法很普遍。一般说的调查实际上就是指电话调查，因为在美国要直接访问被调查者是很困难的。随着通信工具的发展，电话的普及率越来越高，因此采用电话调查成为未来调查的趋势。电话调查的抽样方法一般按照随机拨号的方式进行，利用现成的电话号码簿作为抽样框，借助随机的数字表，随机地选取拨打号码，或采用等距抽样的方法从电话簿中抽取拨打号码。这种调查方式的成本低，能迅速获得资料，且不受地区大小的限制。但是，这样做存在着母体不完整的缺陷，它只适用于安装了电话的被询问者，所以调查结果不能代表没有电话的消费者的意见。电话调查的通话时间一般不太长，使调查的内容难以深入，访问的成功率比较低。因此，这种方式适用于对热点问题、突发性问题、特定问题和特殊群体的调查，也适用于对比较固定的企业客户的调查。

传统的电话调查使用的工具是普通的电话、普通的印刷问卷和普通的书写用笔。经过培训的调查人员按照调查设计所规定的随机拨号的方法，拨通电话，遵照问卷和培训的要求筛选被访问对象，然后对合格的调查对象对照问卷逐题逐字提问并将答案记录下来。近年来计算机辅助电话调查使用比较普遍，利用电话向被调查者进行访问，并且整个访问过程按照计算机所设定的程序进行。经过培训的调查人员头戴耳机式电话，坐在终端前，按照屏幕上指示的程序进行工作，自动随机拨号系统会根据研究人员事先设计好的抽样方案自动拨号并保存拨号记录，调查人员按屏幕上显示的问答题进行访问，并将所得数据随时录入计算机，计算机会根据答案自动跳答相关问题，也会自动检测答案的一致性和适当性。由于答案是直接输入计算机的，收集的数据和调查的结果几乎可以立刻就得到。调查人员都是经过专门训练的，一般以兼职的大学生为主。

电话调查的优点很多，这种调查方法取得市场信息的速度较快，获取所需资料时间短；可以使被调查者解除对陌生人的心理压力；节省调查费用，调查的覆盖面较广；调查人员容易管理。

电话调查的缺点表现在：样本的局限性，一般偏重于有电话的群体，被调查者只限于有电话的地区和个人，代表性不强；由于时间的限制，不适合复杂内容的调查，电话交谈的时间较为短促，很难全面提问，因而调查内容的深度远不及其他调查方法；电话调查只能在一定的范围使用，在有实物测试的情况下就不能使用电话调查，有一些调查项目需要得到被调查者对一些图片、广告或设计等反应，电话访问无法达到这些效果；电话调查无法了解被调查者当时的态度，难以辨别真假，由于电话访问是通过电话进行的，调查者不在现场，因而很难判断所获信息的准确性和有效性；拒访情况较多，未事先通知的情况下，不容易取得被调查者的合作，其拒绝率较高。

尽管电话访问存在着诸多缺陷，但对那些调查项目单一，问题相对简单明确，并需及时得到调查结果的项目而言，仍不失为一种理想的访问方式。

### 3. 邮寄调查

邮寄调查就是将问卷通过邮局寄给选定的调查对象，并请求受访对象按照规定的要求和时间填写问卷，然后寄回调查机构的调查方法。邮寄调查中，如何提高回收率是最关键的问题。

邮寄调查的突出优点主要表现在以下几个方面：

① 调查的空间范围广。调查对象地域不受限制，可以在较大的地区进行抽样，如全国、全省、全县等任何区域范围内，抽选的样本可以是大容量，每次抽样的效度增加。

② 邮寄调查费用低。邮寄问卷可以节省经费，用少量经费就可以调查大量样本。与其他访问方法相比，邮寄访问可以说是市场调查中一种最为便宜、最为方便、代价最小的资料收集方法。

③ 邮寄调查可以给予被调查者相对更加宽裕的时间作答。受测者可以不受时间限制自由填写，也不受旁人干扰充分地回答问题，使答复较为真实可靠，便于被调查者深入思考或从他人那里寻求帮助，而且可以避免面访调查中可能受到的调查人员的倾向性意见的影响。

④ 邮寄调查的匿名性较好，可对一些较敏感或隐私的问题进行调查。

⑤ 邮寄调查减少了访问人员的劳务费，免除了对访问人员的管理。无须对调查人员进行培训和管理，可以不用调查人员，调查程序也很简单。

邮寄调查虽有上述诸多优点，但也有许多自身无法避免的缺点：

① 邮寄调查最大的缺点是回收率较低，如果回收率太低容易影响样本的代表性，因而如何提高问卷回收率成为邮寄调查要重点解决的问题。

② 邮寄调查信息反馈周期长，影响收集资料的时效。由于各种主客观原因，问卷滞留在被调查者手中的时间较长，有时当问卷回收以后，往往已经失去其分析研究的价值。

③ 邮寄调查无法判断被调查者及其性格特征，收回的某些问卷有可能是别人代填的，无法了解回答的内容是否是被调查者本人所为，回答的可靠程度难以确定。同时，邮寄调查要求被调查者应具有一定的文字理解能力和表达能力，对文化程度较低的人不适用。

④ 邮寄调查中，调查人员和被调查者不能直接沟通，调查内容容易停留在表面上和形式上。同时被调查者对问卷有疑问时，无法获得合理的解释，只有乱填或出现答非所问的现象，造成问卷的失真或报废。

提高问卷的回收率是克服邮寄调查法缺点的有效途径，常用的方法：

① 不要问卷发出去就不管了，试着做些提醒性的工作，比如说发封跟踪信、打个跟踪电话、寄张明信片等，这也许并不会花费太多的时间和精力，却能在一定程度上满足被调查者的情感需求，激发其合作热情，提高问卷作答质量和问卷回收率。有调查者研究表明，跟踪提醒一般可将问卷回收率提高大约 20 个百分点。

② 市场调查由受人尊重的权威机构主办，将大大提高问卷的回收率。在国内，由政府机构主办和支持的市场调查受到“礼遇”的可能性和收集资料的容易程度大大高于其他机构。

③ 注意印刷字体及纸张质地，应尽量具有吸引力；问卷上应说明调查的目的和调查结果的重要性，并在问卷上写上“致谢”等礼貌用语。

④ 问卷的内容简单明了，不要太多、太难，详细说明问卷回收的时间和方式，为了打消被调查者的顾虑，提高问卷回收率，在寄发问卷时强调调查者对填写内容的保密义务。

⑤ 为了对被调查者提供寄回问卷的便利，可以统一印好回信信封，粘贴好邮票，也可以通过有奖征询提供纪念品的方式，提高问卷的回收率；或附加一点实惠的东西，比如说给予一定的中奖机会，赠送一些购物优惠券，享受会员待遇等。

### 4. 网上访问调查

(1) 网上访问调查的含义

网上访问，又称网络市场调查或联机市场调查，是指利用国际互联网作为技术载体和交换平台进行调查的一种方法。网上调查兼有电话访问和信函访问的优点，但要求被调查者有计算机并经常上网。通过网络进行有系统、有计划、有组织地收集、调查、记录、整理并分析与产品、劳务有关的市场信息，客观地测定及评价现在市场及潜在市场，用以解决市场问题，其调查结果可作为各项决策的依据。

互联网的诞生和发展为网上访问调查提供了发展空间，由于它有其他调查方法不可比拟的优势，备受调查机构的青睐，得到了广泛的应用和快速的发展。目前，许多机构的信息和资料以电子文件的形式存放在网上。随着政府和企业信息化工程的推进以及互联网的普及，网上信息资源会更加丰富，通过网络获取二手资料将成为一种主导渠道。网上除了进行二手资料收集，在市场调查技术手段方面，网上访问调查具有革命性突破，它能找到真正的消费者，而非笼统意义的潜在消费者和大众消费者。网上访问调查的出现，也使传统市场调查发生巨大的变革。1998 年美国调查协会三分之一的会员公司使用网上调查方法。随着我国网络用户急剧增加，网络调查将成为主要的调查方法。无论是在网络聊天室进行访谈，还是 E-mail 互动式的联络，现在都日渐广泛。但不管怎样，随着网络事业的迅猛发展和网民比例的不断上升，网上访问不仅代表着一种趋势，也代表着一种潮流，其作用将愈来愈凸显。互联网调查发展很快，以互联网为唯一调查媒介的网上市场调查公司不断应运而生，且取得了引人瞩目的成绩，但传统调查法，仍是不可或缺的，特别是在一些经济技术不发达的国家和地区。即便在发达地区，仍以互联网调查作为辅助调查。

(2) 网上访问调查的样本

网上访问调查的样本可以分为三类：随机样本、过滤性样本、选择样本。随机样本是指在互联网上的所有人均可以回答问卷问题。随机样本是无限制的，所获取信息的置信度较低；过滤性样本是指能够根据过滤性问题立即进行市场分类，确定被调查者所属类别，然后根据被调查者不同的类型提供适当的问卷；选择样本是对样本进行更多限制的目标群体。

(3) 网上访问调查的优缺点

同其他访问方式相比，网上访问调查具有明显的优点，具体表现在：调查对象广泛，辐射范围上不受地点限制，适合全球性调查；网上访问速度快，信息反馈及时，这种技术能够节省问卷印制、邮寄和数据记录过程；匿名性很好，所以对于一些人们不愿在公开场合讨论的敏感性问题，在网上将是一方畅所欲言的乐土；网上调查的费用低，调查成本低廉，富有灵活性和趣味性，网上调查的便捷性和经济性很明显。

网上访问也有缺点，如调查结果的可信度不容乐观，对被调查者身份的验证有很大困难，所获信息的准确性和真实程度难以判断，由于互联网的开放性，被调查者资料的真实性受到质疑。比如说调查女性对××化妆品的意见,并不排除"热心"该问题的男士出来讨论,而后者在某种意义上说并没有发言的权利;样本对象的局限性,也就是说网上访问仅局限于网民,调查者的分布不均匀,被调查人群有相对集中的现象,这就可能造成因样本对象的阶层性或局限性问题带来调查误差;网上访问需要一定的网页制作水平;伴随着互联网安全性问题,网上调查也存在着安全性问题,这成为互联网统计调查发展的障碍。

(4) 网上访问调查方法

① 电子邮件调查。电子邮件调查是将调查问卷作成电子邮件由被调查者填写并回收来收集资料的调查方法。问卷数据的回收一般也采用电子邮件完成。根据问卷生成的工具不同,可分为主动问卷调查法和被动问卷调查法。主动问卷调查法就是一份简单的E-mail,并按照已知的地址发出去,被调查者将回答好的问卷回复给调查机构,由专业的程序管理员对调查结果进行统计。被动问卷调查法是一种将问卷放置在互联网上,等待访问者访问时主动填写问卷的一种调查方法。与主动问卷调查法的主动出击寻找被调查者相比,被动问卷调查法更像是守株待兔,此方法无须建立被调查者的E-mail地址信息库,在进行数据分析之前也无法选定调查目标,但所涉及的被调查者范围要比主动问卷调查法广阔得多,几乎每个网民都可以成为被调查者。

② 网上焦点座谈法。在同一时间随机选择2～6位被调查者,弹出邀请信,告知其可以进入一个特定的网络聊天室,相互讨论对某个事件、产品或服务等的看法和评价。为了特定的目的,3个小时的小组访谈或1个小时的"迷你"型小组访谈现在也被视为恰当的调查形式,如午餐、晚餐座谈会等,对于那些平日太忙或太累而不能参加座谈的人来说,上述的时间比较方便和容易接受。

③ 使用BBS电子公告板进行网络市场调查。网络用户通过Telnet或Web方式在电子公告栏发布消息,BBS上的信息量少,但针对性较强,适合行业性强的企业。公告牌调查是建立一个讨论区,邀请被调查人员进入某个网页,参加关于某个话题的讨论。对于开放式问题,调查者可以从被调查人员提供的答案中得到非常丰富的信息。对封闭式问题,也可以得到一个倾向比例等方面的信息。

④ 合作方式的网络市场调查。网络市场调查由企业和网络媒体合作进行,调查题目也各出一半。如果企业自己的网站还没有建好,可以利用别人的网站进行调查。调查内容通常包括:对企业的了解情况;对企业产品的款式、性能、质量、价格等的满意程度;对企业售后服务的满意程度;对企业产品的意见和建议等。

## 小资料 3-5

### 零点网上调查系统如何解决网上调查所存在的问题

目前国内网上调查存在的主要问题:样本框的真实性、抽样的准确性、主题兴趣度、回答的真实性、实施的可控性。零点调查与其合作伙伴通过多种方法核实样本框中的注册用户背景资料的真实性,并剔除所有提供虚假信息的被调查者。在网上调查运作中,特别加强了注册用户的规模、群体结构的均匀、管理的真实性以及抽样框的有效性,为调查的广泛性、代表性与科学性提供了保证。在零点网上调查系统中，通过概率抽样抽中的被调查者，使调查结果具有推断意义。同时，只有被抽中的注册会员才会收到 E-mail 邀请函，也只有他们才可以参与调查，这与实地调查的入户调查方式非常接近。它避免了大多数网上调查通过抽奖的方式吸引被调查者，而造成结果偏差的可能性。在整个过程中，受邀请的人会不断收到催促信息，从而避免单纯访问高兴趣度人群所产生的结果偏差。这与实地执行中的三次回访要求一致。通过 E-mail 邀请被调查者可以有效控制每位被调查者只能填写一次问卷，大大避免了其他网上调查中大量恶意填写及为报酬或无聊多次填写的现象。同时，在网上问卷中，系统预设有多种查错设置，从而实现逻辑检查、不合格回答提示等多种查错功能，从而保证调查数据的真实性和有效性。虽然网上调查是通过被调查者在网上自填问卷，但是通过系统程序，可以有效实现与被调查者的沟通、对被调查者的鼓励、对复杂问题的解释、卡片出示、问题跳答等实施控制。

（资料来源：零点调查. http://www.horizon-china.com/servlet/Page）

### 5. 留置调查

留置调查是将问卷当面交给被调查者，说明填写的要求，并留下问卷，让被调查者自行填写，并由调查者定期回收的一种市场调查方法。留置调查与面谈访问调查同样由访问人员至被调查者家中访问，但不同的是，留置调查是委托被调查者自己填写问卷，并于日后再次访问时回收。就方法本身而言，留置调查是介于面谈法和邮寄调查之间的一种折中方法。在调查中，调查人员可以向被调查者介绍调查目的和要求，回答涉及调查问卷的一些疑问，可以消除邮寄调查法的一些不足。

留置调查的优点有：调查问卷回收率高，由于当面送问卷，调查人员可以向被调查者说明填写要求和填写方法，澄清疑问，因此可以减少误差，而且能控制回收时间，提高回收率；答案正确率高，调查中不受调查人员的影响，能做出比较准确的回答，避免由于误解问卷内容而产生误差，并且填写问卷时间充裕，便于思考回忆等；调查问卷的设计较其他方法的问卷更灵活、更具体。

留置调查的缺点有：难以确认是否是被调查者本人的回答，即使是本人回答亦可能受家人朋友之意见的影响；需要委托调查及回收问卷两次访问，故较耗费交通费及人工费；同时调查的地域范围有限，也不利于对调查人员的管理监督。

### 6. 日记调查

日记调查，又称固定样本连续调查，调查单位发放登记簿或账本，由被调查者逐日逐项记录，再由调查人员定期加以整理汇总的一种调查方法。事先抽取一个地区的或全国性的样本（具有代表性的样本），样本中的家庭或者个人都已同意参加某方面的定期调查，在一定时间内，通过对样本小组反复的调查来收集所需情报的方法。一般用于了解收听、收视率、消费情况、商品购买情况、产品使用情况、物价变化情况等。为防止样本的老化，要定期调整更新样本，如在条件允许的情况下，可以每年更新 25%，所使用的固定样本与所调查的目标总体主要的指标是基本一致的。有经验的调查机构会对样本中的“新鲜”部分和“陈旧”部分相比较，以避免因不熟悉调查或由于过分熟悉可能带来的数据上的偏差。可以有以下几种调查方式：①在一定时间内，定期进行面谈或问卷调查，发现问题及时纠正，以保证资料的真实性；②向消费者分发购物日记簿，详细填写，定期回收；③调查人员定期到调查现场进行观察记录或通过录像机、录音机、照相机、收听收视自动监测仪等机器进行观察记录。

日记调查法具有调查单位相对稳定，收集的资料比较可靠、系统，可比性强，并且费用较低，回收率高等特点。但这种调查的局限性主要表现在被调查人员的记录工作持续时间长，容易产生厌烦情绪，特别是对居民家庭生活调查、物价指数调查等，需要调查人员与被调查者多次接触长期合作，要求被调查人员要有耐心、恒心与责任感。

## 小资料 3-6

**零点调查公司多样化的调查实施方法**

零点调查公司根据项目需要开发多元化的数据收集方法，目前定性研究与定量研究均已拥有较高的比重。在实际的数据收集方法使用方面，零点会根据具体客户的需要，量身定做，以寻求研究方法规范性和针对性的平衡。在众多的调查法中，入户访问占 40%，电话访问占 26%，访问法应用频率最高，可见访问法的重要地位，具体如图 3-1 所示。

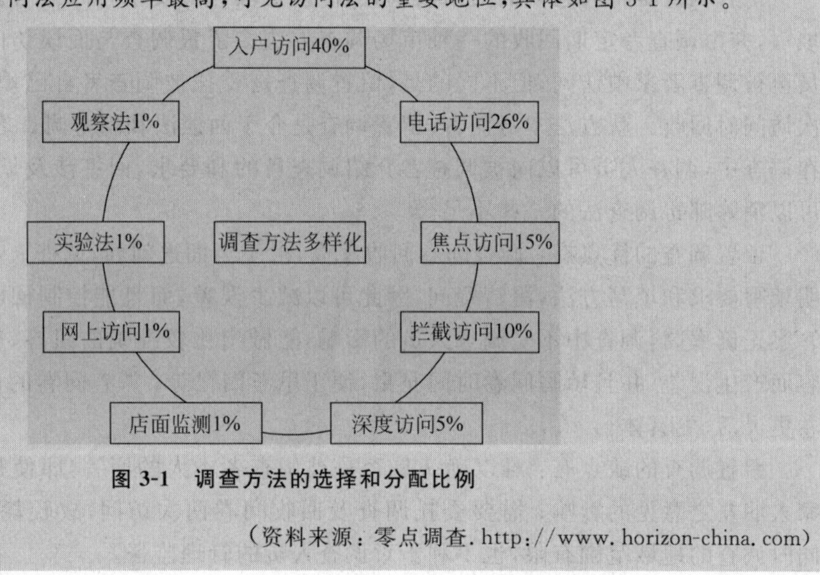


**图 3-1 调查方法的选择和分配比例**

（资料来源：零点调查. http://www.horizon-china.com）

### 3.2.3 访问调查中的技巧

访问调查在实际应用中的多种调查形式，尤其是入户访问在我国尚不能为许多人接受，许多家庭对调查人员表示怀疑或拒绝回答问题甚至拒绝入户、交谈。访问者必须运用各种技巧接触被调查者或在访谈中对被调查者加以协调控制。

#### 1. 接近被调查者的技巧

访问人员的首要任务是获得被调查者的合作，访问人员要面对的是不同阶层、不同年龄的被调查者。而被调查者并不认识访问人员,被调查者往往根据访问人员的服饰、发型、性格、年龄、声调、口音等来决定是否采取合作态度。因此,访问人员必须使被调查者产生信任感,访问人员也可带着介绍信或有关证件,出示介绍信或证件表明调查是真实的,不是推销产品;或者求助于当地居委会帮助解决好这个问题。这样,调查成功的把握就大些。

访问的第一个环节是接近被调查者。接近被调查者的第一个问题,是称呼是否恰当,对被调查者的称呼,应注意:要入乡随俗、亲切自然;要符合双方的亲密程度和心理距离;既要尊重恭敬,又要恰如其分。接近被调查者后,在与被调查者交谈的过程中,调查人员应做到如下要求:微笑真诚地对待被调查者,要准确、清楚地传达信息;语气和蔼,态度诚恳;做好遭到对方拒绝或反感反应的心理准备,事先要对被调查者的心理及社会环境作仔细的研究并准备好遭到推辞或拒绝的解决办法;如果被调查者实在不情愿接受访问,访问人员仍应礼貌地说:“谢谢,打扰了”,尤其对那些对自己的公众形象很敏感的委托企业而言是很重要的。

接近被调查者的第二个问题,是自我介绍。访问人员应使被调查者感到他(她)是可信的,需要恰当的称呼之后自报家门,报出姓名、单位、访问目的。如果访问备有礼品,在访问开始时,访问人员可以委婉地暗示:将耽误您一点时间,届时备有小礼品或纪念品以示谢意,希望得到您的配合。但切不可过分渲染礼品,以免让他(她)觉得难堪,有贪小便宜之嫌,反而拒绝接受访问;或者为了获取礼品,来迎合访问,尽说好话,从而影响到访问的实际效果。调查人员也可进一步解释调查的目的和意义,说明接受访问后所提供的资料可供改善目前的产品及促进社会发展等;有时,向被调查者作出保密承诺也是很重要的。

### 2. 访问过程中的控制技巧

① 提问的控制技巧。提问是访谈中主要的活动,提什么样的问题、如何提问,决定能够获得什么样的信息和访谈的质量。按照事先拟订的访问提纲逐个进行提问,防止偏离访问提纲。如采用问卷调查,则可以按照问卷所列的问题的先后顺序回答。准确判断不同文化背景下的被调查者回答的真正含义。问话的语气、用词、方式应与被调查者的身份一致协调,如:访问儿童应以浅显的词句、亲切的语气;对工程师则可使用工程方面的术语。每个问题的内容要单一,避免多重含义;问题的表述语言要简短、通俗、准确;直接提问与间接提问相结合;问题的表达要具体,被调查者回答问题不需要太多的专业知识。在必要和时间允许的条件下,可先从被调查者关心的话题开始,逐渐缩小访问范围,最后问及所要提问的问题。

② 听取回答的控制技巧。“善问”和“会听”,是一个熟练的访问者不可缺少的两个方面。有效地听,即积极、专心地听,不仅以耳“察言”、以眼“观色”,而且积极开动脑筋。认真听取被调查者的口头回答,积极主动地捕捉一切有用的信息,包括各种语言信息和非语言信息。正确理解捕捉到的信息,及时做出判断或评价。要有正确的态度,认真地听、虚心地听、有感情地听。对被调查者的回答做出恰当反应,是保证访谈过程正常进行的必要条件。

③ 追问的技巧。在访问过程中,调查人员要做必要的追问。追问的目的是鼓励被调查者积极回答,这些追问应当是中性的,不应当有任何提示或诱导。被调查者的回答没有真实、具体、准确、完整说明问题的时候,就要追问。可以直接指出回答不真实、不具体、不准确、不完整的地方,请对方补充回答;也可以调换一个侧面、一个角度、一个提法来追问相同

的问题。追问一定要适时、适度。追问时，不能引导，也不要用新的词汇追问，要使被调查者的回答尽可能具体。熟练的访问人员帮助被调查者充分表达他们自己的意见。

④ 记录的方式。记录有两种方式，即当场记录和事后追记。无论是详记还是简记，在记录内容上都应抓住要点、特点、疑点、易忘点、主要感受点。尽管记录回答看起来非常简单，但错误经常在记录阶段发生，每一个访问人员应当使用同样的记录技巧。需要注意：第一，提高笔记的速度，可以使用缩语，使用速记，使用各种符号；第二，事后要进行整理，把记录不完整的内容补充完整，把没有记录下来的内容补上，还可以记一些心得感想；第三，处理好笔记与听的关系，不要一味埋头记录而忽视了适当的回应。最好能够盲记，即眼睛不看笔记本地记录，这只要进行适当的训练就能够做到。现场记录的内容可以分为四个方面：内容性记录，记被调查者所说的内容；观察性记录，记访谈者所看到的东西，包括场景、被调查者的表情等；方法性记录，记访谈者所使用的方法；内省性记录，记访谈者的个人因素对访谈可能产生的影响，以及访谈过程中的个人感受和心得，它应该和客观的内容性记录区别开来，而不要混在一起。如果来不及记录，应该放慢提问速度，并有意重复对方的话，有的访问人员以为自己能记住，靠记忆在访问完成后才补填问卷，这是不允许的。记录用的笔要有统一规定，因为问卷要经过很多程序，每个程序的笔是不同的，不要在记录时用红笔，那是编码用的颜色。记录时，要写被调查者的原话，不要用访问人员自己的语言等。

⑤ 非语言信息的控制技巧。在访谈过程中，既要重视语言信息交流的技巧，又要重视非语言信息交流的技巧，特别是仪容、仪表、仪态、衣着、服饰、打扮等外部形象，这些是一个人的职业、教养、文化品位等内在素质的反映。动作、姿态等行为都是受思想、感情支配的。面部表情是内心感受的外部表现，是传达思想、感情信息的一种方式。其中，眼睛是最富有表情的器官，被称为“心灵的窗口”。访问过程中，保持端正的仪容、用语得体、口齿伶俐、态度谦和礼貌，给人以亲切感，使被访人员较易放心地接受访问。

### 3. 访谈结束的技巧

访谈结束应该注意两个问题：一是每次访谈时间不宜过长，二是访谈必须在良好气氛中进行。最后要善始善终，对被调查者表示感谢，真诚感谢被调查者对调查工作的支持，感谢从对方那里学到了许多知识；同时还应肯定通过访谈建立或加深了友谊，说明访谈是短暂的，友谊却是长存的。同时为以后调查做好铺垫，即表示今后可能还要登门请教。

#### 小资料 3-7

**基金“微”调查：近七成有微信**

据《证券日报》基金新闻部调查发现，“老十家”基金公司参与互联网基金的积极性较高，短短两个月的时间，已有20余家公司与支付宝达成了合作意向，第二批余额宝产品谈判也基本完成；腾讯旗下的财付通也不甘示弱，首批将牵手华夏、易方达、广发和海富通4家公司。近七成基金公司开通官方微信账号。《证券日报》基金新闻部记者通过在微信公众号搜索平台输入各基金公司名称查询发现，目前82家基金公司中，有55家基金公司开通了微信账号，占比67.07%。其中有微信公众账号认证标识的有30家，占比36.58%。

部分公司有 2 个以上的微信账号，搜索结果显示南方基金、工银瑞信基金和国泰基金均有 4 个账号，是目前拥有微信账号数最多的基金公司，但记者通过观察其微信信息发布情况发现，这 4 家公司只经常使用 1 个账号，其余 3 个账号基本处于闲置状态。此外，一些基金公司为了扩大其微信账号的影响力，还推出了“关注”即参与抽奖的活动。

（资料来源：康耕甫，唐芳．证券日报．2013-09-02）

## 3.3 观 察 法

### 3.3.1 观察法的含义

观察法是指调查者凭借自己的眼睛或记录工具，深入调查现场，记录正在发生的市场行为或市场现状，以获取各种原始资料的一种调查方法。调查人员不直接向调查对象提出问题，而是亲临现场观察事情发生的过程。观察法与日常的随意观察是不同的，它是有目的、有计划的观察活动。市场调查人员直接到商店、订货会、展销会等消费者比较集中的场所，或借助于照相机、录音机或直接用笔录的方式，身临其境地进行观察记录，从而获得重要的市场信息资料。采用观察法时，被观察对象处在自然状态下，由调查者通过眼看、耳听、手记等方式直接观察被调查对象的表现来收集材料。

在现代市场调查中，观察法常用于消费者购买行为的调查以及对商品的花色、品种、规格、质量、技术服务等方面的调查。成功地使用观察法，并使其成为市场调查的数据收集工具，必须具备三个条件：

① 所需信息必须是能观察到的，或者是从能观察到的行为中推断出来的。如消费者喜欢某种商品时，其瞳孔就会放大并会反复观看，这时就可以推测出消费者购买的可能性较大。

② 观察的行为必须是重复性的、频繁的或者是在某些方面可预测的。

③ 采用观察法所要观察的行为最好是短期内就能找到规律的，否则观察法的时间就会很长、成本会很高。如观察消费者购买住房的过程可能要花费几周甚至几个月的时间，不如采用其他调查方法。观察的方法可以是多样的：可以派人观察顾客的言行举止、选择商品时的态度，也可以通过在店铺中安装摄像机进行观察。

观察法的一般过程首先是确定调查目的，并根据调查目的确定观察对象，如要求学生到食堂观察食堂卫生情况，观察的对象自然是食堂的就餐环境卫生及后厨的卫生条件，如果要求学生到食堂观察学生就餐中的不文明行为，观察的对象当然是就餐的学生。其次是根据观察对象的具体情况，确定观察时间、地点和观察顺序。最后是要认真做好观察记录，观察后，要集中、分类和整理材料，进行分析，写出报告。

### 3.3.2 观察法的分类

① 按观察时间周期不同，观察法可以分为连续性观察和非连续性观察。连续性观察是指在比较长的一段时间内，对被观察对象连续做多次、反复的观察调查。连续性观察适用于

对动态性事件的观察，可以定期进行，也可以不定期进行，如观察花开到花落。非连续性观察不同于连续性观察，只是在较短时期内的一次性观察调查，一般适用于对过程性、非动态性事件的观察，如消费者在零售店的购买过程。

② 按观察所采取的方式不同，观察法可以分为公开的观察和掩饰性的观察。公开的观察是指被观察者了解市场调查的真正目的，知道自己处于被观察状态。观察员的公开出现将影响被观察者的行为，会导致观察数据的偏差。如果被观察者知道他们正在被观察，他们的行为可能会与平常的行为有所不同，观察员的言谈举止会潜在的造成偏差。掩饰性观察是在不为所知的情况下，观察被观察者的行动的过程。如观察者作为神秘人到企业观察被调查者的情况，直接观察、记录，以取得必要的信息。掩饰性观察的最普遍形式是在单面玻璃后面观察人们的行为，如观察消费者对产品和广告的评价，被观察者在没有意识到自己正在受到观察的情况下进行正常的活动。一般来说，市场观察多数采取隐蔽的掩饰性观察，获取的信息资料更加真实、客观。

③ 按调查者扮演的角色不同，观察法可以分为参与性观察和非参与性观察。参与性观察是指调查者参加到被观察对象群体中并成为其中的一员，直接与被观察者接触以收集有关资料的一种调查方法。

非参与性观察是指调查者不改变身份，而是以局外人的身份从外围现场收集资料的一种调查方法。一般而言，非参与性观察必须事先制订周密的观察计划，严格规定观察内容和记录方式，如果没有明确的规定，非参与性观察很容易导致观察资料不完整的情况。非参与性观察比起参与性观察而言，调查费用更低，但对调查者的责任心和敬业精神要求更高。非参与性观察一般适用于描述市场状况而不追究其原因的市场调查类型。

④ 按调查者对观察环境施加影响的程度，可以分为人工观察和非人工观察。人工观察还可称为直接观察，指调查者在调查现场有目的、有计划、有系统地对调查对象的行为、言辞、表情进行观察记录，以取得第一手资料，它最大的特点是总在自然条件下进行，所得材料真实生动，但也会因为所观察对象的特殊性而使观察结果流于片面。

非人工观察又称测量观察，是指被调查者不直接观察受访对象的行为，而是通过一定的仪器来了解被观察者的行为的痕迹。在某些情况下，用机器代替人员观察是可能的，得到的数据结果也可能更准确。在特定的环境下，机器可能比人员更便宜、更精确、更容易完成工作。如利用机器做电视收视率的数据收集，要比传统的日记式的方法更为准确，某广告公司想了解电视收视率的效果，选择了一些家庭作调查样本，把一种特殊设计的"测录器"装在这些家庭的电视机上，自动记录所收看的节目。经过一定的时间，就了解到哪些节目收看的人最多，在以后的工作中，根据调查结果合理安排电视广告的播出时间，收到很好的效果。而照相机、摄像机、望远镜、显微镜、红外线探测器等观察工具，不仅能提高人的观察能力，还能将观察结果记载下来，增加了资料的翔实性。如交通流量的统计设置，肯定比人员的直接观察更为准确，价格更低廉，结果也不会出现因为人为的原因造成的误差等问题。

### 3.3.3 观察法的特点

观察法可以客观地收集资料，集中地了解问题，实地记录市场现象的发生，能够获得直接具体的生动材料，对市场现象的实际过程和当时的环境气氛都可以了解，这是其他方法不能比拟的。在实地观察前，应根据调查目的对观察项目和观察方式设计出具体的方案，尽可能避免或减少观察误差，防止以偏概全，提高调查资料的可靠性。因此，观察法对观察人员有严格的要求。观察法要求观察人员在充分利用自己的感觉器官的同时，还要尽量运用科学的观察工具。人的感觉器官特别是眼睛，在实地观察中能获取大量的信息。

观察法收集的资料比较客观，观察方法是现代市场调查中一种基本的调查方法，同其他方法相比，一个最为明显、突出的优势就是通过观察法调查，可以获得更加真实、客观的原始资料；观察法费用投入少；简便易行、灵活性强；避免被调查者因判断能力、表达能力的问题而产生的误差，避免拒访，不会影响被观察者的行为。

但观察法只能观察到人的外部行为，不能说明其内在动机，观察法仅能取得表面性资料，许多问题观察不到，如被调查者的兴趣、偏好、心理感受、购买动机、态度、看法等；不能探讨调查对象的历史背景情况；另外，由于受时空等条件的限制，观察法只能观察到正在发生的动作和现象，而对已经发生的或将要发生的事情却无法得知；调查者必须具备较高的业务能力和敏锐的洞察能力，能及时捕捉到所需的资料，同时也必须具备良好的记忆力。因此，应用观察法，须扬长避短，尽量减少观察误差，观察法最好同其他调查方法结合起来使用。

## 3.3.4　观察的技术

观察技术主要指观察中的记录技术，包括卡片、符号、速记、记忆和机械记录等。观察技术是观察人员实施观察时所运用的一些技能手段，适当地使用观察技术对提高调查工作的质量有很大的帮助。如在采用观察法时，记录技术好坏直接影响调查结果。良好的记录技术，能准确、及时、无遗漏地记录转瞬即逝的信息及事项变化的情况，同时可以减轻观察者的工作，加快工作进程。适当的观察技术对提高调查工作的质量有很大的帮助。

### 1. 观察卡片

观察卡片是一种标准化的记录工具，其记录结果即形成观察的最终资料。观察卡片或观察表的结构与调查问卷的结构基本相同。在制作观察卡片时，根据观察内容，列出所有观察项目；去掉那些非重点的、无关紧要的项目，保留重要的、能说明问题的项目；列出每个观察项目可能出现的各种情况，合理编排；通过小规模的观察来检验卡片的针对性、合理性和有效性，以修正卡片。表 3-1 是某商场为观察购买者的行为而制作的顾客流量及购物调查卡片。使用时，在商场的进出口处，由几名调查人员配合进行记录，调查卡片每小时使用一张或每半小时使用一张，该时间内出入的顾客及其购买情况可详细记录下来。

**表 3-1　顾客流量及购物调查卡片**

观察时间________年____月____日____时至____时　观察地点________　观察员________

| 观察项目 | 入向 | 出向 |
|---|---|---|
| 人数 | | |
| 性别 | | |
| 购物品种 | | |

#### 2. 符号与速记

符号和速记是为了提高记录工作的效率，用一套简便易写的线段、圈点等符号系统来代替文字，迅速地记录观察中遇到的各种情况。用符号代表在观察中出现的各种情况，在记录时，只需根据所出现的情况记录相应的符号，或在事先写好的符号上圈写即可，不需要文字的叙述，这样的符号方式可以加快记录观察的速度，避免因忙乱出错，而且也便于资料的整理。

#### 3. 记忆

通常用于调查时间紧迫或不宜现场记录的情况，采取事后追忆的方式进行记录的方法。在使用这种方法时必须抓住要点记忆、提纲挈领，不过这种方法可能会遗忘一些重要的信息。

#### 4. 机械记录

机械记录是指在观察调查中运用录音、录像、照相、各种专用仪器等手段进行的记录。这种记录方法能详尽地记录所要观察的事实，免去观察者的负担，但容易引起被调查者的顾虑，可能使调查的真实性受到影响。

**小思考 3-2** 观察法在什么情况下是不可替代的？

### 3.3.5 观察法的用途

在某些调查中，观察法经常被使用，甚至有时无可替代。

① 观察顾客流量，测定商场顾客流量或车站码头顾客、车辆流量。首先，测定主要交通道口车辆、行人流量的观察，即通过记录某一地段、街道在一定时间内道路上的行人或车辆的数目、类型及方向，借以评定、分析该地域的商业价值或交通情况，这种观察一般用于新店选择地址或研究市区商业网点的布局等；其次，观察商场顾客流量对商场改善经营、提高服务质量有很大好处。例如，观察一天内各个时间进出商店的顾客数量，可以合理地安排营业员工作的时间，更好地为顾客服务。

② 商场营业状况、购物环境、商品陈列、服务态度、顾客行为等观察。主要是通过观察营业现场的情况，综合分析判断企业的经营管理水平，商品供求情况；为了提高服务质量，调查人员要观察商店内柜台布局是否合理，顾客选购、付款是否方便，柜台商品是否丰富，顾客到台率与成交率，以及营业员的服务态度如何等。顾客行为观察，通过观察顾客在营业场所的活动情况，了解顾客的构成、顾客的行为特征、偏好及成交率等重要市场信息资料，观察顾客的行为，了解顾客行为，可促使企业有针对性地采取恰当的促销方式，并改善经营环境。

③ 商品资源、商品库存观察和产品跟踪测试等。市场调查人员通过观察，了解工农业生产状况，判断商品资源数量，提出商品供应数量的报告；观察产品使用现场，调查人员到产品用户使用地观察调查，了解产品质量、性能及用户反映等情况，实地了解使用产品的条件和技术要求，从中发现产品更新换代的前景和趋势。

小资料 3-8

**你如何决定价格**

你如何决定对你的产品或服务收取多少费用。这是我在会议中和在公司办公室最常听见的问题之一。如何能提高我的利润率？如何保持盈利？

定价往往要通过讨论，但是来自圣地亚加利福尼亚大学的两位商学院教授有一个答案：实验！格尼茨(Uri Gneezy)是你能发现的最富有想象力的商学院教授之一，他与他的妻子——市场营销助理教授阿亚莱特·格尼茨(Ayelet Gneezy)一起合作，设计了一个实验：在不同的日子里，他们把在酒厂销售的卡百内红葡萄酒定为三种不同的价格：10 美元、20 美元和 40 美元。除了价格发生了变化，客户关于该酒的所有其他体验保持不变：选择、宣传册、从白酒到红酒到餐后甜酒的过程。只有价格不同。哪个价格点会让葡萄园销售最多的红葡萄酒呢？结果是：20 美元。以低价销售葡萄酒并不会让人们更多地购买，而是让它显得更没有价值。该实验几乎没有花费酿酒师任何东西便使他的利润增加了 11%。实验收集数据，让你的决定基于实验的证据。

实验打败市场研究是因为它们真实、快速，如果你足够严格地一次只测试一件事情的话，它们会产生你可以采取行动的数据。

（资料来源：商业评论网. Margaret Heffernan，2014-01-03）

# 3.4 实 验 法

## 3.4.1 实验法的含义

实验法也称试验调查法，指从影响调查问题的许多因素中选出一至两个因素，按照一定的实验假设，通过改变某些实验环境的实践活动来认识实验对象的本质及其发展规律的调查。实验法是一种强有力的研究形式，它能够真正地证明所感兴趣的变量之间因果关系的存在形式。可以说实验法应用范围很广，凡是某一商品在改变品种、品质、包装、设计、价格、广告、陈列方法等因素时都可以应用这种方法。但是实验法却不被经常使用，这方面的原因很多，如实验成本、保密问题、实施实验有关的问题，以及市场的动态特性等。

实验调查的基本要素包括实验者、实验对象、实验环境、实验活动，以及实验检测等。实验者即实验调查的有目的、有意识的活动主体；实验对象即实验调查者所要认识的客体，是实验研究的对象；实验环境是实验对象所处的各种社会条件的总和，可以分为人工实验环境和自然实验环境；实验活动是改变实验对象所处条件的各种实验活动；实验检测是在实验过程中对实验对象所做的检查或测定。

一般情况下，实验法实施的过程如下：

① 确定实验方法和组织形式，拟订实验计划。

② 根据实验目的，拟定实验题目，准备用具，设计表格，统一标准，设法控制实验因素，使重要因素不变或少变。

③ 实验的实施阶段。实验过程中要做精确而详尽的记录，在各阶段中要做准确的测验，为了排除偶然性，可反复实验多次。

④ 处理实验结果。由于市场现象与自然现象相比，随机因素、不可控因素更多，政治、经济、社会、自然等各种因素都会对市场发生作用，因而必然会对检验结果产生影响，完全相同的条件是不存在的。实验结束后要考虑各种因素的作用，慎重核对结论，力求排除偶然因素的作用。

## 3.4.2 实验法的种类

### 1. 按照实验环境的不同，实验法可分为实验室实验和现场实验

实验室实验，就是在人工受控制的环境中进行的实验，实验者对实验环境实行完全有效的控制。如在某种特别设计的模拟商场里，请一些顾客在观看了相关广告以后再购买商品以观察其购买行为。实验室实验中研究人员可以进行严格的实验控制，比较容易操作，时间短，费用低。

现场实验，即在现实情况下进行的实验。比如说在几家商场里以不同的价格销售同一商品，以检验是否有必要改变商品价格。在自然的、现实的环境中进行的实验，实验者只能部分地控制实验环境的变化。社会领域里大多采取现场实验方法，因为这种实验所处的是现实的环境变化，其调查结论较易于应用和推广。

### 2. 按照实验要素或程序的不同，实验法可分为标准化实验和非标准化实验

所谓标准化实验，是指实验要素齐全，实验程序完整的实验。非标准化实验是指实验要素基本具备但不够齐全，实验程序基本符合但不够完整的实验。

### 3. 按照实验对象和实验者对于实验是否知情，可分为单盲实验和双盲实验

所谓单盲实验，就是不让实验对象这一方知道自己正在接受实验；所谓双盲实验，就是不让实验对象和实验者双方知道正在进行的实验，而由第三方实施实验激发和实验检测。采用这两种方法进行实验，一般就能排除主观心理预期对实验效果评价的不利影响。

## 3.4.3 实验法的优缺点

实验法通过实验活动提供市场发展变化的资料，不是等待某种市场现象发生了再去调查，而是积极主动地改变某种条件，来揭示或确立市场现象之间的相关关系。所以，实验调查有利于揭示实验因素与实验对象变化之间的因果联系；有利于探索解决社会问题的途径和方法，并可重复地进行调查。实验调查法对检验宏观管理的方针政策与微观管理的措施办法的正确性来说，都是一种有效的方法。在实际应用中注意这种调查法的独特之处。

### 1. 实验调查法的优点

实验调查法中，调查者可以成功地引起市场因素的变化，并通过控制其变化来分析、观察某些市场现象之间的因果关系以及相互影响程度，它是研究事物因果关系的最好方法。实验法的结果具有一定的客观性和实用性。它通过实地实验来进行调查，将实验与正常的市场活动结合起来，因此，取得的数据比较客观，具有一定的可信度。实验法具有一定的可控性和主动性。实验法可提高调查的精确度，在实验调查中，可以针对调查项目的需要，进行合适的实验设计，有效地控制实验环境，并反复进行研究，以提高调查的精确度。

### 2. 实验调查法的缺点

实验调查法在进行市场实验时，由于市场现象与自然现象相比，随机因素、不可控因素更多，很难选择到有充分代表性的实验对象和实验环境，因此实验结果不易相互比较，实验结果不可能像自然科学那样准确无误；同时实验的市场条件不可能与其他市场条件完全相同，故实验后的市场效果和措施在其他市场不一定可行或可推广；实验中人们很难对实验过程进行充分有效的控制，特别是在现场实验中往往无法完全排除非实验因素对实验过程的干扰；实验法仅限于对现实市场经济变量之间关系的分析，而无法研究过去和未来的情况；实验法时间长、费用高；实验法保密性差，竞争对手可能会有意干扰现场实验的结果。这些缺点使实验调查法的应用有一些局限性，市场调查人员对此应给予充分的注意。

## 3.4.4 实验设计

运用实验法进行市场调查，关键在于实验设计。实验设计是调查者进行实验活动、控制实验环境和实验对象的规划方案。它是实验调查各步骤的中心环节，决定着研究假设能否被确认，也决定着实验对象的选择和实验活动的开展，最终还影响实验结论。按照实验组织方式的不同，即根据是否设置对照组或对照组的多少，可以设计出多种实验方案。可分为单一实验组前后对比实验、实验组与控制组对比实验和实验组与控制组前后对比实验三种。实验组就是指接受实验的被研究对象，实验中组里的自变量受到操纵而发生变化的组；控制组又称对照组即非实验对象，往往与实验组进行对比实验调查，在实验期间组里的自变量没有变化的群体。

### 1. 单一实验组前后对比实验

单一实验组前后对比实验设计，是最简单的实验调查设计，同时也是最基本的实验调查设计。选择一个或若干个实验组将实验对象在实验活动前后的情况进行对比，得出实验结论。实验前对正常市场情况进行测量记录，然后再测量记录实验后的市场情况，进行事前事后对比，通过对比观察了解实验变化的效果。例如，某乳制品厂认为其产品包装过时，销售不理想，遂重新设计一种包装，今年新包装推向市场后销售额比上年同期增长 20%，该厂领导认为，如果不采取改变包装的措施，企业绝不会取得如此理想的销售效果，于是决定实施新的包装策略。这就是一种典型的只有实验组无控制组的单一实验组前后对比实验设计，严格来说，这不是一种“实验”，至多只能叫“探测性”实验，因为它不是建立在严格的可行性研究基础上，仅凭主观判断即作出了决策。

在市场调查中，经常采用这种简便的实验调查。这种设计的缺点在于缺乏最基本的实验控制，无法剔除无关因素的干扰作用，这种设计的内在外在效度都是很低的，由于缺少控制对照组，无力证明因变量的变化是由于自变量的变化所引起。如某企业为了检验新包装的效果，以决定是否在未来推广新包装，企业取A、B、C三种不同容量饮料作为实验对象，对改变包装的前一个月和后一个月的销售量进行了检测，得到的实验结果见表3-2。说明顾客不喜欢新包装，或新包装未被消费者所接受。因此断定，改变包装，并未促进其销售额增加，厂家推广新包装应该慎重。当然，销售额下降并不能完全肯定是改变包装引起的，也有可能是季节等因素变化的原因。这说明，单一实验组前后对比实验只有在实验者能有效排除非实验因素的干扰或者使非实验因素的影响缩小到可以忽略不计的情况下，其实验的全部效应才能看作实验激发的结果，否则就不能得出这样的结论。

**表3-2 单一实验组前后对比试验结果** 单位：万元

| 实验单位 | 实验前销售额 | 实验后销售额 | 变动 |
|---|---|---|---|
| A | 3000 | 2400 | −600 |
| B | 2300 | 2200 | −100 |
| C | 3600 | 3400 | −200 |

## 2. 实验组与控制组对比实验

实验组与控制组对比实验是同一时间内对控制组与实验组进行对比的实验调查法。其中，实验组按给定的实验条件进行实验，控制组按一般情况组织经济活动。在实验后分别对两组进行测定比较。必须注意实验组与控制组具有可比性，即二者的规模、类型、地理位置、管理水平、营销渠道等各种条件应大致相同，只有这样，实验结果才具有较高的准确性。但是，这种方法对实验组和控制组都是采取实验后检测，无法反映实验前后非实验变量对实验对象的影响。

例如，表3-3某生产电磁炉的企业选定甲和乙两个城市进行产品广告实验，两个城市均为国内内陆的省会城市，人均年收入及人口数量大体相当，并且近年来该产品在两地的销量几近相同，企业决定在甲城市做一个月的产品电视广告，乙地区未做广告。一个月后调查两城市该产品的销售额，做广告的甲城市即实验组销售额达50万元，未做广告的乙城市即控制组销售额为30万元，两者之间有明显的差异，就可将其测定为广告的效果明显，因此企业决定进行大规模的广告促销活动。

**表3-3 控制组与实验组销量对比实验** 单位：万元

| 组　别 | 一个月销售额 |
|---|---|
| 实验组(甲) | $X=50$ |
| 控制组(乙) | $Y=30$ |

## 3. 实验组与控制组前后对比实验

这是对实验组和控制组都进行实验前后对比，再将实验组与控制组进行对比的一种双重对比的实验法。这种方法既可以考察实验组的变动结果，又可以考察控制组的变动结果，有利于消除外来因素的影响，提高实验变量的准确性。选择若干实验对象为实验组，同时选择若干与实验对象相同或相似的调查对象为控制组，使实验组与控制组处于相同的实验环境之中，并综合检测出实际效果。其公式是：实验效果＝实验组变化量(实验后－实验前)－控制组变化量(实验后－实验前)。

例如，某食品厂为了解面包的配方改变后消费者有什么反应，选择了 A、B、C 三个商店为实验组，再选择与之条件相似的 D、E、F 三个商店为对照组进行观察。观察一周，发现两组销量相同都是 2000 袋。第二周将新配方用于实验组，将两组观察一周后，其检测结果见表 3-4。从表中可知，两周内原配方面包销售量共增加了 400 袋，新配方面包销售量共增加了 1000 袋。这说明改变配方后增加了 600 袋的销售量，对企业很有利。

**表 3-4　新包装前后的控制对比实验**　　单位：袋

| 实验单位 | 第一周 | 第二周 | 前后对比 | 实验效果 |
|---|---|---|---|---|
| 实验组(A、B、C) | $Y_1=2000$ | $Y_2=3000$ | $Y_2-Y_1=1000$ | $(Y_2-Y_1)-(X_2-X_1)$ |
| 控制组(D、E、F) | $X_1=2000$ | $X_2=2400$ | $X_2-X_1=400$ | $=1000-400=600$ |

这种实验的最大困难是实验组和对照组的实验对象、实验环境的选择很难完全匹配或基本相似。因此，要准确评价实验效应，还必须采用其他调查方法作更深入、更细致的研究。

## 本章小结

本章主要介绍了市场调查的方法和技术。在市场调查中，依照调查资料来源不同分为初级资料和次级资料，市场调查的方法分为文案调查法和实地调查法两大类。其中，实地调查法又分为观察调查法、实验调查法和访问调查法。本章首先介绍了二手资料的收集方法即文案调查法，然后详细介绍实地收集市场信息的三大类方法，即访问法、观察法和实验法的概念、应用形式及其特点。其中访问法是市场调查中最常见的一种方法，访问法的应用范围也越来越广，因此重点介绍了访问法。按内容传递方式不同，访问法可分为面谈访问、电话访问、邮寄访问、留置访问、日记调查和互联网调查等，并对这种分类进行详细研究，说明了各自的优缺点。面谈访问按照选取访问对象的方法及访问地点不同分为入户(或单位)访问、街头拦截访问、神秘顾客访问等几种方法。通过本章的学习，学生能够运用各种调查法进行市场调查，能够在市场调查中根据实际情况科学地选用不同的调查法。

## 知识训练

**1. 基本概念**

文案调查法　访问法　观察法　实验法　面谈访问　电话访问　邮寄访问　留置访问　日记调查　网上访问调查　神秘顾客访问　街头拦截访问　直接访问　间接访问　深度访谈　焦点小组访谈

**2. 选择题(可多选)**

(1) 实验法最适宜(　　)。

A. 收集描述性信息　　B. 收集因果方面的信息

C. 专家调查　　D. 实地观察

(2) 当市场调查人员分析问题时,除了实地收集的资料外,(　　)也是一个重要的信息来源。

A. 一手资料　　B. 二手资料　　C. 最初数据　　D. 便利数据

(3) 通过电话、传真、电子邮件、信件等方式传递调查问卷,进行某种产品的购买意向调查,属于(　　)。

A. 访问法　　B. 观察法　　C. 实验法　　D. 文案调查法

(4) 关于面谈访问法的好处,下面哪些表述是不正确的?(　　)

A. 费用不高　　B. 不受访问人员的影响,又可以避免找不到人

C. 调查资料的质量较好　　D. 问卷回收率高

(5) 下列说法中不属于访问前准备工作内容的是(　　)。

A. 一切可用的记录工具,如:录音机、照相机、纸笔等

B. 知识和心理方面的准备

C. 交通工具

D. 被调查者的合作

(6) 在进行调查访问时,下面哪几种叙述是正确的?(　　)

A. 创造友好的气氛,与被调查者谈得越投机越好

B. 访谈时,要详细说明访问的目的

C. 访谈时,要把握住方向和主题,随时记录

D. 进行访谈时,要首先介绍自己的身份

(7) 文案调查法的缺点主要有(　　)。

A. 收集容易,成本低

B. 资料的适应性差

C. 会有文献资料不足的缺憾

D. 文案调查要求更多的专业知识、实践经验和技巧

(8) 观察法是调查者到现场收集被调查者行为表现及有关市场信息资料的一种方法。常用工具有(　　)。

A. 感官　　B. 仪器　　C. 录像机　　D. 观察卡片

(9) 文案资料获得的主要来源有(　　)。

A. 行业组织资料

B. 新闻媒体资料

C. 公共机构的资料和数据供应者资料

D. 政府部门的统计资料

(10) 文案调查法的优点主要有(　　)。

A. 不受时空的限制　　B. 收集容易,成本低

C. 收集到的情报资料可靠性强　　D. 收集到的情报资料准确性较强

(11) 电话调查是一种非常省力、省时的直接调查方法,但它的问题是(　　)。

A. 代表性差　　B. 访问量少　　C. 费用太大　　D. 沟通不畅

(12) 世界银行、世界货币基金组织、亚洲开发银行等定期或不定期发布的研究报告是(　　)。

A. 行业组织资料　　B. 政府资料

C. 公共机构的资料　　D. 金融机构资料

**3. 判断题(下列说法正确的请打√,错误的请打×)**

(1) 入户访问是访问法中最佳的个人访谈方式,成本低、见效快。(　　)

(2) 市场调查的观察法就是对消费者行为的观察。(　　)

(3) 实地调查法资料收集容易、成本低。(　　)

(4) 实地调查法是文案调查法的基础。(　　)

(5) 收集二手资料时,一定要记录这些资料的详细来源,如作者、文献名、刊物或出版时间、页码等。(　　)

(6) 文案调查得到的资料是原始资料。(　　)

(7) 观察法是调查者直接用眼看、手写的形式记录被调查对象的行为、活动、反应,以获得资料的方法。(　　)

**4. 复习思考题**

(1) 入户访问调查有何优缺点?

(2) 如何运用观察法获取调查资料?

(3) 街头拦截访问有何优缺点?

(4) 文案调查的功能具体表现在哪几个方面?

(5) 简述文案调查法的优缺点。

(6) 观察法与其他调查法相比,优点和局限是什么?

(7) 文案调查为实地调查创造的条件表现在哪些方面?

(8) 实验法的特点是什么?如何设计使用实验法?

(9) 假设你是华润雪花啤酒的营销人员,想了解竞争对手的情况,从什么渠道可以获得相关的资料?

(10) 用来测试消费者对于新型饮料的反应的实验方法中,需要处理哪些独立变量?

(11) 如果想了解某个城市空调的购买和使用的情况,采用什么调查方法比较合适?并说明原因。

(12) 请评价一下现在社会上很多杂志或者报纸对于读者调查的方法,并说明原因。

(13) 为了推广一种营养食品,并且把大学生作为目标消费者,如何选择测试的城市?为什么选择这些城市?

(14) 使用日记式方法和安装仪器方法收集视听率数据时,各有什么特点?它们之间的优点和局限是什么?

## 技能训练

**1. 课内实训**

实训主题：文案调查法的应用。

实训形式：学生 5 人为一组讨论。

实训任务：某饮食集团已在沈阳市中心城区开设了四家咖啡店，现计划在浑南新区和沈北新区再开设两家，请问需收集哪些二手资料？如何收集？

实训步骤：

(1) 形成小组，明确任务。

(2) 网上收集与本案例相关的资料后分小组讨论。结合案例谈谈文案调查的功能，探讨文案调查的渠道有哪些；如何有效利用文案调查，文案调查的主要局限性表现在哪些方面。

(3) 课堂讨论发言，每一组选一名代表交流。

**2. 课外实训**

实训主题：实地调查方法的选择与运用。

实训形式：全班分成两组，学生利用课余时间，分别考察不同市场，采用不同的调查方法。

实训任务：训练感性认识能力、观察能力和思考能力。

第一组任务：对某一品牌专卖店在顾客心目中的地位进行调查。通过学生的初步调查，弄清楚所调查的品牌专卖店在接受调查的顾客心目中有何地位？明确调查时间、地点、过程，弄清楚此种调查方法的优缺点。

第二组任务：选择一个居民区内的超市，采用观察的方法，对主妇的购买路线、时间、费用，以及购买的商品种类进行观察，并写成简单的报告。(要求至少观察 10 个样本以上)

实训步骤：

(1) 形成小组，确定任务，做好实地考察的准备工作。

(2) 小组长组织实地考察。

(3) 以小组为单位写出一份简要的市场实地考察报告。

(4) 实地考察结束后，在全班展开课堂讨论与交流。

(5) 以小组为单位，分别由组长和每个成员根据各成员在实地考察中的表现进行评估打分；教师根据各组的实地考察报告与在讨论中的表现分别给各组评估打分。

## 案例分析

### CCTV 式"你幸福吗"是市场调研之大忌

中央电视台"你幸福吗"全国大调查引起热议，法国《世界报》等涉外媒体也进行了报道。此前央视也经常在全国进行类似调研，而从未像此次有如此大反响，何故？只因原汁原味播放采访实况，这在注重严肃、稳重的央视实属罕见。由此，大家才能看到 CCTV 调查组屡遭"神回复"，如"我姓曾"、"我耳朵不好"、"接受你采访被插队"之类，让原本到处拥堵的黄金周平添了一丝快乐。

营销大师科特勒告诉我们，没有市场研究，就无法进行市场细分、选定目标市场、明确市场定位，也就无法制定有针对性的 4P 营销策略。因此，市场研究是一切营销工作的基础和出发点。而在市场研究中，像 CCTV 这样“你幸福吗”的调研方式，无疑是大忌！

其一，“你幸福吗”没有采用最核心调研对象的语言方式。13 亿中国人有 8 亿农民，8 亿农民里面又有很多在城市里务工，中央电视台组织“你幸福吗”大型调查，农民应为主角，亦即调研的核心受众，因此调研的问题在设置上需要考虑农民朋友能否听得懂，有没有采用广大农民朋友的语言方式和语言习惯。

其二，“你幸福吗”千篇一律，没有设计不同版本。要得到一手的调研数据，就需要对调研对象进行细分，有针对性地设置调研问题。中国地域之大，风俗习惯、语言习惯差别很大，更兼收入水平、受教育程度参差不齐，大家对幸福的理解、标准也不尽相同，如何使调研更有说服力而不仅流于形式？这就需要根据调研对象的不同进行分类调研，如应针对农民工、大学生、企业工薪族、公务员、个体商贩、企业主等，设置不同的问题。

其三，“你幸福吗”属于非此即彼的提问，受众难以直接回答。“你幸福吗”是调研的主题，主题不等于问题，有的调研问题可以与主题完全一样，而大多数情况则需要将主题细分出若干个问题出来。例如调查“国庆的火车票好买吗”、“你觉得房价高吗”、“你认为该不该打砸日系车”之类，调研的主题即问题。但若调查“你的身体健康吗”、“你睡眠充足吗”、“你的工资高吗”、“你幸福吗”这类课题，则调研的主题与调研问卷是有本质区别的，受众无法对调研主题马上进行非此即彼的回答，就算回答出来也不科学严谨。因此需要借助调研问题对调研主题进行细化分解，例如“你睡眠充足吗”应该分解成“你每天睡几个小时”、“你觉得睡眠时间够不够”等，然后根据调研的数据经过分析得出结论“×%的人睡眠不充足”。同理，“你幸福吗”应该分解成“你对现在的收入满意吗”、“你觉得在大城市打拼好还是在老家过安稳日子更好”、“你每天有多少时间用来娱乐”、“你觉得幸福的标准是什么”、“你认为自己幸福吗”等，然后基于调研的数据进行分析总结大家是否幸福。对于央视调研的初衷，我从不怀疑；对于央视能原汁原味播出采访实况，我拍手称快。以上仅从市场营销学的角度对于调研问题的设置提出一点质疑。

（资料来源：刘泳华. 中国营销传播网. http://www.emkt.com.cn. 2012-10-09）

**问题：**

1. CCTV 调查组为何屡遭“神回复”？你是如何理解的？
2. 本案例采取的是哪种调查方法？如果你是 CCTV 调查人员，将如何调查？

# 第4章　问卷设计技术

## 章节图解

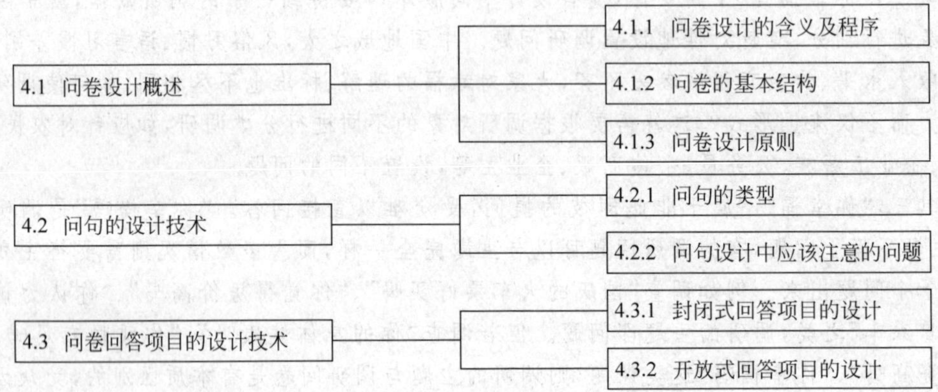


## 学习要点

### 知识点

1. 掌握问卷设计的含义以及问卷的基本结构。
2. 掌握问卷设计的原则。
3. 掌握问句的类型及在设计中应注意的问题。
4. 掌握设计调查问卷的基本程序。
5. 掌握问卷回答项目的设计技术。

### 技能点

1. 具有设计问句和合理安排问句顺序的能力。
2. 具有设计问句回答项目的能力。
3. 通过练习能够独立设计问卷。
4. 具有评价调查问卷的能力。

## 引导案例

### 创业调查

亲爱的同学：

感谢你参与此次的大学生创业问卷调查。你的回答有助于帮助我们了解目前大学生创业的关注点，完善教育部大学生创业网各项服务信息，请你认真作答。下列选项中，既有单选也有多选，请务必认真如实填写。衷心地感谢你的支持！

1. 你对大学生创业的看法是？（　　）

a. 认同，是实现自我理想的一种途径；b. 反对，大学生还是应该以学习为主；c. 其他

2. 你认为大学生最为合适创业的阶段是？（　　）

a. 大学本科；b. 应届毕业；c. 毕业并积累几年经验以后；d. 待有硕博等较高学历阶段

3. 你怎么理解创业？（　　）

a. 开一个小店铺或者公司；b. 只要开创一份事业都算是；c. 其他

4. 你了解国家以及所在省市对于大学生创业的各种优惠政策吗？（　　）

a. 很清楚；b. 不清楚；c. 好像听说过一些，没有系统地了解过

5. 你认为对大学生创业教育的最好方法是？（　　）

a. 请成功人士讲授经验；b. 到创业成功的企业实地考察；c. 新闻媒体多宣传成功创业人士的经验；d. 设立大学生创业基金；e. 设立大学生创业启动项目；f. 建立校企联合的创业基地

6. 如果你想创业，你最希望得到哪方面的帮助？（　　）

a. 创业知识培训；b. 创业能力训练；c. 创业资金支持；d. 创业政策支持；e. 专家咨询指导；f. 创业场所支持；g. 创业硬件设备支持；h. 创业实践活动；j. 其他

7. 你创业的首要目的是什么？（　　）

a. 赚钱；b. 解决就业；c. 挑战自我；d. 其他

8. 你认为大学生在创业过程中最大的障碍是什么？（　　）

a. 资金不足，没有好的创业方向；b. 经验不够，缺乏社会关系；c. 创业环境，社会关注和支持力度不够；d. 其他

（资料来源：全国大学生创业服务网.http://cy.ncss.org.cn/cydc/253927.shtml）

## 4.1 问卷设计概述

随着社会生活的复杂化、快节奏化，访问调查法已成为目前市场研究中最经常应用的研究方法之一，也是经济学、市场营销、社会学、管理科学等学科研究的重要方面。采用访问调查是国际通行的一种调查方式，也是我国近年来推行最快、应用最广的一种调查手段。在访问调查中常常借助于调查问卷，调查问卷既是访问调查的一种控制工具，又是管理者决策的依据。

### 4.1.1 问卷设计的含义及程序

#### 1. 问卷及问卷设计含义

问卷又称调查表，是为了达到调查目的和收集必要数据而精心设计的一系列问句，目的是征求被调查者的答案，它是现代社会用于收集资料的一种最为普遍的工具。问卷提供标

准化和统一化的数据收集程序，它使问题的用语和提问程序标准化，每一个应答者看到或听到相同的文字或声音，每一个调查人员也必须询问相同的问题。问卷的主要作用就是提供管理决策所需要的信息，同时还有利于方便快捷地编辑和数据处理。

所谓问卷设计，是根据调查目的，将所需调查的问题具体化，使调查者能顺利地获取必要的信息资料，以便为决策提供依据。问卷设计的科学性在市场调查中具有关键性意义。问卷中的问题设计、提问方式、问卷形式以及遣词造句等，都直接关系到能否达到市场调查的目标。在访问方法中，邮寄调查、留置调查都要采用问卷，面谈法、电话调查也可以采用问卷的形式。因此问卷设计就成为调查前一项重要的准备工作。问卷设计的好坏，在很大程度上决定着调查问卷的回收率、有效率，甚至关系到市场调查活动的成败。如果问卷设计得不好，那么所有精心设计的抽样计划，训练有素的调查人员，合理的数据分析技术都将徒然无用。

一份设计优秀的问卷必须具备几个功能：首先，问卷必须正确反映调查目的，完成所有的调查目标。其次，问卷必须使用被访对象可以理解的语言，最好运用简单的日常用语，即问卷概念清楚、重点突出，内容全面周到，能将所要调查的问题明确地传达给被调查者，满足调查者对信息的需要；能使被调查者乐意合作，并顺利地获得被调查者的真实、准确的回答；便于对方无顾虑地回答，保证对方觉得回答此问题于已无害。最后，问卷要便于资料的统计，易于整理，方便记录，方便评价，易于分析。问卷设计是一种需要经验和智慧的技术，它缺乏理论，因为没有什么科学的原则来保证得到一份最佳的或理想的问卷，与其说问卷设计是一门科学，还不如说是一门艺术。在问卷设计中虽然也有一些规则可以遵循以避免错误，但好的问卷设计主要来自熟练的调查人员的创造性，尤其是要有丰富的调查经验。

### 2. 问卷设计的程序

问卷的设计是市场调查的重要环节，又是一项十分细致的工作。要设计一份完美的问卷，应事先做些访问，拟定初稿，经过事前探测性调查，再正式修改成问卷。一般情况下问卷的设计应包括四个层次的设计。第一个层次是问卷内容的设计，问卷设计时必须明确问卷的目的与整体构思，不同的调查目的决定了问卷项目的总体安排和内容构成；第二个层次是问卷的具体形式或格式，确定了问卷的目的和主题以后，着手建立问卷大致的框架；第三个层次是问卷的语句及用词的设计，语句及用词的设计非常关键，要求避免过于抽象、一般的词语，防止反应定式；第四个层次是问句的编排，应从一般开始，先易后难，由浅入深，由表入里，私人的问题应该安排在问卷结束部分，比如，年龄、工作、身体状况等，这也是问卷设计的惯例，因为如果被调查者认为这些项目涉及隐私而拒绝回答时，重要的信息在前面已经得到了。问卷设计是由一系列相关工作过程所构成的，问卷设计虽然没有统一固定的格式和程序，但为了使问卷具有科学性、规范性和可行性，问卷设计的过程可以参照以下八大步骤进行。

步骤 1：根据调查目的确定调查项目

问卷的目的是为了更好地收集市场信息，问卷设计的好坏与前期的工作密切相关，只有做好问卷设计的前期准备工作，才有可能设计出好的问卷。调查者必须在问卷设计之前就把握所有能达到研究目的所需要的信息，研究调查所需收集的资料及资料来源、调查范围等，酝酿问卷的整体构思。根据调查目的将所需要调查的资料一一列出，分析哪些是主要资料，哪些是次要资料，哪些是可要可不要的资料，淘汰那些不需要的资料，再分析哪些资料需要通过问卷取得。确定了需要的信息资料之后，就要确定在问卷中要提出哪些问题或包含哪些调查项目。确定问题的内容似乎是一个比较简单的问题，然而事实上不然，必须将问题具体化、条理化和可操作化，即变成一系列可以测量的变量或指标。在保证能够获取所需信息的前提下，要尽量减少问题的数量，降低回答问题的难度。

步骤 2：根据调查对象的特点确定问句的表述风格

问卷中问句的内容最好与被调查对象联系起来，问卷设计之前需要确定向谁调查，分析一下被调查者群体，有时比盲目分析问题的内容效果要好。确定调查对象的范围后要分析调查对象的各种特征，即分析了解各被调查对象的社会阶层、行为规范、社会环境等社会特征，以及文化程度、知识水平、理解能力等文化特征。对调查过程及其被调查者的心理状态做到心中有数，如适用于大学生的问题不一定适合家庭主妇。调查对象的群体差异越大，就越难设计一个适合整个群体的问卷。所以在问卷设计前应该明确此次调查的对象，因为问卷中的问题是给调查对象看的，所以问卷设计必须符合被调查者的习惯及社会文化特征，应该根据不同的调查对象群体，设计被调查者能接受的问卷的格式、内容以及问句表述的风格特点。

步骤 3：根据资料收集的方法确定问句的数量和繁简程度

资料收集可以有多种方法，如面谈访问法、电话调查法、邮寄调查等上一章已经讲解过了，每一种方法对问卷设计都有影响。如街头拦截访问比入户访问有更多时间上的限制，问句的数量不能太多；面谈访问中访问人员可以给被调查者出示图片、实物以解释或证明概念，被调查者可以看到问题并可以与调查人员面对面地交谈，因此可以询问较长的、复杂的和各种类型的问题；在电话访问中，被调查者可以与调查人员交谈，但是看不到问卷，这就决定了只能问一些短的和比较简单的问题，同时电话调查中提问问卷不宜过长，一般控制在10 分钟以内较为妥当。邮寄问卷是被调查者自己独自填写的，与调查者没有直接的交流，因此问题也应简单些并要给出详细的指导语，邮寄问卷的问卷设计需要非常清楚，而且相对较短，不应该要求填写问卷人书写过多，以免被调查者因占用较多时间而失去填写问卷的兴趣。因而，问卷设计必须根据资料的收集方法不同而有所差异。

步骤 4：确定要提问的问题及回答形式

问卷中设计出的全部问题即问句，应当在被调查者回答完，就能达到调查者的调查目的。对提出的每个问题，都要充分考虑是否有必要，能否得到答案，答案是否穷尽。问卷中的每一个问答题都应对所需的信息有所贡献，或服务于某些特定的目的。同时，提问的问句应当尽可能精确、清楚。问句用词必须十分审慎，措辞的好坏将直接或间接地影响到调查的结果。问卷设计中还应该考虑到被调查者理解问题和回答问题的能力；而且还要考虑到问卷中敏感问题的提问。问卷必须使用简单、直接、无偏见的用词。同时设计者站在调查者的立场上试行提问，看看问题是否清楚明白，是否便于资料的记录、整理；站在应答者的立场上试行回答，看看是否能答和愿答所有的问题。

步骤 5：确定问题的顺序

问卷中的问题应遵循一定的排列次序，问题的排列次序会影响被调查者的兴趣、情绪，进而影响其合作积极性。所以一份好的问卷应对问题的排列作出精心的设计，以顺利地引导被调查者一步一步完成答卷。如果有过滤性的问题用于筛选被调查者，应该放在问卷的最前面；一般简单的、容易回答的、有趣味性的放在前面，逐渐移向难度较大的，把一些敏感或较难回答的问题稍往后排。这样可以给被调查者一种轻松、愉快的感觉，以便于他们继续答下去。还有一点就是注意问题的逻辑顺序，有逻辑顺序的问题一定要按逻辑顺序排列，即使打破上述规则。

步骤 6：问卷的测试和修订

问卷的初稿设计工作完毕之后，不要急于投入使用，应该在小范围内进行试验性调查。在问卷用于实地调查以前，先初选一些调查对象进行测试，根据发现的问题进行修改、补充、完善，其目的是发现问卷的缺点，提高问卷的质量。特别是对于一些大规模的问卷调查，最好的办法是先组织问卷的测试，因为无论怎样周密的初期设计，都可能存在错误，而这种错误依靠自我纠正是很难发现的。同时要注意受测者样本要有代表性，测试的对象与调查的对象同质，才有可能提供与实际调查相似度较高的情境，具备一定的仿真性。要求回答者对问卷各方面提出意见，以便于修改，在调查问卷的结束语部分安排几个反馈性题目，比如，"您觉得这份调查表存在什么问题?"如果发现问题，应做必要的修改，使问卷更加完善。如果第一次测试后有很大的改动，可以考虑是否有必要组织第二次测试。根据试答情况，进行修改，再试答，再修改，直到完全合格以后才制成正式问卷。

步骤 7：问卷的评价

当问卷的测试工作完成，确定没有必要再进一步修改后，为使问卷设计周密，达到市场调查的目的，在进行实地调查前应获得各方的认同，进行问卷的评价以完成最适合的问卷设计。问卷设计进行到这一步，问卷的草稿已经完成。问卷的评价实际上是对问卷的设计质量进行一次总体性评估。对问卷进行评价的方法很多，包括专家评价、上级评价、客户评价、被调查者评价和自我评价。专家评价一般侧重于技术性方面，比如说对问卷设计的整体结构，问句的表述、问卷的版式风格等方面进行评价；上级评价则侧重于政治性方面，比如说在政治方向方面，在舆论导向方面，可能对群众造成的影响等方面进行评价；问卷经过修正后，必须还要与客户进行合议，征得客户的同意才能定稿、印刷，然后才能正式实施调查。

步骤 8：问卷的定稿、排版和付印

问卷的排版装订就是将最后趋于完美后定稿的问卷，按照调查工作的需要打印复制，制成正式问卷，将必要调查问卷内容编辑成册，以供相关人员参考。当问卷的测试工作完成，经过有关人士评价，确定没有必要再进一步修改后，可以考虑定稿。问卷的设计工作基本完成之后，便要着手问卷的排版、布局和印刷。定稿后的问卷从形式上看，要求版面整齐、美观、便于阅读和作答；从内容上看，较好的问卷形式应注意以下几点。

① 问卷纸张大小。问卷设计一般需用一张 16 开的纸张，纸张太大会给对方造成心理压力。纸张太小会显得调查者对本次调查不够重视或不够大方。

② 问卷表面是第一印象。问卷表面设计明快、简洁、庄重认真，纸张较高级，像是一份正式文件，不要粗制滥造，否则会给被调查者留下不良的第一印象。

③ 单面印刷。问题只印刷在问卷的单面，每个问题都必须给对方留下足够空间回答。如果第一条问题的留空就太紧张，对方将不会继续回答下去。

④ 条理清楚。所有问题的列出必须一目了然，以方便阅读和回答。

⑤ 统一编号。每张问卷都在右上方印上统一编号，以便查阅和管理，同时也让对方感觉调查的严肃性，以收到更好的效果。

小思考　五月底，佰草集低调地出现在德国最高端的化妆品连锁巨头道格拉斯的门店中，那些印着百草图案的“团花”瓶盖，竹节形状的瓶身成了这家化妆品店的一个异类，这个以中医中草药理念为基础的东方护肤品牌在欧洲正获得越来越多的拥簇。在进入德国市场之前，市场调查科研与产品研发人员已在前端介入。经过相关人员调查把消费者需求分为两类：一个是当下必须考虑的需求，如嫩肤、美白、祛痘、黑眼圈等；然后是潜在的需求，即消费者有这种需求，但只能隐隐约约感觉到这种需求，于是需要企业挖掘此类需求，从而决定产品未来走向。以佰草集的七白为例，最早研发人员从七白这样一个古方里提炼配方形成七白美白系列，后来发现消费者在美白的同时提出诸如滋润等更高的需求，佰草集根据这些需求进一步调研，升级成了“新七白”。消费者常用“希望它摸起来舒服一点”、“香味好闻一点”、“更保湿一些”等语言描述自己对于护肤品的需求。

（资料来源：侯佳. 环球企业家网站. 2013-12-30）

**问题：**

（1）根据这个案例，你认为本次调查选择哪种调查方法更恰当些？

（2）结合案例谈谈应该怎样设计调查问卷？

## 4.1.2　问卷的基本结构

一份良好的问卷，应能达到市场调查目的，并促使被调查者愿意合作，提供正确情报资料。一份完整的调查问卷通常包括标题、说明信、主体内容、编码、被调查者情况、结束语和作业证明记载。其中调查内容是问卷的核心部分，调查内容主要包括各类问句、问句的回答方式，这是调查问卷的主体，是每一份问卷都必不可少的内容，而其他部分则根据设计者需要可取可舍。

### 1. 问卷的标题

问卷的标题一般要求用言简意赅的中性词语陈述调查的内容，概括说明调查研究主题，使被调查者对所要回答什么方面的问题有一个大致的了解。例如“隐形眼镜在大学生市场发展前景调查”、“应届大学毕业生就业情况调查”等，而不要简单采用“问卷调查”这样的标题，过于简单的不明确方向的词汇，容易引起回答者不必要的怀疑而拒答。尽量避免使用敏感性词语以免影响被调查者的态度。

### 2. 说明信

说明信又称卷首语或开场白，它是写在问卷开头的一段话，是调查者向被调查者写的简短信，用来介绍调查者并说明调查的目的、意义以及有关填答问卷的要求等内容。说明信一般包括这样几方面的内容：①问候语。有称呼和问候。如“××先生、女士：您好”。问候语需要用尊敬的称呼，口吻要亲切，态度要诚恳，从而增加被调查者回答问题的热情，并能激发他们的兴趣，得到积极配合。②调查人员自我介绍，表明调查者的个人身份或组织名称。③调查的目的与意义，简单的内容介绍，对调查目的的说明，以及合作请求，这是问卷设计中一个十分重要的方面。④关于匿名的保证,如涉及需为被调查者保密的内容,必须指明予以保密,不对外提供等,以消除被调查者的顾虑,以期获得准确的数据。⑤填表说明,是对被调查者回答问题的要求,主要在于规范和帮助被调查者对问卷的回答,用来指导被调查者填答问题的各种解释和说明。如关于选出答案做记号的说明,关于选择答案数目的说明,例如,凡在回答中需选择“其他”一项作为答案的,请在后面的“________”中用简短的文字注明实际情况。或只需在选中的答案中打“√”即可。⑥最后要对回答者的配合表示真诚的感谢,或说明将赠送小礼品。大量的实践表明,几乎所有拒绝合作的人都是在开始接触的前几秒钟内就表示不愿参与的。因此说明信是不可或缺的,特别前三项是必须具备的内容,其他内容视具体情况而定,如以下两例:

**【例 4-1】** 您好!感谢您百忙中抽出时间来完成此份调查问卷。此问卷调查内容仅为了解用户对于现在 QQ 安全中心产品 QQ 被盗的疑问,以便在日后完善产品内容,优化操作流程,从而更好地服务于广大 QQ 用户,将用户在使用 QQ 产品过程中的安全疑惑降到最低。在此,向您表示感谢!祝您:“天天开心,万事顺利。”

**【例 4-2】** 尊敬的顾客朋友:新年好!

适逢新春佳节之际,东宇公司祝您新春愉快,万事如意!为了更好地为您服务,我公司正在开发系列新产品,我们十分想听听您对新产品的意见,请您在百忙中予以合作,谢谢您的支持!

### 3. 问卷的主体内容

问卷主体是市场调查所要收集的主要信息,它由一个个问句及相应的选择答案项目组成。显然,这部分内容是问卷设计的重点,是问卷的核心内容,问句应覆盖课题研究的全部范围,主要是以提问的形式提供给被调查者,这部分内容设计的好坏直接影响整个调查的价值。至于怎么设计将在下面两节中详细介绍,这里先省略。

### 4. 被调查者基本情况

所谓被调查者的基本情况,主要是指被调查者的一些主要特征。如果调查的是企业组织,其基本情况是指企业名称、单位代码、行政区划代码、企业地址、企业规模、企业所在国民经济行业、企业登记注册类型、职工人数、销售收入等。如是个人或家庭,包括个人的年龄、性别、文化程度、职业、职务、收入等,家庭的类型、人口数、经济情况等。具体列入多少项目,应根据调查目的、调查要求而定,并非多多益善。尽管被调查者往往对这部分问题比较敏感不愿意回答,但有些问题与研究目的密切相关,如消费者个体特征不同对某一特定事物的态度、意见以及行为倾向存在很大差异,同时这些内容在问卷中起的作用是沟通调查者与被调查者之间的联系。

### 5. 编码

编码是将调查问卷中的调查项目以及备选答案给予统一设计的代码。编码既可以在问卷设计的同时就设计好,也可以等调查工作完成以后再进行。前者称为预编码,后者称为后编码。在实际调查中,常采用预编码。编码一般应用于大规模的问卷调查中。因为在大规模问卷调查中,调查资料的统计汇总工作十分繁重,借助于编码技术和计算机,则可大大简化这一工作。如：①您的姓名；②您的职业……

### 6. 结束语

结束语置于问卷的最后，有的问卷也可以省略。结束语要简短明了，用来简短地对被调查者的合作表示感谢，也可以设置开放题，征询被调查者的意见、感受以及其他补充说明等。

### 7. 作业证明的记载

所谓作业证明的记载即“调查情况记录”。这个记录一般包括：调查人员（访问人员）姓名、编号、访问时间等，如有必要，还需注明被调查者的姓名、单位或家庭住址、电话等，以便于审核和进一步追踪调查。

在调查实践中，问卷设计既要有科学性，又要有艺术性。不同目的的调查，问卷设计的差别很大，不可能存在普遍适用的问卷模式。

## 4.1.3　问卷设计原则

问卷设计是一项科学细致的工作，一份好的问卷应做到：内容简明扼要，信息包含要全；问卷问句安排合理，合乎逻辑，通俗易懂；便于对资料分析处理。问卷设计总的原则是：立足于调查目的，使问卷易于回答。具体在设计问卷时，应注意以下原则。

### 1. 目的性原则

在问卷设计中，最重要的一点，就是必须明确调查目的和内容，这不仅是问卷设计的前提，也是问卷设计的根本。为什么要作调查，而调查需要了解什么？在进行问卷设计的时候必须对调查目的有一个清楚的认知。有时调查发起者提出调查目的后，并不能清晰完整地提出具体的调查内容要求，问卷设计人员应与数据使用者积极沟通，相互协调，设法挖掘出调查发起者的潜在需求。问卷内容应能涵盖调查目的所需了解的所有内容，提问的问题必须是与调查主题有密切关联的问题。违背了一点，再漂亮或精美的问卷都是无益的。

### 2. 考虑被调查者原则

问卷的设计要比较容易让被调查者接受，使被调查者愿意回答。由于市场调查没有法律约束力，调查对被调查者来说是一种额外负担，被调查者没有必须回答问题的义务，因而只有被调查者愿意回答，才能达到调查的目的。否则，市场调查将流于形式。因此，问卷设计所用语言和所提问题要尽量有礼貌和有趣味，尽可能得到消费者的合作，以提高调查质量。问卷的设计应使用适合被调查者身份、水平的用语，尽量避免列入一些会令被调查者难堪或反感的问题，如“你离过几次婚?”这种问题很容易引起调查对象的反感而拒绝合作。问卷设计必须有针对受访人群，对于不同层次的人群，应该在问句的选择上有所不同，必须充分考虑受访人群的文化水平、年龄层次和协调合作的可能性。比如面对家庭主妇作的调查，在语言上就必须尽量通俗，而对于文化水平较高的城市白领，在问句和语言的选择上就可以提高一定的层次。只有在这样的细节上综合考虑，所提的问题才能清楚明了。同时，尽量少用专业名词，避免对填卷人产生刺激而不能很好地合作。如下面两种问句：

(1) 您至今未买电脑的原因是什么？（　　）

A. 买不起　　B. 没有用　　C. 不懂　　D. 软件少

(2) 您至今未购买电脑的主要原因是什么？（　　）

A. 价格高　　B. 用途较少　　C. 性能不了解　　D. 其他

显然第二组问句更有艺术性，能使被调查者愉快地合作。而第一组问句较易引起填卷人反感、不愿合作或导致调查结果不准确。

### 3. 逻辑性原则

问卷中的问题应遵循一定的排列次序，问题的排列次序会影响被调查者的兴趣、情绪，进而影响其合作积极性。问题与问题之间要具有逻辑性，独立的问题本身也不能出现逻辑上的谬误。可按时间顺序、类别顺序等合理排列，从而使问卷成为一个相对完善的小系统。原则上把简单易懂的问题放在前面，由简单到复杂，由表面到深层思考，把复杂的问题放在后面，这样容易得到被调查者的配合，使被调查者感到问题好回答；把能引起被调查者兴趣的问题放在前面，把枯燥的问题放在后面；一般性问题放在前面，特殊性问题放在后面；先问行为方面的问题，再问态度、观念性问题；涉及应答者个人的资料则应最后提出；封闭性问题放在前面，开放性问题放在后面。所以一份好的问卷应对问题的排列作出精心的设计。问题排列的顺序必须按普通人的思考顺序，使问卷条理清楚，顺理成章，以提高回答问题的效果。例如：

(1) 你通常每日读几份报纸？（　　）

A. 不读报　　B. 1份　　C. 2份　　D. 3份以上

(2) 你通常用多长时间读报？（　　）

A. 10分钟以内　　B. 半小时左右　　C. 1小时　　D. 1小时以上

(3) 你经常读的是下面哪类(或几类)报纸？（　　）

A.《×市晚报》　　B.《×省日报》　　C.《人民日报》　　D.《参考消息》

E.《中央广播电视报》　　F. 其他

### 4. 简明性原则

调查内容要简明、易懂、易读，以便被调查对象能够快速、正确理解问卷的内容和目的。没有价值或无关紧要的问题不要列入，同时要避免出现重复，力求以最少的项目设计必要的、完整的信息资料。调查时间要简短，问题和整个问卷都不宜过长，一般问卷回答时间应控制在30分钟左右。调查内容过多，调查时间过长，都会招致被调查者的反感。通常调查的场合一般都在路上、店内或居民家中，应答者行色匆匆，或不愿让调查者在家中久留等，而有些问卷多达几十页，让被调查者望而生畏，一时勉强作答也只能草率应付。从被调查者填写问卷的心理变化分析来看，被调查者刚开始填写问卷应该是以好奇和仔细为主，随着填写时间的延长，好奇心逐步衰减，而烦躁的心情却逐渐滋生出来，所以为了保持问卷填写的高质量，问卷的内容应精简、有力。全面、准确、有效地获取信息，并不等于要一味追求容量大、信息多，而是要避免与本次调查目的无关的问题出现，否则不仅造成人力、物力、财力的浪费，甚至会使拒访率增高、数据质量下降、问卷效率降低。

5．便于整理与分析原则

成功的问卷设计除了考虑到紧密结合调查主题与方便信息收集外，还需要考虑到问卷在调查后的整理与分析工作。为了提高数据整理的方便性和准确性，问题的排列及回答的符号、位置等都应科学合理设计。必须在问卷设计的时候就充分考虑后续的数据统计和分析工作，调查指标是能够累加和便于累加，并且可以进行具体的数据分析，即使是主观性的题目在进行问句规范的时候也要具有很强的总结性，这样才能更好地进行调查工作。

6．非诱导性原则

避免有诱导性作用的问题，以免使答案和事实产生误差。如设计问卷时，问"××品牌的电视质优价廉，您是否准备选购?"这样的问题将容易使填表人由引导得出肯定性的结论，具有相当的诱导性，而且限制了回答内容。这就会导致回答失真，难以反映被试的真实情况。不能反映消费者对商品的真实态度和真正的购买意愿，所以产生的结论也缺乏客观性，结果可信度低。

## 4.2　问句的设计技术

### 4.2.1　问句的类型

问句是问卷的核心，一个好的问卷，必须合理、科学和艺术地提出每一个问题。在进行问卷设计时，必须对问句的类别和提问方法仔细考虑，否则会使整个问卷产生很大的偏差，导致市场调查的失败。常见的问句类型有如下几种。

1．直接性问句、间接性问句和假设性问句

直接性问句是将所要询问的问句直截了当地向被调查者提出，请被调查者直接给予回答。这种直接提问的方式明确表明要问的问题，通常所问的是个人基本情况或意见，比如，"您的年龄"、"您的职业"、"您现在用的洗发水是什么品牌的"等，采用这种提问方式可获得明确的信息。这种提问对调查结果统计分析比较方便，但遇到一些窘迫性问题时，采用这种提问方式，可能遭到拒绝而无法得到所需要的答案。

间接性问句是指那些不宜直接回答，而采用间接提问方式能得到所需答案的问题。通常用于那些被调查者对所需回答的问题产生顾虑的提问方式。例如，要调查学生参与"赌博"、"酗酒"等情况，对于"你是否赌博?"这一问题就可改为："现在一些同学中流行用扑克、纸牌等定输赢，你是否也喜欢玩这些扑克、纸牌的游戏?"采用这种提问方式会比直接提问方式收集到更多的信息。一般要求被调查者对他人或某种现象作出判别和评述，让被调查者扮演评判者的角色。适用于被调查者不乐意回答或很难作出正面回答的问句。

假设性问句是通过假设某一情景或现象存在而向被调查者提出的问题。有许多问题是先假定一种情况，然后询问应答者在该种情况下，他会采取什么行动。如以下这些语句都属于假设性提问：

①“如果在购买汽车和住宅中您只能选择一种,您可能会选择哪种?”

②“如果××牌肥皂跌价 2 元,你是否还愿意用它?”

③“假如你获得奖学金,你会用这笔钱做什么?”

### 2. 开放性问句和封闭性问句

开放式问句是一种应答者可以自由地用自己的语言来回答和解释有关问题的问题类型,可以让被调查者充分地表达自己的看法和理由,并且比较深入,有时还可获得研究者始料未及的答案。其优点是设计问题容易,并可以得到被调查者建设性的意见,能为调查研究人员提供大量的、丰富的信息,而且在分析数据的过程中开放式的问题可以成为解释封闭式问题的工具。缺点首先是在编码方面费时费力;其次是开放式的问题受被调查者性格、文化、态度等影响,有时可能得不到准确的信息,并且由于回答费事,可能遭到拒答;最后收集到的资料中无用信息较多,难以统计分析。开放性问句在探索性调查中是很有帮助的。

封闭式问句的答案中包括所有可能的回答,让被调查者从中选择一个答案。这种提问方式的优点是被调查者回答问题容易,所得资料较准确。由于答案标准化,易于进行各种统计处理和分析,编码和录入的过程大大简化了,因而成为目前进行市场调查的主要提问方式。缺点是问卷设计花费的时间较多,不能得到更多的信息,回答者只能在规定的范围内被迫回答,无法反映其他各种有目的、真实的想法。如果几个选择项提示顺序相同,位于前面的项占优势,使回答者容易先入为主,因此需要准备几种项不同的提示表以便交互向被调查者提示,保证回答尽量客观、真实。但注意此种问题选择项尽量给出全部可能的答案。

混合型问句又称半封闭型问句,是在采用封闭型问答题的同时,最后再附上一项或几项开放式问题。同一个问题中,将开放性问句与封闭性问句结合起来组成问题,例如:“您家里目前有空调吗?有________,无________;若有,是什么牌子的?________;你用后感觉有哪些不足?________。”在实际调查问卷设计中常常既有开放性问句,也有封闭性问句,并且以封闭式为主以开放式为辅。

### 3. 事实性问句、行为性问句、态度性问句、动机性问句

① 事实性问句是要求被调查者回答一些客观存在的事实性的问题。常用于了解被调查者的特征(如职业、年龄、收入水平、家庭状况、居住条件、教育程度等)以及与消费商品有关的情况(如产品商标、价格、购买地点、时间、方式等),诸如“您使用的手机是什么牌子的”、“您的职业是什么”等。事实问句是要求被调查者依据现有事实来回答问题,不必提出主观看法。事实问句的主要特点是问题简单,回答方便,调查覆盖面广,调查结果便于统计处理,事实性问句一般可采取直接提问方式,但对于被调查者不愿直接回答的问题,也可以采取间接提问方式。

② 行为性问句是询问被调查者的某些实际行为,表明回答者的行为特征的调查,如是否拥有××物,或是否做过某事等。如“您上星期天去网吧了吗”问句中的字眼定义必须清楚,让应答者了解后能正确回答。但这种问句存在着不足,如由于时间长等原因,被调查者对某些事实记忆不清,或由于某些被调查者的心理因素影响,而使回答的结果在一定程度上失真。问卷设计者可以根据具体情况选择不同的提问方式。

③ 态度性问句是关于对被调查者的态度、评价、意见方面的问题。例如:“您是否喜

欢××品牌的 MP4?”这类询问可以在一定程度上弥补事实询问存在的不足。态度性问句主要特点是从这类询问中可以广泛地了解消费者对需求的要求、打算、意见，为决策者提供未来需求信息。但它也存在着不足：其一，这类询问仅能了解调查者的意见、看法，而无法了解产生这些意见、看法的真正内在原因。不能了解消费者究竟喜欢这种品牌的哪些方面。其二，是这类问题在一定程度上受心理因素影响，问题涉及被调查者的主观因素，被调查者因各种原因而回避主要问题，或只讲问题的次要方面，从而使调查结果真实性受影响。如在了解消费打算等问题时，被调查者会因家庭财产问题而不愿说真话等。

④ 动机性问句是为了解被调查者行为的原因或动机而提出的问题。能够较为深入地了解消费者的心理活动，从而找到问题及问题产生的原因，为解决问题提供依据。但是这种询问也存在不足，其一是结果处理复杂，答复的结果不易整理；例如：“您为什么希望购买这种品牌的 MP4”，在提动机性问句时，应注意人们的行为可以是有意识动机，也可以是半意识动机或无意识动机产生的。对于前者，有时会因种种原因不愿真实回答；对于后两者，因回答者对自己的动机不十分清楚，也会造成回答的困难。

理想的问句设计应能使调查人员能获得所需要的信息，同时被调查者又能轻松、方便地回答问题。设计问句各类题型及问法，也是一门学问，要求调查人员能依据具体调查内容要求，选用适当类型的问句进行调查，常常是几种类型结合应用，但不能随意设计，否则便会影响调查的效果。

### 4.2.2 问句设计中应该注意的问题

在问卷设计中，问句科学合理可以提高问卷回收率和信息的质量。问句设计具有很大的灵活性和创造性，不同设计者往往具有不同的风格。问句设计不当往往会使被调查者误解题意或拒绝回答，从而直接影响数据质量，事后弥补非常困难，而且成本太高。这里主要针对问句设计中的常见问题提出预防和控制措施，建议设计者反复推敲，尽量避免问句设计不当引起不必要的误差。

#### 1. 避免不易回答的问句

问句设计中应特别重视问句的措辞，如果把主要精力集中在问卷设计的其他方面，设计的问句很有可能使被调查者难以回答而降低了问卷的质量，因此应该注意以下几个方面。

① 避免提出被调查者能力之外的问题。如，“你认为未来 10 年手机在科技方面会取得哪些进步?”再如，“诺基亚手机是否是最好的?”这样的问题，设计者看来非常简单，可是被调查者可能从来就没有想过或遭遇过，因此，设计问题时，得替他们设想，提问要在被调查者的知识、经验、能力的范围内，不要把问题理论化。

② 所提问题必须简短，以免造成对方的混乱。如“您认为电视机市场已经日趋饱和的今天，政府仍向电视机生产企业征收高额税收，从而阻碍了生产厂家发展的做法，是不是应该受到批评?”这样的长句式提问，让人很难作出回答，也很难得到满意的回答。

③ 避免因时间久远而依靠被调查者的记忆回答的问题。在当今信息超载的时代，遗忘和记忆的差错会导致被调查者无法提供全面和准确的资料。经常有些市场调查要求被调查者回忆半年以前甚至一年前的购买情况，这显然取决于被调查者的回忆和合作程度。因时

间久，回忆不起来或回忆不准确是常有的事。如“您去年家庭的生活费支出是多少？用于食品、衣服分别为多少？”除非被调查者连续记账，否则很难回答出来。一般可问：“您家上月生活费支出是多少？”“昨天你在电视上看了哪几则手机广告？”显然，这样缩小时间范围可使问题回忆起来较容易，答案也比较准确。

④ 避免直接提问窘迫性问题。在设计调查问卷时，若非有必要，绝不涉及被调查者的个人隐私。隐私问题往往会引起回答者的焦虑、窘迫，使被调查者不愿意回答或不愿意真实回答。遇有这类问题，如果实在回避不了，可列出档次区间或用间接的方法提问。例如，不应问：“你今年几岁？”而不妨问“你是哪一年出生的？”也可列出年龄段，如“20 岁以下，20～30 岁，30～40 岁，40 岁以上”，由被调查者挑选。

⑤ 避免用词生僻或过于专业。一般调查中，调查对象文化程度分布广泛，生僻、专业的词语会阻碍被调查者对问题的理解。如，某保险公司调查顾客对本公司业务的印象，询问：“请问您对本公司的理赔时效是否满意？”“请问您对本公司的展业方式是否满意？”许多被调查者不明白什么是“理赔时效”和“展业方式”，即便给出答案也没有意义。再如“促销效果”、“分销渠道”等术语，对于某些消费者，不易接受。必须使用时，应进行定义和说明。

### 2. 避免出现诱导性倾向，提问尽量客观

问卷中的问题必须保持中立，不能提问带有倾向性的问题。如问“××品牌的手机质优价廉，您是否准备选购？”这样不能反映消费者对商品的真实态度和真正的购买意愿，所以产生的结论也缺乏客观性，结果可信度低。再如：“环境保护很重要，你认为有进行环境保护的必要吗？”这种提问向被调查者提示答案的方向，或暗示出调查者自己的观点，在有外界压力存在的情况下，被调查者提供的是符合压力施加方偏好的答案，而不是他自己真正的想法。这是提问的大忌，常常会引出和事实相反的结论。问题要中性化，避免诱导性提问，褒义词、贬义词、否定问题都应尽量避免。带有倾向性的问题有两种：一种是权威倾向性问题，如“大多数教师认为中学生不能抽烟，你是否同意这一观点？”另一种是叙述倾向性问题，如“现在的小学生作业负担太重，你认为是吗？”对于这样的问题可进行中性化的处理，即修改剔除问题的倾向性。

### 3. 问句要准确具体，避免用笼统的、不确切的、一般的词

问句设计应避免使用含糊不清的句子和语意不清的措辞，使受测者费解。文字要表达准确，不应使被调查者有模糊认识，有些问题含有偶尔、许多、大致、普通、经常、一些、很多、相当多、几乎这样的词，以及一些形容词，如“美丽”等。不同被调查者的理解显然也是不同的。使用“您通常喜欢选购什么样的帽子？”就是用词不准确，因为“通常”、“什么样”的含义，不同的人有不同的理解，回答各异，不能取得准确的信息。如“你认为目前教师的待遇够好吗？”“待遇”和“够好”都属语意不清。下例的问法就属于模糊的语句：您经常穿 T 恤衫吗？您爱穿羽绒服吗？您经常喝汽水吗？这样模糊问法，被调查者也不好回答。还有些定义不清的问题会产生歧义，使被调查者无所适从。如年龄、家庭人口、经济收入等调查项目，通常会产生歧义的理解，年龄有虚岁、实岁，家庭人口有常住人口和生活费开支在一起的人口，收入是仅指工资，还是包括奖金、补贴、福利、其他收入。如果调查者对此没有很明确的界定，调查结果也很难达到预期要求。因此这些词应用定量描述代替，以做到统一的标准。

### 4. 避免提带有双重或多重含义的问题

要想得到较高的回答率，需要有良好的提问技巧。一个问题对于每个被调查者而言，应该代表同一主题，只有一种解释、一个含义。一个问句中如果包含过多访问内容，会使回答者无从答起，给统计处理也带来困难。例如，“雕牌洗衣粉是否清洁又不伤衣服？”可能会得到不同答案。如询问消费者“您对该商场产品的价格和服务质量满意还是不满意？”该问题实际上包括商品价格和服务质量两个方面的问题，结果“对价格不满意”、“对服务不满意”或“对价格和服务不满意”的被调查者可能都回答“不满意”，该结果显然得不到客户想了解的信息。因而，一个问题只能提问一个方面的情况，否则容易使回答者不知如何作答。应该避免使用被调查者不易理解，措辞表达意思模棱两可的问句。所以一个问句应该只询问一个问题，不要使被调查者无从选择。

以上是问卷设计中应该注意的一些比较突出的问题，当然还有其他很多问题存在，有些是研究者难以预料的，这就要求设计者要反复斟酌，构想每项问句之后，要尽量详尽地列出问题，然后对问题进行检查、筛选，以便进行删、补、换。

# 4.3　问卷回答项目的设计技术

问卷回答项目归结起来分为两类，一类是封闭式问句的回答项目，一类是开放式问句的回答项目。封闭式问句的回答项目包括多种类型，如二项选择法、多项选择法、态度量表法、顺位法、评分法、比较法等。不管那种类型都需要事先对问句答案进行精心设计。开放式问句的回答大多采用自由问答式，但在市场调查中，为挖掘被调查者潜意识的动机和态度，还可以采用词语联想法、句子完成法、故事完成法、漫画联想法等更生动灵活的方式。

## 4.3.1　封闭式回答项目的设计

封闭式问句易于理解并可迅速得到明确的答案，便于统计整理分析。但回答者没有进一步阐明理由的机会，难以反映被调查者意见与程度的差别，了解的情况也不够深入。在封闭式回答项目设计时，可以根据具体情况采用不同的设计形式。

### 1. 二项选择法

封闭式回答项目最简单的就是二项选择题，二项选择法也称真伪法或二分法，是多项选择的一个特例，是指问句仅有两种答案可以选择，即“是”或“否”，“有”或“无”等。两种答案是对立的、排斥的，被调查者的回答非此即彼，不能有更多的选择。两项选择题的特点是问句回答简单明了，调查结果易于统计归类；但所获信息量太小，两种极端的回答类型有时往往难以了解和分析被调查者群体意见程度差别，这种方法，适用于互相排斥的两项择一式问题，及访问较为简单的事实性问题或态度性问题。

(1) 有关事实性内容的题型

例 1：您的性别？　　　　A. 男　B. 女

例2：您家里现在有空调吗？ A. 有 B. 无

例3：请问您现在抽烟吗？ A. 抽 B. 不抽

(2) 对态度或者意见测量(答案是穷尽的)的题型

例1：请问您对“脑白金”广告的态度？ A. 喜欢 B. 不喜欢

例2：您今年是否打算购买家用轿车？ A. 是 B. 否

### 2. 多项选择法

多项选择法是指所提出的问题事先预备好两个以上的答案，让被调查者根据实际情况，从中选出一个或几个最符合被调查者情况的作为答案。多项选择法是问卷设计中最常用的一种题型，它保留了是否式询问的回答简单、便于编码和统计、结果易整理的优点，避免了二项式询问的不足，能有效地表达意见的差异程度，是一种应用较为广泛、灵活的询问形式。但其缺点主要是问题提供答案的排列次序可能引起偏见。使用这种问句有一点值得注意，即在设计选择答案时，问题答案的设计应考虑所有可能出现的答案，不能出现重复和遗漏，否则，会使得到的信息不够全面、客观。可设“其他”项目，以便使被调查者表达自己的看法。

**【例4-3】** 你觉得本报最应当再改进的板块是哪一个？(　)

A. 国际新闻(　) B. 本市新闻(　) C. 娱乐新闻(　)

D. 体育新闻(　) E. 其他(　)

**【例4-4】** 请问您是在哪一种情况下嚼口香糖的？(　)

A. 口渴时 B. 无聊时 C. 看电影时

D. 预防蛀牙时 E. 约会时 F. 看书时

G. 有口臭时 H. 其他(请列明)

### 3. 态度量表法

态度量表简称量表法，在问卷中量表法是通过一套事先拟定的用语、记号和数目，来测定人们心理活动的度量工具。常常是用来对被调查者的态度、意见、感觉等心理活动方面的问题进行判别和测定，并且在数据分析中，可以使用较复杂的统计分析方法。量表法主要优点是对应答者回答强度进行测量，许多量表式应答可以转换成数字，并且这些数字可直接用于统计分析。

量表有许多种分类，依据心理测试内容，量表一般有四种，即类别量表、等级量表、等距量表和等比量表。类别量表是以调查对象的类别方式记分，如男女分类记分(男性1，女性0)，以身份分类等；等级量表，即要求评定人在若干个备择项目中按照一定标准排出等级次序，该种量表既没有相等单位，又没有绝对零度；等距量表是在间距相等的分数点对心理特征、了解程度等内容作出测量，等距量表有相等的单位，但没有绝对零，因而其测量水平比顺序量表提高了一步；等比量表，比等距量表更进了一步，既有绝对零，又有相等单位，因而属于最高测量水平。

其中等级量表最为常用，这种量表是利用不同的等级来划分一个人对事情所抱的态度，可显示对方同意与否的程度。在问题后提供不同等级的答案，以量表的方式让调查对象自己作出选择。量表的两端是极端性的答案，在两个极端之间可以划分为若干阶段，少则 3 个，多则 5 个或 7 个等。根据量表的层级的多少，使用频率比较高的是三级量表、五级量表、七级量表和百分量表。其中五级量表是市场调查中使用最为普遍的一种量表。常用五级量表有：优、良、中、及格、不及格；很好、好、一般、差、很差；强、较强、一般、较弱、很弱；十分重要、重要、有点重要、不重要、很不重要；非常同意、同意、中立、不同意、坚决不同意；很真实、真实、部分真实、很少真实、不真实等。

**【例 4-5】**　五级量表

你在学校有机会参加社会活动吗？

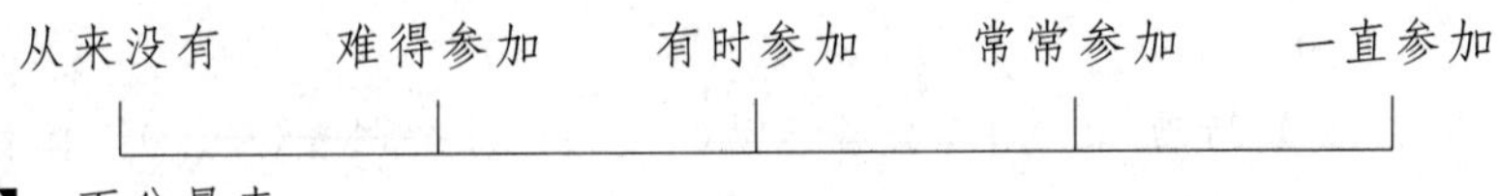


**【例 4-6】**　百分量表

你在多大程度上对你目前的学习成绩满意？

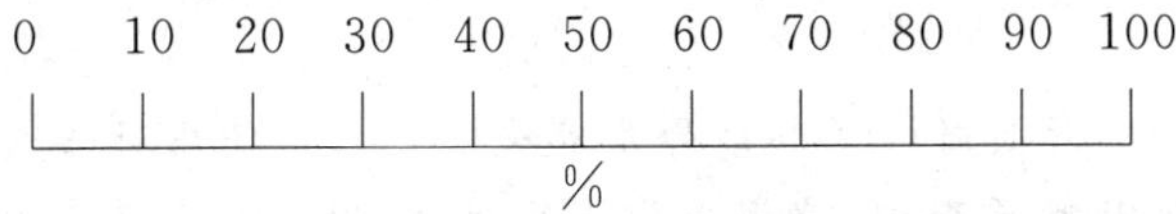


等级量表依据答案对称性分为对称性量表和不对称性量表两种形式。对称性量表是奇数等级项，中间位置必须是中性、中立的词语。但非对称性量表应慎重使用，以免给被调查者产生诱导。

**【例 4-7】**　你认为食堂的卫生条件如何？

(1) 对称性量表

A. 好　　B. 较好　　C. 一般　　D. 较差　　E. 差

(2) 非对称性量表

A. 很好　　B. 好　　C. 较好　　D. 一般　　E. 差

**【例 4-8】**　请问您觉得这款手机的价格如何？

(1) 对称性量表

A. 很贵　　B. 贵　　C. 适中　　D. 便宜　　E. 很便宜

(2) 非对称性量表

A. 很贵　　B. 贵　　C. 适中　　D. 便宜

等级量表依据其表现方式还可分为图解式量表和数字式量表。一般来说，图解式量表比单纯数字式量表更有利于转达等级意义和评级的心理距离。

**【例 4-9】**　你在电脑程序操作过程中：

(1) 图解式量表

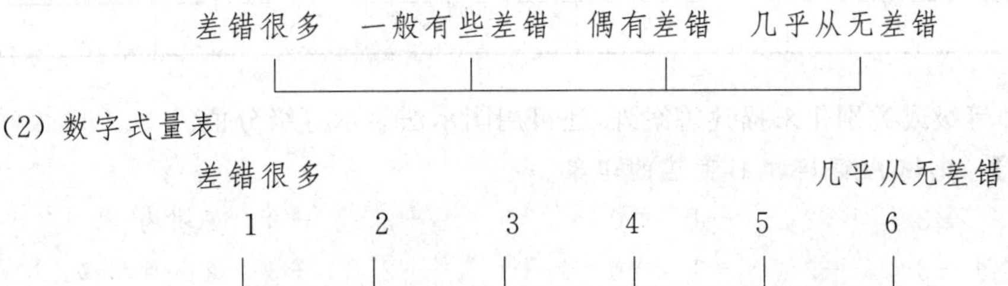

## 4. 顺位法

顺位法又称序列式，是在多项选择式问句的基础上，列出若干项目，具体排列顺序则由回答者根据自己所喜欢的事物和认识事物的程度等进行排序。顺位法便于被调查者对其意见、动机、感觉等作衡量和比较性的表达，这种方法较为简单便于对调查结果加以统计。但调查项目不宜过多，过多则容易分散，很难顺位，同时所访问的排列顺序也可能对被调查者产生某种暗示影响。同时必须注意避免可供选择的答案的片面性。

**【例 4-10】** 你对下列活动的兴趣如何？请按照兴趣由小到大以 1、2、3、4、5、6 的等级排出顺序：

学习（ ） 文娱活动（ ） 公益活动（ ） 社会调查（ ） 体育活动（ ） 下工厂（ ）

**【例 4-11】** 你选购电视机时，对下列各项，请按照您认为的重要程度以 1、2、3、4，为序进行排序：

图像清晰（ ） 音质好（ ） 外形漂亮（ ） 使用寿命长（ ）

**【例 4-12】** 下列品牌牙膏中，请根据你喜爱程度，以 1、2、3、4、5、6、7 序号进行排序：

洁银（ ） 佳洁士（ ） 中华（ ） 两面针（ ） 康齿灵（ ） 芳草（ ） 高露洁（ ）

## 5. 评分法

评分法又称数值分配法，是调查人员对所询问问题列出程度不同的几个答案，并对答案事先按顺序评分，请被调查者选择一个答案。将全部调查表汇总后，通过总分统计，可以了解被调查者的大致态度。可采用“5 分制”、“10 分制”，也可采用“100 分制”。或者正负分值对比等形式，用来对不同品牌的同类产品进行各种性能的评比。

**【例 4-13】** 根据评分标准，给下列品牌的电视机质量评定分数，请将分数填入括号内。

评分标准：很好 10 分；较好 8 分；一般 6 分；较差 4 分；差 2 分

海尔（ ） 康佳（ ） 三星（ ） 东芝（ ） 索尼（ ） TCL（ ）

**【例 4-14】** 比较餐厅 A 和餐厅 B 的印象，分别对下面的项目打分，最高分是 5 分，见表 4-1。

**表 4-1 餐厅 A 和餐厅 B 各项服务比较**

| 餐厅 | 口味 | 价格 | 卫生 | 服务 | 总分 |
|---|---|---|---|---|---|
| 餐厅 A | | | | | |
| 餐厅 B | | | | | |

除用这种等级或类别化来描述答案外，还可用图示法表示等级分值。

**【例 4-15】** 比较 A 商店和 B 商店的印象。

低档的 −3 −2 −1 0 +1 +2 +3 高档的

商品种类少 −3 −2 −1 0 +1 +2 +3 商品种类多

保守的 −3 −2 −1 0 +1 +2 +3 时尚的

### 6. 比较法

比较法，通常是把调查对象中同一类型不同品种的商品，每两个配成一对，由被调查者进行对比，把认为好的在调查表的有关栏内填上规定的符号，由此来了解被调查者的态度。为便于了解消费者对所调查商品态度上的差别，也可以在不同商品品种之间，划分若干评价尺度，以利于被调查者评定。也可用于测定调查商品间的评价距离。该方式主要用于调查消费者对商品的评价，根据被调查者的喜欢程度的不同进行比较选择产品的品牌、商标、广告等，可用于比较商品质量和效用等方面。应用比较法要考虑被调查者对所要回答问题中的项目是熟悉的，否则将会导致空项发生或答案缺乏真实性。

**【例 4-16】** 比较牙膏品牌偏好，见表 4-2。

**表 4-2　各类牙膏的品牌偏好比较**

| 产品 | 洁银 | 佳洁士 | 康齿灵 | 高露洁 | 两面针 |
|---|---|---|---|---|---|
| 洁银 | — | | | | |
| 佳洁士 | | — | | | |
| 康齿灵 | | | — | | |
| 高露洁 | | | | — | |
| 两面针 | | | | | — |
| 合计 | | | | | |

说明："1"表示被调查者更喜欢这一列的品牌，"0"表示更喜欢这一行的品牌。

还有一种比较方法，进行试验之时，问卷一旁列出同样产品不同品牌名称，另一旁则列出形容词汇，然后要求被调查人将二组文字作适当配对。

**【例 4-17】** 将下列两组文字作连线配对

| 汽车厂牌 | 形容词 |
|---|---|
| 奔驰 | 舒适 |
| 别克 | 经济 |
| 大众 | 豪华 |
| 本田 | 安全 |
| 雷诺 | 快速 |

## 4.3.2 开放式回答项目的设计

开放式问答项目只提问题不给具体答案，要求被调查者根据自身实际情况自由作答。开放式问题允许被调查人用自己的话来回答问题，一般说来，因为被调查的回答不受限制，所以开放式问题常常能揭露出更多的信息。

### 1. 自由回答法

自由回答法是指提问后，调查者事先不拟定任何具体答案，回答者可以自由发表意见。自由式回答比较适用于调查消费者心理因素影响较大的问题，如消费习惯、购买动机、服务质量、服务态度等，因为这些问题一般很难预期或限定答案范围。这种询问在探测性调查中常常被采用。例如,“您觉得这种电器有哪些优缺点?”“您认为应该如何改进电视广告?”“您对本商场有何意见或建议?”等。

自由问答题的主要优点是被调查者的观点不受限制,便于深入了解被调查者的建设性意见、态度、需求问题等。涉及面广,灵活性大,能使被调查者思维不受束缚,充分发表意见,畅所欲言,可为调查者收集到某种意料之外的资料。缺点是由于被调查者提供答案的想法和角度不同,因此在答案分类时往往会出现困难,使调查结果难以归类统计和分析。同时,由于时间关系或缺乏心理准备,被调查者往往放弃回答或答非所问,因此,此种问题尽量少用。

### 2. 词语联想法

词语联想法是给被调查者一连串的词语,每给一个词语,都让被调查者回答其最初联想到的词语(叫反应语)。在给出的一连串词语中,也有一些中性的或充数的词语,用于掩盖研究的目的。被调查者对每一个词的反应是逐字记录并且计时的,这样反应犹豫者(要花三秒钟以上来回答)也可以识别出来。这种技法的潜在假定是,联想可让反应者或被调查者暴露出他们对有关问题的潜在态度或情感。这种方法可以在被调查者对某个问题不愿回答的情况下,掩藏调查目的,挖掘被调查者潜意识的动机和态度。对回答或反应的分析可计算如下几个量:每个反应词语出现的频数;在给出反应词语之前耽搁的时间长度;在合理的时间段内,对某一试验词语,完全无反应的被调查者的数目。先向被调查人提示一个访问词,然后让被调查人就这个词全盘写出他们感觉或想法。例如:电视——新闻、娱乐、音乐、广告、液晶、噪声;鞋——运动、优雅、不舒服、爬山、耐克。

而词语联想法又可以分成自由联想法及限制联想法两种。自由联想法提供相应的字词让对方随意发挥,当听到下列词时,您想到的是什么?例如:“提到面包时你会想到什么?”即属自由联想法,不作任何限制,受测对象可以任意回答;如“提到面包,您最先想到的品牌是——?”显然被局限在品牌范围之内作出选择,这就是限制联想法。

不过,无论自由联想法或限制联想选用刺激语时,都要考虑下列几个原则:符合调查研究的目的;使用简洁的语句;避免使用具有多重意义和可能有多种反应的刺激语。

### 3. 句子完成法

句子完成法与词语联想法类似,给一些不完全的句子,要求被调查者完成。句子完成法是按固定顺序和语句提问,该类问题可以解决敏感性问题、回答率较低的问题等,但答案的审核、编码、分析比较烦琐,不同研究者对同一答案可能得出不同的结论,因而可靠性较差。主要适于探索性调查。与词语联想法相比,对被调查者提供的刺激是更直接的。可能得到的有关被调查者感情方面的信息也更多。不过,句子完成法不如词语联想法那么隐蔽,许多被调查者可能会猜到研究的目的。

**【例 4-18】** 目前新闻联播和天气预报之间播出的短广告是________________
晚上 7:30 看完新闻联播后我________________

**【例 4-19】** 我喜欢________洗发精,因为________________

**【例 4-20】** 我出去旅行时,选择酒店的标准是________________

### 4. 故事完成法

给故事的一个部分，请被调查者发挥想象续成故事，完成一个未完成的故事。在故事完成法中，将被调查者的注意力引到某一特定的话题，但是不要提示故事的结尾，被调查者要用自己的话来做出结论。

**【例 4-21】** 我下了出租车，来到一家大型百货公司，刚进到一楼就发现……（请您完成下面的故事。）

**【例 4-22】** 小张在自己喜爱的一家百货商店里，花了一个小时时间试了几套衣服之后，终于选中了一套自己喜欢的职业装。当要去柜台结账时，一位店员过来说："您好，我们现在有减价的职业装，同样的价格但质量更高。您想看看吗？"这时候小张怎么做的呢？（请您完成下面的故事。）

### 5. 漫画完成法

漫画完成法类似于看图说话，提供一幅画请被调查者观看，让被调查者假定是画中的某个角色来描述一个故事或一段对话，从而描述被调查者对事物的态度和意见。如一幅背景是某商场销售电视机柜台前的漫画，漫画中有两个人物，一位是售货员、一位是顾客，售货员问："要买彩电吗？喜欢哪一款我给您介绍一下？"顾客回答处留有空白，要求被调查者填写。这时被调查者将假定自己是顾客，向售货员询问他（她）最关注的问题，从而获得调查资料。但使用过程中注意漫画中人物不要带有任何表情，以防诱导被调查者产生调查误差。

## 本章小结

本章首先阐述了调查问卷设计的含义及一般程序，为了使问卷具有科学性、规范性和可行性，问卷设计的过程可以参照八大步骤进行。一份完整的调查问卷通常包括标题、说明信、主体内容、编码、被调查者情况、结束语和作业证明记载。问卷设计是根据调查目的将所需调查的问题具体化，使调查者能顺利地获取必要的信息资料，便于为决策提供依据，它是市场调查的一种重要工具。在问卷设计中就应该考虑数据统计和分析，从而易于操作，并立足于调查目的，考虑被调查者使问卷易于回答等的原则。然后介绍了问句设计的技术，特别是要注意问句设计中存在的一些问题。最后分别对封闭式问句和开放式问句的答案设计技术作了归纳和总结，封闭式问句答案设计比较复杂，包括二项式、多项式、量表法、顺位法等多种形式，在设计答案时，可以根据具体情况采用不同的设计形式。不管用什么方式设计问答项目，必须易于理解并迅速得到明确的答案，便于统计整理分析的同时达到收集资料实现调查的目标。学习本章内容，能培养学生设计市场调查问卷的能力。

## 知识训练

**1. 基本概念**

问卷　问卷设计　封闭式问句　开放式问句　事实问句　态度问句　词语联想法　量表法　顺位法

**2. 选择题(可多选)**

(1) 编制问句逻辑顺序时,下面哪些叙述是不正确的?( )

A. 简单易懂的放在前面,复杂的放在后面

B. 特殊性问题放在前面,一般性问题放在后面

C. 先问行为方面的问题,再问态度问题

D. 封闭性问题放在前面,开放性问题放在后面

(2) 一般情况下问卷的设计程序应包括哪几个层次的设计?( )

A. 确定问卷的目的与整体构思

B. 建立问卷大致的框架和具体形式或格式

C. 问卷的语句设计

D. 问句的编排

(3) 一般情况下,问卷的长度应控制在( )的回答时间。

A. 0~30 分钟　B. 30~40 分钟　C. 0~50 分钟　D. 50~60 分钟

(4) 问句"您为何不看电影而看电视",错在( )。

A. 提一般性的问题　B. 用词不确切

C. 带有双重或多重含义　D. 问句不具体

(5) "您是否喜欢××牌子的自行车?"问句的类型是( )。

A. 事实性问句　B. 行为性问句　C. 动机性问句　D. 态度性问句

(6) 根据提问的方式,可供设计者选择的形式有( )。

A. 直接提问　B. 间接提问　C. 假设提问　D. 联合提问

(7) 在涉及困窘性问题时,你认为调查者应该怎样对被调查者提问?( )

A. 可以用第三人称方式提问　B. 可以直接提问

C. 事先声明这种问题是普遍存在的　D. 可以假设性提问

(8) 问卷设计的首要步骤是( )。

A. 进行必要的探索性调查　B. 设计问句项目

C. 把握调查的目标和内容　D. 收集和研究相关资料

(9) 某调查问卷的问题:"您对网上购物有什么看法?"属于( )问题。

A. 公开式　B. 开放式　C. 保守式　D. 封闭式

(10) 问卷设计是否合理,调查目的能否实现,关键就在于( )的设计水平和质量。

A. 前言部分　B. 主体内容　C. 附录部分　D. 说明部分

(11) 调查问卷的开场白是对( )的说明。

A. 调查的目的　B. 调查的意义　C. 调查的问题　D. 有关事项

(12) 调查问卷开场白的主要作用是( )。

A. 引起被调查者的兴趣和重视,使他们愿意回答问卷

B. 登记调查访问工作的执行和完成情况

C. 打消公众的顾虑,取得他们的支持与合作

D. 了解被调查者的基本情况

**3. 判断题(下列说法正确的请打√,错误的请打×)**

(1) 问卷中的事实问题用于调查被调查者做过哪些事情,所以都可以用直接提问法。 (　　)

(2) 问卷调查的时间掌握在 30 分钟以内最好。 (　　)

(3) 句子完成法不如词语联想法隐蔽,许多被调查者可能会猜到研究的目的。 (　　)

(4) 问卷中的开场白可以省略,没必要太啰唆。 (　　)

(5) 要求被调查者按照喜欢的程度对商业品牌进行编号是顺位法。 (　　)

(6) 在问卷设计中,最重要的是注意用词要准确。 (　　)

(7) 封闭式问题就是指否定式问题。 (　　)

(8) 一个调查问题的选项设计应该是单选还是多选,主要取决于调查的目的和各个选项之间的关联性。 (　　)

(9) 调查人员要尽量提醒引导被调查者回答调查问卷上的问题。 (　　)

(10) 电话调查中提问问卷不宜过长,一般控制在 10 分钟以内较为妥当。 (　　)

**4. 复习思考题**

(1) 问卷设计的概念与程序是什么?

(2) 问卷设计中应遵循什么原则?

(3) 问句设计应注意哪些问题?

(4) 封闭式答案有哪些回答类型?

(5) 开放式回答项目是否需要设计? 为什么?

(6) 开放式问题和封闭式问题的优点和缺点各是什么?

(7) 问卷通常由哪几部分构成?

(8) 下列问题属于什么类型的问题? 它们应该放在问卷的什么位置?

①你在最近 12 个月中买过手机吗? ②你的手机品牌是什么? ③请评价你的手机特征。④你的学历是什么?

## 技能训练

**1. 课内实训**

实训主题:问卷设计。

实训形式:学生 5～6 人为一组。

实训任务:①每组选择一个能在校园内调查的主题,确定目的和调查对象(如以在校大学生为调查对象)。②组内每人围绕这个主题选择不同的访问调查方法(如电话访问、入户访问、拦截访问、留置问卷、小组座谈等),每人设计一份不同的调查问卷。学会根据不同的调查方式采用不同的问卷设计。

实训步骤:

① 分组,明确任务。

② 设计调查问卷。

③ 选择班内至少 10 名同学作为调查对象进行问卷测试。通过测试，发现问卷中的不足之处，使问卷更具有科学性和实用性，以小组为单位讨论修改问卷，小组讨论分析，确定哪个同学的问卷设计的更科学、更合理，其他问卷都存在哪些问题。

④ 以小组为单位汇报总结，对问卷设计过程及测试结果归纳总结。

⑤ 教师点评。

**2. 课外实训**

实训主题：设计调查问卷，实施调查。

实训形式：学生 5～6 人为一组。

实训任务：如果你毕业后要投资 20 万元开办一家便利店，请问你需要收集哪些信息？如果店址选择在学校附近的社区，需要调查该地区目前消费者的收入水平，该地区消费者的品牌消费意识，该地区的主要竞争对手及经营格局，该地区业户对服务及经营格局的要求，还是其他影响因素？考虑好了之后，不同小组进行分工设计问卷，实施调查。

实训步骤：

① 讨论要调查的主题内容，形成小组并进行分工，如一个小组负责消费者问卷设计，另一个小组负责业户问卷设计。

② 写出要调查的各项内容的提纲。

③ 小组研究问卷的设计思路，在设计出草稿后，组内成员开会修改问卷。

④ 作小范围的调查，测试问卷中的问句。

⑤ 问卷修改后，到社区实施实地调查。

⑥ 对收集的资料进行整理，结果进行统计分析，撰写简单的调查总结报告。

## 案例分析

### 幼儿使用的平板电脑调查

顾客：您好！我是××公司销售人员，为了开发更适合幼儿使用的平板电脑，我们公司要对产品性能、功能、价格等多方面做调研，请给予积极配合，谢谢！

1. 性别：　　2. 年龄段：　　3. 有无小孩：

4. 小孩年龄：　　5. 从事行业：　　6. 家庭年收入：

7. 家乡所在地：　　省　　市　（区、镇）　　8. 工作城市：

第一部分(硬件设备要求)

1. 内存要求(　　)

A. 512M 内存 4G Flash　　B. 1G 内存 8G Flash

C. 2G 内存 16G Flash　　D. 其他

2. 显示分辨率(　　)

A. 800×480　　B. 1024×768　　C. 其他

3. 是否需要联网功能(　　)

A. 不需要　　B. 需要，Wi-Fi 无线网络

C. 需要，手机卡连接上网
D. 需要，既有 Wi-Fi 无线网络，也有手机卡连接上网

4. 是否需要手机通话功能（　　）
A. 需要　　B. 不需要

5. 照相功能（　　）
A. 不需要　　B. 需要，有后置摄像头就可以了
C. 需要，前后都要有摄像头

6. 摄像头像素（　　）
A. 200 万像素　　B. 300 万像素　　C. 500 万像素　　D. 800 万像素

7. 产品屏幕尺寸（　　）
A. 5 寸　　B. 7 寸　　C. 8 寸　　D. 9 寸
E. 9.7 寸

8. 机型外观（　　）
A. 卡通型　　B. 普通型　　C. 其他

第二部分（软件功能要求）（可多选）

1. 数学启蒙教育（　　）
A. 数字认识　　B. 基础运算
C. 加减乘除口诀表　　D. 数学练习游戏

2. 语文启蒙教育（　　）
A. 拼音字母读写　　B. 汉字笔画练习
C. 三字经、弟子规、唐诗三百首

3. 英语启蒙教育（　　）
A. 音标发音　　B. 单词读写练习
C. 简单问候语

4. 启蒙教育小孩子养成良好的生活习惯（　　）
A. 讲卫生爱干净注意个人清洁　　B. 爱劳动自己的事情自己做
C. 教会他们如何做一个有礼貌的孩子

5. 安全知识教育（　　）
A. 防火安全知识　　B. 用电安全知识
C. 防水安全知识　　D. 交通规则安全知识

6. 小孩兴趣爱好培养（　　）
A. 画画　　B. 音乐　　C. 跳舞　　D. 棋类
E. 其他

7. 动漫及游戏（　　）
A. 儿童动漫　　B. 儿童故事　　C. 动漫游戏

8. 歌曲鉴赏（　　）
A. 儿童歌曲　　B. 流行歌曲　　C. 经典老歌　　D. 其他

9. 心理健康教育（　　）
A. 针对留守儿童缺少父母的关爱心理健康会出现的一些问题进行教育

B. 增加对留守儿童父母与孩子感情沟通，以及一些亲子互动类游戏

第三部分(对于产品的价格要求)

针对开发的幼儿平板电脑方案，消费者所能接受带有以上要求性能和功能的幼儿平板电脑的价格是多少？(　　)

A. 300元以内　　B. 500元以内　　C. 800元以内　　D. 1000元以内

E. 1500元以内

第四部分(消费者的其他性能、功能要求)

(资料来源：http://zhidao.baidu.com)

**问题：**

1. 这个调查问卷有哪些优点和不足?
2. 结合本案例，你认为应如何设计调查问卷?

# 第5章 抽样调查

## 章节图解

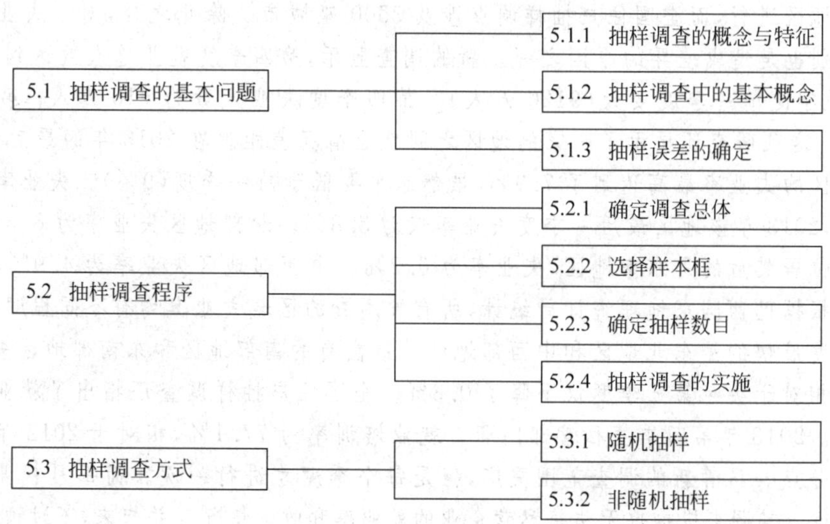


## 学习要点

**知识点**

1. 了解抽样调查的概念和特征。
2. 熟悉抽样调查的程序。
3. 掌握抽样调查的各种方法。

**技能点**

1. 熟练运用抽样调查的各种方式抽取样本。
2. 计算抽样误差。
3. 计算抽样数目。

## 引导案例

### 巴西采取新就业率调查方式

中国网 2014 年 4 月 12 日讯，据巴西《圣保罗页报》网站 4 月 10 日报道，根据巴西国家地理统计局最新统计，经过了一整年的GDP缓慢增长，2013年巴西失业率为7.1%。而2012年为7.4%。调查数据来自连续全国住户抽样调查，这是巴西国家地理统计局对全国劳动市场进行的一次调查，该调查在巴西每季度进行一次。如分析师们所预料的，这次失业率的调查结果比以前每月就业调查所得出的结果要高，2013年每月就业调查中得出的结果失业率为5.4%。

根据新的调查结果，2013年第四季度失业率为6.2%，比第三季度失业率低(6.9%)。2012年第四季度失业率也是6.9%，数据同样来自全国住户抽样调查。调查结果不同的一个原因是调查范围的不同，新的调查是在全国范围内进行的。每月就业调查只在巴西最繁华的六个地区进行，而全国住户抽样调查涉及3500座城市。除此之外，对于失业和就业定义上的区别也是造成差异的原因之一。新的调查显示，第四季度就业总人数达到了9190万人，这一数字比前一季度要大(9120万人)。第四季度失业人数为610万人；第三季度为680万人。这项研究还显示了国家的地区之间就业情况差距。在2013年的最后一个季度，东北部地区的失业率最高达到了7.9%，虽然水平要低于前一季度(9%)。失业率最低的是南部地区，2013年该地区最后一季度失业率仅为3.8%。北部地区失业率为6.5%，为全国第二高。位居其后的是东南地区，失业率为6.2%。中西部地区失业率为4.9%，仅高于南部地区。根据巴西国家地理统计局统计，所有被调查的区域失业率均有不同程度的下降，其中下降速度最快的是东北地区和中西部地区。最富有的南部地区和东南部地区失业率降幅最小——相对于去年第三季度仅下降了0.3%。全国住户抽样调查还指出了就业培训普及率的增加。2013年第四季度私营部门职工就业培训率为77.1%，相对于2012年同期增加了一个百分点。尽管新的调查范围更广，但是每个季度才进行一次。而每月就业调查每个月都会进行。其调查机构也无法将私营企业的就业率和收入情况合并起来，不过预计2014年年底将可以实现。每月就业调查今年还是会每个月进行一次，调查内容还包括被调查者的每月收入——这一点在全国住户抽样调查中是没有的。目前还不知道全国住户抽样调查今年9月进行的下一次调查中是否将会包括农村地区。巴西国家地理统计局表示，合并两个调查的目的是为了优化资源。以前，每个调查都有自己单独的调查队伍和来自不同调查样本的不同结果。根据全国住户抽样调查的传统，除了就业市场的情况外，还会公布一些社会性的调查结果，比如移民、教育、童工等情况，这些调查结果通常每年发布一次。

(资料来源：单海涛.中国网.2014-04-12)

## 5.1 抽样调查的基本问题

在市场调查中，为了取得某一市场的总体情况，运用全面调查方法可以取得全面、完整的统计资料，进而了解市场总体特征。但是在许多情况下，比如当市场总体非常大、总体单位数非常多的情况下，或者是市场总体的综合特征是要经过破坏性测试才能取得的情况下，对总体单位进行全面调查是非常困难的，也是根本不可能的，这时只能对部分单位进行调查，进而推断总体的综合特征。在市场调查工作中，抽样调查作为一种非全面调查方式已经成为一种非常重要的、应用广泛的调查方式。

## 5.1.1 抽样调查的概念与特征

### 1. 抽样调查的概念

抽样调查的概念有广义和狭义之分。广义上，抽样调查是指从总体中抽取一部分单位进行观察，根据观察结果来推断总体的调查方法。包括随机抽样和非随机抽样。随机抽样就是按随机原则抽样，抽样时要保证总体内所有单位具有相同的被抽中和不被抽中的机会；非随机抽样就是调查者根据自己的认识和判断，选取若干个有代表性的单位。狭义上，抽样调查就是指随机抽样。一般我们所说的抽样调查，大多是指随机抽样。

### 2. 抽样调查的特征

抽样调查具有以下特征，这些特征更多是针对随机抽样而言。

(1) 抽取样本的客观性

在随机抽样中按照随机原则抽取样本，可以从根本上排除人为因素的干扰，从而保证样本推断总体的客观性，这是取得真实、可靠市场调查结果的基础。

(2) 抽样调查可以比较准确地推断总体

抽样调查的最终目的，是用对样本调查所计算的指标推断总体的相应指标。抽样推断时表现样本指标与总体指标之间的抽样误差不但可以准确计算，还可以根据研究市场问题目的的需要，对误差的大小加以控制。

(3) 抽样调查是一种比较节省的调查方法

抽样调查仅对总体中少数样本单位进行调查，因此人力、财力、物力都比较节省，从而降低了市场调查的费用。更值得注意的是，抽样调查还省时。由于抽样调查的抽样数目较少，所需收集、整理和分析的数据也相应减少许多，因而能够在较短的时间内完成市场调查工作，大大节省了调查时间。这对于时效性要求较高的市场调查来说，更是一种至关重要的优点，它可以使决策者迅速掌握市场信息。

(4) 抽样调查的应用范围广泛

在市场调查中，调查的内容很多。抽样调查所适用的范围是广泛的，它可用于不同所有制企业的调查，也可用于不同地区的市场调查，还可用于不同商品的市场调查。此外，对于不同商品的消费者及对商品的价格进行调查等都可以采用抽样调查方法。

## 5.1.2 抽样调查中的基本概念

### 1. 总体和样本

在抽样调查中，总体是指所要调查对象的全体。它是由调查对象所有单位组成，总体单位数用 $N$ 表示。样本是指从总体中抽选出来所要直接观察的全部单位，样本单位数用 $n$ 表示。

例如，要调查某校学生的平均月手机费支出，全校共有学生 7000 人，从中抽取 200 人进行调查，那么总体就是该校全部学生，总体单位数 $N=7000$；样本就是所抽取的那部分学生，样本单位数 $n=200$。

按照样本单位数的多少，样本可分为大样本和小样本。一般来说，$n \geqslant 30$ 为大样本，$n < 30$ 为小样本。在抽样调查中，多采用大样本。

### 2. 总体单位和样本单位

在抽样调查中，总体单位是总体中的组成单位，是总体中的个体。样本单位是从总体中抽选出来进行调查观察的单位。样本单位不同于样本，样本是样本单位的集合体。样本单位是个体，是构成样本的基础。

### 3. 总体指标和样本指标

(1) 总体指标

总体指标是根据总体各单位指标值计算的综合指标。常用的总体指标有：总体平均数、总体成数、总体数量标志的标准差、总体是非标志的标准差。

① 总体平均数。它是所研究总体的平均值，本章用 $\overline{X}$ 表示。根据总体资料是否分组，可有简单式和加权式的计算方法。在总体资料未分组的情况下，可采用简单式计算公式：

$$\overline{X} = \frac{\sum X}{N} \tag{5-1}$$

在总体资料分组的情况下，则可采用加权式计算公式：

$$\overline{X} = \frac{\sum XF}{\sum F} \tag{5-2}$$

式中，$F$ 为总体各组单位数，即权数。

② 总体成数。它是指一个现象有两种表现时，其中具有某一种研究标志单位数在总体中所占的比重，本章用 $P$ 表示。

如果总体中具有某种研究标志的单位数为 $N_1$，则总体成数 $P = \frac{N_1}{N}$。

例如，某工厂某月生产 2000 台电视机，其中合格品为 1980 台，则合格品率 $P = \frac{1980}{2000} = 99\%$，这里的 99%即为总体成数。

③ 总体数量标志的标准差。它是根据总体中各单位标志值计算的标准差，本章用 $\sigma$ 表示。根据总体资料是否分组，可有简单式和加权式的计算方法。

在总体未分组的情况下，可采用简单式计算公式：

$$\sigma = \sqrt{\frac{\sum (X - \overline{X})^2}{N}} \tag{5-3}$$

在总体分组情况下，可采用加权式计算公式：

$$\sigma = \sqrt{\frac{\sum (X - \overline{X})^2 F}{\sum F}} \tag{5-4}$$

总体标准差的平方叫做总体方差，用 $\sigma^2$ 表示。

④ 总体是非标志的标准差。它是指总体中根据是非标志计算的标准差。

总体是非标志的标准差为 $\sqrt{P(1-P)}$，方差为 $P(1-P)$。

(2) 样本指标

样本指标是根据样本各单位标志值计算的综合指标。和总体指标相对应,样本指标也有四个:样本平均数、样本成数、样本数量标志的标准差、样本是非标志的标准差。

① 样本平均数。它是根据样本各单位标志值计算的平均数,用符号$\bar{x}$表示。其计算公式为:

在未分组情况下:

$$\bar{x}=\frac{\sum x}{n} \tag{5-5}$$

在分组的情况下:

$$\bar{x}=\frac{\sum xf}{\sum f} \tag{5-6}$$

式中,$f$ 为样本各组的单位数,即权数。

② 样本成数。它是指在样本中,具有某种研究标志单位数占样本单位数的比重,用符号 $p$ 表示。样本总体中,具有研究标志的单位数用 $n_1$ 表示,则 $p=\frac{n_1}{n}$。

例如:从生产的 2000 件产品中,随机抽取 200 件进行质量检验,发现有 190 件合格,则被抽取的 200 件产品中,合格品率为 $p=\frac{190}{200}\times 100\%=95\%$,95%即为样本成数。

③ 样本数量标志的标准差。它是指样本中根据各单位标志值计算的标准差,用符号 $S$ 表示。其计算公式为:

在样本未分组情况下:

$$S=\sqrt{\frac{\sum (x-\bar{x})^2}{n}} \tag{5-7}$$

在样本分组情况下:

$$S=\sqrt{\frac{\sum (x-\bar{x})^2 f}{\sum f}} \tag{5-8}$$

样本标准差的平方叫样本方差,用符号 $S^2$ 表示。

④ 样本是非标志标准差。它是指样本中根据是非标志计算的标准差。样本是非标志标准差为 $\sqrt{p(1-p)}$,方差为 $p(1-p)$。

在上面介绍的基本概念中,需要说明的是:总体平均数和总体成数是客观存在的数值,但在抽样调查中,它们是未知的,是需要推断的数值;而样本平均数和样本成数在抽样调查中是能够计算出来的。抽样调查的目的之一,就是用计算出来的样本指标去推断未知的总体指标。

### 5.1.3 抽样误差的确定

抽样调查的最终目的就是用样本指标推断总体指标,而推断的一个重要依据就是抽样误差。因此,抽样误差是抽样调查中的重要概念,在随机抽样中,怎样计算、使用和控制抽样误差是抽样调查的重要问题。

## 1. 抽样误差的概念

在市场调查工作中所得出的统计数字与客观实际数量之间存在一定的差别，统称为统计误差。由于造成统计误差的原因不同，它可分为登记误差和代表性误差。登记误差是指在调查统计工作中，由于主客观原因引起的登记、汇总或计算等方面的差错而造成的误差。代表性误差是指样本指标数值与总体指标数值之间可能存在的误差，它可以反映样本在多大程度上代表总体，所以称为代表性误差。

代表性误差又有两种不同的情况：一种是在抽样过程中因违反随机原则或抽样方式不妥而产生的误差。例如，在抽取调查单位时，调查者有意识地一贯挑选好的或较差的单位进行调查，据此计算的抽样指标数值必然要比总体指标数值偏高或偏低，这种误差叫做偏差。另一种是在抽样过程中由于按照随机原则从总体中抽取部分单位作为样本具有随机性或偶然性，因此样本和总体在结构上不可能是一致的，据此计算的样本指标数值与总体指标数值之间存在的误差，这种误差叫随机误差。

随机误差又有两种，即实际误差和抽样平均误差。实际误差是指某一次抽样结果所得的样本指标数值与总体指标数值之间的差别，一般是无法获知的；同时，某一次抽样结果的误差仅是一系列抽样结果可能出现的误差数值之一，不能用来概括一系列抽样可能结果所产生的所有抽样误差。抽样平均误差是指一系列抽样可能结果的样本指标的标准差，也可以说，是所有样本指标和总体指标的平均离差。在抽样理论和实践中，所谓的抽样误差指的就是抽样平均误差。

通过以上叙述，我们给抽样误差下一个比较确切的定义：抽样误差是指由于抽样的随机性而产生的样本指标与总体指标之间的平均离差。

**小思考 5-1** 影响抽样误差大小的因素有哪些？

## 2. 抽样误差的影响因素

为了计算和控制抽样误差，需要分析影响抽样误差的因素。抽样误差的影响因素主要有以下三个方面。

（1）抽样数目($n$)的多少

在其他条件不变的情况下，抽样误差的大小与抽样数目的多少成反比，即抽样数目越多，抽样误差就越小；反之，抽样数目减少，抽样误差就增大。显然，如果抽样数目扩大到与总体单位数相等时，即 $n=N$ 时，则抽样调查就成为全面调查，样本指标数值就等同于总体指标数值，抽样误差也就不存在了。

（2）总体各单位之间的差异程度

总体各单位之间的差异是客观存在的。差异程度越大，抽样误差越大；反之，差异程度越小，抽样误差就越小。可以设想，如果总体各单位之间没有差异，就不会产生抽样误差。

（3）不同的抽样组织方式和方法

抽样组织方式和方法不同，抽样误差也会不同。采用不同的抽样组织方式，所抽出的样本对于总体的代表性也不一样，因而就有不同的抽样误差。同时，从总体中抽样时是采用重复抽样还是采用不重复抽样的方法都会对抽样误差有一定影响。重复抽样是指从总体中抽取样本时，随机抽取一个样本单位，记录其有关标志表现以后，把它放回到总体中去，再从总体中随机抽取第二个样本单位，如此反复，直到抽够所需的样本单位。这样，每个单位可以有多次重复被抽中的机会。不重复抽样是指从总体中抽取第一个样本单位，记录该单位有关标志表现以后，这个样本单位不再放回到总体中去参加下一次的抽选。这样每个单位最多只有一次被抽中的机会。一般来说，不重复抽样误差小于重复抽样误差。

### 3. 抽样误差的意义

抽样误差的意义首先表现在它可以说明样本指标的代表性大小。显然，抽样误差大，说明样本指标对总体指标的代表性低；抽样误差小，则说明样本指标对总体指标的代表性高。其次，它还是计算样本指标和总体指标变异范围的主要依据；最后，在组织抽样调查时，抽样误差也是确定抽样数目的依据之一。

### 4. 抽样误差的计算

抽样误差的大小，由于抽样方式的不同而有所差别。从理论上对抽样误差进行计算时，一般以简单随机抽样法为基础计算抽样误差。

测定样本指标的平均误差有两种，即样本平均数的抽样平均误差和样本成数的抽样平均误差。以下分别讨论在简单随机抽样方式下，如何计算这两种样本指标的平均误差问题。

(1) 样本平均数的抽样平均误差计算

① 重复抽样方法下的计算公式：

$$\mu_{\bar{x}} = \sqrt{\frac{\sigma^2}{n}} = \frac{\sigma}{\sqrt{n}} \tag{5-9}$$

② 不重复抽样方法下的计算公式：

$$\mu_{\bar{x}} = \sqrt{\frac{\sigma^2}{n}\left(\frac{N-n}{N-1}\right)} \tag{5-10}$$

式中，$\mu_{\bar{x}}$ 为样本平均数的抽样平均误差；$\sigma$ 为总体标准差；$N$ 为总体单位数；$n$ 为样本单位数。

在总体单位数很大的情况下，公式(5-10)可以近似地表示为：

$$\mu_{\bar{x}} = \sqrt{\frac{\sigma^2}{n}\left(1-\frac{n}{N}\right)} \tag{5-11}$$

从上述公式可以看出，不重复抽样平均误差等于重复抽样平均误差乘以$\sqrt{1-\frac{n}{N}}$，$\sqrt{1-\frac{n}{N}}$一定是大于 0 而小于 1 的正数，$\frac{\sigma}{\sqrt{n}}$乘以这个小于 1 的正数，必然小于原来的数。所以不重复抽样平均误差一定小于重复抽样的抽样平均误差。在一般情况下，总体单位数很大，抽样比例$\frac{n}{N}$很小，则$\sqrt{1-\frac{n}{N}}$接近于 1，因此，$\sqrt{\frac{\sigma^2}{n}\left(1-\frac{n}{N}\right)}$和$\sqrt{\frac{\sigma^2}{n}}$数值是接近的。在实际抽样调查工作中，在没有掌握总体单位数的情况下或总体单位数 $N$ 很大时，一般均用重复抽样平均误差公式来计算不重复抽样的平均误差。

(2) 样本成数的抽样平均误差计算

① 重复抽样方法下的计算公式:

$$\mu_p = \sqrt{\frac{P(1-P)}{n}} \tag{5-12}$$

② 不重复抽样方法下的计算公式:

$$\mu_p = \sqrt{\frac{P(1-P)}{n}\left(\frac{N-n}{N-1}\right)} \tag{5-13}$$

式中,$\mu_p$ 为样本成数的抽样平均误差;$P$ 为总体成数;$n$ 为样本单位数。

在总体单位数很大的情况下,公式(5-13)可以近似地表示为:

$$\mu_p = \sqrt{\frac{P(1-P)}{n}\left(1-\frac{n}{N}\right)} \tag{5-14}$$

在上述计算抽样平均误差的公式中,无论是平均数的标准差 $\sigma$ 还是成数的标准差 $\sqrt{P(1-P)}$,都是指总体而言的。但是在抽样调查的实践中,这两个指标一般都是未知的。因此,在实际计算时一般用样本的资料来代替。

**【例 5-1】** 某地区要对所管辖的 900 户家庭的月均消费食用油量进行调查,采用简单随机法抽选了 100 户家庭,已知样本标准差为 5 千克。试分别计算重复抽样和不重复抽样方法下的抽样平均误差。

重复抽样方法下,样本平均数的抽样平均误差为:

$$\mu_{\bar{x}} = \sqrt{\frac{\sigma^2}{n}} = \frac{\sigma}{\sqrt{n}} = \frac{5}{\sqrt{100}} = 0.5(\text{千克})$$

在不重复抽样方法下,样本平均数的抽样平均误差为:

$$\mu_{\bar{x}} = \sqrt{\frac{\sigma^2}{n}\left(1-\frac{n}{N}\right)} = \sqrt{\frac{5^2}{100}\left(1-\frac{100}{900}\right)} \approx 0.47(\text{千克})$$

**【例 5-2】** 某灯泡厂对 10000 个产品进行寿命检验,随机抽取 200 个样本进行测试,测得有 15 个灯泡不合格。试计算灯泡合格率的抽样平均误差。

$$\text{灯泡合格率 } P = \frac{200-15}{200} \times 100\% = 92.5\%$$

重复抽样方法下,灯泡合格率的抽样平均误差为:

$$\mu_p = \sqrt{\frac{P(1-P)}{n}} = \sqrt{\frac{92.5\% \times (1-92.5\%)}{200}} = 1.86\%$$

不重复抽样方法下,灯泡合格率的抽样平均误差为:

$$\mu_p = \sqrt{\frac{P(1-P)}{n}\left(1-\frac{n}{N}\right)} = \sqrt{\frac{92.5\% \times (1-92.5\%)}{200} \times \left(1-\frac{200}{10000}\right)} = 1.84\%$$

(3) 极限抽样误差(允许误差)

前面介绍的抽样平均误差是说明某一抽样方案总的误差情况。但是在进行抽样调查时,实际上只抽取一个样本,因此实际的抽样误差可能大于抽样平均误差,也可能小于抽样平均误差。但对于一项调查来说,根据客观要求一般应有一个允许误差限,也就是说若抽样误差在这个限度之内就认为是被允许的,这一允许的误差限度就称作极限误差,常用 $\Delta$ 表示。

基于理论上的要求,抽样极限误差通常需要以抽样平均误差为标准来衡量,即 $\Delta = t\mu$,这种形式表示允许的极限误差为抽样平均误差的若干倍,$t$ 值与样本估计值落入该允许误差范围内的概率有关,因此这个倍数 $t$ 也称为概率度。

中心极限定理已证明,概率度 $t$ 和概率 $p$ 成函数关系,即 $p=F(t)$,$t$ 每取一个值,都有唯一确定的 $p$ 值与之相对应。在实际工作中,为了使用的方便,将不同的 $t$ 值与其相应的概率 $p$ 预先算好,编成概率表,供调查时使用。几个常用的概率度和概率之间的关系见表 5-1。

表 5-1 概率度和概率函数关系表

| $t$ | $p=F(t)$ | $t$ | $p=F(t)$ |
|---|---|---|---|
| 1.00 | 0.6827 | 2.50 | 0.9876 |
| 1.50 | 0.8664 | 3.00 | 0.9973 |
| 1.96 | 0.9500 | 4.00 | 0.9994 |
| 2.00 | 0.9545 | 5.00 | 0.999999 |

## 5.2 抽样调查程序

市场抽样调查,特别是随机抽样,有比较严格的程序,只有按一定程序进行调查,才能保证调查顺利完成,并取得应有的效果。抽样调查一般遵循如下程序,见图 5-1。

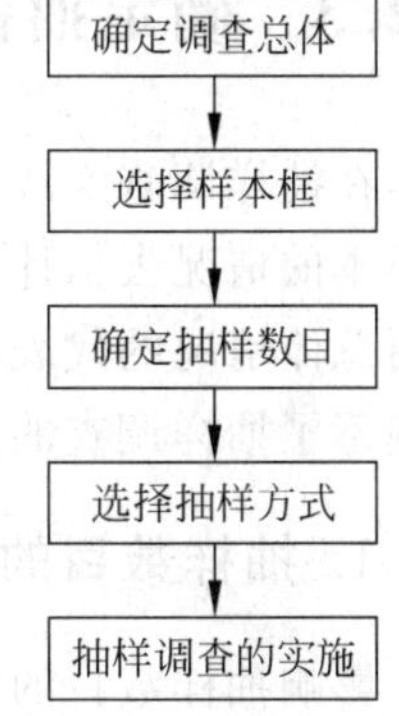

图 5-1 抽样调查程序

### 5.2.1 确定调查总体

抽样调查的第一步就是确定要调查的总体,调查总体是指研究者根据一定研究目的而规定的所要调查对象的全体。确定调查总体即明确调查对象的内涵、外延及具体的总体单位数量,并对总体进行必要的分析。抽样调查虽然仅对一部分单位进行调查,但它最终目的是通过这部分单位所显示的特征来推断其所属总体的特征,研究总体的特征与规律。如果不确定调查总体,就无法明确样本是谁的部分单位,也无法说明用样本特征所要推断的是谁,当然也无法测定样本指标的误差。例如,要开展沈阳工学院的学生月消费支出的调查,调查总体就是沈阳工学院的全部学生。确定调查总体是开展市场调查的第一步,是调查的前提和基础。只有明确调查总体,才能进行正确的抽样并保证抽取的样本符合要求。

### 5.2.2 选择样本框

样本框是指供抽样所用的总体清单,是抽样的实际总体。例如,要从 10000 名员工中抽出 200 名组成一个样本,则 10000 名职工的名册,就是样本框。样本框一般可以用现成的名单,如户口、企业名录、企事业单位职工的名册等。在没有现成名单的情况下,可由调研人员自己编制。

调研人员每次研究的总体只有一个,但实际可用于抽样的基础可能有许多。一般说来有两类样本框:

① 从一个具有不同完整程度的调查单位总体中抽取样本,可称一次性样本框。

② 抽样是多阶段的,要经过两个或更多的阶段才能最终完成,而在第一阶段要抽取非最终要调查的单位,这时样本框实际上是总体的一个单元。例如,对居民个人的调查,首先是抽取"户",然后再在"户"中抽取所要调查的个人。在这里,总体被化为数个抽样单元,每个单元都有一个样本框。

对于抽样调查来说,样本代表性如何,首先取决于样本框的质量,因此调研人员必须注意考察样本框的两个基本特征。

① 有效性。它是指样本框不包括调查者不想调查的部分,也就是说样本框不大于或不超过总体界定的范围。一般说来,这种情况可以在调查时对那些非调查目标对象给予排除。例如,为了获取婴幼儿的情况,可以排除那些没有婴幼儿的住户。

② 完整性。这是指总体的每一个单位都包括在样本框中。许多样本框没有包括完整的总体,遗漏总体单位的情况时有发生。例如,以户为单位的基本消费者调查就有可能漏掉那些没有固定居住地的人。又如,用电话号码簿之类的登记性清单为样本框也会存在样本框不完整的情况。

## 5.2.3 确定抽样数目

在抽样调查实践中,抽样数目的确定是一个非常关键的环节。抽样调查主要目的是通过样本的情况去估计调查总体的情况。如果样本量太小,抽样误差太大,调查结果就不具有说明总体情况的代表性,失去了定量研究的意义;而样本量过大,又会导致成本支出较高,体现不了抽样调查的优越性。

### 1. 抽样数目的影响因素

影响抽样数目的因素比较多。从市场调查实际情况看,要科学合理地确定抽样数目,至少要考虑三方面因素:统计方面、管理方面和调查实施方面的因素。在一项市场调查中,抽样单位数目的最终确定,实际上就是对这三方面因素综合权衡的结果。

(1) 统计方面的因素

从统计的角度看,影响抽样数目的因素有以下三种。

① 总体的性质和特点。总体的性质和特点主要从以下两方面来考虑:一是要分析总体的规模。总体规模越大,抽样数目就要相应增多,以减小抽样误差;反之,总体规模越小,抽样数目相应减少。二是要考虑总体的内部构成。总体内部各构成单位之间在某些特征方面的差异程度也会影响抽样数目。差异程度越高,抽样数目就应越多。假设总体内部各构成单位之间不存在任何差异,则任选一个个体就足以说明总体的情况,就不存在确定抽样数目的问题。

② 抽样误差的大小。这一因素实际上是从抽样精度来考虑的。因为抽样误差的大小反映样本指标与总体指标的差异程度,差异程度越大,抽样精度越低;差异程度越小,抽样

精度越高。根据抽样误差的计算公式可知，如果要求抽样误差小一些，精度高一些，则抽样数目就要多一些。

③ 抽样的方式、方法。选择的抽样方式、方法不同，抽样数目也不相同。随机抽样和非随机抽样方式相比，随机抽样的抽样数目可少一些；不重复抽样和重复抽样方法相比，不重复抽样的抽样数目可少一些。

(2) 管理方面的因素

从管理方面讲，影响样本量大小的因素主要有经费预算和调查的精度要求两方面。

① 经费预算。一般来说，企业对要进行的某项市场调查都会有经费预算，经费预算的多少，取决于该项市场调查的重要性。如果该项市场调查对于企业的某项决策来说非常重要，则费用的预算会较高，相应的抽样数目也就越多。

② 精度要求。一般来说，抽样数目越多，抽样误差越小，调查精度相应的也越高。因此，如果某项市场调查对精度要求高，则抽样数目就要多。当然，抽样数目多，意味着成本投入就多，这就需要根据实际情况决定这种投入值不值得。

(3) 调查实施方面的因素

① 问卷的回收率。采用的市场调查方法不同，问卷的回收率会有一定差别。例如，当面询问调查法的问卷回收率很高，回收率能达到80%以上，而通信询问法的问卷回收率低，一般在10%～20%，这样就难以得到较为全面的资料。因此，对于问卷回收率低的调查方法，就要考虑抽样数目多些。

② 问题的回答率。有时由于种种原因，被调查者不一定将问卷中的全部问题都作答，致使每个问题的回答率高低不一，这样每个问题的抽样数目就相差较大，如果抽样数目过少，则就失去了意义。因此，要根据实际需要，通过增加抽样数目来弥补这类问题带来的偏差。

### 2. 抽样数目的计算

在考虑到影响抽样数目的各方面因素后，在抽样实践中还必须确定具体抽样数目的多少。具体确定抽样数目的方法主要有公式法和经验法。

(1) 公式法

抽样调查中采用的随机抽样方式不同，其具体计算公式也不同。实际调查中确定复杂抽样方法的抽样数目时，常常是先计算出在一定精度保证的简单随机法下抽样数目，然后在此基础上进行修正，从而确定复杂抽样方法下的抽样数目。为此，我们主要讨论简单随机抽样法下抽样数目的计算。

① 当测定的指标是平均数时，重复抽样的抽样数目的计算公式为：

$$n=\frac{t^2\sigma^2}{\Delta_{\bar{x}}^2} \tag{5-15}$$

不重复抽样的抽样数目的计算公式为：

$$n=\frac{Nt^2\sigma^2}{N\Delta_{\bar{x}}^2+t^2\sigma^2} \tag{5-16}$$

式中，$t$ 为与某一概率对应的概率度；$\sigma$ 为总体标准差；$\Delta_{\bar{x}}$ 为极限抽样误差；$N$ 为总体单位数。

② 当测定的指标是成数时，重复抽样的抽样数目的计算公式为：

$$n=\frac{t^2P(1-P)}{\Delta_P^2} \tag{5-17}$$

不重复抽样的抽样数目的计算公式为：

$$n = \frac{Nt^2P(1-P)}{N\Delta_P^2 + t^2P(1-P)} \tag{5-18}$$

式中，$\Delta_P$ 为极限抽样误差；$P$ 为总体成数。

按照上面公式来计算抽样数目时，需事先取得总体的标准差 $\sigma$ 或 $\sqrt{P(1-P)}$。在实际工作中，一般可以根据以往统计资料来确定；如果以往没有这方面资料可供利用，那么可以在组织正式抽样调查之前进行试验性抽样调查，用抽样指标的标准差来代替。下面举一个例子来帮助理解抽样数目的计算方法。

**【例 5-3】** 某市开展职工家庭调查，根据历史资料，该市职工家庭人均年收入的标准差为 300 元，而家庭消费的恩格尔系数（家庭食品支出占消费总支出的比重）为 60%。现在用重复抽样的方法，要求在 95.45%（对应 $t=2$）的概率保证下，平均收入的极限误差不超过 30 元，恩格尔系数的极限误差不超过 5%，求必要抽样数目。

在重复抽样条件下，样本平均数的必要抽样数目为：

$$n = \frac{t^2\sigma^2}{\Delta_{\bar{x}}^2} = \frac{2^2 \times 300^2}{30^2} = 400(\text{户})$$

样本成数的必要抽样数目为：

$$n = \frac{t^2P(1-P)}{\Delta_P^2} = \frac{2^2 \times 60\% \times (1-60\%)}{0.05^2} = 384(\text{户})$$

两个样本指标所要求的抽样数目为同一对象，应选择其中比较多的抽样数目，即抽取 400 户进行家庭调查以满足共同的要求。

（2）经验法

应用经验法确定抽样数目，是根据抽样调查的经验得出不同规模总体抽样数目占总体比重的经验数，供抽样调查抽取样本时参考。由于它是根据多次成功的抽样调查总结出的经验，所以具有较高的参考价值。不过这个比重只是为调查者提供了一个抽样数目的范围，在应用时还必须根据市场调查的具体要求和总体的具体情况确定样本容量。不同规模总体抽样数目占总体比重见表 5-2。

表 5-2　经验法确定抽样数目的范围

| 总体规模 | 100 以下 | 100～1000 | 1000～5000 | 5000～10000 | 10000～100000 | 100000 以上 |
|---|---|---|---|---|---|---|
| 抽样数占总体比重(%) | 50 以上 | 50～20 | 30～10 | 15～3 | 5～1 | 1 以下 |

由经验法确定抽样数目，一般多用于非随机抽样。而在随机抽样中，一般应用公式法计算抽样数目更为科学，当然在随机抽样中把经验法作为参考也是可以的。

## 5.2.4　抽样调查的实施

首先，选择抽样方式，抽样方式大体可分为随机抽样和非随机抽样两大类，在每一类中又包含多种抽样方式，具体内容在 5.3 节中详细介绍。在一项抽样调查中具体采用什么样的组织方式，要综合各种主客观因素来考虑。主要依据调查对象总体的规模和特点、调查的性质、样本框资料、调查经费及调查的精度要求等方面来决定。其次,对选定的样本进行调查,即运用不同的调查方法对抽选的样本进行逐个调查,取得第一手资料。如果被访问样本不在或拒绝接受采访,应设法改变访问技巧,再次访问。确实无法访问时,才能改变访问对象。对随机抽样而言,一般不允许随意改变样本或减少样本数,以保证样本资料的准确性与客观性。而对于非随机抽样而言,如遇原定调查对象不在或不愿接待,调查人员可以根据主观标准改变访问对象,以达到样本数为标准。最后,计算样本指标,并推断总体指标。

# 5.3 抽样调查方式

抽样调查方式可分为随机抽样和非随机抽样两大类,每类又各包括很多具体的调查方式,见图5-2。

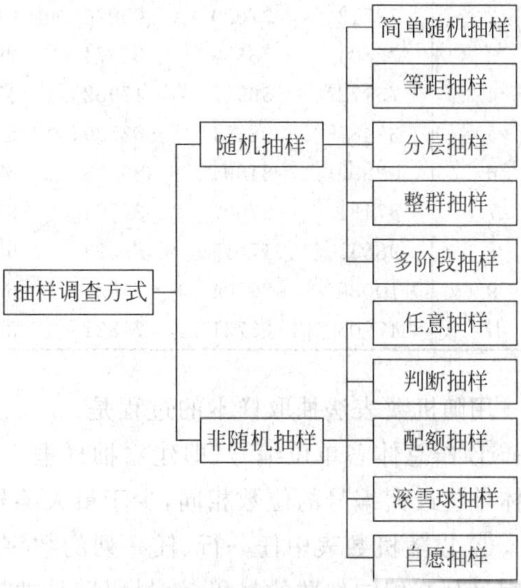

抽样调查方式
- 随机抽样
  - 简单随机抽样
  - 等距抽样
  - 分层抽样
  - 整群抽样
  - 多阶段抽样
- 非随机抽样
  - 任意抽样
  - 判断抽样
  - 配额抽样
  - 滚雪球抽样
  - 自愿抽样

图5-2 抽样调查方式

## 5.3.1 随机抽样

随机抽样又称概率抽样,是对总体中的每一个体都给予平等的抽取机会。在随机抽样的条件下,每个个体抽中或抽不中完全凭机遇,排除了人的主观因素的选择。在具体操作过程中,由于采用的技术和调查总体的特征不同,又可细分为以下五种方式。

### 1. 简单随机抽样

简单随机抽样,也称纯随机抽样,是在总体单位均匀混合的情况下,随机逐个抽出样本的抽样方式,它是概率抽样的最基本类型。简单随机抽样的具体抽取方法有直接抽取法、抽签法和随机数表法。

(1) 直接抽取法

直接抽取法是从调查总体中直接随机抽取样本进行调查。这种方法适合对集中在某个较小空间的总体进行抽样。例如,对存放在仓库中的所有同类产品随机抽出若干箱产品为样本进行质量检验。

(2) 抽签法

抽签法是将总体中每个单位的名称或号码,逐个填写在卡片或纸条上,将卡片或纸条放在一个容器中,打乱次序,进行搅拌,然后从中任意抽出所需要数目的调查样本。抽签法有重复抽样和不重复抽样两种形式。

**【例5-4】** 要从500名学生中抽取100人进行调查,采用抽签法如何抽取样本?

首先把这500名学生的姓名分别写在小纸条上,再把500张小纸条放在一个纸箱中摇匀,然后任意取出一张,则该学生就是样本的第一个单位,依次取出100张,就构成此次抽样的样本,这是不重复抽样。如果每一次都把取出的纸条放回去,再任意抽出,出现重复的则再放回去抽取一次,直至取到100个不同的学生姓名,这是重复抽样。

(3) 随机数表法

随机数表法是使用随机数表抽取样本单位以组成所需要的样本。随机数表是在抽签法的基础上形成的。对0～9这十个数字进行重复抽样,记录每一次的结果,进行成千上万次后,就形成了一个庞大的数表,数表中数字的排列是随机的,毫无规律可言,因而随机数表也称为乱数表。随机数表虽有各种不同的样式,但其中组成的数字完全是随机的,即每个数字都不会比其他数字有更多出现的机会,完全符合随机原则,所以可作为随机抽样的工具。表5-3是从随机数表中摘取的一部分内容。

**表5-3 随机数表(片段)**

| | | | | | | | | |
|---|---|---|---|---|---|---|---|---|
| 1 | 39657 | 64545 | 19906 | 96461 | 20263 | 63162 | 58249 | 71497 |
| 2 | 73712 | 37090 | 65976 | 01211 | 31563 | 41919 | 47837 | 55133 |
| 3 | 72204 | 73384 | 51674 | 79719 | 98400 | 71766 | 23050 | 95180 |
| 4 | 75172 | 56917 | 17952 | 17858 | 24334 | 57748 | 69818 | 40929 |
| 5 | 37487 | 98874 | 63520 | 63430 | 01316 | 01027 | 35077 | 97153 |
| 6 | 02890 | 81694 | 85538 | 32995 | 56270 | 92443 | 21785 | 50982 |
| 7 | 87181 | 57007 | 37794 | 91238 | 48139 | 35596 | 41924 | 57151 |
| 8 | 98837 | 17015 | 89093 | 95924 | 00064 | 14120 | 14365 | 92547 |
| 9 | 10085 | 80704 | 76621 | 64868 | 58761 | 71486 | 59531 | 15221 |
| 10 | 47905 | 63731 | 71821 | 35041 | 27551 | 02492 | 28046 | 75344 |

用随机数表法抽取样本的过程是:

① 给总体各单位编号,即建立抽样框。注意号码的位数要一致,每个号码的位数要与总体单位最大编号的位数相同,少于最大编号位数的号码要在前加"0"。

② 以随机数表中任一行、任一列的数字作为起点,连同其后的数字构成一个与总体单位编号具有相同位数的号码,该号码即是抽样的起始号码。

③ 从起始号码开始,按事先确定的方向(从上到下或从左到右或其他方向)取$n$个($n$为样本数目)不重复的号码,号码范围在总体单位编号范围之内。

为了便于理解使用随机数表进行抽取样本的基本方法,以假设的简单例子说明如下。

**【例5-5】** 从200户居民中抽取10户进行调查。用随机数表法如何抽取样本?

抽取过程如下:

① 给总体各单位编号。号码的位数要一致,都是三位数,不够位的在前加"0",总体各单位编号是从001～200。

② 以随机数表(表5-3)中第2行第2列的数字作为起点,取后三位数字,构成一个与总体所有单位具有相同位数的号码"090"作为起始号码。

③ 从起始号码开始,从左到右依次抽取10个不重复的位于001～200的号码,分别是:090,133,050,180,172,027,077,153,181,007。这10个号码对应的10户就是抽取的样本。

(4) 简单随机抽样法的优缺点及适用范围

简单随机抽样法是最单纯的抽样方法,它不需要对总体抽样框中的单位进行分组或排列,完全按照随机的原则来抽取样本。这种方法简单直观,当抽样框完整时,使用简单随机抽样对抽样误差的计算和对总体参数值的推断都比较方便。

简单随机抽样法在实际应用中有一定的局限性，主要表现在三个方面。

① 采用简单随机抽样，一般必须事先对总体各单位加以编号，而实际操作中如果调查总体十分庞大，总体单位非常多时，要事先对每个单位一一加以编号，面广量大，有时几乎是不可能的。

② 当总体各单位差异较大时，采用简单随机抽样抽出的样本可能会集中于某类单位，不能做到在各种类型的单位中较为均匀地分布，其样本的代表性就比较差。

③ 采用简单随机抽样抽出的样本分布较为分散，实地调查消耗的人力、物力、费用较大。

因此，简单随机抽样比较适用于总体单位数不多并且总体单位之间差异较小的情况。

### 2. 等距抽样

等距抽样又称机械抽样或系统抽样，它是先将总体各单位按某一标志排队，并根据总体单位数和样本单位数计算出抽样距离（相同的间隔），然后按相等的距离或等间隔来抽取样本单位。

(1) 等距抽样的过程

① 将总体单位按某一标志随机排列，并进行连续编号。

② 计算抽样距离 $L$。$L$ 等于总体单位数($N$)除以样本单位数($n$)，计算公式为：

$$L=\frac{N}{n}$$

③ 随机确定抽样起点。抽样距离实际上把总体分成 $n$ 段，每段中有 $L$ 个单位。在第一段中，用简单随机抽样方法随机抽取一个号码，假设为 $a$，$a$ 即是等距抽样的起点。

④ 按抽样距离作等距抽样。以 $a$ 为起点，每隔 $L$ 个单位抽取一个单位作为样本，直到抽出全部的样本单位为止。抽取的样本编号依次为 $a, a+L, a+2L, a+3L, \cdots$

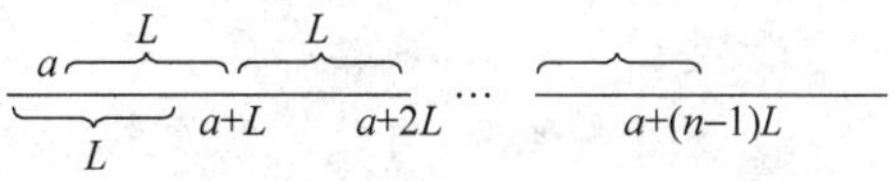

$a$　$L$　$L$　$a+L$　$a+2L$　…　$a+(n-1)L$　$L$

图 5-3　等距抽样示意图

等距抽样的示意图见图 5-3。

**【例 5-6】** 从 5000 名学生中随机抽取 100 名进行调查。采用等距抽样法如何抽取样本？

抽取过程如下：

① 将 5000 名学生按姓氏笔画顺序排列，然后编上号码 1～5000。

② 计算抽样距离：

$$L=\frac{5000}{100}=50$$

③ 确定抽样起点：

在第一段 50 人（编号为 1～50）中用简单随机抽样方法抽出一人，假设其编号为 6。

④ 进行等距抽样：

以 6 号为起点，即作为第一个样本单位，以后每隔 50 人抽取一人，依次抽出第 56 号，第 106 号，第 156 号……直到抽出第 4956 号为止，共抽取 100 名学生组成样本。

(2) 等距抽样法的优缺点及适用范围

等距抽样法的优点：

① 与简单随机抽样相比，等距抽样省去了一个个抽样的麻烦。在有现成的抽样框时，

等距抽样还省去了给抽样框中的抽样单位编号的程序。

② 能使样本均匀分散在调查总体中，不会集中于某些层次，增强了样本的代表性。

等距抽样法的缺点：

① 在给总体单位排列时需要有每个单位的详细资料。

② 如果总体内各单位之间差异较大或者各单位的排列有规律，采用等距抽样获得的样本则会影响调查的精确度。例如，要调查10月份某商场每周的销售量，要抽取4天的销售量作为样本。假设抽取的第一个样本是周末，采用等距抽样的方法，则其他3天也都是周末，而周末的销售量与平时是不同的，这样就会产生偏差。

可见，等距抽样适用于同质性较高的总体，即总体内部各单位之间的差别不大。

**小思考5-2** 2013年蛇年春节，100～500元价位的中档白酒销量增长，市场空间获得空前扩张。该价位的竞争也相当激烈，以一座地级城市的白酒市场为例，参与竞争的品牌大致可分为四类：①全国一线品牌，如茅台、五粮液、泸州老窖在该价位区间推出的产品；②全国二线品牌，如水井坊、舍得、郎酒在该价位区间推出的产品；③区域名酒在该价位区间推出的产品；④只是具备市级市场或县级市场竞争力的区域小品牌在该价位区间推出的产品。面对这四类品牌的中档产品，消费者会作何选择？

据2013年春节的随机抽样调查，消费者的消费需求主要分为两种，一种是送礼、人情消费，一种是自饮消费。送礼、人情消费中，消费者主要会选择全国一线品牌、全国二线品牌；自饮消费中，消费者大多会选择区域名酒品牌。

分析调查结果，自饮消费的中档产品品牌选择中，全国一线、二线品牌的竞争力为何不如区域名酒品牌？原因大致有以下几点。

(1) 全国一线、二线品牌的宣传与推广重心在其高档产品上面。

(2) 消费者认为，自饮消费首先要满足的是自己喝得舒服、喝得高兴，而“面子”需求已经是次要的了，根据“一分钱一分货”的判断原理，每家酒厂最好的酒，价格应该最高，最好的酒应该在其产品结构中的最高点。按照消费者的这个逻辑，100～500元价位区间里的产品，是全国一线、二线品牌企业的低档酒，却是区域名酒企业的高档酒。所以消费者认为，在同一价位产品中，区域名酒产品要比全国一线、二线品牌产品好喝。

在自饮消费的中档产品品牌选择中，区域小品牌的竞争力不如区域名酒品牌。若是按照上述逻辑推理，同一价位产品中，区域小品牌产品应该比区域名酒产品更好喝才对。然而消费者选择事实并非如此，虽然“好喝”是首要选择，但是“品牌力”对其选择结果同样占据重要的作用。面对区域名酒品牌和区域小品牌的选择中，更多的消费者会对“品牌力”作出衡量，选择出品牌力更强的品牌。

通过调查分析，可以得出“区域名酒品牌的春天来了”这个结论，它们的春天不仅仅是在2013年，甚至可以预测，少则三年，多则五年，都是产品结构重心在100～500元价位的区域名酒品牌的“黄金时期”。

（资料来源：张华勇.中国营销传播网.2013-05-23）

**问题：**

你认为案例中“据2013年春节的随机抽样调查”应遵循什么原则？怎样实施调查？

### 3. 分层抽样

为了使总体各类单位在样本中都有均衡的分布，使样本结构更接近总体，我们可以使用分层抽样的方法。分层抽样又称类型抽样，它是先将总体按某一标志分成若干个类型组，使各组组内标志值比较接近，然后分别在各组组内按随机原则抽取样本单位，最后把各层中抽出的样本合在一起构成总体的抽样方法。

(1) 分层抽样的基本过程

① 分层。将总体按照一定的标准进行分层，分层标准选择时要注意：分层后，同一层内部的单位尽可能是同质的，不同层之间的单位尽可能是异质的。

② 确定各层所要抽取的样本量。

③ 在各层内部进行抽样。即按照随机原则，用简单随机抽样方法或等距抽样方法，从各层中抽取所需要的样本数目，各层的样本之和构成了样本总体。

分层抽样示意图见图 5-4。

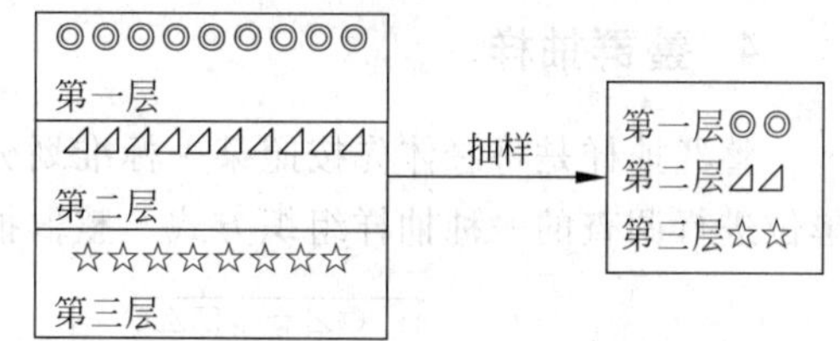


**图 5-4　分层抽样示意图**

(2) 分层抽样的主要方式

根据确定各层所要抽取样本数量的方法不同，分层抽样可分为等比例分层抽样和不等比例分层抽样。

① 等比例分层抽样。等比例分层抽样是常见的分层抽样方式，即在确定各层所要抽取的样本数量时，按各层占总体的比例分配各层的样本数量，所以等比例分层抽样抽出的样本几乎可以看作是总体的一个“缩影”。

等比例分层抽样法的使用见例 5-7。

**【例 5-7】** 某地共有居民 30000 户，按经济收入高低进行分类，其中高收入居民为 6000 户，占 20%；中等收入居民为 15000 户，占 50%；低收入居民有 9000 户，占 30%。现要从中抽出 1000 户进行购买力调查，试采用等比例分层抽样法确定各层应抽取的样本数。

高收入户应抽取的样本数＝1000×20%＝200(户)

中等收入户应抽取的样本数＝1000×50%＝500(户)

低收入户应抽取的样本数＝1000×30%＝300(户)

② 不等比例分层抽样。不等比例分层抽样中，各层的抽样比例不相同，即各层样本数量在总样本中所占的比例与各层在总体中所占的比例不同。在分层抽样时，有时需要加大某些层的抽样比例。例如，要了解某行业中高、中、低三个层次职工工资收入的差距，首先将所有职工分为高层管理人员、中层管理人员和一般员工三个层次，显然这三个层次的员工比例相差很大，现在我们的目的是要比较三个层次人员的平均收入差距，如果采用按等比例分层抽样，高层管理人员的人数就太少，依据这极少的人数往往难以进行有意义的比较。为了避免这种情况，就可以加大高层管理人员的样本量，这样就便于对三者的平均收入情况进行比较。

一般情况下，不等比例分层抽样的原因主要有以下几种。

- 保证占总体比例小的层有足够的样本单位数，以便从该层中抽取的样本能较好地代表该层。

- 增加异质性较大的层的样本单位数，使该层的子样本有较小的抽样误差。
- 某些层对于研究来说相当重要，则这样的层中就要多抽些样本单位。

需要注意的是，不等比例分层抽样获得的样本主要是用于对各层的单独研究，这样的样本并不能作为推断总体情况的依据。

(3) 分层抽样的特点及适用范围

在样本数量相同的情况下，分层抽样的抽样误差要小于简单随机抽样和等距抽样。特别是在分层时，如果采用了合适的分层标准，会使各层内部差异程度小，各层之间差异程度高，这样样本的分布会比较均匀，代表性高，因而抽样效果较好，在实际工作中应用广泛。

分层抽样适用于规模大、内部结构复杂且类别分明的总体。

### 4. 整群抽样

整群抽样是将总体先按照某一标准划分为若干群，随机抽取部分群，对抽中的群内所有单位进行调查的一种抽样组织方式。整群抽样示意图见图 5-5。

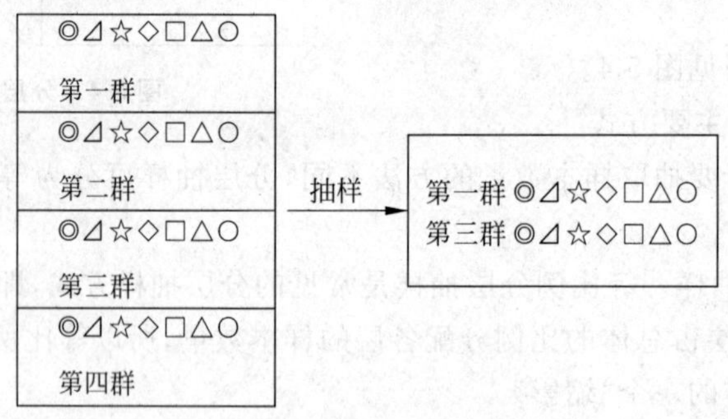


**图 5-5 整群抽样示意图**

(1) 整群抽样的过程

① 分群。将总体按照一定的标准进行分群。分群标准的选择要求与分层的正相反，分群后，应使群与群之间的差异小，而群内各单位之间的差异要大。

② 抽样。随机抽取一定数量的群，这些群中的所有单位共同组成样本。

**【例 5-8】** 某校有学生 2100 人，计划从中抽取 180 人进行调查。假设这个学校有 70 个班级，每班有 30 个学生。采用整群抽样法如何抽取？

先将全校 70 个班级编号，然后采取简单随机抽样法（或等距抽样、分层抽样）抽出 6 个班级，这 6 个班级的学生共 180 人就构成了此次调查的样本。

(2) 整群抽样与分层抽样的比较

相似之处：二者都是先将总体划分成不同的小部分。

不同之处包括以下两种。

① 总体划分原则不同。在分层抽样中，对总体单位进行分层的原则是使类别内的差异缩小，类别之间的差异增大。在整群抽样中，对总体单位进行分群的原则是群内差异尽量大，群之间的差异尽量小，这样，抽中任何一个群都可以当作其他群的代表，可以提高样本的代表性。

② 抽样方法不同。分层抽样是在所有的小部分中各抽取若干样本单位组成总样本；

而整群抽样是从总体中所划分的各个小部分中随机抽取若干个小部分，将所抽中的小部分中的所有单位作为样本。所以，分层抽样的样本单位的分布比整群抽样的样本单位的分布更为分散。

(3) 整群抽样的优缺点及适用范围

整群抽样的优点是样本单位比较集中，便于组织抽样和调查，节省时间和经费。但其也有局限性，主要表现在：第一，在各群的大小不相等时，样本单位数难以控制，增加了调查组织准备工作中的不确定性；第二，整群抽样的样本集中于某些群内，样本单位分布不够均匀，样本代表性不高，在样本单位数相同的情况下，其抽样误差要大于简单随机抽样、等距抽样和分层抽样的抽样误差。整群抽样方法适用于总体可以划分为各个群，这些群之间大体相同，而群的内部构成比较复杂情况下的抽样。

### 5. 多阶段抽样

前面介绍的四种抽样方式都属于单阶段抽样，也就是经过一次抽样就可以直接确定样本单位。在调查范围小、调查单位比较集中时通常采用这种方法。但是当调查对象的总体单位很多、分布很广时，直接抽取样本单位是很困难的，而且效果也不好。这种情况下，可以采用多阶段抽样方式。

多阶段抽样就是把抽取样本单位的过程分为两个或更多阶段进行。过程是：先从总体中抽选若干大的样本单位也叫第一阶段单位，然后，在第一阶段单位中抽选较小的样本单位，也叫第二阶段单位。依此类推，最后抽出最终样本单位。如果第二阶段单位就是最终样本单位，那么该抽样就是两阶段抽样，如果第三阶段单位是最终样本单位就是三阶段抽样。

在市场调查中，多阶段随机抽样方式对城乡市场都是适用的。对于城市市场，多阶段随机抽样可分为市、区、街道、社区、家庭等阶段来进行。在各阶段具体抽取样本时，可采取简单随机抽样，也可采取分层随机抽样或等距随机抽样等方式。对于乡村市场，可分为县、乡、村委会、家庭等阶段来进行随机抽样。

例如，2005 年全国 1%人口抽样调查就采用了多阶段抽样方法。首先是全国 1%人口抽样调查办公室按全国人口数的 1%确定全国总样本及各省、自治区、直辖市调查样本量。接下去就采用多阶段抽样法。多数省市采取三阶段抽样方法，首先，由全国 1%人口抽样调查办公室在各省市抽取乡、镇、街道。其次，由各省 1%人口抽样调查办公室在抽中的乡、镇、街道再抽取居委会、村委会。最后，由各省 1%人口抽样调查办公室在抽中的居委会、村委会中抽取调查小区。

多阶段抽样除了最后一个阶段外，前几个阶段的抽样实际上都是一次整群抽样。但这种整群抽样常常是和其他抽样方式结合使用的。

在实行多阶段抽样时，抽样数目需要从多方面考虑，既要考虑到样本的均匀分布，尽量减少抽样误差；又要考虑到工作上的方便和人力、经费上的可能。

从减少抽样误差的角度，多阶段抽样需要注意如下几个问题。

① 多抽第一阶段单位，对样本的均匀分布和减少抽样误差都有好处。多阶段抽样的每次抽选都会带来抽样误差。在多阶段抽样的总误差中，第一阶段的影响最大，以后的影响依次减少。因此，如果条件允许，第一阶段要多抽些样本单位，这样对整个调查工作是有好处的。

② 根据方差大小考虑各阶段样本数的多少。方差大小是影响抽样误差的主要因素，也

是确定抽样数目要考虑的主要因素。因此,方差大的阶段需要多抽一些样本单位,方差小的阶段则可以少抽一些。

③ 在每个阶段中分配和抽选样本单位的时候,可以使用已经了解到的情况和占有的资料,采用等距抽样、分类抽样等方式,以提高样本的代表性,减少抽样误差。

多阶段抽样在抽取样本及调查时很方便,但在设计抽样调查方案、计算抽样误差和推断总体上比较复杂。

**小思考 5-3** 中关村互联网金融行业协会和融 360 研究院联合发布《2013 年中国信贷搜索现状》。报告显示,在消费者和小微企业贷款活跃程度方面,并不总是北京和上海这两个最大城市占先,反而在一些二、三线城市更有优势。据悉,上述调查结果是在线金融搜索机构融 360 基于 2013 年前三个季度 86 个城市、2 亿多次用户搜索及 100 万用户的申请数据得出的。

数据显示,杭州是创业贷款最集中的城市。杭州的经营贷款申请中,用途为创业的高达 20%;其次为天津,为 18.75%;第三名为武汉 16.67%;排在最后的分别为上海、北京,占比为 4.88%和 3.57%。报告分析认为,浙江杭州作为贷款创业最集中的城市并不难理解。杭州作为浙商大本营,具有极高的创业基因,有很好的创业环境和经商文化。当创业者资金不足时,很自然地通过借贷解决资金难题。

报告指出,"高富帅"城市主要集中在北京、上海、珠海、广州、深圳,这 5 个城市月收入万元以上人群占比分别为 19%、15%、12%、11%、10%。珠海跻身其中比较让人意外,看来珠海不仅是个园林养老城市,还是个赚钱的地方。细究原因,可能与珠海信息产业占比较高有关。除了信息产业发达,毗邻澳门的地理优势,也使得当地服务业较为发达。

(资料来源:陈偲.国际金融报.2013-11-08 第 8 版)

**问题:**

如果对全国一、二、三线城市创业贷款和月收入进行分层抽样,你将如何操作?

### 5.3.2 非随机抽样

市场调查的设计者面对的是复杂的、动态不定的市场要素,在有些情况下所要认识的对象并不具备随机抽样的条件。例如,对某些路段行人的调查,这时的抽样本质是从消费者总体的某一部分分段抽取,即使样本的抽取过程体现一定的随机性,但也不是严格意义上的随机抽样。有时可能还会由于时间和经费的限制而不能进行随机调查,这时就只能进行非随机抽样调查。

非随机抽样又称非概率抽样,是指不按随机原则,而是由市场调查人员根据调查目的和要求,主观地从总体中抽选样本的抽样方式。在非随机抽样中,总体中的每个单位被抽中的机会是不相等的。

与随机抽样相比,非随机抽样具有抽样过程简单、方便、节省成本等优点。不足之处主要是由于调查对象被抽取的概率是未知的,样本的代表性差,利用调查结果来推断总体的风险也较大。因此,非随机抽样方式通常适用于那些小规模市场调查或者不方便使用随机抽样方式的调查，其目的是对市场总体作一般探测性了解，而不在于推断总体的情况。在对共性特别强的群体的商业性市场调查中经常应用非随机抽样。

由于主观判断标准的确定和判断力的不同以及采用的具体方法、操作技巧等不同，非随机抽样可分为以下五种具体方式。

### 1. 任意抽样

任意抽样又称偶遇抽样、方便抽样，是调查者根据自己方便与否，任意抽取偶然遇到的人或仅选择那些离得较近的、最容易找到的人作为调查样本的方法。常见的有街头拦截访问法和方位选择法。街头拦截访问法就是市场调查人员在街头拦截行人进行访谈或问卷调查。方位选择法是以对某一相对聚集的人群，从空间不同方向选择调查对象的一种方法，如对大商场各个楼层的顾客进行的任意抽样调查。任意抽样法方便省力，但样本的代表性差，有很大的偶然性。

### 2. 判断抽样

判断抽样又称主观抽样、立意抽样。它是指市场调查者凭借自己的意愿、经验和知识，通过主观判断从总体中选择具有典型代表性样本的抽样方法。判断抽样选取样本单位一般有两种方法：一是选择最能代表普遍情况的调查对象，常以“平均型”或“多数型”为标准。“平均型”是在调查总体中对平均水平具有代表性的单位；“多数型”是在调查总体中占多数的单位。应尽量避免选择“极端型”。另一种是利用总体的全面统计资料，按照一定标准，主观选取样本。例如，要了解某个村村民对选举的看法，根据研究者的判断选择村干部、小组长、贫困户、富裕户、外来户等有一定代表性的家庭进行调查。

判断抽样可以充分发挥研究人员的主观能动作用，特别是当研究者对所研究的总体情况比较熟悉，判断能力比较强时，采用这种方法往往比较方便。但是其局限性也很明显，即样本的代表性和抽样误差往往难以判断。判断抽样多用于总体规模较小，或调查时间、人力等条件有限而难以进行大规模随机抽样的情况。

### 3. 配额抽样

配额抽样又称定额抽样、计划抽样，是指按调查对象的某种特征，将总体分为若干类，按一定比例在各类中分配样本单位数额，并按各类数额任意或判断抽样。由于在各类中抽样时并不需要遵循随机原则，所以说它是非随机抽样的方式之一。

配额抽样与分层抽样具有相似之处，二者都是按照某种特征将总体分成若干类然后在各类中抽样。不同的是，分层抽样中将总体分层后在各层内抽取样本是按照简单随机抽样或等距抽样法来随机抽取的；而配额抽样则是采用方便抽样或判断抽样从各类中抽取样本的。采用配额抽样方法，可以保证总体的各个类别都能包括在所抽样本之中，所以和其他几种非随机抽样方法相比，样本具有较高的代表性。

### 4. 滚雪球抽样

滚雪球抽样就是以“滚雪球”的方式抽取样本，具体做法是调查者先通过少数可以由自己确定的样本单位进行调查，再通过这些样本单位各自去发展其他同类单位，如此进行下去，像滚雪球一样越滚越大，直到达到所需要的样本数量为止。例如，要对劳务市场中的钟点工进行调查，因为调查总体流动性强，建立抽样框比较困难，所以调查者就可以先到劳务市场找几个钟点工进行调查，再对他们提供的钟点工名单去调查，如此进行下去，直到达到所需数量的样本单位。可见，运用滚雪球抽样的前提是总体的各单位之间必须有一定的联系，否则难以滚动下去。这种方法通常是在对所需认识的总体难以把握的情况下进行。

#### 5. 自愿抽样

自愿抽样就是样本由一些主动接受调查的自愿者组成的。比较常见的是在报纸或杂志上刊登的读者意见表，要求读者填好后寄回调查中心。自愿抽样完全由读者的意愿决定，凡寄回调查表的读者都是样本，故这种调查结果只反映了这部分热心读者的意向，代表性不高。另外，有时由于调查组织者出于提高问卷回收率的目的，对接受调查者大都有某种好处的承诺，所以接受调查的人可能并不属于调查范围，而是冲着对这种承诺的好处而填写调查表。例如，某厂家要调查液晶电视的质量情况，凡填写问卷的都有一份礼品，于是可能会有一些并未购买使用液晶电视的人也填写调查表。所以自愿抽样法调查结果的可靠性值得分析。

## 本章小结

本章首先介绍了抽样调查的基本概念。抽样调查有广义和狭义之分，广义上抽样调查是指从总体中抽取一部分单位进行观察，根据观察结果来推断总体的调查方法，包括随机抽样和非随机抽样；狭义上抽样调查就是指随机抽样。抽样调查的特征：抽取样本的客观性；抽样调查可以比较准确地推断总体；抽样调查是一种比较节省的调查方法；抽样调查的应用范围广泛。然后强调了抽样误差的计算。抽样误差是指由于抽样的随机性而产生的样本指标与总体指标之间的平均离差。抽样误差的影响因素主要有三个方面：抽样数目($n$)的多少；总体各单位之间的差异程度；不同的抽样组织方式和方法。最后介绍了抽样调查的基本程序和抽样调查方式。抽样调查方式可分为随机抽样和非随机抽样两大类。随机抽样具体包括简单随机抽样、等距抽样、分层抽样、整群抽样、多阶段抽样；非随机抽样具体包括任意抽样、判断抽样、配额抽样、滚雪球抽样、自愿抽样。

## 知识训练

**1. 主要概念**

抽样调查　总体　样本　登记误差　代表性误差　偏差　抽样误差　样本框　随机抽样　简单随机抽样　等距抽样　分层抽样　整群抽样　多阶段抽样　非随机抽样　任意抽样　判断抽样　配额抽样　滚雪球抽样　自愿抽样

**2. 选择题**

(1) 从总体中抽选出来的所要直接观察的全部单位称为(　　)。

A. 抽样　　B. 样本　　C. 抽样框　　D. 总体单位

(2) 将总体各单位先按一定标志分层,然后在各层中按一定比例和随机原则抽取样本数,并组成总体样本的抽样方法是( )。

A. 简单随机抽样 B. 等距抽样 C. 分层抽样 D. 整群抽样

(3) 调查者根据自己方便与否,任意抽取偶然遇到的人或仅选择那些离得较近的、最容易找到的人作为调查样本的方法是( )。

A. 偶遇抽样 B. 主观抽样 C. 定额抽样 D. 滚雪球抽样

(4) 抽样误差属于( )。

A. 调查中所产生的登记误差 B. 调查中所产生的随机性误差

C. 调查中所产生的偏差 D. 计算中所产生的误差

(5) 在重复简单随机抽样的条件下,当误差范围 $\Delta$ 扩大一倍,则抽样数目( )。

A. 只需原来的 1/2 B. 减为原来的 1/4

C. 只需原来的 1 倍 D. 需原来的 2 倍

**3. 判断题(下列说法正确的请打√,错误的请打×)**

(1) 抽样调查中的抽样误差是指没有登记误差时的代表性误差。 ( )

(2) 抽样平均误差与总体标准差成反比,与样本单位数成正比。 ( )

(3) 抽样调查的方式有随机抽样和非随机抽样两种。 ( )

(4) 抽样调查最基本的组织方式是简单随机抽样。 ( )

(5) 重复抽样的抽样误差一定大于不重复抽样的抽样误差。 ( )

**4. 复习思考题**

(1) 什么是抽样调查?它具有哪些特征?

(2) 影响抽样误差的因素有哪些?

(3) 抽样调查的基本程序是什么?

(4) 等距抽样有哪些优缺点?

(5) 抽样数目的影响因素主要有哪些?

(6) 试述分层抽样和整群抽样的异同点?它们各自适用什么情况?

**5. 计算题**

(1) 某地区有居民 6000 户,用随机抽样方式抽选样本 200 户进行饮水机家庭普及率调查。调查结果是有 160 户家庭拥有饮水机,普及率为 80%。试计算重复抽样和不重复抽样法下的抽样误差。

(2) 某地区居民户数为 10000 户,其年消费水平标准差为 150 元。若采取重复抽样调查了解其年平均消费水平,并以 95.45%的置信度(相对应的函数值为 2)推断总体,其样本指标与总体指标之间的允许误差范围是 20 元。要求用公式计算出应抽查多少户居民。

(3) 市场调查空调器拥有状况,全市 200 万户家庭按收入分层,有高收入家庭 20 万户,中等收入家庭 150 万户,低收入家庭 30 万户,计划抽取样本 20000 户,若采用等比例分层抽样法需要从各层中抽取多少样本?

(4) 某食品公司要调查消费者近 3 个月购买该公司某种袋装食品的平均数量。先作小范围调查得知，平均购买数量是 5.4 袋，标准差为 2.7 袋。如果要求可能的误差不超过 0.3 袋，可信度为 95%（对应系数是 1.96），那么需要抽样的数目是多少？

(5) 从某厂生产的 10000 只日光灯管中随机抽取 100 只进行检查，假如该厂日光灯管平均使用寿命的标准差为 100 小时，试计算该厂日光灯管平均使用寿命的抽样平均误差。

(6) 某城市某街道办事处所管辖的 10000 户居民中，用简单随机抽样方法抽取 200 户，对某种商品的月平均需求量和需求倾向进行调查。调查结果表明，每户居民对该商品的月平均需求量为 500 克，标准差为 100 克；表示一年内不选择替代商品，继续消费该商品的居民户为 90%。用重复纯随机抽样公式，计算样本平均数和样本成数的抽样误差。

## 技能训练

### 1. 课堂实训

实训主题：用随机抽样法抽取样本。

实训形式：分小组进行，由学生自愿组成小组，每组 6～8 人。

实训任务：等距抽样、分层抽样、整群抽样等方法的运用。

实训步骤：

(1) 老师提供全校毕业生总人数、班级个数以及样本数目等资料。

(2) 各组分别利用等距抽样、分层抽样、整群抽样法抽出规定的样本数目。

(3) 课堂上汇报本小组的抽取过程及抽取结果。

(4) 其他同学提问。

(5) 老师作出总结评价。

### 2. 课外实训

实训主题：用非随机抽样法调查在校学生对某时事的看法。

实训形式：学生两人一组。

实训任务：偶遇抽样和滚雪球抽样法的运用。

实训步骤：

(1) 偶遇抽样：模仿电视节目中街头采访的形式，在学校内采用“偶遇抽样”的方法抽取样本，并进行对某时事看法的询问。为降低主观影响，可采用固定间隔的选取对象，一般不要同时调查走在一起的几个同学。

(2) 滚雪球抽样：调查校园里任意一个同学，并请他介绍熟人作为新的、下一步的调查对象（2～7 人）。以此类推，直至完成足够样本数的调查。

## 案例分析

### 农民人均纯收入抽样调查实施方案

根据《中共重庆市委重庆市人民政府关于实施“两翼”农户万元增收工程的意见》（渝委发〔2010〕6 号）、《重庆市人民政府办公厅关于加强农业农村统计工作的会议纪要》，结合我县实际,经县政府同意,决定在全县所有乡镇开展农民人均纯收入调查工作。特制定本实施方案。

1. 调查的目的和意义

实施"两翼"农户万元增收工程,是市委、市政府在新形势下对"三农"工作做出的重大决策,是推动落实"314"总体部署和发挥"两翼"山林资源优势、实现农民增收增效的重要举措。开展农村居民生产、收入、消费、积累和社会活动情况调查(即农村居民纯收入抽样调查),可以有效监测"两翼"农户万元增收工程的实施进程,更好地为党委政府制定农村经济政策、科学决策和绩效考核提供依据。同时,也可以为当地农村经济发展提供丰富的信息资料,客观真实地监测我县的农村经济发展状况和农村小康进程,推算各乡镇粮经作物产量和经济发展水平等农业生产重要指标数据,有利于乡镇编制当地国民经济发展计划。

2. 样本抽选办法

(1) 调查范围、规模。按照全国农村居民收入调查方案和重庆市人民政府专题会议纪要精神,县政府决定在全县所有乡镇(含白帝城风景区管委会)建立规范化的农村居民收入抽样调查网络,开展农村居民纯收入调查工作。调查规模按照每个乡镇 20 户抽选。

(2) 调查样本抽样方法。以各乡镇为总体,建立有代表性的乡镇抽样调查网络,并按照科学规范的对称等距抽样方法,进行三阶段抽样。

① 调查村的抽选。由国家统计局×调查队负责。以各乡镇所辖行政村为总体,按照各乡镇上报给国家统计局×调查队行政村农民人均纯收入为主要标志由低到高排队,乡村人口为辅助标志,对称等距抽出调查村。每个调查村选定 1 名辅助调查员。

② 调查社的抽选。由各乡镇人民政府负责,报国家统计局×调查队审定备案。在抽中调查村中选出一个能代表本村农民收入水平的中等收入社作为调查社,即按照该村各社收入水平由低到高排队进行抽选。

③ 调查户的抽选。由各乡镇人民政府负责,报国家统计局×调查队审定备案。先对抽中社所有农户家庭人均纯收入进行回忆调查,然后以收入为主要标志从低到高排队,以每户人口为辅助标志进行累计,编制抽样框,对称等距抽选 20 户调查户。

(3) 样本轮换周期。农村居民纯收入抽样调查为常年性调查工作。为保证抽样调查的代表性,调查样本轮换周期为 5 年,每隔 5 年重新抽选一次调查样本(上级另有规定除外)。在轮换周期内,各乡镇每年可以有序轮换 20%的样本户。

3. 调查的组织实施和职责分工

为统一规范实施抽样调查工作,保证抽样方法的科学性和调查数据的准确性,农村居民纯收入调查工作实行统一方案、统一管理、统一发布、分级管理、分级负责的工作管理模式。

(1) 组织领导。成立由县政府分管领导任组长,国家统计局×调查队和各乡镇主要负责人为成员的农民人均纯收入抽样调查领导小组。领导小组下设办公室,由县府办主任任办公室主任、国家统计局×调查队主要负责人任办公室副主任,具体负责农民人均纯收入抽样调查的日常工作。

(2) 职责分工(具体内容略)

① 国家统计局×调查队的职责。

② 各乡镇人民政府的职责。

③ 乡镇统计干部的职责。

④ 辅助调查员的职责。

⑤ 调查户的职责。

4. 启动时间及工作步骤

农村居民纯收入抽样调查网点的启动工作分为以下四个阶段。

(1) 2014 年 3 月底前为准备阶段,完成方案的制订。

(2) 2014 年 4 月底前完成网点的抽选,确定辅助调查员和调查户,并确定专(兼)职统计干部。

(3) 2014 年5月底前为试行阶段。集中完成调查户、辅助调查员及乡镇统计干部的业务培训。组织调查户进行试记账、辅助调查员进行试编码、乡镇统计干部进行数据处理程序的调试工作。

(4) 2014 年 6月 1 日开始,正式启动农村民居收入抽样调查网点,调查户开始正式记账,并建立健全调查管理制度。

5. 调查结果的使用及管理

农村居民纯收入抽样调查网络启动后,调查所取得的资料作为农业统计、农村经济统计的基础资料。主要用于县政府对各乡镇社会经济发展考核;作为农村司法案件理赔法定数据;是今后各乡镇小康进程监测的依据;是各乡镇对外公布、使用的法定数据。根据《中华人民共和国统计法》第三章第二十五条规定,统计调查中获得的能够识别或者推断单个统计调查对象身份的资料,任何单位和个人不得对外提供、泄露,不得用于统计以外的目的。

各乡镇农村居民纯收入抽样调查实行全县超级汇总,按照“统计数据下管一级”原则,由国家统计局×调查队审核反馈各乡镇使用。凡未按方案规定建立农村居民纯收入抽样调查网络的乡镇,国家统计局×调查队不予提供其有关考核的法定数据。本调查方案由国家统计局×调查队负责解释。

(资料来源:http://www.wenmi114.com)

**问题:**

1. 该调查采用了哪些抽样方法?

2. 结合案例谈谈这些抽样方法各有什么优缺点。

# 第6章 调查资料的整理与分析

## 章节图解

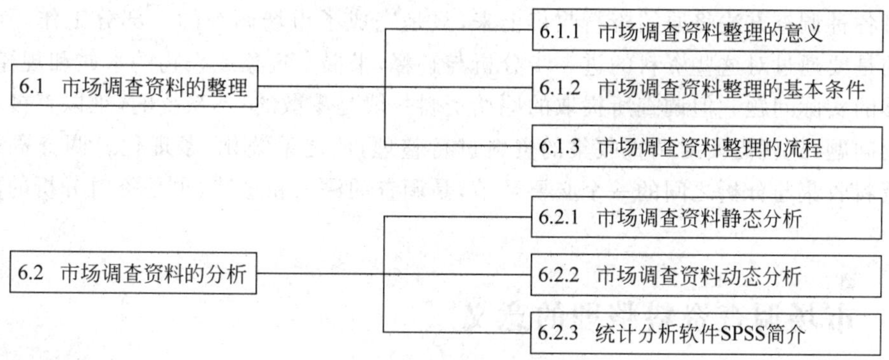


## 学习要点

### 知识点

1. 了解调查资料整理的意义、基本条件。
2. 掌握调查资料整理的基本流程。
3. 掌握调查资料分析的方法：静态分析和动态分析。

### 技能点

1. 熟悉资料编码的方法。
2. 掌握静态分析指标的计算方法。
3. 掌握动态分析指标的计算方法。

## 引导案例

### 美国儿童使用平板电脑现状

平板电脑的快速普及，引领美国电子新生一代儿童快速增长。据尼尔森最新调查数据，美国拥有平板电脑的家庭，超过12岁的孩子中，使用平板电脑的孩子达到了创纪录的70%，比上一季度增长了9个百分点。他们将平板电脑作为玩伴、老师以及临时保姆。

在受访的家庭中，77%的家庭说他们的孩子会在平板上玩已经下载的游戏，57%的家庭说孩子会通过平板电脑上的教育 APP 来获取知识。由于其便携性，当家庭外出旅游时，这些孩子往往显得更加的安静，因为 55% 的孩子会在旅行过程中使用平板电脑；41%的孩子会在酒店中使用平板电脑。其中 43% 的孩子会在上面观看电视节目或者欣赏电影，而用于与家庭或者朋友进行沟通的则只有 15%。

（资料来源：http://www.36kr.com/p/84840.html，John Tian，2011-04）

## 6.1 市场调查资料的整理

通过各种调查方法将原始资料收集上来，只是完成了市场调查的一部分工作。市场调查的目的是要通过对这些资料的进一步分析与解释，来揭示现象或事物的本质和规律，最终解决具体的实际问题。但调查所提取的原始资料一般是零散的、不系统的，难以直接进行分析或说明问题，这就需要对调查收集的资料进行整理，使之系统化、条理化。调查资料整理是处于资料收集与分析之间的一个必要环节，是调查的深入和继续，也是资料分析的前提和条件。

### 6.1.1 市场调查资料整理的意义

所谓调查资料整理就是根据市场调查的目的、任务和要求，运用科学的方法，对调查资料进行审核、分组、汇总和显示，使之系统化和条理化，适用于分析和解释。调查资料整理的意义主要有以下四个方面。

#### 1. 调查资料整理是进行资料分析的前提

市场调查的根本目的是获取足够的市场信息，为决策提供依据。可是，通过各种市场调查方法得到的信息资料，尤其是各种第一手资料，往往是比较零散的、无序的，很难直接用于分析或说明问题。这就需要对这些资料进行归纳、分类、加工和汇总，使之成为满足一定需要的形式。资料整理本身虽然不能提供所研究问题的直接答案，但却为研究者进行科学分析、判断和解释提供了必要的条件。因此，资料整理得是否正确，直接影响到分析研究所得出的结论。

#### 2. 调查资料整理有利于提高信息资料的价值

未经整理的资料比较零散、无序，其使用价值有限。而调查资料整理可以使资料去粗取精、去伪存真，大大提高信息的准确性，从而大大提高信息资料的价值。

#### 3. 调查资料整理有助于对市场做出正确的判断

市场调查所收集的资料只是对事物表面现象的一种反映，而不能说明事物的本质特征。或者说，这只是对市场的一种感性认识，要对市场做出正确的分析与判断，就需要对调查资料进行加工整理，由此及彼、由表及里，从而由感性认识上升到理性认识。

#### 4. 调查资料整理有利于发现市场调查工作中的不足

在市场调查的各个环节都可能出现偏差。有的偏差在调查实施过程中可能被及时发现,并及时予以纠正,但是有些偏差可能不能被及时发现,在资料整理过程往往能发现一些偏差。通过及时反馈,就可以对这些偏差加以纠正。

### 6.1.2　市场调查资料整理的基本条件

调查资料整理是市场调查与预测的重要组成部分,为了保证资料整理工作的优质高效,必须满足以下基本条件。

#### 1. 要树立正确的观念

市场调查人员树立正确的观念,是保证调查资料整理有效的首要条件。

① 要树立信息观念,明确市场信息工作的原则和要求。

② 要树立实事求是的观念,资料整理要如实反映客观实际,不要主观臆断、弄虚作假。

③ 还要树立质量观念、效率观念等,这是现代经营管理人员必须具备的观念。

#### 2. 精挑细选资料整理人员

调查资料的整理与分析是一项专业性、技术性很强的工作,它对资料整理人员要求较高。一个合格的资料整理人员,必须懂得信息处理的技术和方法,并且具有较强的综合分析能力。

#### 3. 要有完备的规章制度

资料整理工作要有明确的工作规则和程序,同时,要明确资料整理人员的职责,并有严格的考核和奖惩制度。这对于保证资料整理和分析工作的有效进行具有重要意义。

### 6.1.3　市场调查资料整理的流程

调查资料的整理是由一系列具体工作组成的,这些工作既相对独立,又相互关联。通常,调查资料整理包括资料的审核、分组、汇总及显示等一系列工作环节。

#### 1. 资料的审核

调查资料收集上来之后,首要的工作就是检查这些资料是否能用,即对调查资料进行审核、检查和验收。资料审核就是对调查取得的原始资料进行审查与核实以发现资料中是否存在重大问题,从而决定是否采纳该份资料的过程。

(1) 资料审核的内容

资料审核的目的在于保证资料的真实性、完整性和准确性,为资料的整理打下基础。因此,资料审核的内容主要包括以下三个方面。

① 资料真实性的审核。检查调查资料的来源是否是客观的、真实的。要辨别资料的真

伪，把那些违背常理的、前后矛盾的资料舍去。

② 资料完整性的审核。检查所有的调查表或调查问卷是否已收全；调查的所有问题、项目或指标是否都填写齐全，如不齐全，应查明原因，予以填补。

③ 资料准确性的审核。检查调查资料是否有错误，计算是否正确。

(2) 资料审核的步骤

市场调查资料的审核通常分为实地审核和办公室审核两步进行。

① 实地审核。实地审核是初步审核，其主要任务是发现资料中非常明显的遗漏和错误，帮助控制和管理实地调查队伍，及时调整调研方向、程序，帮助消除误解及处理有关特殊问题。它应在问卷或其他的资料收集形式实施后尽快执行，在资料收集人员解散之前使问题能得到校正。这种初步审核可由调查现场的负责人来执行。

② 办公室审核。办公室审核是在实地审核之后，其主要任务是更完整、确切地审查和校正收集的全部资料。这项工作要求由那些对调研目的和过程有透彻了解并且具有敏锐洞察力的人来进行。为了保证资料的一致性，最好由一个人来处理所有的资料。如果可能花费很长时间或很难实现，可以把办公室审核工作分配给几个人来做。具体分配方法是每个人分配若干份问卷，对每一份问卷从头审到尾。

**小思考** 为什么不能采用流水作业方式来审核资料？

(3) 资料审核工作的重点

常见回收上来的问卷存在三类问题：不完全回答、回答明显错误、由于被访人缺乏兴趣而作的搪塞回答。资料审核工作的重点就应该放在这三类问题的查找、区分和处理上。

① 对不完全回答问卷的处理。不完全回答的问卷分为三种情况：第一种是大面积的无回答或相当多的问题无回答，对此类问卷应宣布作废；第二种是个别问题无回答，这类问卷应为有效问卷，所遗空白待后续工作采取补救措施；第三种是相当多的问卷对同一个问题或同一群问题无回答，这类问卷仍应作为有效问卷。这种"无回答"固然会对整个市场调查项目的资料分析工作造成一定的影响，但是反过来也让调查组织者和问卷设计者思考如下问题：为什么相当多的被调查者对这一个问题或这一群问题采取了"无回答"的方式？是不是因为用词含混不清让他们无法理解，还是该问题太具敏感性或威胁性使他们不愿意回答，抑或是根本就无法给此问题找到现成的答案？

② 对回答明显错误问卷的处理。回答明显错误是指回答前后不一致或答非所问。这种错误可以根据全卷回答的内在逻辑联系对某些前后不一致的地方进行修正。

③ 对搪塞回答问卷的处理。有些被调查者对问题的回答反映出他显然对所提问题缺乏兴趣。例如，有人对连续30个问题都选择了答案A或者有人不按要求，在问卷上随便一勾，一笔带过了若干个问题。如果仅仅个别问卷出现这种缺乏兴趣的回答，这样的问卷应作废。如果很多问卷出现了这种缺乏兴趣的回答并且比较集中出现在某些问题上，就应该把这些问卷作为一个相对独立的子样本看待，在资料分析时给予适当注意。

### 2. 资料的分组

市场调查所取的原始资料是杂乱无章的，不经过加工整理，就难以使用。例如，调查某校学生的月手机费支出，有的说 35 元，有的说 70 元，有的说 120 元，有的说 200 元，等等。究竟该校学生的月手机费支出总体情况如何，原始资料没有按一定要求排列是无法得出的。因此，为了使调查资料更清晰地表达，可以将调查资料分组并用图表的形式反映出来。资料分组就是根据调查目的和研究的需要，按照一定的标志将调查资料分为不同的组。在市场调查资料整理工作中，对资料进行科学分组是一项复杂、重要的工作。

(1) 分组标志的种类

资料分组时首先要确定分组标志。分组标志有许多，通常可以分为四类：品质标志、数量标志、空间标志和时间标志。

① 品质标志指反映事物属性或本质差异的标志。例如，人口按性别分为男、女两组。品质标志分组实际上是对调查资料的一种定性分类。

② 数量标志指反映事物数量差异的标志。例如，人口按年龄分组，家庭按人口多少分组等。数量标志分组实际上是对调查资料的一种定量分类。

③ 空间标志指反映事物位置差异的标志。例如，人口按居住地区分组，人均收入水平按不同地区分组等。这种分组可用于研究事物在不同空间上的分布状况或进行比较研究。

④ 时间标志指反映调查资料的连续性或所属时间的标志。比如居民收入水平按年度分组，零售物价指数按月份分组等。这种分组可用于研究事物在不同时间上的发展状况，分析事物发展变化的趋势或规律。

(2) 分组时应遵循的原则

确定了分组标志后，在具体分组时还要遵循以下几条原则。

① 组数要适当，以便能够真实地反映数据的差异。组数太少，可能会掩盖重要的信息；组数太多，又起不到分组的作用。

② 要使各组内的回答性质相同，答案相似；而各组之间的回答应有差别，即各组之间的答案性质不同。

③ 各组之间应是互相排斥的，且又包含了所有的情形。各组之间不能有任何重合部分，每一个答案只能放在唯一的组内；同时，各组又包含了所有可能出现的答案，不存在有一个答案找不到合适的组可归的情况。

(3) 资料分组中的相关概念

① 组距。对数据进行分组后，一个组的最小值称为下限，最大值称为上限。有的组只有上限或下限，这样的组叫做开口组；有的组既有上限又有下限，这样的组叫做闭口组。闭口组的上限与下限之差就是组距，用公式表示为：

$$组距 = 上限 - 下限 \tag{6-1}$$

② 组中值。每组中表示标志值一般水平的值叫做组中值。对于闭口组和开口组来说，它们的计算公式不同：

$$闭口组的组中值 = \frac{上限 + 下限}{2} \tag{6-2}$$

$$\begin{aligned} 开口组的组中值 &= 上限 - \frac{相邻组的组距}{2} \\ &= 下限 + \frac{相邻组的组距}{2} \end{aligned} \tag{6-3}$$

### 3. 资料的汇总

在对调查资料进行分组之后，下一步的工作就是汇总整理。按照汇总所采用的手段，资料汇总分为手工汇总和计算机汇总两种。

(1) 手工汇总

手工汇总常用的方法有两种。

① 划记法。这种方法是用点、线等符号或划“正”字的办法来计数，总体单位属于哪一组，就在那一组的栏内划个记号，最后汇总各组的记号数目。这种方法适合于对单位数不多的总体的计数。例如，用划记法汇总在校学生月手机费支出情况，见表 6-1。

**表 6-1　在校学生月手机费支出情况汇总**

| 月手机费支出(元) | 标　记 | 计数 |
|---|---|---|
| ＜30 | 正 | 5 |
| 30～50 | 正正正正正正 | 30 |
| 50～100 | 正正正 | 15 |
| 100～150 | 正正 | 10 |
| ＞150 元 | 正 | 5 |
| 合计 | — | 65 |

② 折叠法。这种方法是将格式相同的调查表都按照需要汇总的那一行或列折叠后对齐，然后汇总该行或该列的数值，将结果填入汇总表。这种方法操作简单方便，省时省力。

(2) 计算机汇总

随着计算机技术的广泛应用，在市场调查中人们越来越多地使用计算机来处理市场调查资料。尤其是当总体单位数比较多时，用手工汇总的方法就会显得吃力。计算机软件 Excel、SPSS 等都有对数据进行分类汇总的功能。利用计算机汇总调查资料，需要事先对资料进行编码。资料编码工作是计算机汇总中非常重要的一个步骤。

① 编码的意义。资料编码是实行计算机汇总的前提，也是调查资料整理和分析中的一项重要工作。编码就是对一个问题的不同回答确定数字代码的过程。通过编码，可将调查资料转换成计算机易于处理的形式。具体做法就是对调查问题的回答用单个阿拉伯数字 0,1,2,3,4,5,6,7,8,9 或其组合来表示。

② 编码的过程和方法。编码的类型有两种：事前编码和事后编码。事前编码是在调查之前或调查过程中就对问题设计出编码。问卷中的封闭式问题大多数事先编码，因为这些问题的回答种类预先可以知道。如对于性别的回答，回答类型只有“男”或“女”，则可以对答案“男”编码为“1”，答案“女”编码为“2”。事后编码则是在收回问卷之后根据问题回答的种类设计编码。问卷中有时会设计一些开放式问题，调查者事先不知道被调查者对这些问题的回答有多少种，因而只能在问卷收回后根据被调查者的回答内容来决定类别的指定代码，也就是只适合运用事后编码方法。例如，“您最想从事的是什么工作?”，对这一问题被调查者可能做出各种各样的回答，因此只能在收回问卷后再设计编码。

下面举例来说明具体的编码过程和方法。表 6-2 是由《中国大学生就业》编辑部发起的关于 2014 年中国大学生就业首选的调查问卷(部分)。

**表 6-2 调查问卷(部分)**

亲爱的大学生朋友：

您好！为了更好地为大学生就业服务，我们正在进行一项有关大学生就业首选的调查。请您务必认真、坦率、真实地回答每一个问题，回答无所谓正确与错误之分。您所填写的任何资料，我们将为您保密。您在此问卷上所接受的调查，不会对您产生任何不利影响，所以请您不必有任何顾虑。

《中国大学生就业》编辑部

1. 性别：男　　女

⋮

4. 所读学历：本科　　研究生　　专科

⋮

16. 您进入毕业时期的去向？

a. 求职　　b. 考研(选择此答案请答第 19 小题)

c. 出国(选择此答案请答第 20、21 小题)　　d. 创业

e. 求职、考研两手准备　　f. 其他

17. 您对求职薪酬的考虑(试用期后的工资)：

a. 800～1000 元　　b. 1001～1500 元

c. 1501～2000 元　　d. 2001～2500 元

e. 2501～3000 元　　f. 3001～4000 元

g. 4001～5000 元　　h. 5000 元以上

19. 如果您考研，原因是(限选两项)：

a. 对学术感兴趣　　b. 希望在高校工作

c. 能够有一个好的出路　　d. 对求职恐惧

e. 目前所学专业就业前景不好　　f. 其他

⋮

21. 如果您想通过中介机构出国留学，您首选的中介机构是(　　)。

⋮

23. 您对学校就业指导的看法：

a. 非常实用，能对自己求职成功起到重要作用

b. 一般，有一定的作用

c. 没有太大作用

d. 说不清楚

⋮

26. 您对自己的求职花费预算：

a. 500 元以下　　b. 500～800 元

c. 800～1000 元　　d. 1000～1500 元

e. 1500～2000 元　　f. 2000 元以上

下面结合问卷分别说明封闭式问题和开放式问题的编码过程和方法。

a. 封闭式问题的编码

第 1 题：可用“1”表示“男”，“2”表示“女”。编码取值范围为 1～2。

第 4 题：可用“1”表示“本科”，“2”表示“研究生”，“3”表示专科。编码取值范围为 1～3。

第 16、17、23、26 题：这些题只有一种答案，可直接将答案的选项对应的序号作为编码，如答案 a,b,c,d,e,f,g,h 分别对应编码 1,2,3,4,5,6,7,8。第 16、26 题编码取值范围为 1～6；第 17 题编码取值范围为 1～8；第 23 题编码取值范围为 1～4。

第 19 题的答案由于限选两项，所以可以将所选的选项对应的代码组合在一起作为编码，如第 19 题被调查者可能选择了 b 和 e，所以该题答案的编码就是 25。

b. 开放式问题的编码

第 21 题是开放式问题，对这类问题编码的基本过程是将收回的所有问卷对这道题的回答进行分类，记录每个类别的频数，保留频数多的答案，然后把频数较少的答案尽可能归并成含义相近的几组。对那些或含义相距甚远，或者虽然含义相近但合起来频数仍然不够多的，最后一并以"其他"来概括，作为一组。最后根据分组结果制订编码规则并对每份问卷的该题答案进行编码。

在编码过程中需要注意的是，如果收回的问卷中存在没有作答的问题，必须对这样问题的答案赋予标准代码，而不能用空格代替，因为不同的计算机系统对空白的处理方式不同。对"无回答"的编码可以采用任何一个数字，但这个数字不应是作为一个合理回答可能出现的数字。例如，上述问题中的第 17 题，不能用 1～8 中的任何一个数字作为"无回答"的代码。"无回答"常用的数字是"0"或"9"。但是若"0"或"9"是其中某个问题的代码，则应选用其他数字。

③ 编制编码明细单。为了使资料的处理和使用者都能明白每一编码所代表的含义，编码这一环节还有一项重要的工作，这就是编制编码明细单，它是对数字代码的意义所作的说明。有了编码明细单，也可以使资料录入工作非常方便。根据表 6-2 的问卷(部分)编制的编码明细单见表 6-3。

**表 6-3　编码明细单(部分)**

| 问题序号 | 内　容 | 数据所在列 | 编码说明 |
|---|---|---|---|
| | 问卷编号 | 1～3 | 001～100(假设问卷总数为 100) |
| 1 | 性别 | 4 | 1 男　2 女 |
| 2 | ⋮ | ⋮ | ⋮ |
| 3 | ⋮ | ⋮ | ⋮ |
| 4 | 学历 | 7 | 1 本科　2 研究生　3 专科 |
| ⋮ | ⋮ | ⋮ | ⋮ |
| 16 | 毕业去向选择 | 17 | 1 求职　2 考研　3 出国　4 创业<br>5 求职考研两手准备　6 其他 |
| ⋮ | ⋮ | ⋮ | ⋮ |

编码后，就要把调查资料输入计算机，以便由计算机进行分类和汇总，这就是数据录入。数据录入主要是录入员采用计算机键盘直接输入。录入工作比较枯燥，但一定要耐心细致，因为数据录入的质量将决定调查的成果。为了提高数据录入的质量，可借助一定的途径。例如，可采用"双录入"的方法，即两个录入员分别录入相同数据，然后借助计算机对照两人录入的结果，从而发现录入是否有错误。

在录入数据的工作完成后，通常还要运用计算机对数据进行检查，以减少录入误差。检查的方法主要有两种：一种是逻辑检查方法；另一种是幅度检查方法。所谓逻辑检查，就是根据被调查者回答的问题之间的逻辑关系进行检查。例如，在表 6-2 问卷中有这样两个问题：第 4 题是询问被调查者所读学历，第 16 题是询问进入毕业时期的去向。假设有一个被调查者在回答第 4 题时说自己是研究生，在回答第 16 题时又说毕业时期的去向选择是考研。这就不合逻辑，就应该检查在录入过程中是否有错误，并及时纠正。这就是所谓逻辑检查。所谓幅度检查,就是根据编码的取值范围进行检查。我们给每个问题规定的编码范围都是一定的,如果有哪一个问题的编码超出我们规定的范围,那么一定是发生了错误。例如,我们给性别这个问题规定的编码范围是 1～2,"1"代表男性,"2"代表女性。假定有一个被调查者的性别编码值为"4",那就一定是发生了错误,这时应当检查是哪一步骤出了错误并加以纠正。这种方法就是幅度检查方法。

### 4. 资料的显示

为了将汇总后的资料更明了地表达出来,可以采用编制统计表和绘制统计图两种方式。

(1) 编制统计表

编制统计表就是将汇总整理后的资料按一定顺序填列在统计表内。这样能使大量资料系统化、条理化,有利于比较和计算各指标之间的关系。采用统计表格表述统计资料比用叙述的方法表述统计资料显得紧凑、简明、醒目,使人一目了然。常用的制表类计算机软件有:Lotus 1-2-3、Excel、Word 等。

① 统计表的结构。从形式上看,统计表是由纵横交叉的直线组成的左右两边不封口的表格,表的上面有总标题,即表的名称,左边有横行标题,上方有纵栏标题,表内是统计数据。因此,统计表的构成一般包括四个部分。

- 总标题。即表的名称,用来概括表内资料的内容,一般写在表的上端正中。
- 横行标题。也称统计表的主词或主栏,表明研究总体及其组成部分,也是统计表所要说明的对象,一般写在左方。
- 纵栏标题。也称统计表的宾词或宾栏,表明总体特征的统计指标的名称,一般写在表的上方。
- 数字资料。说明总体特征的各项指标数值,写在各横栏和纵栏交叉处。

主词和宾词是可以互换位置的,特别是主词的分组太多时,往往将一些分组移到宾栏中。统计表构成格式见表 6-4。

**表 6-4　某大学学生人数统计表** ←总标题

| 按学历层次分组 | 人数(位) | 比例(%) |
|---|---|---|
| 研究生 | 2000 | 10 |
| 本科生 | 15000 | 75 |
| 专科生 | 3000 | 15 |
| 总计 | 20000 | 100 |

(注:表头"比例(%)"旁标注"纵栏标题";左侧"研究生、本科生、专科生"标注"横行标题";右侧数值标注"数字资料"。)

② 统计表的种类。统计表按照总体分组情况不同,可分为简单表、分组表和复合表。

a. 简单表

在这样的统计表中,主词未经任何分组,一般按时间顺序排列或按总体各单位名称排列。简单表通常是对调查来的原始资料进行初步整理所采用的形式。如表 6-5 即为按总体各单位名称排列的简单表。

b. 分组表

将表的主词按某一种标志分组的统计表就是分组表。如表 6-6 就是一个分组表,它是按照利润额进行的分组。

**表 6-5　2014 年某局下属五个公司产品销售收入表**

| 公司 | 2014 年产品销售收入(万元) |
|---|---|
| A | 2000 |
| B | 1891 |
| C | 1973 |
| D | 2018 |
| E | 2046 |
| 合计 | 9928 |

**表 6-6　某地区 170 家企业利润额分布情况**

| 按利润额分组(万元) | 企业个数 |
|---|---|
| 200～300 | 29 |
| 300～400 | 40 |
| 400～500 | 52 |
| 500～600 | 28 |
| ＞600 | 21 |
| 合计 | 170 |

c. 复合表

表的主词按照两个或两个以上标志进行复合分组的统计表称为复合表。如表 6-7 所示。

**表 6-7　婚姻、性别与时装购买选择分布表**　　单位：人

| 时装购买选择 | 男性 | | | 女性 | | |
|---|---|---|---|---|---|---|
| | 小计 | 已婚 | 未婚 | 小计 | 已婚 | 未婚 |
| 高档时装 | 171 | 125 | 46 | 169 | 75 | 94 |
| 中档时装 | 219 | 164 | 55 | 203 | 135 | 68 |
| 低档时装 | 130 | 101 | 29 | 108 | 90 | 18 |
| 被调查者人数 | 520 | 390 | 130 | 480 | 300 | 180 |

③ 编制统计表的注意事项

a. 外观上，统计表一般为长方形，表的左右两端不画线，采用开口式。表的上下两边用粗线，表的内线用细线。

b. 总标题要简明扼要，说明统计资料所属时间、空间和内容。

c. 表中的数据资料应有计算单位，若全表的计算单位都相同，应在表的右上角标明。

d. 表内上下各栏数字要对整齐，横行“合计”一般列在最后一行，纵栏“合计”一般列在最前一栏。

e. 如果需要对表中的某些资料进行说明，应在表的下面注明。

(2) 绘制统计图

绘制统计图就是通过图示的方式将资料直观地反映出来。计算机软件 Excel、SPSS 等都有绘制统计图的功能。常用的统计图主要有柱形图、饼形图和折线图等。

① 柱形图。用柱形图来反映统计结果，能形象地说明总体各部分的差距，简单而直观。柱形图示例见图 6-1。

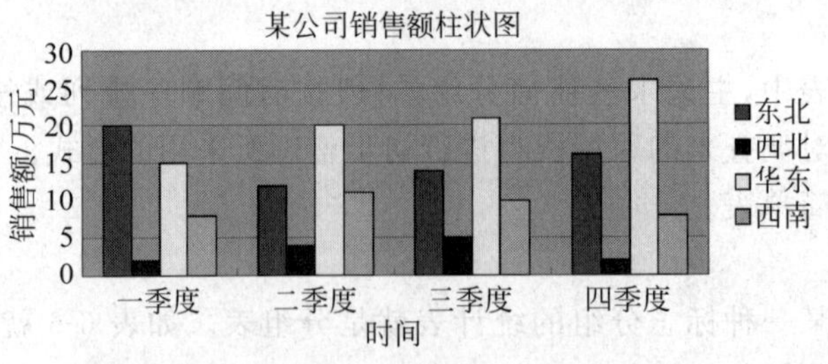


**图 6-1　柱形图示例**

② 饼形图。饼形图一般用于反映总体内部构成，整个圆饼总计 100%。饼形图示例见图 6-2。

③ 折线图。当自变量是时间时，常使用折线图来表示随着时间的变化因变量的发展情况。折线图示例见图 6-3。

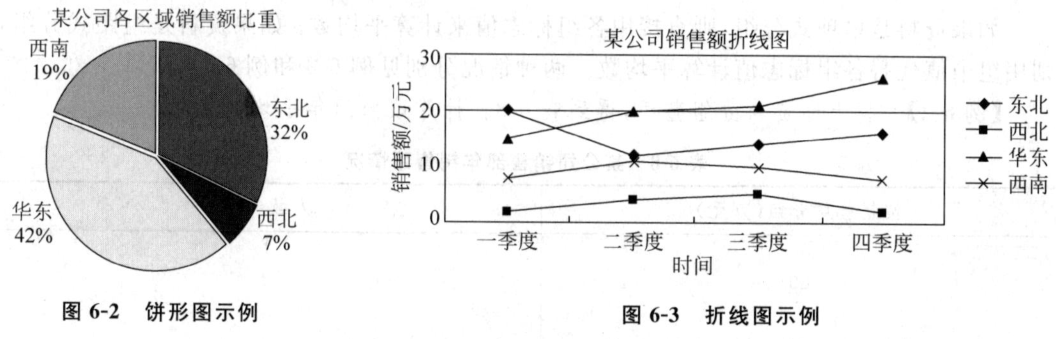


图 6-2　饼形图示例

图 6-3　折线图示例

## 6.2　市场调查资料的分析

调查资料经过整理后得到了反映总体特征的统计图表，使我们对数据的分布类型和特点有了大致了解，但是这种了解只是表面上的，为了进一步掌握数据分布的特征和规律，还需要对资料做进一步的分析。对调查资料分析的方法有两大类：静态分析和动态分析。

### 6.2.1　市场调查资料静态分析

静态分析主要包括对调查资料的集中趋势分析、离中趋势分析和相对程度分析。

**1. 数据的集中趋势分析**

集中趋势是指一组数据向某一中心值靠拢的倾向。反映数据集中趋势的指标主要有算术平均数、中位数和众数三种。

(1) 算术平均数

算术平均数是全部数据的算术平均，它是集中趋势分析中最基本、最常用的测度值。根据资料是否分组，算术平均数又分为简单算术平均数和加权算术平均数两种。

① 简单算术平均数。根据未分组的资料计算算术平均数。其计算公式为：

$$\bar{x}=\frac{x_1+x_2+x_3+\cdots+x_n}{n}=\frac{\sum x}{n} \tag{6-4}$$

式中，$\bar{x}$为算术平均数；$x$ 为各个标志值；$n$ 为单位数；$\sum$ 为求和符号。

**【例 6-1】** 某公司销售部有 10 人，年销售额分别为：54 万元，87 万元，75 万元，96 万元，69 万元，87 万元，75 万元，69 万元，75 万元，87 万元，求该部门年平均销售额。

由公式(6-4)：

$$\bar{x}=\frac{54+87+75+96+69+87+75+69+75+87}{10}=77.4(\text{万元})$$

② 加权算术平均数。根据分组整理的资料计算加权算术平均数。其计算公式为：

$$\bar{x}=\frac{x_1 f_1+x_2 f_2+x_3 f_3+\cdots+x_n f_n}{f_1+f_2+f_3+\cdots+x_n f_n}=\frac{\sum xf}{\sum f} \qquad (6\text{-}5)$$

式中，$f$ 为各组单位数或权数。

如果资料是单项式分组，则直接用各组标志值来计算平均数；如果资料是组距式分组，则用组中值代替各组标志值计算平均数。两种情况分别见例 6-2 和例 6-3。

**【例 6-2】** 将上述资料分组整理，得到表 6-8。计算该部门年平均销售额。

**表 6-8 某公司销售部年销售额情况**

| 按销售额分组(万元) | 人数(位) |
|---|---|
| 54 | 1 |
| 69 | 2 |
| 75 | 3 |
| 87 | 3 |
| 96 | 1 |
| 合计 | 10 |

由公式(6-5)：

$$\bar{x}=\frac{54\times 1+69\times 2+75\times 3+87\times 3+96\times 1}{10}=77.4(\text{万元})$$

**【例 6-3】** 某校大学生月生活费资料见表 6-9，计算该校大学生月平均生活费。

**表 6-9 某校大学生月生活费情况**

| 按月生活费分组(元) | 人数(位) | 组中值 |
|---|---|---|
| ＜300 | 10 | 200 |
| 300～500 | 35 | 400 |
| 500～700 | 35 | 600 |
| 700～900 | 15 | 800 |
| ＞900 | 5 | 1000 |
| 合计 | 100 | — |

由公式(6-5)：

$$\bar{x}=\frac{200\times 10+400\times 35+600\times 35+800\times 15+1000\times 5}{100}=540(\text{元})$$

算术平均数是根据总体全部单位的标志值计算的。除此之外，在一些特殊情况下，也可以用中位数和众数来反映社会经济现象的一般水平。中位数和众数是根据标志值在总体中所处的特殊位置确定的，它们本身不是平均值，只是总体一般水平的代表值。

(2) 中位数

中位数是一组数据按从小到大顺序排列后，处于中间位置上的数值。中位数将全部数据分成两部分，一部分比中位数大，一部分比中位数小，它是一个位置代表值。

中位数的确定方法要根据掌握的资料而定。根据未分组的资料确定中位数时，首先对数据进行排序，然后确定中位数的位置，其公式为

$$\text{中位数的位置}=\frac{n+1}{2} \qquad (6\text{-}6)$$

式中，$n$ 为数据的个数。

如果数据个数是奇数，则处在中间位置的那个数据就是中位数。

【例 6-4】 有 7 名销售员销售某种产品，他们的日销量（单位：件）按顺序排列是：19，20，22，22，25，26，26。试确定中位数。

$$中位数的位置 = \frac{7+1}{2} = 4$$

也就是说，第 4 个销售员的日销量 22 件为中位数。

如果数据个数是偶数，则中间位置的两个数据的算术平均数为中位数。

假设有 8 名销售员销售某种产品，其日销量（单位：件）排序是 19，20，22，22，25，26，26，38。试确定中位数。

$$中位数的位置 = \frac{8+1}{2} = 4.5$$

也就是说，第 4 个销售员至第 5 个销售员之间为中间位置。第 4 个销售员的日销量是 22 件，第 5 个销售员的日销量是 25 件，故中位数为

$$\frac{22+25}{2} = 23.5$$

根据分组资料计算中位数时，首先根据公式 $\frac{\sum f}{2}$ 确定中位数所在位置，并确定中位数所在的组，然后采用公式(6-7)或公式(6-8)计算中位数的近似值。

下限公式：

$$M_e = L + \frac{\frac{\sum f}{2} - S_{m-1}}{f_m} \cdot h \tag{6-7}$$

上限公式：

$$M_e = U - \frac{\frac{\sum f}{2} - S_{m+1}}{f_m} \cdot h \tag{6-8}$$

式中，$M_e$ 为中位数；$L$ 为中位数所在组的下限；$U$ 为中位数所在组的上限；$f_m$ 为中位数所在组的次数；$\sum f$ 为总次数；$S_{m-1}$ 为中位数所在组以前各组的累计次数；$S_{m+1}$ 为中位数所在组以后各组的累计次数；$h$ 为中位数所在组的组距。

【例 6-5】 某城镇工人月收入情况见表 6-10，试计算中位数。

**表 6-10　某城镇某年工人月收入情况**

| 月收入(元) | 工人数 | 向上累计 | 向下累计 |
| --- | --- | --- | --- |
| 500～600 | 240 | 240 | 3000 |
| 600～700 | 480 | 720 | 2760 |
| 700～800 | 1050 | 1770 | 2280 |
| 800～900 | 600 | 2370 | 1230 |
| 900～1000 | 270 | 2640 | 630 |
| 1000～1100 | 210 | 2850 | 360 |
| 1100～1200 | 120 | 2970 | 150 |
| 1200～1300 | 30 | 3000 | 30 |
| 合计 | 3000 | — | — |

首先确定中位数的位置：由 $\frac{\sum f}{2}=\frac{3000}{2}=1500$,从向上累计与向下累计表来看,中位数均在 700～800 组内。然后利用下限公式或上限公式计算中位数。

利用下限公式得

$$M_e = 700 + \frac{\frac{3000}{2} - 720}{1050} \times 100 \approx 774.3(\text{元})$$

或利用上限公式得

$$M_e = 800 - \frac{\frac{3000}{2} - 1230}{1050} \times 100 \approx 774.3(\text{元})$$

中位数不受资料中少数极端值大小的影响。它的大小仅取决于它在排序后的数据中所处的位置。在某些情况下,用中位数反映现象的一般水平比平均数更具有代表性,尤其对于两极分化严重的数据,更是如此。

(3) 众数

众数是一组数据中出现次数最多的数值。利用众数可以说明社会现象的一般水平。例如,为了掌握集市上某种农产品的价格水平,不必全面登记该产品的成交量和成交金额,只需掌握集市上最普遍的成交价格即可。如果最普遍的成交价格是每公斤 1.4 元,这 1.4 元就可用来代表这种产品的价格水平。

确定众数的方法需要根据掌握的资料是分组的还是未分组的而定。当数据未分组时,出现次数最多的数据即为众数。当数据经过分组整理后,确定众数时首先确定次数最多的组为众数组,然后再依据公式(6-9)或公式(6-10)进行具体计算。

下限公式：

$$M_0 = L + \frac{d_1}{d_1 + d_2} \cdot h \tag{6-9}$$

上限公式：

$$M_0 = U - \frac{d_2}{d_1 + d_2} \cdot h \tag{6-10}$$

式中,$M_0$ 为众数；$L$ 为众数所在组的下限；$U$ 为众数所在组的上限；$d_1$ 为众数组次数与前一组次数的差数；$d_2$ 为众数组次数与后一组次数的差数；$h$ 为众数组的组距。

**【例 6-6】** 根据表 6-10 的资料计算众数。

分析,从表 6-10 中可以看出,次数最多的组为 700～800 元,有 1050 人,即该组就是众数组。已知 $L=700$,$d_1=1050-480=570$,$d_2=1050-600=450$,$U=800$,$h=100$,代入公式(6-9)或公式(6-10),得

$$M_0 = 700 + \frac{570}{570 + 450} \times 100 = 700 + 55.9 = 755.9(\text{元})$$

或

$$M_0 = 800 - \frac{450}{570 + 450} \times 100 = 800 - 44.1 = 755.9(\text{元})$$

和中位数一样,众数也不受极端值影响。从分析的角度看,众数反映了数据中最大多数的数据的代表值,可以使我们在实际工作中抓住事物的主要矛盾,有针对性地解决问题。

算术平均数、中位数和众数都是反映总体一般水平的平均指标，采用不同的指标分析，以期能把被调查资料的集中趋势最准确地描述出来。

### 2. 数据的离中趋势分析

集中趋势只是数据分布的一个特征，它反映的是各个数据向中心值聚集的程度。而各数据之间的差异程度如何呢？这就要考察数据的离中趋势。数据的离中趋势是数据分布的另一个重要特征，它反映的是各数据值远离中心值的程度，因此也称离散程度。

反映数据集中趋势的各指标值是对数据一般水平的一个概括度量，它对一组数据的代表程度取决于该组数据的离散程度。数据离散程度越大，则反映数据集中趋势的各指标值对该组数据的代表性就越差；离散程度越小，其代表性就越好。

反映数据离中趋势的指标主要有极差、标准差和标准差系数。

(1) 极差

极差也称全距，是一组数据的最大值与最小值之差。其计算公式为：

$$R = X_{\max} - X_{\min} \tag{6-11}$$

式中，$R$ 为极差；$X_{\max}$ 为数据的最大值；$X_{\min}$ 为数据的最小值。

极差可以说明总体中标志值变动的范围，极差越大，说明总体标志值变动范围大，从而说明总体各单位标志值差异大，反之则小。

**【例 6-7】** A、B 两公司各 5 名销售员的月销量(单位：件)如下：

A 公司：190，200，220，250，260。

B 公司：200，220，220，230，230。

分别计算 A、B 两公司销售员的月销量极差。

根据公式(6-11)：

A 公司：$R$=260－190=70(件)。

B 公司：$R$=230－200=30(件)。

比较 A、B 两公司销售员某月销量的极差，A 公司为 70 件，B 公司为 30 件，说明 A 公司销售员销售量水平比 B 公司销售员销售量水平差别大。

若根据分组资料计算极差，可用最高组的上限减去最低组的下限求得全距的近似值。

极差是描述数据离中程度的最基本的指标，计算简单。一般来说，极差越大，数据离散程度越大，平均值的代表性越小。

(2) 标准差

标准差是总体各单位标志值与其平均数离差平方的算术平均数的算术平方根。它是测量数据离散程度最常用的指标，在实际工作中应用广泛。

根据掌握的资料是否分组，标准差的计算分为两种情况。

① 在资料未分组的情况下，可采用简单平均法计算标准差，其计算公式为：

$$\sigma = \sqrt{\frac{(x-\bar{x})^2}{n}} \tag{6-12}$$

② 在资料分组的情况下，可采用加权平均法计算标准差，其计算公式为：

$$\sigma = \sqrt{\frac{\sum (x-\bar{x})^2 f}{\sum f}} \tag{6-13}$$

式中，$\sigma$为标准差。

需要注意的是：用加权平均法计算标准差应以组中值代替标志值。

**【例 6-8】** 根据例 6-7 的资料，计算 A、B 两公司销售员月人均销量的标准差。

A 公司：

销售员的月人均销量：

$$\bar{x}=\frac{190+200+220+250+260}{5}=224(\text{件})$$

销售员月人均销量的标准差：

$$\sigma=\sqrt{\frac{(190-224)^2+(200-224)^2+\cdots+(260-224)^2}{5}}\approx 27.3(\text{件})$$

B 公司：

销售员的月人均销量：

$$\bar{x}=\frac{200+220+220+230+230}{5}=220(\text{件})$$

销售员的月人均销量的标准差：

$$\sigma=\sqrt{\frac{(200-220)^2+(220-220)^2+\cdots+(230-220)^2}{5}}\approx 11(\text{件})$$

从计算得知，A 公司销售员的月人均销量的标准差大，说明 A 公司销售员销量水平的差异大，A 公司销售员的月人均销量的代表性小。

**【例 6-9】** 抽样调查某城镇 300 名工人的月收入情况如表 6-11 所示，计算该城镇工人月人均收入的标准差。

**表 6-11 某城镇工人月收入情况**

| 月收入(元) | 工人数 $f$ | 组中值 $x$ | $xf$ | $(x-\bar{x})^2$ | $(x-\bar{x})^2f$ |
|---|---|---|---|---|---|
| 500～600 | 24 | 550 | 13200 | 54615.69 | 1310776.56 |
| 600～700 | 48 | 650 | 31200 | 17875.69 | 858033.12 |
| 700～800 | 105 | 750 | 78750 | 1135.69 | 119247.45 |
| 800～900 | 70 | 850 | 59500 | 4395.69 | 307698.30 |
| 900～1000 | 32 | 950 | 30400 | 27655.69 | 884982.08 |
| 1000～1100 | 21 | 1050 | 22050 | 70915.69 | 1489229.49 |
| 合计 | 300 | — | 235100 | 176594.14 | 4969967 |

工人月人均收入：

$$\bar{x}=\frac{\sum xf}{\sum f}=\frac{235100}{300}\approx 783.7(\text{元})$$

工人月人均收入的标准差

$$\sigma=\sqrt{\frac{\sum (x-\bar{x})^2 f}{\sum f}}=\sqrt{\frac{4969967}{300}}\approx 128.7(\text{元})$$

为了提高计算速度和准确性，算术平均数及标准差的计算都可以利用计算器的统计功能。这里不做详细介绍，可参考计算器的使用说明书。

(3) 标准差系数

标准差反映了每一个数据值与平均数之间离差的大小,其数值的大小受到数据本身水平的影响,即数据本身绝对水平高的,其标准差就大;数据本身绝对水平低的,其标准差就小。因此,对于不同水平的同类现象或不同类现象就不能直接用标准差来比较其离散程度的大小,这就需要将标准差转化为标准差系数来比较。

标准差系数是一组数据的标准差与其相应的算术平均数的比值,是衡量数据离散程度的相对指标,其计算公式为:

$$V_\sigma = \frac{\sigma}{\bar{x}} \times 100\% \qquad (6\text{-}14)$$

式中,$V_\sigma$ 为标准差系数。

**【例 6-10】** 甲乙两公司年人均销售额及标准差指标如表 6-12 所示,试比较哪个公司年人均销售额的代表性大。

**表 6-12　甲乙两公司年人均销售额及标准差**

| 公司 | 年人均销售额(万元) $\bar{x}$ | 标准差(万元) $\sigma$ | 标准差系数 $V_\sigma=\frac{\sigma}{\bar{x}}\times 100\%$ |
|---|---|---|---|
| 甲 | 540 | 12 | 2.22 |
| 乙 | 27 | 0.9 | 3.33 |

从例 6-10 可以看出,甲公司的标准差虽然大于乙公司,但不能就此断言,甲公司的年人均销售额的代表性比乙公司差,这是因为两个公司的年人均销售额水平相差悬殊,所以不能只根据标准差的大小得出结论。在这种情况下,只有通过离散系数来比较。

甲公司的离散系数是 2.22%,乙公司的离散系数是 3.33%,所以甲公司的离散系数小,年人均销售额的代表性大。乙公司的离散系数大,年人均销售额的代表性小。

### 3. 数据的相对程度分析

相对程度分析是统计分析的重要方法,是反映现象之间数量关系的重要手段。它通过对比的方法反映现象之间的联系程度,表明现象的发展过程,还可以使那些不能直接对比的现象找到可比的基础,因而在市场调查资料分析中经常使用。

根据数据的特点,按照不同目的进行对比,能够产生不同种类的相对数。在市场调查资料分析中常用的相对数有结构相对数、比例相对数、比较相对数、强度相对数和计划完成相对数等。

① 结构相对数。结构相对数是总体中各个组成部分的数值与总体全部数值之比。它说明总体中各部分所占的比重,通常用百分数表示。其计算公式为:

$$\text{结构相对数} = \frac{\text{总体中某一部分的数值}}{\text{总体的全部数值}} \times 100\% \qquad (6\text{-}15)$$

例如,2005 年全国 1%人口抽样调查的数据显示:截至 2005 年 11 月 1 日零时,全国总人口为 130628 万人,其中男性为 67309 万人,占总人口的 51.53%$\left(\frac{67309}{130628}\times 100\%\right)$;女性

为 63319 万人，占总人口的 48.47%$\left(\frac{63319}{130628}\times 100\%\right)$。

结构相对数是在资料分组的基础上计算的，总体中各组比重之和等于 100%。

② 比例相对数。比例相对数是指同一总体内不同组成部分的指标数值对比的结果。用来表明总体各部分之间的比例协调关系，通常用百分数表示，也可以用一比几或几比几的形式表示。其计算公式为：

$$比例相对数=\frac{总体中某一部分数值}{总体中另一部分数值}\times 100\% \tag{6-16}$$

例如，我们仍以 2005 年全国 1%人口抽样调查数据为例，全国人口中男性为 67309 万人，女性为 63319 万人，则我国人口性别比(男：女)为 106.3：100。

③ 比较相对数。比较相对数是某同类指标在不同地区或单位之间进行对比，用来表明某同类现象在不同地区或不同单位之间的差异，可用倍数或百分数表示。对比的指标可以是绝对数，也可以是相对数或平均数。其计算公式为：

$$比较相对数=\frac{某地区(或单位)某一指标数值}{另一地区(或单位)同类指标数值} \tag{6-17}$$

例如，对不同地区的物价水平进行比较、对不同地区的国内生产总值进行比较都是比较相对数。

④ 强度相对数。在市场调查中，有时要研究不同事物间的联系，如广告费与商品销售额、产值与固定资产等，这就需要通过计算强度相对数来分析。强度相对数是指两个性质不同而又有联系的总量指标对比的结果，它反映现象的分布密度、强度和普遍程度。其计算公式为：

$$强度相对数=\frac{某一总量指标数值}{另一有联系而性质不同的总量指标数值} \tag{6-18}$$

例如，2005 年年末我国总人口 130628 万人，则人口密度计算如下：

$$人口密度=\frac{130628\ 万人}{960\ 万平方公里}\approx 136(人/平方公里)$$

⑤ 计划完成相对数。计划完成相对数，就是以计划作为基准，将实际完成数与计划数对比，一般用百分数表示。其计算公式为：

$$计划完成相对数=\frac{实际完成数}{计划数}\times 100\% \tag{6-19}$$

具体用法分两种情况：一种是当计划数是绝对数、相对数或平均数时，直接用上述公式计算；另一种是当计划数表示为提高率或降低率时，计划完成相对数按如下公式计算：

$$计划完成相对数=\frac{1+实际提高(或-实际降低)百分数}{1+计划提高(或-计划降低)百分数}\times 100\% \tag{6-20}$$

**【例 6-11】** 某企业劳动生产率计划规定 2014 年比 2013 年提高 6%，实际提高了 7%，则

$$计划完成程度=\frac{1+7\%}{1+6\%}\times 100\%=100.94\%$$

计算结果表明，该企业劳动生产率超额完成计划 0.94%。

如果计划规定的是任务降低率，计算结果应该越小越好。

**【例 6-12】** 某企业生产某产品，本年度计划单位成本降低 8%，实际降低 9.2%，则

$$计划完成程度=\frac{1-9.2\%}{1-8\%}\times 100\%\approx 98.7\%$$

计算结果表明，成本降低率比计划多完成 1.3%。

在进行数据的相对程度分析时要注意：第一，要正确选择对比基数，保持分子、分母的可比性；第二，一种相对数只能反映一个方面的问题，为了从各个方面分析和研究问题，需要把各种相对数结合起来；第三，要把指标数值与所反映的实际经济内容结合起来。

## 6.2.2　市场调查资料动态分析

对于市场调查所取得的资料，不仅要从静态上研究它的数量方面的特征与相互关系，还要从动态上研究其发展变化的过程和规律性。动态分析法就是应用统计方法研究经济现象数量方面的变化发展过程，它是统计分析的一种重要方法。

动态分析的依据是时间数列。时间数列又称为动态数列，是指同一总体现象的指标数值按其发生的时间顺序排列而成的数列。时间数列由两个基本要素构成：一是资料所属时间；二是各时间上的指标数值。例如表 6-13 就是一个时间数列。

表 6-13　某公司历年产品销售额情况

| 年　份 | 2010 | 2011 | 2012 | 2013 | 2014 |
|---|---|---|---|---|---|
| 销售额(万元) | 280 | 330 | 400 | 480 | 600 |

动态分析常用的方法有水平分析和速度分析。

### 1. 水平分析

用于水平分析的指标主要有发展水平、平均发展水平、增长量和平均增长量。

(1) 发展水平

时间数列中的每个指标数值称为发展水平，它反映现象在不同时间发展达到的规模和水平。发展水平一般是绝对数，也可以是相对数或平均数。

如果用符号 $a$ 表示发展水平，各时期的发展水平分别表示为 $a_0, a_1, a_2, \cdots, a_{n-1}, a_n$。根据发展水平在时间数列中所处位置的不同，可以分为最初水平、中间水平和最末水平。最初水平就是时间数列中第一个指标数值，即 $a_0$；最末水平就是最后一个指标数值，即 $a_n$；其余各指标数值 $a_1, a_2, \cdots, a_{n-1}$ 为中间水平。

在动态分析中，常需将两个时期的水平进行比较，这时作为比较基础时期的水平叫基期水平，作为研究时期的水平称为报告期水平。

(2) 平均发展水平

为了概括地说明时间数列所包括的整个时期内经济现象的一般水平，需要计算时间数列的平均发展水平。平均发展水平就是对时间数列中各个时期的发展水平加以平均而得到的平均数，又称序时平均数。它属于动态平均数，与静态分析中介绍的一般平均数有共性，也有区别。共同之处是两者都是将现象的个别数量差异抽象化，概括地反映现象的一般水平。不同之处有两点：第一，平均发展水平是对同一现象在不同时间上数值差异的抽象化；而一般平均数是对同一时间总体某一数量标志值差异的抽象化。第二，平均发展水平是同一现象在不同时期的发展水平的平均，从动态上说明其在某一段时间内发展的一般水平；而一般平均数是同质总体内各单位标志值的平均，从静态上说明其在具体时间条件下达到的一般水平。

发展水平可以用绝对数表示，也可用相对数或平均数表示，所以，序时平均数的计算分为三种情况：根据绝对数时间数列计算序时平均数、根据相对数时间数列计算序时平均数、根据平均数时间数列计算序时平均数。

① 根据绝对数时间数列计算序时平均数

绝对数时间数列分为时期数列和时点数列。时期数列是由时期指标组成的数列，它反映的是现象在各个时期发展过程的总量。时期数列中的指标数值可以直接相加，数值的大小与其所属时间的长短有直接联系。时点数列是由时点指标组成的数列，它的每个指标数值都是反映现象在某一时点上所达到的水平。与时期数列相比，时点数列中的指标数值不能直接相加，其数值大小与时期的长短也没有直接联系。由于时期数列和时点数列各自具有不同的性质，因此其计算序时平均数的方法也不一样。

a. 根据时期数列计算序时平均数。由于时期数列的每个指标数值可以直接相加，因此可采用简单算术平均数的计算公式来计算序时平均数。其公式为：

$$\bar{a} = \frac{\sum a}{n} \tag{6-21}$$

式中，$\bar{a}$为序时平均数；$n$为时期项数。

**【例 6-13】** 根据表 6-13 的资料，计算该公司年平均销售额。

该公司年平均销售额为：

$$\bar{a} = \frac{\sum a}{n} = \frac{280 + 330 + 400 + 480 + 600}{5} = 418(\text{万元})$$

b. 根据时点数列计算序时平均数。根据掌握的资料不同，时点数列可分为连续时点数列和间断时点数列。如果时点数列的资料是逐日记录的，就是连续时点数列，否则就是间断时点数列。

连续时点数列有连续变动和不连续变动两种情况：

如果连续时点数列每日的指标值都有变动，称为连续变动的连续时点数列。可采用简单算术平均法求序时平均数。

例如，如果掌握了某公司一个月中每天的员工人数，要计算该月内每天平均员工人数，可将每天的员工人数相加，除以该月的日历天数即得。

如果被研究现象不是逐日变动，而是间隔几天变动一次，这样的数列称为非连续变动的连续时点数列，可采用加权算术平均法计算序时平均数，其计算公式为：

$$\bar{a} = \frac{\sum af}{\sum f} \tag{6-22}$$

式中，$f$为时间长度。

**【例 6-14】** 某公司 2014 年 9 月份员工人数如下：1～10 日为 500 人，11～15 日为 509 人，16～30 日为 505 人，计算该公司 9 月份平均员工人数。

该公司 9 月份平均员工人数为：

$$\bar{a} = \frac{500 \times 10 + 509 \times 5 + 505 \times 15}{10 + 5 + 15} = 504(\text{人})$$

间断时点数列也有两种情况：间隔相等和间隔不等。

在实际工作中，对于时点性质的指标，为了简化登记手续，往往每隔一段时间登记一次，如在每月的月末盘点库存商品额，这就组成了间隔相等的间断时点数列。计算间隔相等的间断时点数列的序时平均数时，一般是采用假设的方法，即假设每两个相邻点之间的指标数值变化是均匀的，然后分别计算出每两个相邻时点之间的序时平均数，再根据这些平均数，采用简单算术平均法，求出整个研究时期内的序时平均数。其计算公式为：

$$\bar{a}=\frac{\frac{a_1+a_2}{2}+\frac{a_2+a_3}{2}+\cdots+\frac{a_{n-1}+a_n}{2}}{n-1}$$

$$=\frac{\frac{a_1}{2}+a_2+a_3+\cdots+a_{n-1}+\frac{a_n}{2}}{n-1} \tag{6-23}$$

这种计算方法也称为“首尾折半法”。

【例 6-15】 某公司第四季度月末商品库存额情况如表 6-14 所示，计算该公司商品第四季度平均库存额。

表 6-14　某公司第四季度月末商品库存额情况

| 日　期 | 9 月 30 日 | 10 月 31 日 | 11 月 30 日 | 12 月 31 日 |
|---|---|---|---|---|
| 商品库存额(万元) | 600 | 800 | 780 | 900 |

该公司商品第四季度平均库存额为：

$$\bar{a}=\frac{\frac{600}{2}+800+780+\frac{900}{2}}{4-1}\approx 776.67(\text{万元})$$

间隔不等的间断时点数列求序时平均数必须以相应的时点间隔为权数加权计算。其计算公式为：

$$\bar{a}=\frac{\frac{a_1+a_2}{2}f_1+\frac{a_2+a_3}{2}f_2+\cdots+\frac{a_{n-1}+a_n}{2}f_{n-1}}{f_1+f_2+\cdots+f_n} \tag{6-24}$$

式中，$f$ 为各时点间隔的距离。

【例 6-16】 某公司 2014 年员工人数资料如表 6-15 所示，计算该公司 2014 年平均员工人数。

表 6-15　某公司 2014 年员工人数情况

| 日　期 | 1 月 1 日 | 4 月 1 日 | 8 月 1 日 | 10 月 1 日 | 12 月 31 日 |
|---|---|---|---|---|---|
| 员工人数(位) | 1200 | 1180 | 1150 | 1220 | 1060 |

由公式(6-24)得该公司 2014 年平均员工人数：

$$\bar{a}=\frac{\frac{1200+1180}{2}\times 3+\frac{1180+1150}{2}\times 4+\frac{1150+1220}{2}\times 2+\frac{1220+1060}{2}\times 3}{3+4+2+3}\approx 1168(\text{人})$$

② 根据相对数或平均数时间数列计算序时平均数

由于相对数时间数列和平均数时间数列都是绝对数时间数列的派生数列，即数列中各项指标都是由两个绝对指标对比计算出来的，所以由相对数或平均数时间数列计算序时平均数，应分别计算分子、分母数列的序时平均数，然后再相比求得商。计算公式为：

$$\bar{c}=\frac{\bar{a}}{\bar{b}} \tag{6-25}$$

式中，$\bar{c}$为相对数或平均数时间数列的序时平均数；$\bar{a}$为分子数列的序时平均数；$\bar{b}$为分母数列的序时平均数。

需要注意的是，在分别求分子数列和分母数列的序时平均数时，应首先判明分子数列和分母数列分别属于哪一种绝对数时间数列，是时期数列还是时点数列，如属于时点数列，究竟是连续时点数列还是间断时点数列，然后再选择相应的计算公式，以使$\bar{a}$和$\bar{b}$计算准确，所求$\bar{c}$才能正确。

(3) 增长量

增长量是时间数列中报告期水平与基期水平之差。它反映了社会经济现象在一定时期内报告期比基期增减的绝对数量。用公式表示为：

$$增长量 = 报告期水平 - 基期水平 \tag{6-26}$$

增长量的数值可正(＋)可负(－)，正数表示增加的绝对量，负数表示减少或降低的绝对量。

由于计算增长量时采用的基期不同，故有逐期增长量和累积增长量之分。逐期增长量是指报告期水平与前一期水平之差，它表示本期比上一期增长的绝对数量；累积增长量是指报告期水平与某一固定时期水平之差，它表示本期比某一固定时期增长的绝对数量。

逐期增长量的公式为：

$$a_1 - a_0, a_2 - a_1, \cdots, a_n - a_{n-1} \tag{6-27}$$

累积增长量的公式为：

$$a_1 - a_0, a_2 - a_0, \cdots, a_n - a_0 \tag{6-28}$$

逐期增长量与累积增长量之间的关系为：逐期增长量之和等于累积增长量，即

$$(a_1 - a_0) + (a_2 - a_1) + \cdots + (a_n - a_{n-1}) = a_n - a_0 \tag{6-29}$$

**【例 6-17】** 根据表 6-13 的资料，计算逐期增长量和累积增长量。计算结果见表 6-16。

**表 6-16　某公司历年产品销售额增长量计算表**　　单位：万元

| 年　份 | | 2010 | 2011 | 2012 | 2013 | 2014 |
|---|---|---|---|---|---|---|
| 销售额 | | 280 | 330 | 400 | 480 | 600 |
| 增长量 | 逐期 | — | 50 | 70 | 80 | 120 |
| | 累积 | — | 50 | 120 | 200 | 320 |

(4) 平均增长量

平均增长量是时间数列中逐期增长量的平均数，它反映现象的平均增长水平。其计算公式为：

$$平均增长量 = \frac{逐渐增长量之和}{逐期增长量个数} = \frac{累计增长量}{时间数列项数 - 1} \tag{6-30}$$

**【例 6-18】** 根据表 6-16 的资料，计算产品销售额年平均增长量。

$$产品销售额年平均增长量 = \frac{逐期增长量之和}{逐期增长量个数} = \frac{50 + 70 + 80 + 120}{4} = 80(万元)$$

或

$$产品销售额年平均增长量 = \frac{累计增长量}{时间数列项数 - 1} = \frac{320}{5 - 1} = 80(万元)$$

## 2. 速度分析

用于速度分析的指标主要有发展速度、平均发展速度、增长速度和平均增长速度。

(1) 发展速度

发展速度是反映社会经济现象发展变化情况的动态相对数。它根据两个不同时期的发展水平对比而求得，其结果一般用百分数或倍数表示，其计算公式为：

$$发展速度=\frac{报告期水平}{基期水平} \tag{6-31}$$

由于采用的基期不同，发展速度可分为环比发展速度和定基发展速度。环比发展速度就是报告期水平与前一时期水平之比计算的发展速度，用它来说明报告期水平已经发展到了前一期水平的百分之几(或多少倍)，表示这种现象逐期的发展速度。定基发展速度是指以报告期水平与某一固定时期水平之比计算的发展速度，它用来说明报告期水平已经发展到了固定时期水平的百分之几(或多少倍)，表示这种现象在较长时期内总的发展速度，因此，有时也叫做“总速度”。如果计算的单位时期为一年，这个指标也可以叫做“年速度”。这两种发展速度可用公式表示如下。

环比发展速度：

$$\frac{a_1}{a_0},\frac{a_2}{a_1},\frac{a_3}{a_2},\cdots,\frac{a_n}{a_{n-1}} \tag{6-32}$$

定基发展速度：

$$\frac{a_1}{a_0},\frac{a_2}{a_0},\frac{a_3}{a_0},\cdots,\frac{a_n}{a_0} \tag{6-33}$$

环比发展速度与定基发展速度之间关系是：定基发展速度等于相应各个环比发展速度的连乘积，即：

$$\frac{a_1}{a_0}\cdot\frac{a_2}{a_1}\cdot\frac{a_3}{a_2}\cdot\cdots\cdot\frac{a_n}{a_{n-1}}=\frac{a_n}{a_0} \tag{6-34}$$

**【例 6-19】** 根据表 6-13 的资料，计算环比发展速度和定基发展速度。计算结果见表 6-17。

**表 6-17　某公司历年产品销售额发展速度计算表**

| 年　份 | | 2010 | 2011 | 2012 | 2013 | 2014 |
|---|---|---|---|---|---|---|
| 销售额(万元) | | 280 | 330 | 400 | 480 | 600 |
| 发展速度(%) | 环比 | 100 | 117.86 | 121.21 | 120 | 125 |
| | 定基 | 100 | 117.86 | 142.86 | 171.43 | 214.29 |

(2) 平均发展速度

平均发展速度是各期环比发展速度的序时平均数。由于环比发展速度是根据同一现象在不同时期发展水平对比而得出的动态相对数，因此，它不能应用上述所讲的计算序时平均数的方法来计算。在实际工作中，计算平均发展速度的方法主要有两种，即几何平均法和方程法。这两种方法的数理依据不同，具体计算和应用场合也不一样。

① 几何平均法。计算平均发展速度时，因为总速度不等于各期环比发展速度的算术总和，而等于各期环比发展速度的连乘积，所以不能应用算术平均法，而要应用几何平均法来计算。在实践中，如果用水平法制订长期计划，则要求用几何平均法计算其平均发展速度，

按此平均发展速度发展，可以保证在最后一年达到规定的 $a_n$ 水平，所以几何平均法也称“水平法”。即从最初水平 $a_0$ 出发，以平均发展速度 $\overline{X}$ 代替各环比发展速度 $X_1, X_2, X_3, \cdots, X_n$，经过 $n$ 期发展，正好达到最末水平 $a_n$，用公式表示如下：

$$a_0 \cdot X_1 \cdot X_2 \cdot X_3 \cdot \cdots \cdot X_n = a_n$$

$$\overline{X}^n = \frac{a_n}{a_0}$$

则平均发展速度的计算公式为：

$$\overline{X} = \sqrt[n]{\frac{a_n}{a_0}} \tag{6-35}$$

由于定基发展速度等于相应时期各环比发展速度的连乘积，所以平均发展速度的计算公式还有：

$$\overline{X} = \sqrt[n]{\frac{a_n}{a_0}} = \sqrt[n]{X_1 \cdot X_2 \cdot X_3 \cdot \cdots \cdot X_n} = \sqrt[n]{\prod X} \tag{6-36}$$

又由于$\frac{a_n}{a_0}$为整个时期的总发展速度，所以平均发展速度的计算公式还有：

$$\overline{X} = \sqrt[n]{\frac{a_n}{a_0}} = \sqrt[n]{R} \tag{6-37}$$

式中，$\overline{X}$ 为平均发展速度；$X_1, X_2, X_3, \cdots, X_n$ 为各期环比发展速度；$\prod$ 为连乘符号；$R$ 为总发展速度；$n$ 为环比发展速度项数。

计算平均发展速度时，根据掌握的资料可以选用以上任何一个公式。如果掌握了最初水平和最末水平，可用公式(6-35)计算；如果掌握了各期环比发展速度，可用公式(6-36)计算；如果掌握了总速度，则可直接用公式(6-37)计算。三个公式的计算结果是一致的。

**【例 6-20】** 根据表 6-17(发展速度计算表)的资料，计算 2010—2014 年该公司产品销售额的平均发展速度。

由公式(6-35)得：

$$\overline{X} = \sqrt[n]{\frac{a_n}{a_0}} = \sqrt[4]{\frac{600}{280}} = 120.99\%$$

或由公式(6-36)得：

$$\overline{X} = \sqrt[n]{X_1 \cdot X_2 \cdot X_3 \cdot \cdots \cdot X_n} = \sqrt[4]{117.86\% \times 121.21\% \times 120\% \times 125\%} = 120.99\%$$

或由公式(6-37)得：

$$\overline{X} = \sqrt[n]{\frac{a_n}{a_0}} = \sqrt[n]{R} = \sqrt[4]{214.29\%} = 120.99\%$$

② 方程法。方程法是用一个方程式来表达从最初水平出发按平均发展速度 $\overline{X}$ 计算的各期水平的累计总和要与相应的各期实际水平的总和一致，故这个方法又叫累计法，建立的方程式为：

$$a_0\overline{X} + a_0\overline{X}^2 + a_0\overline{X}^3 + \cdots + a_0\overline{X}^n = \sum a$$

即

$$\overline{X} + \overline{X}^2 + \overline{X}^3 + \cdots + \overline{X}^n - \frac{\sum a}{a_0} = 0$$

解这个方程，所得正根，即为所求的平均发展速度。以方程法求平均发展速度，可用逐渐逼近法求得具有一定精确度的近似值，但比较复杂，实际工作中都是根据事先编好的《平均增长速度查对表》，通过查表取得结果。

(3) 增长速度

增长速度是反映现象增长程度的动态相对数，它可以根据增长量与基期发展水平对比求得，说明报告期水平比基期水平增加了若干倍(或百分之几)，用公式表示为：

$$\text{增长速度} = \frac{\text{增长量}}{\text{基期水平}} \tag{6-38}$$

由于采用的基期不同，增长速度可分为环比增长速度和定基增长速度两种。

环比增长速度是逐期增长量与前一期发展水平之比，它表明现象逐期增长的程度。

$$\text{环比增长速度} = \frac{\text{逐期增长量}}{\text{前一期水平}} \tag{6-39}$$

定基增长速度是报告期累计增长量与某一固定基期水平之比，它反映社会经济现象在较长时期内总的增长速度。

$$\text{定基增长速度} = \frac{\text{累积增长量}}{\text{固定基期水平}} \tag{6-40}$$

增长速度与发展速度是有区别的，但两者之间也存在一定的联系，两者的联系可用公式表示为：

$$\text{环比增长速度} = \text{环比发展速度} - 1 \tag{6-41}$$

$$\text{定基增长速度} = \text{定基发展速度} - 1 \tag{6-42}$$

**【例 6-21】** 根据表 6-16 的资料，计算环比增长速度和定基增长速度。

可以根据公式(6-39)和公式(6-40)来计算，计算结果见表 6-18。

**表 6-18　某公司历年产品销售额增长速度计算表(用增长量计算)**

| 年　份 | | 2010 | 2011 | 2012 | 2013 | 2014 |
|---|---|---|---|---|---|---|
| 销售额(万元) | | 280 | 330 | 400 | 480 | 600 |
| 增长量 | 逐期 | — | 50 | 70 | 80 | 120 |
| | 累积 | — | 50 | 120 | 200 | 320 |
| 增长速度(%) | 环比 | — | 17.86 | 21.21 | 20 | 25 |
| | 定基 | — | 17.86 | 42.86 | 71.43 | 114.29 |

也可以根据表 6-17 的计算结果，利用公式(6-41)和公式(6-42)来计算环比增长速度和定基增长速度，计算结果见表 6-19。

**表 6-19　某公司历年产品销售额增长速度计算表(用发展速度计算)**

| 年　份 | | 2010 | 2011 | 2012 | 2013 | 2014 |
|---|---|---|---|---|---|---|
| 销售额(万元) | | 280 | 330 | 400 | 480 | 600 |
| 发展速度(%) | 环比 | 100 | 117.86 | 121.21 | 120 | 125 |
| | 定基 | 100 | 117.86 | 142.86 | 171.43 | 214.29 |
| 增长速度(%) | 环比 | — | 17.86 | 21.21 | 20 | 25 |
| | 定基 | — | 17.86 | 42.86 | 71.43 | 114.29 |

(4) 平均增长速度

平均增长速度是各期环比增长速度的序时平均数,它表明现象在一定时期内逐期平均增长变化的程度。根据增长速度与发展速度之间的运算关系,要计算平均增长速度,首先要计算平均发展速度,然后将其减“1”求得。即:

$$平均增长速度 = 平均发展速度 - 1 \tag{6-43}$$

平均发展速度大于1,平均增长速度为正值,表明现象在一个较长时期内逐期平均递增的程度,这个指标也叫“平均递增速度”或“平均递增率”;反之,平均发展速度小于1,平均增长速度为负值,表明现象在一个较长时期内逐期平均递减的程度,这个指标也叫“平均递减速度”或“平均递减率”。

例如,在例6-20中已经计算出2010—2014年该公司产品销售额的平均发展速度为120.99%,则根据公式(6-43),平均增长速度为120.99%-1=20.99%。

### 6.2.3 统计分析软件SPSS简介

SPSS是该软件英文名称的首字母缩写,原意为Statistical Package for the Social Sciences,即“社会科学统计软件包”。SPSS是世界上公认的三大数据分析软件之一(SAS、SPSS和SYSTAT)。1994—1998年,SPSS公司陆续购并了SYSTAT公司、BMDP公司等,由原来单一统计产品开发转向企业、教育科研及政府机构提供全面信息统计决策支持服务。随着SPSS产品服务领域的扩大和服务深度的增加,SPSS公司已于2000年正式将英文全称更改为Statistical Product and Service Solutions,意为“统计产品与服务解决方案”,标志着SPSS的战略方向正在做出重大调整。

SPSS是世界上最早的统计分析软件,由美国斯坦福大学的三位研究生于20世纪60年代末研制,同时成立了SPSS公司,并于1975年在芝加哥组建了SPSS总部。1984年SPSS总部首先推出了世界上第一个统计分析软件微机版本SPSS/PC+,开创了SPSS微机系列产品的开发方向,极大地扩充了它的应用范围,并使其能很快地应用于自然科学、技术科学、社会科学的各个领域。世界上许多有影响的报纸杂志纷纷就SPSS的自动统计绘图、数据的深入分析、使用方便、功能齐全等方面给予了高度的评价与称赞。迄今SPSS软件已有40余年的成长历史。全球约有25万家产品用户,它们分布于通信、医疗、银行、证券、保险、制造、商业、市场研究、科研教育等多个领域和行业,是世界上应用最广泛的统计软件。

SPSS的基本功能包括数据管理、统计分析、图表分析、输出管理等。SPSS统计分析过程包括描述性统计、均值比较、一般线性模型、相关分析、回归分析、对数线性模型、聚类分析、数据简化、生存分析、时间序列分析、多重响应等几大类。每类中又分好几个统计过程,比如回归分析中又分线性回归分析、曲线估计、Logistic回归、Probit回归、加权估计、两阶段最小二乘法、非线性回归等多个统计过程,而且每个过程中又允许用户选择不同的方法及参数。SPSS也有专门的绘图系统,可以根据数据绘制各种图形,包括条形图、面积图、圆图、高—低—收盘图(High-Low-Close)、极差图、距限图、排列图、帕累托图、工序控制图、误差条图、散点图、直方图、时间序列图、相关图等几十种。

SPSS是世界上最早采用图形菜单驱动界面的统计软件,它最突出的特点就是操作界面极为友好,输出结果美观漂亮。它将几乎所有的功能都以统一、规范的界面展现出来,使用 Windows 的窗口方式展示各种管理和分析数据方法的功能，对话框展示出各种功能选择项。用户只要掌握一定的 Windows 操作技能和统计分析基本原理，就可以使用该软件为特定的科研工作服务，是非专业统计人员的首选统计软件。在众多用户对国际常用统计软件 SAS、BMDP、GLIM、GENSTAT、EPILOG、MiniTab 的总体印象分的统计中，其诸项功能均获得最高分。在国际学术界有条不成文的规定，即在国际学术交流中，凡是用 SPSS 软件完成的计算和统计分析，可以不必说明算法，由此可见其影响之大和信誉之高。SPSS 采用类似 Excel 表格的方式输入与管理数据，数据接口较为通用，能方便地从其他数据库中读入数据。其统计过程包括了常用的、较为成熟的统计过程，完全可以满足非统计专业人士的工作需要。输出结果十分美观，存储时则是专用的 SPO 格式，可以转存为 HTML 格式和文本格式。对于熟悉老版本编程运行方式的用户，SPSS 还特别设计了语法生成窗口，用户只需在菜单中选好各个选项，然后按“粘贴”按钮就可以自动生成标准的 SPSS 程序，极大地方便了中、高级用户。

SPSS 输出结果虽然漂亮，但不能为 Word 等常用文字处理软件直接打开，只能采用拷贝、粘贴的方式加以交互。这可以说是 SPSS 软件的缺陷。

## 本章小结

调查资料整理就是根据市场调查的目的、任务和要求，运用科学的方法，对调查资料进行审核、分组、汇总和显示，使之系统化和条理化，适用于分析和解释。调查资料整理的意义主要有四个方面：调查资料整理是进行资料分析的前提；有利于提高信息资料的价值；有助于对市场做出正确的判断；有利于发现市场调查工作中的不足。调查资料整理包括资料的审核、分组、汇总及显示四个步骤。市场调查资料分析的方法有两大类：静态分析和动态分析。静态分析主要包括对调查资料的集中趋势分析、离中趋势分析和相对程度分析。反映数据集中趋势分析的主要指标有算术平均数、中位数和众数三种。反映数据离中趋势的指标主要有极差、标准差和标准差系数。相对程度分析常用的相对数有结构相对数、比例相对数、比较相对数、强度相对数和计划完成相对数等。动态分析常用的方法有水平分析和速度分析。用于水平分析的指标主要有发展水平、平均发展水平、增长量和平均增长量。用于速度分析的指标主要有发展速度、平均发展速度、增长速度和平均增长速度。

## 知识训练

**1. 主要概念**

调查资料整理　审核　分组　算术平均数　中位数　众数　极差　标准差　标准差系数　结构相对数　比例相对数　比较相对数　强度相对数　计划完成相对数　发展水平　平均发展水平　增长量　平均增长量　发展速度　平均发展速度　增长速度　平均增长速度

**2. 选择题**

(1) 为研究某城市的居民收入情况，把该城市居民按人均年收入分组，其中最后两组是 18000～20000 元，20000 元以上，则最末一组的组中值应是(　　)元。

A. 20000　　B. 22000　　C. 21000　　D. 21500

(2) 按某一标志分组的结果表现为(　　)。

A. 组内差异性,组间同质性　　B. 组内同质性,组间差异性

C. 组内同质性,组间同质性　　D. 组内差异性,组间差异性

(3) 全国粮食总产量与全国人口数之比属于(　　)。

A. 比例相对数　　B. 强度相对数　　C. 比较相对数　　D. 动态相对数

(4) 甲、乙两个企业的工人劳动生产率之比属于(　　)。

A. 比例相对数　　B. 强度相对数　　C. 比较相对数　　D. 动态相对数

(5) 某地区城市和乡村人均居住面积分别为 8.1 平方米和 19.4 平方米,标准差分别为 2.7 平方米和 6.3 平方米,则该地区人均居住面积的差异程度(　　)。

A. 城市大　　B. 乡村大

C. 城市和乡村一样大　　D. 城市和乡村不能比

(6) 下列指标中易受极端数值影响的是(　　)。

A. 全距　　B. 标准差　　C. 方差　　D. 标准差系数

(7) 某公司产品销售额 2012 年比 2011 年增长 5%,2013 年比 2012 年增长 10%,2014 年比 2013 年增长 15%,那么,这三年产品销售额共增加(　　)。

A. 30%　　B. 32.8%　　C. 7.5%　　D. 20%

(8) 某车间月初工人人数资料如表 6-20 所示。

**表 6-20　某车间月初工人人数**

| 1月 | 2月 | 3月 | 4月 | 5月 | 6月 | 7月 |
|---|---|---|---|---|---|---|
| 280 | 284 | 280 | 300 | 302 | 304 | 320 |

则该车间上半年的月平均人数为(　　)。

A. 345　　B. 300　　C. 201.5　　D. 295

**3. 判断题(下列说法正确的请打√,错误的请打×)**

(1) 对不完全回答的问卷的处理方法一般是宣布问卷作废。　　(　　)

(2) 甲企业产品产量超过计划 10000 吨,乙企业产品产量超过计划 9000 吨。因此,甲企业的计划完成程度一定高于乙企业。　　(　　)

(3) 某企业计划规定,2014 年第一季度的单位产品成本比去年同期降低 10%,实际执行结果降低 5%,仅完成计划的一半。　　(　　)

(4) 众数是一组数据中最大的数值。　　(　　)

(5) 一个完整的时间数列包括时间和指标数值两个基本要素。　　(　　)

(6) 某厂 5 年的销售收入如下:200 万元,220 万元,250 万元,300 万元,320 万元,则平均增长量为$\frac{320-200}{5}$。　　(　　)

(7) 定基增长速度等于相应的各个环比增长速度加 1 后的连乘积再减 1。　　(　　)

(8) 以 1988 年的钢产量为最初水平,2014 年的钢产量为最末水平,计算钢产量的年平均发展速度时,须开 27 次方。　　(　　)

**4. 复习思考题**

(1) 什么是市场调查资料整理？它具有什么意义？
(2) 市场调查资料整理的基本流程是什么？
(3) 市场调查资料审核的内容包括哪些？
(4) 无回答问题如何进行编码？
(5) 数据录入完成后如何进行检查？

**5. 计算题**

(1) 某局下属的 40 个企业 2014 年产品销售收入如下(单位：万元)：

| | | | | | | | | | |
|---|---|---|---|---|---|---|---|---|---|
| 226 | 213 | 246 | 212 | 258 | 219 | 215 | 123 | 188 | 197 |
| 217 | 208 | 205 | 210 | 207 | 237 | 220 | 236 | 207 | 208 |
| 225 | 227 | 242 | 218 | 203 | 187 | 215 | 214 | 219 | 205 |
| 217 | 224 | 229 | 216 | 200 | 203 | 192 | 195 | 227 | 204 |

要求：根据上述数据整理资料，对资料按照先进企业、良好企业、一般企业、落后企业进行分组(凡是产品销售收入在 225 万元以上的企业为先进企业；在 215 万～225 万元的企业为良好企业；在 205 万～215 万元的企业为一般企业；在 205 万元以下的企业为落后企业)，计算各组所占比重并设计统计表。

(2) 对某地区 200 家企业按利润额进行分组，结果如表 6-21 所示。

表 6-21　某地区企业分组表

| 按利润额分组(万元) | 企业个数 |
|---|---|
| 300～400 | 29 |
| 400～500 | 50 |
| 500～600 | 62 |
| 600～700 | 38 |
| >700 | 21 |
| 合计 | 200 |

要求：
① 计算 200 家企业利润额的算术平均数、中位数和众数；
② 计算标准差和标准差系数。

(3) 三个地区商业网点数及人口数资料如表 6-22 所示。

表 6-22　三地区商业网点与人口相关资料

| 地区 | 商业网点数(个) | 人口数(万人) |
|---|---|---|
| 甲 | 500 | 1000 |
| 乙 | 400 | 600 |
| 丙 | 300 | 400 |

要求：计算强度相对数。

(4) 某钢厂连续 5 年的钢产量资料如表 6-23 所示。

表 6-23 某钢厂连续 5 年钢产量　　单位：千吨

| 年　份 | 2010 | 2011 | 2012 | 2013 | 2014 |
|---|---|---|---|---|---|
| 钢产量 | 300 | 340 | 460 | 640 | 860 |

要求：编制一统计表，列出下列各种分析指标：

① 发展水平、平均发展水平、增长量(逐期、累积)、平均增长量；

② 发展速度(环比、定基)、平均发展速度、增长速度(环比、定基)、平均增长速度。

## 技能训练

### 1. 课堂实训

2014 年对某村居民调查的原始资料如表 6-24 所示。

表 6-24 2014 年某村居民调查

| 个案编号 | 性别 | 年龄 | 初婚年龄 | 子女数 |
|---|---|---|---|---|
| 1 | 男 | 36 | 25 | 1 |
| 2 | 女 | 42 | 31 | 2 |
| 3 | 女 | 17 | 22 | 1 |
| 4 | 男 | 48 | 21 | 2 |
| 5 | 女 | 47 | 27 | 1 |
| 6 | 女 | 33 | 16 | 1 |
| 7 | 男 | 35 | 36 | 1 |
| 8 | 男 | 41 | 23 | 5 |
| 9 | 女 | 38 | 35 | 3 |
| 10 | 男 | 45 | 29 | 2 |

试对上述资料进行审核，如果有错误，请给予更正。

### 2. 课外实训

实训主题：关于大学生双休日活动的调查。

实训形式：学生 5～6 人为一组。

实训任务：每组设计一份“关于大学生双休日活动的调查问卷”并进行实地调查，对调查资料进行整理和分析，形成分析报告。

实训步骤：

(1) 设计调查问卷。

(2) 按随机原则选择 50～100 名同学作为调查对象进行实地调查。

(3) 对回收的问卷进行审核，剔除不合格问卷。

(4) 对问卷进行编码并编制编码说明表。

(5) 把问卷转换形式并输入计算机。

(6) 利用计算机汇总，形成分析报告，报告包括若干文字资料、统计表和统计图。

(7) 老师评阅各组的报告，选出优秀的同学。

(8) 优秀的同学做好 PPT，进行课堂讲解，由其他学生提问，老师点评。

## 案例分析

### 中国手机游戏市场分析报告（含 2011—2014 年预测数据）

本报告针对市场：国内外手机游戏市场。

本报告针对类型：单机游戏、网络游戏、社交游戏。

本报告数据来源：艾瑞咨询、游戏邦、清科研究、海纳。

1. 手机游戏行业现状

随着智能手机的迅速普及，3G 网络的快速发展，移动互联网的相关业务，已逐渐成为国内各厂商关注的焦点，中国手机游戏市场目前仍然以单机版游戏为主，网游版产品所占比重较低。从整体行业来看，中国手机游戏行业处于快速发展期，近两年来，在电信运营商和手机游戏开发商的联合推动下，中国的手机游戏行业，取得了较快的发展。

目前的手机游戏数量众多，但是质量和内容无法满足现有玩家需求，国内手机游戏开发商自主开发能力与国外开发商相比，力量相对薄弱。目前的手机游戏大多来自国外，日、韩、欧美等地开发的游戏几乎占据了中国手机游戏市场 80% 的游戏内容。据相关统计数据显示，手机游戏开发商在我国已经有上千家，但真正上规模的也不过数十家。目前常见的手机平台有 Android、塞班、java、IOS。孰优孰劣没有绝对的界限。

2. 手机游戏未来发展趋势

(1) 手机游戏与其他创意型产业相互融合，呈现“多元娱乐”发展趋势

手机游戏在与其他创意产业融合，其优势体现在两个方面：一方面，将汲取融合优秀的动漫、影视、网络游戏、文学作品等相关创意产业特色内容资源，弥补本行业内容单一、创意不足的劣势；另一方面，融合发展将使手机游戏产品多样化，在进一步融合网络游戏、网页游戏、SNS 等娱乐应用特色的同时，成长为“多元娱乐”产品，进一步提升用户体验。

(2) 手机游戏市场参与主体的多元化，竞争日趋激烈

手机游戏行业的参与者逐渐多元化，除原有的手机游戏厂商以外，中国移动、中国电信相继通过手机游戏基地化模式全面切入，传统影视行业厂商通过并购或联合运营方式、互联网游戏厂商通过产品外延方式等，均已加速在手机游戏领域进行布局。

(3) 手机游戏的盈利模式多样化发展，主体仍借鉴 PC 网游盈利模式

手机游戏盈利模式多样化，借鉴性的引入网络游戏的盈利模式，如按时收费、包月收费、道具收费、广告内置收费等模式，尽管这些模式尚处于初探期，但却为手机游戏的盈利方式指明方向。

(4) 成功的手机游戏，将最大化利用手机游戏用户的“碎片时间”

一般手机游戏用户平均玩游戏的时间大约为 15 分钟，使得用户的黏性大大增加。其设计的过关难度和游戏时间的关系处理十分专业。从用户体验上看，一款优秀的手机游戏，必然考虑到了如何充分利用手机游戏用户的“碎片时间”。

(5) 手机游戏，其用户数量将远远超越传统 PC 游戏用户数量

随着中国与日本、韩国、新加坡、马来西亚、中国台湾等国家和地区在 3G 业务上深入合

作，中国乃至亚洲地区逐渐发展成为全球范围内潜力最大的移动互联网市场，截至2010年年底，中国手机网民规模达3.03亿。预计在未来一两年内，手机上的游戏用户数量将超过传统PC游戏用户。

(6) 国内手机游戏用户，更多的喜欢单机版免费的手机游戏

因为在国内，手机游戏用户在付费环节上，以及在使用习惯上，还是会和国外有所不同，截至目前，国内的手机游戏用户，在倾向上，更多的喜欢单机版免费的手机游戏。国内各个游戏厂商，可通过免费的手机游戏积累用户，达到一定量时，可通过合理的精准广告投放获得收益。

(7) 随着技术的发展，与市场的成熟，会逐渐形成各自的"游戏云平台"

PC游戏与手机游戏的界限将会逐步消失，同一款游戏，可通过不同类型的终端设备进行参与，形成"游戏云平台"，同一款游戏，可通过不同类型的终端设备接入游戏云，例如，手机、PC、平板电脑、上网本，都可以作为同一款游戏的入口设备。

(8) 好的手机游戏产品，可以更多地进行延伸式发展

一个好的游戏，可以延伸成电子商务产品、社交平台、广告平台等，这种延伸式的发展优点在于能够给用户一种多维的体验，并且游戏厂商可以通过延伸式发展，扩大收入范围，而这样做的风险是模糊了游戏产品功能定位。

(9) 手机社交游戏市场未来发展前景巨大

伴随着这几年国内互联网SNS的发展，造就了一批成功的社区游戏厂商。但进行移动社交游戏应用开发的开发商却异常稀缺，目前移动SNS还没有形成自有的特色应用，大部分的应用及内容移植于PC互联网，用户体验均未取得突破性进展，因此手机社交游戏市场未来前景巨大。

3. 整体数据分析

(1) 手机游戏市场规模

根据艾瑞咨询与GPC和IDC的两项调查显示，2011年中国手机游戏市场和手机网游市场收入分别达到39亿元和17亿元，同比增速分别为51.6%和86.8%。我们认为未来三年将延续高速增长趋势，预计2011—2014年手机游戏市场和手机网游市场收入年均复合增速将分别达到37.0%和41.3%，如图6-4所示。

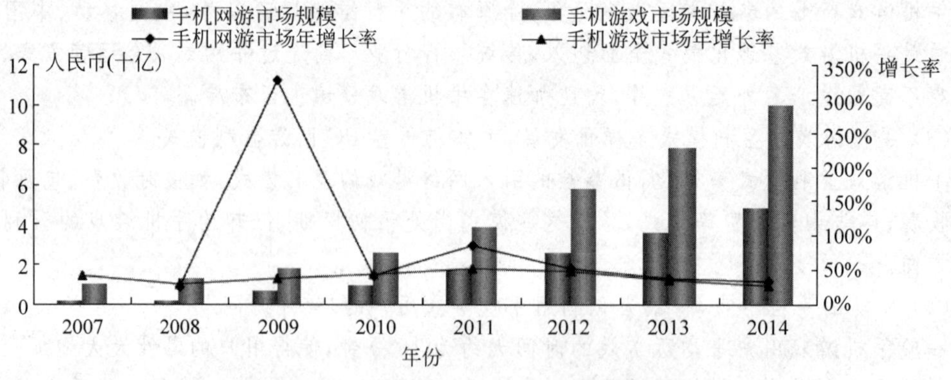


**图 6-4　中国手机游戏市场和手机网游市场规模**

(2) 手机游戏渗透率

来自易观国际的信息显示，手机游戏是国内移动互联网用户中最受欢迎的免费/付费应

用。78.4%的移动互联网用户曾玩过手机游戏；在付费用户中，有46.9%的用户购买过手机游戏，如图6-5和图6-6所示。

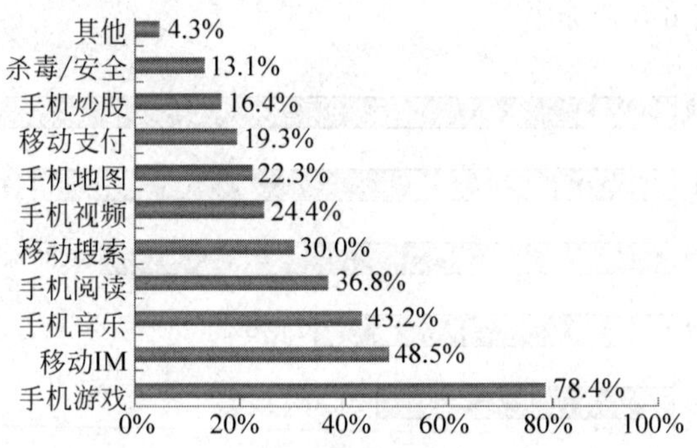


**图 6-5　免费手机应用用户渗透率**

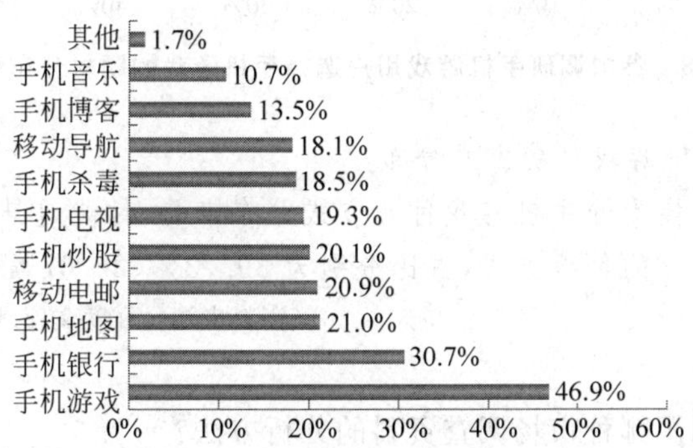


**图 6-6　付费手机应用用户渗透率**

(3) 用户选择游戏标准偏好

用户选择手机游戏主要参照游戏性、画面风格、游戏题材、上手难易度、声音配乐等指标，占比依次为67.73%、55.86%、40.64%、27.70%、15.83%。但是男性手机游戏用户与女性手机游戏用户在选择手机游戏时的标准有所差距，其中，游戏性、画面风格、游戏题材是男性用户选择手机游戏首要考虑的三个标准：画面风格、游戏题材及上手难易度是女性用户选择手机游戏首要考虑的三大标准，如图6-7所示。

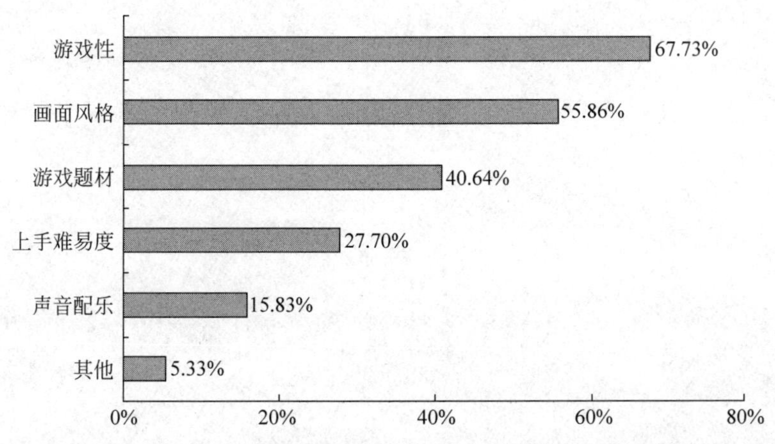


**图 6-7　参加调研手机游戏用户选择手机游戏参照标准分布情况**

(4) 用户选择手机游戏题材分布

手机游戏用户主要倾向于角色扮演、动作射击、益智休闲等类型，占比分别为47.03%、44.60%、39.88%，如图6-8所示。

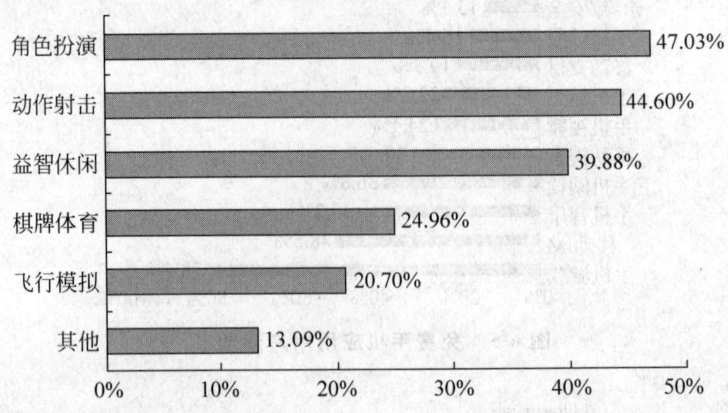


**图 6-8 参加调研手机游戏用户选择手机游戏的题材分布情况**

(5) 用户可接受手机游戏付费方式分布

从手机游戏用户可接受的手机游戏付费方式分布来看，付费道具、应用付费下载及付费解锁关卡是用户较为接受的付费方式，占比分别为39.73%、22.07%、15.37%。

（资料来源：百度文库. http://wenku.baidu.com)

**问题：**

本案例中主要采用了哪种市场调查资料的分析方法？

# 第7章 市场预测的基本方法

## 章节图解

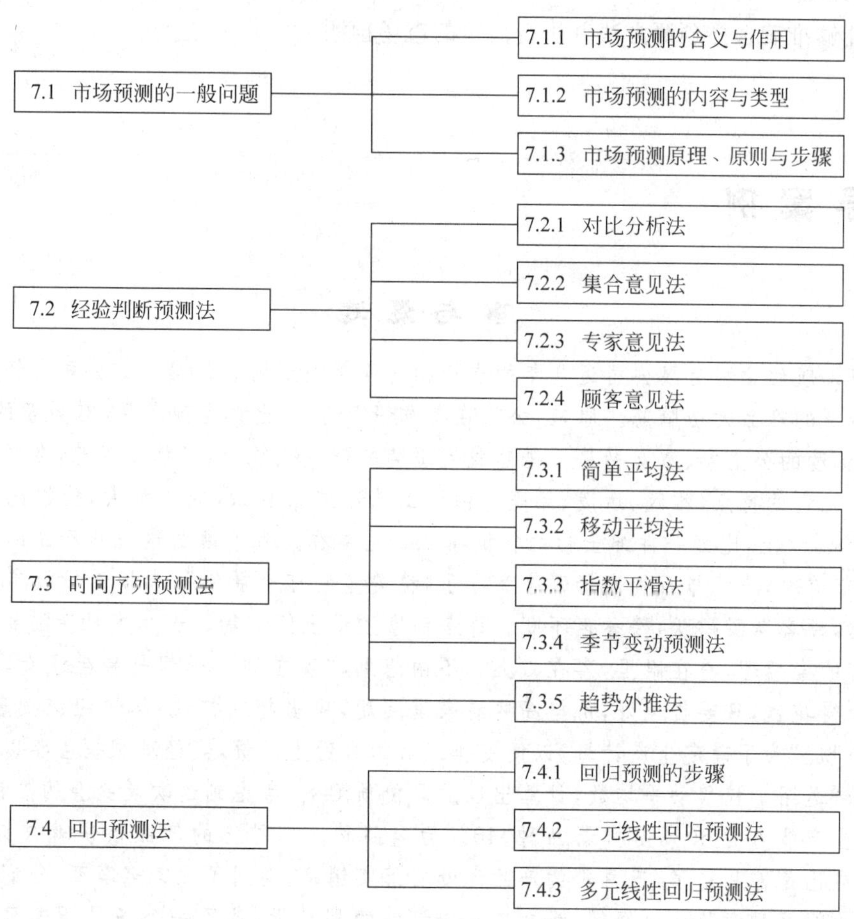


## 学习要点

### 知识点

1. 掌握市场预测的含义、作用、内容与类型。
2. 掌握市场预测的基本原理、原则。
3. 掌握经验判断预测的主要方法的含义、特点。
4. 掌握时间序列预测的原理及其方法分类。

5. 掌握简单平均法、移动平均法、指数平滑法、季节指数法的原理。

6. 掌握直线趋势外推法的预测基本原理。

7. 了解回归分析的基本原理，明确一元线性回归分析的预测思路。

8. 了解多元线性回归预测模型形式。

**技能点**

1. 用市场预测的步骤进行预测。

2. 经验判断预测法中常用方法的适用条件及其操作步骤。

3. 简单平均法、移动平均法、指数平滑法、季节指数法、一元线性回归分析预测法的应用方法与步骤。

4. 能够准确选择预测方法并进行简单的市场预测。

## 引导案例

### 事与愿违

某市天航丝童装有限公司近几年的生产销售连年稳定增长。谁料该公司栾经理这几天却在为滞销的产品大伤脑筋。原来，公司在年初设计了一批童装新产品，有男童的绅士衫、勇士衫，女童的公主衫、淑女衫等。借鉴成人服装的镶、拼、绲、切等加工工艺，在样式和色彩上体现了儿童的特点，雅致、活泼、漂亮。由于工艺比原来复杂，成本加大，价格比普通童装高出了70%以上，比如一件绅士衫的售价在280元左右。为了摸清这批新产品的市场销售情况，春节前夕，公司与百货商场联合举办了"精美童装迎春展销"，小批量投放市场后销售十分成功，顾客购买踊跃，赞誉声不断。许多商家主动上门订货。连续多日亲临商场观察消费者反应的栾经理，看在眼里，喜在心上。不由想到，"现在的孩子都是独生子女，家长在孩子身上舍得花钱，只要货色好，价格高些看来没问题，应当趁热打铁，尽快组织批量生产，及时抢占市场。"为了确定生产计划，以便安排以后的月份生产量，栾经理根据去年以来的月销售统计数，运用加权移动平均数，计算出以后月份预测数，考虑到这次展销会的热销场面，他决定，将生产能力的60%安排新品种，40%为老品种。二月份的产品很快就被订购一空。然而，现在已是四月初了，三月份的产品还没有落实销路，询问了几家老客商，他们反映有难处，原以为新品种童装十分好销，谁知二月份订购的那批货，卖了一个多月还未卖出三分之一，他们现在既没有能力也不愿意继续订购这类童装了。对市场上出现如此大的需求变化，栾经理感到十分纳闷。他弄不明白这些新品种都经过了试销，自己还亲自参加了市场调查和预测，为什么会事与愿违呢？

（资料来源：http://wenku.baidu.com）

**问题**：你认为天航丝童装有限公司新产品滞销的问题出在哪里？为什么市场发展状况会与栾经理市场调查与预测的结论大相径庭？

# 7.1　市场预测的一般问题

## 7.1.1　市场预测的含义与作用

### 1. 市场预测的含义

预测是人们对未来不确定事件进行推断和预见的一种认识活动。市场预测就是指人们对拥有的各种市场信息和资料进行分析研究，采取一定的科学方法，对未来市场变化所进行的预先推测和判断。市场预测是经济预测的组成部分，是现代企业生产经营活动的前提，是企业开展市场营销活动的基础。

### 2. 市场预测的作用

在市场经济条件下，任何经济活动都离不开市场预测，从微观经济的角度看，企业的一切经营活动都需要建立在市场预测的基础之上，正如许多企业管理者的观点：管理的重点在于经营，经营的重心在于决策，决策的基础在于预测。市场预测对企业经营的作用主要表现在以下几点。

① 市场预测是企业选择目标市场、制定经营战略决策的基本前提。

② 市场预测是企业掌握市场变化趋势、开发新产品与开拓市场的基本依据。

③ 市场预测是企业适应市场环境、改善经营管理水平的基本条件。

④ 市场预测是企业合理配置资源、提高竞争力与效益的重要措施。

## 7.1.2　市场预测的内容与类型

### 1. 市场预测的内容

市场预测的内容十分广泛，概括起来，主要有以下几点。

(1) 市场需求预测

市场需求预测是指在特定的时间、特定的范围内，对特定的消费群体做有货币支付能力的商品需求分析预测。根据需求的内容不同，它又分为对商品需求量预测和对商品品种、规格、花色、型号、款式、质量、包装、品牌、商标、服务等预测以及商品需求时间、需求结构、需求变动趋势等预测，生产者生产资料需求预测和社会集团消费需求预测等。

影响市场需求的因素多种多样，既包括企业不可控制因素，如政治、法律、经济、文化、科技、自然和消费偏好等，也包括企业可控制因素，如目标市场的选择、产品的设计与开发、价格的制定与变动、渠道的设置与选择、促销方式方法的选择与变动等。因此，市场需求预测必须在充分的市场调查基础上，全面考察影响市场需求的各种因素，对未来的市场需求规模、需求结构、需求水平、需求潜力、需求走向等做出科学推断。

市场需求预测的内容，主要包括以下几个方面。

① 市场商品需求总量预测。商品需求总量是指在一定时间和一定范围内，市场上有货币支付能力的消费者对商品需求的总量。有货币支付能力的需求总量构成了社会商品购买力。社会商品购买力按其形成分为居民购买力、社会集团购买力和生产资料购买力，按其构成又分为现实购买力和潜在购买力。社会商品购买力是通过一定时期内的社会商品零售额来反映的。影响社会商品购买力变化的因素主要有货币收入、银行储蓄、投资规模、价格、消费倾向、政策（金融、财政、信贷、税收等）、经济增长速度，以及市场供求变动等。

② 市场需求构成预测。商品需求构成是指对市场商品需求总量按一定标准划分所得到的各类商品需求量占总的商品需求量比重。按其性质又可分为生产资料需求构成和生活资料需求构成两大类。

影响生产资料需求构成的因素很多，但主要有生产发展的规模和结构、国家税收和信贷政策、对外贸易程度、商品价格水平、科技发展水平、购买力水平和市场可替代品种类等。

影响生活资料需求构成的因素也很多，但主要受购买力、消费者偏好、消费者个性、消费者受教育程度、商品价格和商品品牌忠诚度等制约。

③ 消费者购买行为的预测。消费者购买行为的预测是指在一定时期内对消费者购买动机、购买行为方式、购买心理等调查研究，预测商品需求的动向。购买行为中包括：买什么（What）、为什么买（Why）、购买者是谁（Who）、何时购买（When）、购买地点与信息来源（Where）、购买量与如何决策（How）等。影响消费者购买行为的因素主要有消费者个性、需求动机与偏好、家庭和社会的影响等。

（2）市场供给预测

市场供给预测是指在特定时间、特定范围内对未来进入市场的商品资源总量、商品资源结构及商品资源变动因素等进行分析预测。市场供给量大小反映了市场供给能力的高低，也表明满足市场需求的程度。因此，如果将市场供给预测与市场需求预测结合起来分析，就能判断未来市场商品供求平衡状态及其变化趋势，有利于企业及时调整经营策略，预先安排市场营销活动，以应付未来市场可能出现的新情况和新问题。

影响市场商品供给的因素主要有物资生产部门的生产能力和商品化程度、进出口量、国家储备量、科技水平、国家政策、市场价格、商贸部门商品库存量以及社会潜在物资量等。

市场供给预测的主要内容既包括未来提供市场商品总值、类值和主要产品产量的预测，也包括商品生产能力、技术进步、能源耗费、新产品开发、资源利用程度、国家政策和国际贸易政策等方面预测。

（3）市场价格预测

对市场商品价格预测的主要目的是预先认识和掌握市场价格变化趋势和变动规律，为企业制定商品价格策略提供信息依据。

市场价格预测的内容既包括对市场物价总水平、分类商品价格水平、主要商品价格和供求关系变化对价格影响预测，也包括对劳动生产率、商品生产成本、利润、商品批零差价、银行利率、货币汇率等变动对价格影响预测。

（4）市场占有率预测

市场占有率预测是指在特定的市场范围内，企业提供某种商品或劳务的销售量（额）在同一市场商品或劳务的总销售量（额）中所占的比重。市场占有率的高低，直接反映企业生产经营能力、营销管理水平、产品技术含量、生产经营成本、市场竞争能力、市场控制程度和企业形象等的高低。因此，在企业市场营销活动中，应高度重视本企业产品在目标市场上的未来市场份额，科学地预见和把握其变动水平和变动发展趋势，并以此作为制定企业营销管理策略的重要依据。

(5) 产品市场生命周期预测

产品市场生命周期是指新产品从投放市场开始，到完全被市场淘汰时所经历的时间。产品市场生命周期一般经历四个阶段，即：投入期、成长期、成熟期和衰退期。每个阶段各有其不同的特征，其成本、销售、利润潜能等都存在差别，所以产品市场生命周期预测对企业来说至关重要。通过预测，企业可以掌握产品每个阶段的发展状况，及时调整产品、渠道、价格和促销等策略，从而使企业在激烈市场竞争中处于主动地位，提高产品市场竞争能力和延缓产品市场生命周期，实现理想的经济效益和社会效益。

除了以上几种市场预测内容之外，还有市场环境预测、市场竞争格局预测、企业经营状况预测、产品销售预测等，在此不一一赘述。

## 2. 市场预测的类型

依不同的标准，市场预测有多种类型。按市场预测的性质，可分为定性市场预测与定量市场预测；按市场预测的范围，可分为专题市场预测与综合性市场预测。

(1) 定性市场预测与定量市场预测

① 定性市场预测。定性市场预测是预测人员运用经验、知识和判断能力对预测对象内在发展规律进行质的分析，以便对市场的未来发展变化趋势做出性质(或程度)预测的方法。定性市场预测的侧重点是对事物的性质进行分析和推测，并不依赖复杂的数学工具进行，故常用于企业缺乏完整的统计资料，或市场影响因素非常复杂无法进行定量预测的情况。定性市场预测常用的方法有对比分析法、集合意见法、顾客意见法、专家意见法等。

② 定量市场预测。定量市场预测是依据获得各种市场信息数据，通过建模和解模，以对未来市场发展变化趋势做出数量的分析和推算。定量市场预测的前提是：充分占有历史资料；影响预测目标的因素相对稳定；预测指标与其他相关指标之间存在较高关联度，能以此建立预测模型等。常用的方法有时间序列预测法、回归分析预测法等。

在实际工作中，人们常把定性市场预测和定量市场预测法结合起来运用，相互补充，以便得到比较可靠的预测结果。

(2) 专题市场预测与综合性市场预测

① 专题市场预测。专题市场预测是预测人为解决某个具体问题而对部分市场状况进行的预测。

虽然是对某个具体的市场问题进行预测，但在实际运作中，往往需要了解市场的整体情况，只是涉及面窄一些。大多数的市场预测属于专题市场预测。

② 综合性市场预测。综合性市场预测是预测人为全面了解市场的发展趋势而对整体市场进行的全面预测。由于综合性市场预测涉及面广，需要投入大量的人力、物力和财力，故一般只在大型的市场研究中才使用。

此外，按市场预测的时间，可分为短期预测(即年度、季度或月份预测)、中期预测(即1年以上、5年以下的预测)和长期预测(即5年或更长时间的预测)；按市场预测的空间，可分为国际市场预测、国内市场预测和区域性市场预测等。

### 7.1.3 市场预测原理、原则与步骤

#### 1. 市场预测的基本原理

(1) 连续性原理

连续性原理又称惯性原理，是指任何事物都会沿着一定的轨迹运动，其发展在时间上都具有连续性，表现为特有的过去、现在和未来这样一个过程。因此，人们可以从事物的历史和现状推演出事物的未来。市场作为客观经济事物，在时间上，它的发展过程也遵循着惯性原理，过去和现在的情况会影响到市场未来的发展状况，因此，企业在进行市场预测时，必须从收集市场的历史资料和现实资料入手，然后推测出市场未来的发展变化趋势。时间序列预测法的应用就是基于这一基本原理的。

(2) 类推原理

许多事物在结构、模式、性质、发展趋势等方面客观上存在着类似之处，根据这种类似性，人们可以根据预测对象与已知相似事物在时间上的先后顺序，用已知相似事物的发展历程，通过类推的方法推演出预测对象未来可能的发展趋势。对比分析法就是基于此原理提出的。

(3) 相关性原理

相关性原理又称因果原理，是指任何事物都不是孤立存在，并都与周围的各种事物有着或大或小、或直接或间接的联系，这为市场预测带来了一定的科学根据。据此，我们可以在市场预测中，利用市场因素之间相互联系、相互依赖、相互影响的关系来判断事物的未来发展方向。事物间的这种相关关系，在具体事物之间常常表现为变化的因果关系和时间上的先导后致关系。例如，预测生活消费品市场需求量时，可以先预测消费者的收入水平、购买习惯、商品价格、需求弹性等因素的变化，再预测生活消费品的市场需求量。回归分析预测法就是这一基本原理的应用。

(4) 概率推测原理

人们在充分认识事物之前，只知道其中有些因素是确定的，有些因素是不确定的，即存在着偶然性因素。市场在发展过程中也存在着一定的必然性和一定的偶然性，即在偶然性中隐藏着必然性。通过对市场发展偶然性的分析，揭示其内部隐藏着的必然性，可以凭此推测市场发展的未来。从偶然性中发现必然性是通过概率论和数理统计方法，求出随机事件出现各种状态的概率，然后根据概率去推测或预测对象的未来状态。

#### 2. 市场预测的原则

市场预测工作受各种主客观因素影响，不可能没有误差。为了提高预测的准确程度，预测工作应该遵循以下原则。

① 客观性原则。市场预测是一种通过人的主观活动来完成的对客观市场进行研究的工作。因此，预测工作不能主观随意地想当然，更不能弄虚作假。

② 全面性原则。影响市场活动的因素有很多，各种因素的作用使市场呈现纷繁复杂的局面。预测人员应从各个角度归纳和概括市场的变化，避免出现以偏概全的现象。

③ 及时性原则。任何信息对经营者来说,既是机会又是风险。为帮助企业经营者不失时机地做出决策,要求市场预测快速提供必要的信息。信息越及时,不可预料的因素就越少,预测的误差就越小。

④ 科学性原则。预测所选取的资料须经过去粗取精、去伪存真的筛选过程,才能反映预测对象的客观规律。运用资料时,应遵循近期资料影响大、远期资料影响小的原则。预测模型也应精心挑选,必要时还须先进行试验,找出最能代表事物本质的模型,以降低预测误差。

⑤ 持续性原则。市场的变化是连续不断的,不可能停留在某一个时点上。相应的,市场预测也需要不间断地持续进行。在实际工作中,一旦市场预测有了初步结果,就应当将预测结果与实际情况相比较,及时纠正预测误差,使市场预测保持较高的动态准确性。

⑥ 经济性原则。市场预测工作是要耗费资源的。在开展预测工作中,根据预测工作本身的要求,要量力而行,讲求经济效益。如果企业自己预测所需成本太高时,可委托专门机构或咨询公司来进行预测。

### 3. 市场预测的步骤

不同主题的市场预测项目虽然在内容、方法等方面会有一定的差异,但这个过程应遵循以下步骤:确定市场预测目标;策划预测方案;收集整理资料;选择预测方法,建立预测模型;分析、修正预测值;提出市场预测报告。

① 确定市场预测目标。确定市场预测目标是进行市场预测的首要问题,只有确定了预测目标,才能知道市场预测所要解决的问题是什么,以便有针对性地开展预测工作、具体界定预测对象内容、科学选择预测方法、确定必要调查资料、分析预测环境、预算预测经费、编制预测工作进程、合理调配资源、组织实施预测工作计划,以期达到预测结果。

② 策划预测方案。为确保市场预测工作能够有序、如期地完成,需要根据市场预测目标的要求,对如何组建预测工作机构、配备工作人员、确定预测对象的范围与时间、选择预测方法、预算预测经费、控制预测误差和公告预测结果等一系列问题进行全面的思考与谋划,这个过程就是预测方案策划。

③ 收集整理资料。预测资料的数量与质量直接关系到预测结果的质量,因此,资料的收集整理既是市场预测的基础性工作,也是市场预测中一个十分重要的步骤。为做好收集整理资料工作,预测人员应广泛、系统地收集预测目标所需要的历史和现实数据与资料,并对这些数据与资料进行认真核实和审查,采用科学方法进行加工处理,使之条理化、系统化,从而,得到能为市场预测目标所应用的有价值的资料。

④ 选择预测方法,建立预测模型。市场预测的方法可划分为定性预测方法和定量预测方法两大类,各大类又可细分为多种方法。在选择预测方法时,要根据市场预测目标、占有的预测资料及其可靠程度加以确定,一般应同时采取两种以上的预测方法进行预测,从而来比较与鉴别预测结果的可信度。在可选用定量预测方法预测时,要有经济理论做指导,根据所采用的预测方法建立数学模型,以反映预测目标同各影响因素之间的关系,进而用数学方法确定预测值。

⑤ 分析、修正预测值。预测人员在预测中无论采用何种适合的预测方法和预测模型,无论怎样精心计算预测值,预测值与实际值之间也很难达到完全一致。这是由于预测方法

和预测模型不可能包罗所有影响预测对象的因素，更何况预测对象和各种影响因素会随时间、地点、条件的变化而变化，处于动态发展之中。因此，预测人员应认真分析客观环境和影响预测对象的因素，全面评价预测值的可信度。如果预测误差较大时，应具体分析原因，及时修正预测值或舍弃。

⑥ 提出市场预测报告。市场预测报告是对整个预测工作的概括和总结，也是向预测报告的使用者做出的汇报。在市场预测报告中，要对预测目的、预测目标、预测内容、预测方法、预测时间、预测人员、预测结果以及资料来源、评价建议等做出清晰、精练的阐述与论证，特别是对预测结果应作定性与定量相结合的分析，避免把预测报告做成数据的堆砌。

## 7.2 经验判断预测法

经验判断预测法是一种传统的预测方法，它主要是依靠预测人员所掌握的信息、经验和综合判断能力，预测市场的未来状况和发展趋势。在现代市场经济条件中，企业在充分运用预测人员丰富的经验与知识、综合分析判断能力和预测能力的基础上，结合定量预测方法，提高了预测结果的可靠性。因此，经验判断预测法也是一种以定性分析为主、定性分析与定量分析相结合的预测方法，它被广泛地运用在市场预测实践中。经验判断预测的具体方法很多，这里主要介绍对比分析法、集合意见法、专家意见法和顾客意见法。

### 7.2.1 对比分析法

对比分析法也称作对比类推法，它是利用事物之间具有相似的特性，由预测人员把预测目标与其他同类或类似的现象加以对比分析来推断预测目标未来发展变化趋势的一种方法。这种方法的基本思路是将不同空间或时间中的同类经济现象的相关情况进行对比分析，找出某种规律，推断出预测对象的发展变化趋势。对比分析预测法通常运用于新产品的开发和新市场开拓前景预测等，其特点有：

第一，这些同类或类似现象的数据资料是以前的实际资料，理论依据可靠性强；

第二，这些现象资料在很长一段时间内表现其市场生命周期性，适用性强；

第三，这些现象资料对预测现象有较高的参考价值，类比性强。

应当指出的是，不同国家、地区因受不同时间上的经济发展水平、生活消费水平、消费偏好和营销环境等诸多因素影响而存在差异。预测组织者必须重视相关因素分析，做出合理判断。同时，要求预测组织者有较强的分析判断能力，在掌握比较全面的相关信息资料后，客观地分析，得出符合市场变动实际的预测结果。

对比分析法的种类很多，依据对比目标不同可分为产品对比分析法、地区对比分析法、行业对比分析法、局部总体对比分析法。

#### 1. 产品对比分析法

产品对比分析法即以市场上的同类产品或类似产品在发展中所表现的特征来类推某种产品的未来发展趋势。许多产品在功能、构造、用途等方面具有很大的相似性，因而这些产品的市场发展规律往往也有某种相似性,可以利用这些相似性进行对比类推。例如,可以利用数码相机的发展特性来类推摄像机的发展特性。

2. 地区对比分析法

地区对比分析法即将不同地区同类产品或同类经济指标的发展过程或变化趋势相比较,找出某些共同的或类似的变化规律来预测目标,做出某种判断、推测。由于经济发展水平不同,同种产品在不同地区、不同城市进入市场的时间不同,因此就可以利用产品在先入地域的发展规律来类推后入地域的发展规律。如可以参照国外某些产品的更新换代过程的时间及统计来分析预测我国同类产品更新换代的过程;用经济收入水平较高地区家用电器的家庭普及率的变化规律来分析预测目前经济收入水平较低地区未来家用电器家庭普及率的发展变化规律。

3. 行业对比分析法

行业对比分析法即根据同一产品在不同行业使用时间的先后,利用该产品在先使用行业所呈现出的特性,类推出该产品在后使用行业的特性。许多产品的发展是从某一行业市场开始的,然后逐步向其他行业推广,如计算机最初是在科研领域使用,以后才转向其他领域以至于普及到民用。

4. 局部总体对比分析法

局部总体对比分析法即由局部推算总体,以若干点上的指标项目,推测与之相关联的全面指标项目的预测方法。这种方法主要是利用典型调查或抽样调查等局部的资料,推算预测总体的预测值;也可以利用对某个企业的普查资料或某个地区的抽样调查资料,推算某一行业或整个市场的预测值。

应该注意的是,局部总体对比分析法的各种预测方法除了会有预测误差外,还会有代表性误差存在。利用典型调查资料进行推算,一般不易计算出代表性误差,用抽样调查资料推算,代表性误差可以用抽样误差指标测算出来,并以一定区间来推断总体的预测值。这一方法被广泛应用于一般消费品和耐用消费品的需求量预测。

对比分析法具有广泛的适用性,一般适用于开拓市场、预测潜在购买力和需求量以及预测新产品销售量等。它既可用于短期的销售量预测,也适用于较长期的购买力和需求量预测。

## 7.2.2　集合意见法

集合意见法是指由预测人员征集企业内外各方面人员对某预测目标的意见,经过整理、分析来判断预测现象发展趋势的预测方法。集合意见法征集各方面了解、熟悉预测现象人员的意见,充分发挥了群体智慧,从而克服了个人或少数人主观判断的片面性和局限性,对提高市场预测水平能起到积极作用。集合意见法简便易行、可靠实用,具体方法较多,在实际工作中应用频率较高,预测效果较好的方法主要有:集合企业经营管理人员意见法、集合业务人员意见法、业务人员意见综合法等。

### 1. 集合企业经营管理人员意见法

集合企业经营管理人员意见法是集合企业高级主管人员及业务主管人员的预测方案，将其加以归纳、分析，从而判断市场变动趋势的一种预测方法。

(1) 集合企业经营管理人员意见法进行预测的步骤

① 由预测组织者根据经营管理的需要，向参加预测的经营管理人员提出预测项目和预测期限的要求。

② 参与预测的经营管理人员根据预测要求及掌握的背景资料，凭个人经验和分析判断能力，提出各自的预测方案。在此过程中，预测人员应进行必要的定性分析和定量分析。定性分析主要分析历史上生产销售资料目前市场状态、产品适销对路的情况，商品资源、流通渠道的情况及变化，消费心理变化、顾客流动态势等。定量分析主要确定未来市场需求的几种可能状态(如市场销路好或市场销路差状态)，估计各种可能状态出现的主观概率及每种可能状态下的具体销售值。

③ 计算方案期望值。即计算有关参与预测人员的预测方案的方案预测值。方案预测值等于各种可能状态主观概率与状态值乘积之和。

④ 将参与预测的有关人员分类。如厂长(经理)类、管理职能科室类或业务管理人员类等，计算各类综合期望值。综合方法一般是采用简单算术平均数、加权算术平均数统计法或中位数统计法。

⑤ 确定最后的预测值。将各类参与预测人员的综合期望值通过加权平均法等计算出最后的预测值。

(2) 集合企业经营管理人员意见法的特点

① 参与预测的人员主要是厂长、经理等高级主管及科室或业务主管人员，集中了企业主要主管人员的智慧。

② 参与预测的人员处于经营管理与生产的第一线，对企业的产、供、销、市场动态都比较熟悉，掌握的资料也比较全面，而且对企业的发展战略、宏观经济环境也了解较多，又具有实践经验，因而其预测结果比较准确可靠。

③ 在及时性、预测费用开支等方面都比较经济。

④ 该方法过分依赖高级主管人员，受他们的情绪、知识面等主观因素影响较大，如果主要管理人员的素质不高，对市场商情的变化了解不深入、具体，则预测的准确性会受到影响。

要提高预测的准确性，就应广开言路，将预测建立在全面广泛征求意见的基础上，也可综合业务人员的意见确定最终预测结果。

### 2. 集合业务人员意见法

集合业务人员意见法，就是集合所属经营机构的业务人员、分支机构的业务主管人员、有业务关系的批零企业的业务主管人员以及联合企业的业务主管人员的预测意见而进行的市场预测。

这种方法的预测过程与集合经营管理人员意见法基本相同。其不同点是：集合业务人员意见法不仅包括了本企业内部业务人员的预测意见，而且还包括了本企业外部有关业务人员的预测意见。因而在对参与预测的有关人员进行分类时，既可按内、外部划分，也可按区域或业务性质划分。在计算各类业务人员的综合期望值时,可采取简单算术平均数的方式,也可根据不同业务人员的重要度差异给予不同的权数而采用加权算术平均数的方式。确定最后预测值时,也应根据不同类别业务人员的重要度确定权数,用加权平均法确定。

采用集合业务人员意见法进行预测,其优点在于:一是业务人员都具有一定的专业知识和业务经验,对市场情况比较熟悉,他们的预测意见,在企业短、近期预测中较为接近市场需求的客观实际;二是业务人员都直接从事业务活动,本身都承担实际预测方案的责任,预测目标由他们自己提出,有利于调动他们的积极性,使预测方案的实施有着广泛的群众基础。但是,由于提高预测意见者是处于业务第一线,直接从事业务活动,并且是负有实现预测方案责任的业务人员,因而他们提出的预测值往往偏低。另外,他们一般不是从事市场研究的专职人员,容易忽视宏观因素对市场的影响。因此,在运用集合业务人员意见法进行预测时,不应当仅对预测数值进行简单综合,还必须在可能的范围内对影响市场需求的各种因素进行分析、判断,对综合的预测方案进行反复调整,以确定符合市场实际的预测值。

集合业务人员意见法与集合经营管理人员意见法相结合,可提高预测结果的准确性。

#### 3. 业务人员意见综合法

业务人员意见综合法,是指提供预测的人员仅限于企业内部的业务人员,如采购员、营销员等。这种预测方法的操作过程与上述两种方法类似,但由于仅仅反映了企业内部业务人员的意见,所以,具有一定的局限性,只适用于市场的短期预测。

### 7.2.3　专家意见法

专家意见法是根据市场预测的目的和要求,由市场预测组织者采用一定的方式,向有关专家提供一定的背景资料,由组织者收集并汇总专家对未来市场某种现象发展前景所做的估计和推测的方法。

专家意见法所得出的预测结果是否科学合理、准确性高低,关键取决于选择的专家是否符合实际要求。因此,选择专家时要考虑专家的人数、代表性、人员构成、实际经验和理论水平高低等相关问题,仔细考察、慎重安排。

在市场预测中,专家预测法一般用于以下几种情况:没有预测对象的历史资料或历史资料不完备,难以进行量的分析;对预测对象需要进行质的分析预测;预测对象对企业未来发展关系重大,而企业内部意见不一致、不统一。专家意见法常见的形式主要有两种:一是专家会议法;二是专家小组法。

#### 1. 专家会议法

专家会议法是指根据市场预测的目的和要求,由市场预测组织者邀请或召集有关专家,以座谈会、研讨会等形式,汇集与会专家对预测对象发表的信息资料,经整理、分析和推算,作出最终预测结论的预测方法,又称会议调查法。采用专家会议法,能够在短时间内借助专家专长和集体智慧,及时掌握预测对象的第一手信息资料。由于与会专家是群体而不是个人或少数专家,他们的知识面广,各有知识技能专长,能从多角度、多层次提出宝贵意见,便于专家之间相互交流信息,相互启发,使预测组织者能获得大量高质量信息,说服力强,研究问题透彻，得出的预测方案比较符合实际，在正常情况下实际误差较小。因此，专家会议法目前在国内外企业中备受欢迎，特别是为企业制定战略决策发挥着十分重要的作用。

(1) 专家会议法的实施程序

① 邀请专家参加会议。邀请出席会议的专家人数一般以10～15人为宜，相关专家能独立思考，不受其他权威所左右。受邀专家应具备以下条件。

第一，专家要有丰富的经验和广博的知识。专家应有丰富的与预测对象相关的工作经验，思维敏锐，判断力强，语言表达能力较强。

第二，专家要有代表性。应围绕预测项目所涉及的问题全面邀请专家，既要有资深的专业工作者或理论学术专家，也应有实际部门的业务或管理人员。

第三，专家要有一定的市场预测方面的知识和经验。

② 会前提供资料。预测组织者在会议之前要将预测对象的相关资料整理归纳，提供给与会专家，以便专家们全面、深入地了解预测现象的状况，为会议精心准备发言。预测组织者会前还要拟定好会议全过程实施方案，特别是要依据预测项目要求事先写好调查提纲，连同相关资料提前送达参会专家，使与会者明确要达到的目的、要解决的问题、会前要准备好发言提纲，做到有备而来。

③ 会议主持人提出预测题目，由各位专家充分发表意见，提出各种方案。为确保会议气氛活跃，达到预期目标，组织专家会议应遵守以下原则。

第一，对讨论的问题提出具体要求，严格限制问题的范围；

第二，善于营造会议气氛，引导和激发专家畅所欲言，避免少数人支配整个局面，人人发言，集思广益，对别人提出的设想，不论其是否可行，主办方人员均不得发表评论，主持人也不要谈自己的设想、看法或方案，以免影响与会专家的思路；

第三，鼓励专家对主办方已提出的方案进行改进或重组；

第四，掌握与会人员发言时间，发言要简练，避免照本宣科。

④ 会议结束后，预测组织者应将提出的所有设想制成一览表，用通用术语描述每一个设想，从中找出重复的和相互补充的设想，并在此基础上形成综合设想；分组编制设想一览表，在此基础上对提出的设想进行评估；对各种方案进行比较、评价、归类，最后确定预测方案。

(2) 专家会议法的特点

与其他预测方法相比，采用专家会议法进行市场预测，既有突出的优点，也存在明显的缺点。

① 优点。优点主要体现在以下四个方面：一是专家会议能充分利用专家群体创造性思维和集体智慧，达到集思广益、博采众长的效果，预测结论比较科学合理；二是座谈会、研讨会方式灵活方便，节省人力、财力、物力和时间；三是研讨问题针对性强，信息量丰富，且专家相互交流、相互启发，易产生新思想、新观点、新预测方案；四是预测方案建立在综合的基础之上，克服了个人或少数专家判断的主观性、片面性，预测结果可信度高，实际操作风险低。

② 缺点。缺点主要体现在以下四个方面：一是由于参加会议的专家数量有限，有时会使预测意见缺少代表性和全面性；二是会议上“权威”专家的意见有时会左右他人见解，产生负面影响，影响预测效果；三是少数与会者易受心理和情感等因素影响，不愿表白自己的

真实观点和理由，会出现从众现象，影响预测效果；四是专家会议主持人要有驾驭全局的能力，观察力强，组织协调能力强，知识面广，精通预测项目专业知识，有时人才难觅，影响工作效果。

尽管专家会议法有不足之处，但只要在应用这种方法时充分注意，避免其不足，还是行之有效的，尤其是对于难以进行数量分析的情况，此方法不失为很有实用价值的一种预测方法。

### 2. 专家小组法

专家小组法也称专家调查法或德尔菲法（Delphi Method），是美国兰德公司在 20 世纪 40 年代末首创，并于 1964 年最先用于科技预测。后由美国传播到世界各国，广泛应用于企业市场预测，也是目前经验判断预测法中最科学、最有价值的一种预测方法。

专家小组法是专家会议法的改进和发展，是为避免集体讨论存在的屈从于权威或盲目服从多数的缺陷而提出的。这种方法的具体做法是：根据预测组织者预测目的和要求，按一定的程序，利用函询方式，向参与预测课题的有关专家分别征询意见，并对他们回答的意见汇总、整理、归类、匿名反馈给各个专家，再次征询意见，如此反复循环多轮，直到多数专家意见趋于一致时停止调查，最后由预测组织者进行综合分析，得出一套完整的比较合理的预测方案。这种方法避免了面对面交流意见的诸多不足，是目前经验判断法中较为行之有效的科学预测方法。

（1）专家小组法的预测程序

① 确定预测题目，成立预测课题工作组，开展相关准备工作。预测工作的第一步是确定预测目的和预测对象，在此基础上，成立预测课题工作组，编制预测实施计划，设计调查表，收集准备背景资料，按预测目的和要求提出选择有关专家的方案。

② 选择专家。专家的选择工作直接关系到预测的成败。被选定的专家，必须是对确定的预测对象具有丰富知识和经验的人员，且富有创造性和具有较强的分析判断能力。根据国内外的经验，专家小组人数一般以 12～21 人为宜，既要有理论方面的专家，也要有实战经验丰富的专家。选择专家时应遵循自愿性、代表性、广泛性、结构性、人数适宜性等原则。

③ 征询专家初次判断意见。预测课题工作组把要预测的课题及其有关背景资料、函询表等邮寄给每位专家，请专家们在一定期限内独立地应答，提出个人初步预测结果并寄回。

④ 征询专家们的修改意见。预测课题工作组将收回的初次判断意见进行综合整理，并加以必要的说明，然后再反馈给各位专家，请他们重新考虑其判断意见，并按要求寄回。

每位专家有权根据全组的综合意见，来校正自己对问题所做的初次判断意见；也可以要求预测组织者提供关于预测问题的附加信息，再做出判断。

征询意见的过程可能反复数次，直至意见趋于集中，通常要反复 3～5 次。在这个过程中，预测课题工作组要特别注意的是，对持有不同意见的专家，要请他们充分说明持有这种判断的理由；同时还应请其他专家充分论证，来说明其确实不可能，这样才能得出科学的预测值。

对于每次反馈的专家预测结果，都必须用统计分析方法对其中的预测数值进行处理，一般常采用平均数法和中位数法。

⑤ 确定预测结果。当经过几次反复征询，专家小组的意见比较稳定之后，预测组织者

可以运用统计分析方法对专家最后一轮的预测意见加以处理，做出最后的预测结论。

（2）专家意见的统计处理

① 对数量和时间答案的统计处理。当专家回答的是一系列可供比较大小的数据时，统计调查结果可用平均数或中位数来处理，用以求出调查结论的期望值。若专家回答的是有前后顺序排列的时间时，一般用中位数来处理。

平均数和中位数均表示专家们意见的集中程度，通常用极差反映专家们意见的离散程度。

② 对等级比较答案的统计处理。在征询专家对某些调查项目做重要程度的排序内容时，通常采用总分比重法进行统计。

（3）专家小组法的特点

与其他专家预测法相比，专家小组法具有以下几个明显特点：

① 匿名性。背靠背地分头向各位专家征询意见是德尔菲法的特点。参加预测小组的专家互不见面，姓名保密，只保持同预测组织者单独联系。专家们背靠背地给出各自的预测意见，有利于他们打消顾虑，进行独立思考判断，既依靠了专家，又克服了专家会议的缺点。

② 反馈性。轮番向专家征询意见，每次征询专家意见，预测组织者都应将上一轮专家的意见统计归纳后的结果反馈给专家，各位专家在了解各种不同意见及其理由、掌握全局情况的基础上，充分借鉴其他专家的意见，集思广益、开拓思路，提出独立的新见解，使预测方案臻于完善。

③ 统计性。统计性是指根据预测目的和要求对每位专家发表的意见用统计方法分别进行统计处理，并对其结果做出统计分析，得出量化的预测结果，实现定性预测与定量预测有机结合，以提高预测的准确性，为有关决策提供理论依据。

专家小组法和专家会议法同属于专家意见法，它们都适用于缺乏数据资料的市场预测。与专家会议法相比较，专家小组法的优点是：参与预测的专家能独立思考，各抒己见，能充分表达个人的预测判断，不受权威人物的影响；可以参考别的专家的看法，避免主观片面性，提高预测质量。主要缺点是：轮番函询需花费较长的时间；预测主要凭专家主观判断，缺乏一定的客观标准。

### 7.2.4 顾客意见法

顾客意见法是按照预测者的目的采取一定的调查方式，选择一部分消费者或用户作为调查对象，通过专访或书面调查方法，了解调查对象在未来一定时期内有关购买商品的意见，并在此基础上对预测对象做出估计和判断的预测方法。这种方法主要是了解消费者或用户对预测对象的消费心态、偏好及消费变动趋向，以便企业掌握市场需求动态资料，搞好计划决策，有针对性地开发市场，做到有的放矢。

下面详细介绍顾客意见法的预测程序。

① 收集用户意见。可采取诸如普查、重点调查、抽样调查、典型调查等一定的调查方式，选择一部分消费者或者潜在购买者。调查方法确定后，可通过以下途径收集用户意见：一是发调查表或邮寄调查表，征集用户意见；二是由市场调查人员对用户进行个别访问、电话询问、征询用户意见，询问他们对商品需求的要求、近期购买商品的计划，购买商品的数

量、规格等；三是通过开商品展销会、订货会，征询用户意见；四是通过商品零售柜台，直接征集用户意见。

② 分析资料，做出预测。预测者将征询到的用户意见进行综合分析，并根据历史的经验和经济状况，就用户在一定时期内对产品需求的数量、质量、品种、规格和价格等方面做出预测。

顾客意见法适用于新产品开发、高档耐用消费品和主要用户不多的生产资料等商品销售的预测。一种新产品或价值较高的耐用消费品或主要用户不多的生产资料商品能否在市场上畅销，最有说服力的人是顾客，顾客自己知道自己购买什么、购买多少、为什么购买、何时购买、何地购买等问题，这些意见的收集与整理，对商品生产者来说是最直接、最真实的第一手资料，以此为依据预测出的未来商品销售量准确性高、价值大。因此，该方法在商品需求预测中被广泛应用。从顾客意见法的运用结果看，用于生产资料商品的预测准确性远远高于消费品预测，用于耐用消费品的预测准确性又高于日用消费品的预测。

**【例 7-1】** 某电动助力自行车生产商为了预测 2014 年某地区家庭电动助力自行车需求量，从 40 万户居民家庭中抽选 1500 户进行购买意向调查，结果有 210 户欲购买电动助力自行车，求 2014 年度该地区家庭电动助力自行车需求量预测值。

$$(210 \div 1500) \times 400000 = 56000(\text{台})$$

该厂商在得到这一资料后，再结合当地交通管理部门对电动助力自行车的管理规定、市场环境以及其他方面因素，可编制 2014 年度电动助力自行车销售计划。

运用顾客意见法必须注意以下几方面问题。

① 被抽选的样品对象要建立在随机原则基础上，样本对象要有充分代表性；

② 样本对象的购买意向要明确，能按照调查要求填写调查内容，并能实现其购买活动；

③ 被抽选的样本对象能与调查者积极合作，不讲假话，不虚报资料，不瞒报资料等；

④ 预测组织者提出的调查内容要充分考虑被抽选的样本对象的实际状况，内容简单，易于回答，回答占用时间短，不涉及个人隐私内容，有的回答资料要保密，恪守承诺等；

⑤ 预测组织者要充分借鉴我国农村和城市住户有关调查资料，从而节省调查经费；

⑥ 为保证调查顺利进行，预测组织者要充分准备，拟定调查方案，挑选专业预测人员，各负其责、各司其职，整个调查预测过程实行统一指挥、全面安排。

**小思考** 从西班牙港口城市加利西亚走向世界的 Zara，被时装业同行视为一个“怪物”，老牌奢侈品集团 LVMH 时尚总监帕特(Daniel Piette)称它为“全球最具创意也最具破坏力的零售店家”，哈佛商学院则将“欧洲最有研究价值的品牌”名号授予它。最新公布的财报数据显示，Zara 所在的 Inditex 集团在欧洲经济低迷中创造了奇迹，其销售额在 2012 财年前 9 个月增长 17%，利润上升 27%。Inditex 集团销售额 3 年前首次超过全球最大的美国服装零售商 Gap，两年前超过 H&M 集团，坐上时装零售市场第一把交椅。2012 年前 10 个月，该公司净收入上升 27%，达到 16.6 亿欧元，尤其是第三季度净利润上升 21.7%。反观 2012 年 11 月 Gap 同比增长仅 3%，而 H&M 同比销售则下降 1%。作为快时尚巨头，Zara 一向以“快”著名，一两周内完成设计、制造、上架流程，生产、销售过程中几乎没有存货(在仓库平均停留几个小时而非几天或几周；每周给零售店送两次货；

大多数服装周转率小于一周)。Zara以对待食品的态度对待服装库存,声称服装像食品一样会“很快变质,我们所做的一切便是减少反应时间”。在库存的压力下,国内不少品牌声称要走快时尚路线,比如奥康、德尔惠、美特斯·邦威等,但观察其动向,大多是“雷声大雨点小”,或是沦为噱头。快时尚,顾名思义,“快”要求其建立灵敏的市场需求预测及高速反应的供应链体系,这些都离不开大量的基础设施建设和市场调研等投入,“时尚”则要求其有前沿的时尚嗅觉,要拥有大量优秀的设计师以及秀场经验。目前,国内声称要做快时尚的品牌,很难踏踏实实做到这两点。不仅如此,大多数国内服装企业没有专业的市场调研人员,信息提供者主要是一线营业人员,通过终端IT系统建设固然可以获取一部分市场数据,但是对于市场趋势、时尚风向走势等进行分析,国内服装品牌普遍能力不强。一般情况下,国内服装品牌习惯了通过年终大促、店庆、大减价、Outlet以及二三线城市集中消化等方式,消化因市场预测失误以及盲目生产带来的大量库存。但是在国外品牌也降价促销的情况下,国内品牌的市场空间越来越小:一方面是消费者需求升级;另一方面则是国内服装品牌与生俱来的症结所在——依靠低质低价抢市场的策略将渐渐失灵。如果不出意外,类似Zara这样的国外品牌“泄洪”带来的压力,对于国内服装品牌来说,恐怕只是一个开始。

(资料来源:池军.新营销.2013年第8期)

**问题**:结合案例分析Zara应该如何建立市场需求预测体系?

## 7.3 时间序列预测法

时间序列也称时间数列,它是将某种经济变量的一组观测值,按其观察得到的时间先后次序排列而成的数列。时间间隔可以是天、周、月、季、年等。时间序列中各指标数值在市场预测时被称为实际观察值。

时间序列预测法又称时间序列分析法,它是通过对时间序列数据的分析,掌握经济现象随时间的变化规律,从而预测未来,它被广泛地应用于天文、气象、生物和社会经济等方面的预测。基本原理是根据预测对象的时间序列数据,依据事物发展的连续性规律,通过统计分析和建立数学模型,进行趋势延伸,对预测对象的未来可能值作出定量预测的方法。因此,时间序列预测法也称为历史延伸法。

时间序列预测法将影响预测目标的一切因素都由“时间”综合起来描述,是根据市场过去的变化趋势预测未来的发展,它的前提是假定事物的过去会同样延续到未来。时间序列预测法撇开了市场发展的因果关系去分析市场的过去和未来的联系。

时间序列预测法按市场现象变动因素可分为直线趋势预测法、季节变动预测法和趋势外推预测法。其中,直线趋势预测法是通过对历史数据采用平均或平滑的处理方法,以消除历史数据中随机波动因素的影响,指示出隐含在其中的某种基本规律,并据此预测未来的方法。直线趋势预测法主要包括一些简单的算术平均法、移动平均数法和指数平滑法等。以下分别讨论。

### 7.3.1　简单平均法

简单平均法是以一定观察期内预测变量的算术平均数作为下期预测值的预测方法。根据计算方法不同，算术平均数可通过简单算术平均法和加权算术平均法求得。

#### 1. 简单算术平均法

简单算术平均法就是将观察期内预测目标时间序列值求和，取其平均值，并将其作为下期预测值。用公式表示为：

$$X = \frac{\sum X_i}{n} \quad (i = 1,2,\cdots,n) \tag{7-1}$$

式中，$X$ 是预测目标在观察期内的算术平均数，即下期的预测值；$X_i$ 是预测目标在观察期内的实际值；$n$ 是数据的个数。

**【例 7-2】**　某公司 2014 年 1～6 月份的营业额如表 7-1 所示，利用简单算术平均法预测该公司 2014 年 7 月份的营业额。

**表 7-1　某公司 2014 年 1～6 月份营业额情况**

| 月　份 | 1 | 2 | 3 | 4 | 5 | 6 |
|---|---|---|---|---|---|---|
| 营业额(万元) | 55 | 55 | 60 | 65 | 60 | 65 |

**解：**

$$X = \frac{\sum X_i}{n} = \frac{55+55+60+65+60+65}{6} = 60(\text{万元})$$

即该公司 2014 年 7 月份营业额的预测值为 60 万元。

简单算术平均法使用简便，花费较少，适用于趋势比较稳定的时间序列的短期预测或对预测结果的精度要求不高的情况。

#### 2. 加权算术平均法

加权算术平均法是根据预测目标时间序列中各个时期的数值的地位或重要性不同对其赋予不同权数，在此基础上，计算加权算术平均数作为下一期预测值的时间序列预测方法。加权算术平均法用公式表示为：

$$X = \frac{\sum W_i X_i}{\sum W_i} \quad (i = 1,2,\cdots,n) \tag{7-2}$$

式中，$X$ 是预测目标在观察期内的加权算术平均数，即下期的预测值；$X_i$ 是在观察期内的各个数据；$W_i$ 是与 $X_i$ 相对应的权数。

**【例 7-3】**　某公司 2014 年 1～6 月份的营业额及各月份营业额被赋予的权数如表 7-2 所示，利用加权算术平均法预测该公司 2014 年 7 月份的营业额。

**解：**

$$X = \frac{\sum W_i X_i}{\sum W_i} = \frac{1295}{21} = 61.7(\text{万元})$$

该公司 2014 年 7 月份营业额的预测值为 61.7 万元。

表 7-2　某公司 2014 年 1～6 月份营业额　　　单位：万元

| 月份 | 营业额 $X_i$ | 权数 $W_i$ | $X_iW_i$ |
|---|---|---|---|
| 1 | 55 | 1 | 55 |
| 2 | 55 | 2 | 110 |
| 3 | 60 | 3 | 180 |
| 4 | 65 | 4 | 260 |
| 5 | 60 | 5 | 300 |
| 6 | 65 | 6 | 390 |
| 合计 | — | 21 | 1295 |

使用加权算术平均法预测的关键在于确定权数。权数的确定主要是根据时间序列的波动状况、预测者的经验及对未来变化趋势的定性分析，其基本原则是对离预测期较近的历史数据应给予较大的权数，而对离预测期较远的历史数据应给予较小的权数。

## 7.3.2　移动平均法

移动平均法是在算术平均法基础上发展起来的一种预测方法。移动平均法是将观察期的数据，按时间先后顺序排列，然后由远及近，以一定的跨越期进行移动平均，求得平均数，并以此为基础，确定预测值的方法。每次移动平均总是在上次移动平均的基础上，去掉一个最远期的数据，增加一个紧靠跨越期后面的新数据，保持跨越期不变，每次只向前移动一步，逐项移动求移动平均值，故称为移动平均法。

常用的移动平均法有一次移动平均法和二次移动平均法。一次移动平均法又可分为简单移动平均法和加权移动平均法两种。下面对一次移动平均法做简单介绍。

### 1. 简单移动平均法

简单移动平均法指时间序列按一定的跨越期，移动计算观察数据的算术平均数，形成一组新的数据。

简单移动平均法的计算公式为：

$$M_t = \frac{X_{t-1} + X_{t-2} + \cdots + X_{t-n}}{n} \tag{7-3}$$

式中，$M_t$ 是第 $t-1$ 期到第 $t-n$ 期的平均数，即第 $t$ 期的预测值；$X_{t-1}, X_{t-2}, \cdots, X_{t-n}$ 为第 $t-1$ 期到第 $t-n$ 期的实际值；$n$ 为移动跨越期的期数。

**【例 7-4】**　某公司 2014 年 1～6 月份的营业额如表 7-3 所示，假定移动跨越期的期数分别为 3 个月和 4 个月，用简单移动平均法对该公司 7 月份的营业额进行预测。

**解**：当 $n=3$ 时，

$$M_7 = \frac{X_6 + X_5 + X_4}{3} = \frac{65 + 60 + 65}{3} = 63.3(\text{万元})$$

当 $n=4$ 时，

$$M_7 = \frac{X_6 + X_5 + X_4 + X_3}{4} = \frac{65 + 60 + 65 + 60}{4} = 62.5(\text{万元})$$

即当取 $n=3$ 和 $n=4$ 时，该公司 2014 年 7 月份营业额的预测值分别为 63.3 万元和 62.5 万元。

表 7-3　某公司 2014 年 1～6 月份营业额及计算预测值　　单位：万元

| 月份 | 营业额 | 预测值（$n$=3 的移动平均数） | 预测值（$n$=4 的移动平均数） |
|---|---|---|---|
| 1 | 55 | — | — |
| 2 | 55 | — | — |
| 3 | 60 | — | — |
| 4 | 65 | 56.7 | — |
| 5 | 60 | 60 | 58.8 |
| 6 | 65 | 61.7 | 60 |
| 7 | — | 63.3 | 62.5 |

从上面的例题中可以发现，移动跨越期的期数大小会影响预测值的最终结果。运用移动平均法的关键在于移动跨越期的期数 $n$ 的选择。$n$ 的取值应根据具体情况来确定，如果数据波动较大，$n$ 应该取大些，以消除随机干扰；如果数据变化比较平稳，波动不大，$n$ 可以取小些，以使预测值能灵活地反映出真实的变化趋势；如果时间序列存在周期波动，如每季或每半年等，则 $n$ 应等于其变动周期，以消除周期变动的影响。

## 2. 加权移动平均法

加权移动平均法是对跨越期内不同重要程度的数据乘以不同的权数，将这些乘积之和除以各权数之和，求得加权平均数，并以此来预测下一期数据。用公式表示为：

$$M_t = \frac{W_n X_{t-1} + W_{n-1} X_{t-2} + \cdots + W_1 X_{t-n}}{W_n + W_{n-1} + \cdots + W_1} \tag{7-4}$$

式中，$M_t$ 是第 $t-1$ 期到第 $t-n$ 期的加权移动平均数，即第 $t$ 期的预测值；$X_{t-1}, X_{t-2}, \cdots, X_{t-n}$ 为观察期内时间序列的各个数据；$W_1, W_2, \cdots, W_n$ 是与观察期内时间序列各个数据相对应的权数。

**【例 7-5】** 某公司 2014 年 1～6 月份的营业额如表 7-4 所示，假定移动跨越期的期数是 3 个月，权数为 0.2，0.3，0.5。试预测该公司 7 月份的营业额。

表 7-4　某公司 2014 年 1～6 月份营业额及计算预测值　　单位：万元

| 月份 | 营业额 | 预测值（加权移动平均数） |
|---|---|---|
| 1 | 55 | — |
| 2 | 55 | — |
| 3 | 60 | — |
| 4 | 65 | 57.5 |
| 5 | 60 | 61.5 |
| 6 | 65 | 61.5 |
| 7 | — | 63.5 |

**解：**

(1) 计算各期的加权移动平均数，结果如上表所示。

(2) 2014 年 7 月营业额预测值为：

$$M_7 = \frac{W_3 X_6 + W_2 X_5 + W_1 X_4}{W_3 + W_2 + W_1}$$

$$= \frac{0.5 \times 65 + 0.3 \times 60 + 0.2 \times 65}{0.5 + 0.3 + 0.2} = 63.5(\text{万元})$$

与简单移动平均法相比，加权移动平均法更能够准确地反映实际情况，但确定移动跨越期数 $n$ 和权数 $W$ 值时要谨慎。还有，在设计权数时，我们通常采用的是近期大、远期小的方法，这种方法存在着最近一期的权数越大，则受到偶然性因素影响也就越大的缺陷。

### 7.3.3 指数平滑法

指数平滑法是用预测目标历史数据的加权平均数作为预测值的一种预测方法，是加权平均法的一种特殊情形。用公式表示为：

$$S_{t+1} = \alpha X_t + (1-\alpha)S_t \tag{7-5}$$

式中，$S_{t+1}$ 是第 $t+1$ 期预测目标时间序列的预测值；$X_t$ 是第 $t$ 期预测目标的实际值；$S_t$ 是第 $t$ 期预测目标的预测值，即第 $t$ 期的平滑值；$\alpha$ 是平滑系数($0 \leqslant \alpha \leqslant 1$)。

公式(7-5)表明，$t+1$ 期的预测值是 $t$ 期实际值和预测值的加权平均数，$t$ 期实际值的权数为 $\alpha$，$t$ 期预测值的权数为 $1-\alpha$，权数之和为 1。

**【例 7-6】** 某企业 2005—2013 年某产品的销售量如表 7-5 所示，利用指数平滑法预测 2014 年的销售量(设定 $\alpha$ 的取值为 0.5)。

**表 7-5 某企业 2005—2013 年某产品销售量及计算预测值** 单位：万件

| 年度 | 销售量 | 预测值(平滑值) |
|---|---|---|
| 2005 | 12.3 | 12.3 |
| 2006 | 13.2 | 12.3 |
| 2007 | 14.2 | 12.75 |
| 2008 | 13.5 | 13.48 |
| 2009 | 14.6 | 13.49 |
| 2010 | 15.2 | 14.05 |
| 2011 | 14.7 | 14.63 |
| 2012 | 15.5 | 14.67 |
| 2013 | 15.9 | 15.09 |
| 2014 | | 15.50 |

**解**：由于初始预测值(2005 年的平滑值)未知，令初始预测值等于时间序列中第一期的数据，则：

$S_{2005} = X_{2005} = 12.3$(万件)

$S_{2006} = \alpha X_{2005} + (1-\alpha)S_{2005} = 0.5 \times 12.3 + (1-0.5) \times 12.3 = 12.3$(万件)

$S_{2007} = \alpha X_{2006} + (1-\alpha)S_{2006} = 0.5 \times 13.2 + (1-0.5) \times 12.3 = 12.75$(万件)

⋮

$S_{2013} = \alpha X_{2012} + (1-\alpha)S_{2012} = 0.5 \times 15.5 + (1-0.5) \times 14.67 = 15.09$(万件)

$S_{2014} = \alpha X_{2013} + (1-\alpha)S_{2013} = 0.5 \times 15.9 + (1-0.5) \times 15.09 = 15.50$(万件)

即该产品 2014 年的预测销售量为 15.50 万件。

从上述例题中可以发现，在进行平滑计算时初始(预测)值是未知的，而根据指数平滑法计算公式可知，每一期的预测值都是建立在上一期的预测值的基础上的，所以，必须要预先确定初始值。在市场预测实践中，初始值的确定一般由预测者根据个人经验主观指定或简单估算确定。当时间序列中的数据较多，如在 10 个及以上时，初始值的大小对预测结果的影响很小，可以选用时间序列中的第一期的数据值作为初始值；反之，如果时间序列的数据较少，如在 10 个以下，这时一般采用最初几期的实际值的算术平均值作为初始值，或者采用专家评估等方法来确定。

在指数平滑法中，平滑系数 $\alpha$ 的选择很重要，$\alpha$ 的大小规定了在下一期的预测值中本期数据和本期预测值所占的比重，$\alpha$ 值越大，本期数据占的比重就越大，本期预测值占的比重就越小，反之亦然。选择 $\alpha$ 值的总原则是使预测值与实际值之间的误差最小，在市场预测工作实践中，要视时间序列的变化趋势来选择 $\alpha$ 值，即当时间序列呈较稳定的水平趋势时，$\alpha$ 值应取小一些，如 0.05～0.2，使赋予时间序列中各期数据的权数差别不大，这样预测模型能包含更长的时间序列信息；当时间序列波动较大时，宜选择居中的 $\alpha$ 值，如 0.3～0.5；当时间序列波动很大时，呈现明显且迅速的上升或下降趋势时，$\alpha$ 值应取大些，如 0.6～0.9，以提高预测模型的灵敏度，能够迅速跟上数据的变化。在实际运用中，还可以取几个 $\alpha$ 值进行试算，然后比较预测值与实际值之间的误差大小，选择误差最小的 $\alpha$ 值。

### 7.3.4　季节变动预测法

季节变动是指某些市场现象由于受自然气候、生产条件、生活习惯和社会风俗等因素的影响，在一定时间中随季节的变化而呈现出周期性的变化规律。如服装、农副产品、节日商品等，季节性需求变动非常明显。如果掌握了这些季节变动的规律，就可以利用这些规律进行市场预测。

季节变动预测法是根据历史数据中所包含的季节变动规律，对预测目标的未来状况作出预测的方法。季节变动预测法主要包括水平型季节变动预测法和趋势型季节变动预测法两大类。

#### 1. 水平型季节变动预测法

水平型季节变动预测法适用于以年为间隔单位的在总体上呈现水平发展的时间序列，这种方法假设时间序列不包含趋势变动因素，只包含季节变动因素和不规则变动因素。水平型季节变动预测法就是通过平均运算来消除时间序列中的不规则因素，计算出季节指数、季节变差和季节比重等衡量季节变动的指标，并据此进行预测的方法。它可分为季节指数预测法、季节变差预测法和季节比重预测法，三种方法的预测效果大致相同，这里只介绍季节指数预测法。

(1) 季节指数计算

季节指数是一种以相对数形式表示季节变动的衡量指标。考虑到仅根据一两年的历史数据来确定季节变动规律，可能会由于偶然因素的影响而造成较大误差，所以，在实际预测中通常需要掌握三年以上的历史数据。计算季节指数的常用方法为按季(月)平均法。按季(月)平均法是一种以历年同季(月)的平均数与全时期的季(月)的平均数的比值来确定季节指数的方法。当以年为间隔期的历史数据是水平型的，季节指数的计算公式则为：

$$\text{季节指数}(\%)=\frac{\text{历年同季(月)平均数}}{\text{全时期季(月)总平均数}}\times 100\% \tag{7-6}$$

下面通过例题来说明按季平均法计算季节指数的步骤。

【例 7-7】 某企业的某产品 2009—2013 年各季度的销售基本上呈水平型发展，其具体销售量如表 7-6 所示，试计算各季节的季节指数。

解：

① 计算历年同季的合计数和平均数：

历年第一季度的合计数 ＝ 320 ＋ 380 ＋ 420 ＋ 480 ＋ 520 ＝ 2120（件）

历年第一季度的平均数 ＝ 2120 ÷ 5 ＝ 424（件）

其他季度的合计数和平均数类推，将计算结果分别填入表 7-6 中第 7 行和第 8 行。

② 计算全期的季平均数：

全时期季平均数 ＝ 7880 ÷ 20 ＝ 394（件）

或　　全时期季平均数 1576 ÷ 4 ＝ 394（件）

或　　全时期季平均数 1970 ÷ 5 ＝ 394（件）

③ 计算各季的季节指数：

第一季度的季节指数＝424÷394＝107.61％

其他季度的季节指数类推，将计算结果填入表 7-6 中第 9 行。

**表 7-6　某企业某产品 2009—2013 年分季销售量**　　单位：件

| 年 度 | 一季度 | 二季度 | 三季度 | 四季度 | 年销售量 | 季平均数 |
|---|---|---|---|---|---|---|
| 2009 | 320 | 240 | 180 | 580 | 1320 | 330 |
| 2010 | 380 | 280 | 220 | 600 | 1480 | 370 |
| 2011 | 420 | 280 | 240 | 620 | 1560 | 390 |
| 2012 | 480 | 320 | 280 | 620 | 1700 | 425 |
| 2013 | 520 | 340 | 300 | 660 | 1820 | 455 |
| 同季合计数 | 2120 | 1460 | 1220 | 3080 | 7880 | 1970 |
| 同季平均数 | 424 | 292 | 244 | 616 | 1576 | 394 |
| 季节指数（％） | 107.61 | 74.11 | 61.93 | 156.35 | 400.00 | 100.00 |

④ 计算季节指数的总和，调整季节指数：

季节指数的总和 ＝ 107.61％ ＋ 74.11％ ＋ 61.93％ ＋ 156.35％ ＝ 400％

所以，上面计算出的季节指数不需要调整。

全年 4 个季度（12 个月）的季节指数之和为 400％（1200％），每个季度（月）季节指数的平均值为 100％。季节变动表现为各季（月）的季节指数围绕着 100％上下波动，表明各季（月）变量与全年平均数的相对关系。例如，某种商品某一季度（月）的季节指数为 150％，这表明该商品在此季度（月）的变量高于年平均数 50％，属旺季；若某一季度（月）的季节指数为 65％，则表明该商品在此季度（月）的变量低于年平均数 35％，属淡季。

（2） 季节指数预测

季节指数预测是指通过对预测对象的时间序列进行季节指数计算，掌握预测对象的季节变动规律，然后对预测对象进行近期的预测。通常，季节指数预测法可以用来解决以下两种类型的问题。

① 已知全年的预测值，利用季节指数按季度（月）对该预测值进行分解，获得各季度（月）的具体预测值。分解公式为：

$$\text{某季度预测值} = \frac{\text{全年预测值}}{400\%} \times \text{该季度的季节指数}$$

$$某月预测值 = \frac{全年预测值}{1200\%} \times 该月的季节指数$$

**【例 7-8】** 以例 7-7 的资料为例，如果预测出该企业某产品 2014 年的全年销售量为 1900 件，试运用季节指数预测法测算该企业某产品 2014 年各季度的预测值。

**解**：根据例 7-7 中计算出的季节指数，可计算出该企业某产品 2014 年各季度的预测值为：

$$第一季度预测值 = 1900 \div 400\% \times 107.61\% = 511(件)$$

$$第二季度预测值 = 1900 \div 400\% \times 74.11\% = 352(件)$$

$$第三季度预测值 = 1900 \div 400\% \times 61.93\% = 294(件)$$

$$第四季度预测值 = 1900 \div 400\% \times 156.35\% = 743(件)$$

② 已知某季(月)的实际值，利用季节指数预测未来各季(月)和全年的预测值。其计算公式为：

$$未来季(月)预测值 = \frac{某季(月)实际值}{该季(月)季节指数} \times 未来季(月)季节指数$$

$$全年的预测值 = \frac{某季(月)实际值}{该季(月)季节指数} \times 全年季节指数之和$$

**【例 7-9】** 以例 7-7 的资料为例，如果已知该企业某产品 2014 年第一季度的销售量为 511 件，试运用季节指数预测法测算该企业某产品 2014 年第二、三、四季度以及 2014 年全年的销售量。

**解**：2014 年第二、三、四季度以及 2014 年全年的销售量预测值为：

$$第二季度预测值 = 511 \div 107.61\% \times 74.11\% = 352(件)$$

$$第三季度预测值 = 511 \div 107.61\% \times 61.93\% = 294(件)$$

$$第四季度预测值 = 511 \div 107.61\% \times 156.35\% = 743(件)$$

$$全年的预测值 = 511 \div 107.61\% \times 400\% = 1900(件)$$

#### 2. 趋势型季节变动预测法

时间序列的季节变动趋势往往不是单独存在的，而是伴随有长期趋势变动。对于具有明显长期趋势的时间序列，如果仍然利用上述的水平型季节变动预测法进行预测，会造成很大误差，这就要求我们必须要建立适合于趋势型时间数列的季节变动预测方法。

趋势型季节变动预测法要求先根据时间序列的趋势变动情况建立长期趋势模型，将长期趋势从季节趋势中分解出来，剔除长期趋势后再计算季节指数，进行季节变动预测。

趋势型季节变动预测法剔除长期趋势使用的方法主要有移动平均法、指数平滑法、趋势外推法等，这里不再叙述这些使用方法。

### 7.3.5 趋势外推法

趋势外推法，又称数学模型法，就是通过建立一定的数学模型，对时间序列给出恰当的趋势线，将其外推或延伸，用来预测未来可能达到的水平。

趋势外推法是以市场预测的连续性原理为基础，即认为包括市场在内的任何事物都会沿着一定的轨迹运动，其发展在时间上都具有一定的连续性，在某个相对时间内呈现出一定的规律性，如果我们分析预测对象时间序列数据呈现的趋势变化轨迹的规律性，找出拟合趋势变化轨迹的数学模型，并据此进行推导延伸，就可以对预测对象的未来状况作出预测。

运用趋势外推法应注意两个基本条件：一是预测对象的过去、现在和未来的客观条件基本保持不变，从历史数据中“挖掘”的规律会延续到未来；二是预测对象的发展过程是渐进变化的，而非跳跃式的、大起大落的变化。只要符合这两个条件，就可以以时间为自变量、以预测对象为因变量，拟合某种曲线（包括直线）建立预测模型进行预测。其步骤是：根据历史数据的特征拟合相应的曲线，求出参数，建立预测模型进行预测。

趋势外推法可分为直接作图法、直线趋势外推法和曲线趋势外推法。直线作图法是根据历史数据的排列情况，直接在坐标图上描绘出时间数列的延伸趋势，并以此来判定预测值的方法。直线趋势外推法和曲线趋势外推法，是当时间数列的图形具有明显的直线或曲线趋势（即时间数列的某次阶差或比率接近一个常数）时，通过建立预测模型来进行预测的方法。以下简要介绍直线趋势外推法和曲线趋势外推法。

### 1. 直线趋势外推法

直线趋势外推法是指对有线性变动趋势的时间数列，拟合成直线方程进行外推预测的方法。它是趋势外推法中最基本的方法，也是预测实践中常用的方法。

直线趋势外推法的预测模型为：

$$y_t = a + bt \tag{7-7}$$

式中，$y_t$ 为第 $t$ 期的预测值；$t$ 为时间变量或时间序数；$a$ 和 $b$ 是模型参数。

用此方法进行预测时，其关键是将主要的问题拟合成一条直线。该线与各期观察值坐标点的距离最短，该线在何处由 $a$ 和 $b$ 确定，其方法可用最小二乘法求出，当参数 $a$ 和 $b$ 确定后，预测方程即确定。代入预测时期数值 $t$，即可估计出预测对象的预测值 $y_t$。

### 2. 曲线趋势外推法

某些市场现象的变化趋势近似某种曲线的形式，人们可以根据曲线的特征，拟合成相应的曲线方程向外推导，求出预测值。曲线方程的类型很多，常见的有二次曲线、指数曲线、龚伯兹曲线和延续预测方法多种。可以用最小二乘法、分段求和法确定模型种类后进行估测。此处不做详解。

## 7.4 回归预测法

客观世界中许多事物、现象之间都存在着相互联系、相互影响、相互制约的依存关系，以经济现象为例，如家庭收入与支出的关系、企业的生产量与单位生产成本的关系、企业的广告费用支出与销售额的关系等，又如一个地区的人口数量、劳动力就业情况、居民收入状况等与市场商品供求间的关系，等等。通过对大量的社会经济现象的研究发现，这些现象之间存在的关系总体上可分为确定性关系和非确定性关系，前者又称为函数关系，后者也称为相关关系。函数关系是指现象之间存在着严格的依存关系，对于某一个变量的每一个数值，都有另一个变量的确定值与之相对应，并且两者的关系可以用一定的数学表达式表达，即 $y=f(x)$（$x$ 为自变量，$y$ 为因变量）。例如，在价格一定的情况下，销售量与销售额的关系。相关关系是指现象之间存在着一定的依存关系,但不是严格的依存关系。在相关关系中,变量之间不存在数值确定性的对应关系,某一个变量的每一个数值,都可能有另一个变量的若干个值与之相对应,所以,相关关系是一种不完全的依存关系、是不确定的变量关系。

对于存在不确定性相关关系的变量,通过观察和统计积累,对获得的大量数据,运用数理统计的方法进行加工、处理,找出变量之间依次关系的规律,求得能够近似地表示变量之间依存关系(称相关关系或因果关系)的数学表达,即回归方程,并利用回归方程从一个已知的变量来对另一个变量做出估计或推测,这种预测方法称为回归预测法。

回归预测法有多种类型。可根据自变量的个数分为一元回归分析预测法、二元回归分析预测法和多元回归分析预测法。在一元回归分析预测法中,自变量只有一个;二元回归分析预测法中,自变量有两个;而在多元回归分析预测法中,自变量有两个以上。根据自变量和因变量之间是否存在线性关系,可分为线性回归分析预测和非线性回归分析预测。线性回归分析预测法中变量之间的关系表现为直线型,非线性回归分析预测法中变量之间的关系主要表现为曲线型。

## 7.4.1 回归预测的步骤

### 1. 确定预测目标和影响因素

通常情况下,市场预测的目标一定是因变量,预测者可根据具体预测的目的来确定。例如,企业以预计未来 5 年某产品的需求量为目的的市场预测,它的因变量就是未来 5 年该产品的需求量。而对于影响和制约预测目标的自变量的确定则相对较困难。

当预测目标一经确定后,预测就要根据预测目的来广泛收集资料,对各种影响预测目标的因素及其影响程度加以剖析,筛选出次要的、偶然性的因素,找出决定性的、主要的、可量性的因素作为自变量因素,把剩余的影响因素归入随机误差项,尽量使问题简化。

### 2. 进行相关分析

所谓的相关分析,就是对变量间的相关关系进行分析和研究。这一过程主要包括两个方面:一是确定变量间有无相关关系,这是相关关系也是回归分析的前提;二是确定相关关系的密切程度,这是相关分析的主要目的和主要内容。相关分析可通过绘制散点图进行分析,相关关系的密切程度通常用相关系数或相关指数来衡量。

相关系数计算公式为:

$$R=\frac{\sum(X_t-\overline{X})(Y_t-\overline{Y})}{\sqrt{\sum(X_t-\overline{X})^2\sum(Y_t-\overline{Y})^2}}$$

或

$$R=\frac{n\sum X_tY_t-\sum X_t\sum Y_t}{\sqrt{n\sum X_t^2-\left(\sum X_t\right)^2}\cdot\sqrt{n\sum Y_t^2-\left(\sum Y_t\right)^2}} \tag{7-8}$$

式中,$R$ 是相关系数;$X_t$ 是自变量的值;$\overline{X}$ 是自变量的平均值;$Y_t$ 是因变量的值;$\overline{Y}$ 是因变量的平均值。

相关系数 $-1\leqslant R\leqslant 1$。当变量 $X$ 与 $Y$ 呈线性相关时,$|R|$ 越接近 1,表明变量间的线性

相关程度越高；$|R|$越接近 0，表明变量间的线性相关程度越低。$R$ 为正值，表明 $X$ 与 $Y$ 为正相关；$R$ 为负值，表明 $X$ 与 $Y$ 为负相关。当呈现较强的非线性相关时，相关系数$|R|$值趋近于 0。通常情况下，不完全相关系数判断的一般标准如表 7-7 所示。

**表 7-7　不完全相关系数程度判断表**

| 数　值 | $\|R\|<0.3$ | $0.3<\|R\|<0.5$ | $0.5<\|R\|<0.8$ | $0.8<\|R\|<1$ |
|---|---|---|---|---|
| 相关程度 | 微　弱 | 低　度 | 显　著 | 高　度 |

### 3. 建立回归预测模型

建立回归预测模型就是建立回归方程，依据变量之间的相关关系，用恰当的数学表达式表示。

线性回归方程的一般表达式为：

$$\hat{Y}_t = a + b_1X_1 + b_2X_2 + \cdots + b_nX_n \tag{7-9}$$

当线性回归只有一个自变量与一个因变量间的回归，称为一元线性回归或简单线性回归、直线回归，可写为：

$$\hat{Y}_t = a + bX \tag{7-10}$$

其他形式的线性回归则称为多元线性回归。

当变量间不呈线性关系时，则需根据曲线的形状建立相应的非线性回归方程。方程的参数通常使用最小二乘法计算求得，然后代回方程用于预测。

### 4. 对回归预测模型进行验证

验证就是对回归预测模型进行预测之前的检验，以确认回归模型代表性高低，确保回归方程的可靠性，只有通过各种显著性验证，回归预测模型才能用于市场预测。常用的验证方法有回归标准差检验、相关系数检验、$F$ 检验等，这里作简要介绍。

(1) 回归标准差检验

回归标准差 $S_y$ 表示因变量各观察值 $Y_t$ 与因变量相应期的趋势值$\hat{Y}_t$ 的绝对离差数额，用来检验回归预测模型的精度。其计算公式为：

$$S_y = \sqrt{\frac{\sum (Y_t - \hat{Y}_t)^2}{n-k}} \tag{7-11}$$

式中，$S_y$ 为回归标准差；$Y_t$ 为因变量第 $t$ 期观察实际值；$\hat{Y}_t$ 为因变量第 $t$ 期趋势值；$n$ 为观察期个数；$k$ 为回归方程参数个数。

由公式可知，$S_y$ 越小，说明实际值与预测值的平均误差越小，预测精度也越高；反之，$S_y$ 越大，预测精度也越差。

由于受计算单位和数据本身大小的影响，$S_y$ 缺乏可比性。为了对不同模型的精度进行比较，往往要计算离散系数或回归标准差系数 $V$。

$$V = \frac{S_y}{\overline{Y}} \times 100\%$$

式中，$\overline{Y}$ 是各观察期实际值的平均值。

在实际中常用 $V$ 值来判断模型的拟合程度。当 $V<15\%$ 时，模型的拟合程度良好，可认为通过检验，若 $V>15\%$，则认为未通过检验。

(2) 相关系数检验

我们知道，相关系数是用来衡量变量之间的线性相关程度的指标。一般说来，相关系数越大说明两个变量之间的相关关系越密切。但相关系数的绝对值大到什么程度时，才能认为两变量之间的相关关系是显著的，回归模型用来预测是有意义的呢？对于不同组数的观察值，不同数值的显著性水平，衡量的标准是不同的。这一数量界线的确定只有根据具体的条件和要求，通过相关系数检验法的检验才能加以判别。相关系数检验法的步骤如下：

步骤一：按回归分析预测法步骤 2 中的相关系数计算公式求出 $R$ 值；

步骤二：根据回归模型的自由度($\mathrm{d}f$)($\mathrm{d}f=n-k$；$n$ 为观察期个数；$k$ 为回归模型中参数的个数)和给定的显著性水平 $\alpha$ 值，从相关系数临界值表中查出临界值及 $R_\alpha(\mathrm{d}f)$；

步骤三：判别。若 $|R|\geqslant R_\alpha(\mathrm{d}f)$，表明两变量之间线性相关关系显著，检验通过，这时回归模型可以用来预测；若 $|R|<R_\alpha(\mathrm{d}f)$，表明两变量之间线性相关关系不显著，检验通不过，这时的回归模型就不能用于预测，应分析其原因，对回归模型重新加以处理。

(3) $F$ 检验

$F$ 检验是关于回归方程的显著性检验，即检验所有自变量作为一个整体与因变量之间是否有明显的线性相关关系。使用如下公式计算 $F$ 值：

$$F=\frac{\sum(\hat{Y}_t-\bar{Y})^2/(k-1)}{\sum(Y_t-\hat{Y}_t)^2/(n-k)} \tag{7-12}$$

式中，$F$ 为显著性值；$\hat{Y}_t$ 为第 $t$ 期趋势值；$Y_t$ 为第 $t$ 期观察值；$\bar{Y}$ 为观察期内观察值的平均值；$k$ 为回归方程中参数个数；$n$ 为观察期的个数；$k-1$ 为分子自由度；$n-k$ 为分母自由度。

判断回归模型是否通过 $F$ 检验，必须计算出 $F$ 值，给定一个显著性水平 $\alpha$ 值，然后与 $F$ 分布表中的相应值对比，若计算 $F$ 值大于表中 $F$ 值，则认为通过检验，说明变量间相关关系显著，可以用于预测，回归模型估计参数不会同时为零。反之，则为不通过，说明变量间相关关系不显著，回归模型无效，不能用于预测。

### 5. 运用回归模型进行预测

运用通过验证的回归方程，将需要预测的自变量 $X$ 代入方程并计算，即可得到所求的预测值。

预测通常有两种情况：一是点预测，就是所求的预测值为一个数值；二是区间预测，所求的预测值是一个数值范围。通常用正态分布的原理测算其估计标准误差，求得预测值的置信区间。

## 7.4.2　一元线性回归预测法

当影响市场变化的众多因素中有一个最基本并起到决定性作用的因素，且自变量与因变量的分布呈线性趋势时，此情况下用回归方法进行预测就是一元线性回归预测。一般情况下一元线性回归方程表达式为：

$$\hat{Y}_t = a + bX$$

式中,$\hat{Y}_t$ 是因变量;$X$ 是自变量;$a$、$b$ 是参数,$b$ 又称回归参数,它表示当 $X$ 每增加一个单位时,$Y$ 的平均增加数量。

以下通过例题说明一元线性回归预测法的使用。

**【例 7-10】** 某企业销售收入与投入促销费用之间的关系密切,过去 10 年的相关资料如表 7-8 所示。若企业计划 2014 年促销费用投入 140 万元,要求在 95% 的概率下预测该企业 2014 年的销售收入。

**表 7-8 某企业销售收入与投入促销费用资料及一元回归方程计算表**

| 年份 | 促销费用 $X_t$(万元) | 销售收入 $Y_t$(万元) | $X_t \cdot Y_t$ | $X_t^2$ | $Y_t^2$ |
|---|---|---|---|---|---|
| 2004 | 40 | 2720 | 108800 | 1600 | 7398400 |
| 2005 | 52 | 3040 | 158080 | 2704 | 9241600 |
| 2006 | 56 | 3120 | 174720 | 3136 | 9734400 |
| 2007 | 64 | 3280 | 209920 | 4096 | 10758400 |
| 2008 | 72 | 3440 | 247680 | 5184 | 11833600 |
| 2009 | 82 | 3640 | 298480 | 6724 | 13249600 |
| 2010 | 94 | 3800 | 357200 | 8836 | 14440000 |
| 2011 | 104 | 4040 | 420160 | 10816 | 16321600 |
| 2012 | 116 | 4320 | 501120 | 13456 | 18662400 |
| 2013 | 128 | 4520 | 578560 | 16384 | 20430400 |
| 合计 | 808 | 35920 | 3054720 | 72936 | 132070400 |

分析:

第一,进行相关分析。

在坐标系下将促销费用和销售收入额的数据标出,画出散点图,可以发现呈现直线趋势。因此,判定两者为一元线性关系。

第二,建立回归方程。

回归方程为$\hat{Y}_t = a + bX$,其中,关键是求参数 $a$ 和 $b$ 的值。根据表 7-8 中资料,利用最小二乘法原理推导可以求出 $a$ 和 $b$ 的值:

$$b = \frac{n\sum X_t Y_t - \sum X_t \sum Y_t}{n\sum X_t^2 - \left(\sum X_t\right)^2}$$

$$= \frac{10 \times 3054720 - 808 \times 35920}{10 \times 72936 - 808^2} = 19.921$$

$$a = \frac{\sum Y_t - b\sum X_t}{n} = \bar{Y} - b\bar{X} = 3592 - 19.921 \times 80.8 = 1982.4$$

所求回归方程为:

$$\hat{Y}_t = 1982.4 + 19.921X$$

第三,进行检验。

(1) 回归标准差检验

由回归方程计算各观察期的销售收入预测值$\hat{Y}_t$,相关数据见表 7-9。

表 7-9　回归标准差计算

| 年份 | $X_t$ | $(X_t-\bar{X})^2$ | $Y_t$ | $\hat{Y}_t$ | $(Y_t-\hat{Y}_t)^2$ | $(\hat{Y}_t-\bar{Y})^2$ |
|---|---|---|---|---|---|---|
| 2004 | 40 | 1664.64 | 2720 | 2779.24 | 3509.378 | 660578.818 |
| 2005 | 52 | 829.44 | 3040 | 3018.29 | 471.324 | 329143.164 |
| 2006 | 56 | 615.04 | 3120 | 3097.98 | 484.880 | 244055.760 |
| 2007 | 64 | 282.24 | 3280 | 3257.34 | 513.476 | 111997.316 |
| 2008 | 72 | 77.44 | 3440 | 3416.71 | 542.424 | 30726.584 |
| 2009 | 82 | 1.44 | 3640 | 3615.92 | 579.846 | 572.166 |
| 2010 | 94 | 174.24 | 3800 | 3854.97 | 3021.70 | 69153.221 |
| 2011 | 104 | 538.24 | 4040 | 4054.18 | 201.072 | 213610.352 |
| 2012 | 116 | 1239.04 | 4320 | 4293.24 | 716.098 | 491737.538 |
| 2013 | 128 | 2227.84 | 4520 | 4532.29 | 151.044 | 884145.284 |
| 合计 | 808 | 7649.6 | 35920 | — | 10191.242 | 3035720.203 |

注：$\bar{X}=\left(\sum X_t\right)/n=808\div 10=80.8$(万元)

$\bar{Y}=\left(\sum Y_t\right)/n=35920\div 10=3592$(万元)

回归标准差：

$$S_y=\sqrt{\frac{\sum(Y_t-\hat{Y}_t)^2}{n-k}}=\sqrt{\frac{10191.242}{10-2}}=35.692(\text{万元})$$

回归标准差系数：

$$V=\frac{S_y}{\bar{Y}}\times 100\%=35.692\div 3592\times 100\%=0.994\%$$

$V<15\%$，标准差检验通过，该预测模型的精确度能符合要求。

(2) 相关系数检验

$$R=\frac{n\sum X_tY_t-\sum X_t\sum Y_t}{\sqrt{n\sum X_t^2-\left(\sum X_t\right)^2}\cdot\sqrt{n\sum Y_t^2-\left(\sum Y_t\right)^2}}$$

$$=\frac{(10\times 3054720-808\times 35920)}{\sqrt{10\times 72936-808^2}\times\sqrt{10\times 132070400-35920^2}}=0.9983$$

$R$ 接近于 1，$\hat{Y}_t$ 与 $X$ 高度相关。

由于要求在 95%的概率下预测该企业 2014 年的销售收入，即当置信度为 95%时，显著性水平即为 $\alpha=0.05$，自由度 $df=n-2=8$，查相关系数表，得出相关系数临界值为 $R_{0.05}(8)=0.632$。因为 $R>R_\alpha(0.9983>0.632)$，说明回归模型的拟合程度较好，可用于销售收入的预测。

第四，进行预测。

先进行点预测。2014 年的促销费用计划投入 140 万元，将其代入回归方程，有：

$$\hat{Y}_{2014}=1982.4+19.921\times 140=4771.34(\text{万元})$$

即 2014 年企业销售收入预测值可达到 4771.34 万元。

再进行区间预测。利用预测值区域计算公式：

$$\hat{Y}_t\pm tS_y\sqrt{1+\frac{1}{n}+\frac{(X_0-\bar{X})^2}{\sum(X_t-\bar{X})^2}}$$

本例中，$S_y=35.692$（万元），$\alpha=0.05$，$df=n-k=10-2=8$，查 $t$ 分布表，得出 $t_\alpha(df)=2.306$。根据表7-9中资料，当 $X_0=140$ 万元时，企业销售收入预测区域为：

$$4771.34 \pm 2.306 \times 35.692\sqrt{\left(1+\frac{1}{10}\right)+\frac{(140-80.8)^2}{7649.6}}$$

$$=4771.34 \pm 102.72\text{（万元）}$$

即当2014年企业的促销费用为140万元时，在置信度95%条件下，企业的销售收入预测区间在4668.62万～4874.06万元。

### 7.4.3 多元线性回归预测法

在进行市场预测时，遇到的变量并非都是两者的关系，而是几个因素共同发生作用，一元回归分析法已经不再适用，这时就可以使用多元回归分析法进行预测。

当两个或两个以上的自变量与一个因变量之间存在线性回归趋势时，此情况下用回归方法进行预测，即为多元线性回归分析法。多元线性回归方程一般形式为：

$$\hat{Y}_t = a + b_1X_1 + b_2X_2 + \cdots + b_nX_n \tag{7-13}$$

式中，$\hat{Y}_t$ 为因变量第 $t$ 期预测值；$X_1, X_2, \cdots, X_n$ 为自变量（影响因素）；$a, b_1, b_2, \cdots, b_n$ 是回归方程参数。

存在两个自变量条件下的多元线性回归方程称为二元回归方程，它是多元线性回归方程中的特例。公式为：

$$\hat{Y}_t = a + b_1X_1 + b_2X_2$$

下面以二元为例，介绍多元线性回归分析的步骤。

#### 1. 建立线性方程

线性方程为 $\hat{Y}_t=a+b_1X_1+b_2X_2$，参数 $a, b_1, b_2$ 使用最小平方法推算，得到：

$$\sum Y = na + b_1\sum X_1 + b_2\sum X_2$$

$$\sum X_1Y = a\sum X_1 + b_1\sum X_1^2 + b_2\sum X_1X_2$$

$$\sum X_2Y = a\sum X_2 + b_1\sum X_1X_2 + b_2\sum X_2^2$$

将相关数据代入上述方程组，求解得到系数 $a, b_1, b_2$。所以，二元线性回归方程为：

$$\hat{Y}_t = a + b_1X_1 + b_2X_2$$

#### 2. 检验

利用复相关系数检验回归方程整体显著性。

$$R=\sqrt{1-\frac{\sum(Y_t-\hat{Y}_t)^2}{\sum(Y_t-\bar{Y})^2}}$$

简化公式为：

$$R=\sqrt{1-\frac{\sum Y_t^2 - a\sum Y_t - b_1\sum X_1Y_t - b_2\sum X_2Y_t}{\sum Y_t^2 - n\bar{Y}^2}}$$

式中，$Y_t$ 为因变量的实际值；$\bar{Y}$ 为因变量的平均值；$\hat{Y}_t$ 为因变量的估计值。取一个特定的 $\alpha$，并计算出 $df=n-k$，查相关系数临界值表得到 $R_\alpha(df)$ 值。如果 $R>R_\alpha(df)$，说明 $X_1$、$X_2$ 与 $\hat{Y}_t$ 线性关系显著，回归模型可用于预测。

### 3．预测

先进行点预测，将 $X_1$、$X_2$ 代入公式 $\hat{Y}_t=a+b_1X_1+b_2X_2$ 即得到预测值。之后再进行区间预测，利用回归标准差检验法中的计算公式求出回归标准误差 $S_y$，取 $\alpha$，$df=n-3$，查 $t$ 分布表得到 $t_{\alpha/2}(df)$，可计算出预测区间值。

对于三个或三个以上自变量的多元线性回归预测以及非线性回归预测，计算方法要复杂得多，大都需要计算机处理，这里不再介绍。

## 本章小结

市场预测是从事市场经营活动的个人或组织，为减少其经营决策失误，在详细了解其过去和现在的相关历史信息的基础上，运用预测工具，分析信息资料，发现其中的规律性特征，并据此做出科学推测。市场预测是研究市场的重要工具，为使市场预测能够有效地服务于企业的营销活动，需要了解市场预测的含义、作用、内容与类型，掌握市场预测原理、原则与程序。本章介绍了对比分析法、集合意见法、专家意见法、顾客意见法四种经验判断预测法的原理，分析了这些方法的特点及使用时应注意的问题。主要介绍了直线趋势预测法（主要包括简单平均法、移动平均法、指数平滑法等）、季节变动法和趋势外推法等时间序列预测方法和基本原理，阐述了每种预测方法的特点和使用，并结合例题对一些时间序列预测方法运用进行了讲解。介绍了回归分析法预测的基本原理及其具体步骤，着重举例讲解了一元线性回归分析预测法的运用，特别介绍了怎样对一元线性回归模型进行验证，明确了多元线性回归分析预测法的预测步骤与一元线性回归分析预测法步骤的相同之处。

## 知识训练

**1．主要概念**

预测　市场预测　定性市场预测　定量市场预测　连续性原理　类推原理　相关性原理　概率推测原理　经验判断预测法　对比分析法　集合意见法　专家会议法　德尔菲法　顾客意见法　时间序列　时间序列预测法　简单平均法　移动平均法　指数平滑法　季节指数法　趋势外推法　相关关系　回归分析预测法　一元回归分析预测法　多元回归分析预测法

**2．选择题（可多选）**

(1) 按预测时间的长短不同可分为下述几种，下列说法不正确的是（　　）。

A. 长期预测　　B. 中期预测　　C. 短期预测　　D. 定性预测

(2) 德尔菲法预测的关键环节是（　　）。

A. 组织严密　　　　　　　　　　　B. 选择合适的专家
C. 轮询的次数多少　　　　　　　　D. 专家的独立性和保密性

(3) 定性预测也称为(　　)，是对事物性质和规定性的预测。

A. 主观预测　　B. 意向预测　　C. 目标预测　　D. 意见预测

(4) 下列有关简单算术平均法的说法正确的是(　　)。

A. 当时间序列因素影响较大时使用　　B. 当预测者重要程度不同时可使用
C. 操作简单，预测便捷快速，费用低　　D. 可作长期趋势预测

(5) 指数平滑法的优点不对的是(　　)。

A. 不需要全部历史资料　　　　　　B. 体现早期资料的重要性
C. 突出近期资料的重要性　　　　　D. 对结果的修匀效果好

(6) 能表示事物相关程度的是(　　)。

A. 权数　　B. 平滑指数　　C. 相关系数　　D. 回归系数

(7) (　　)是用来描述因变量与多个自变量关系的数学表达式。

A. 一元线性回归方程　　　　　　B. 二元线性回归方程
C. 多元线性回归方程　　　　　　D. 有限元线性回归方程

**3. 判断题(下列说法正确的请打√，错误的请打×)**

(1) 任何事物的发展在时间上都具有连续性。 (　　)
(2) 市场预测的基本原则包括客观性、全面性、及时性、科学性。 (　　)
(3) 市场预测就是要耗费资源的，所以基本原则中不含经济性。 (　　)
(4) 当预测的变量没有历史数据时，就无法做出合理预测。 (　　)
(5) 所谓相关关系就是两个要素有一定的联系，其表现为同增或同减。 (　　)
(6) 指数平滑法就是移动平均法。 (　　)
(7) 实际预测中，采用的方法不同，对信息资料的要求也可能不同。 (　　)
(8) 加权平均法比简单算术平均法复杂，因此预测费用更高。 (　　)
(9) 只要正确科学地使用定量预测技术，无论历史资料有多少也能做到科学预测。 (　　)
(10) 函数关系就是确定性关系。 (　　)
(11) 相关关系是事物之间存在着确定性关系。 (　　)
(12) 相关系数表示事物之间的联系紧密程度，绝对值越大，相关性越弱；绝对值越小，相关性越强。 (　　)

**4. 复习思考题**

(1) 如何理解市场预测的含义和作用？
(2) 按照不同的标准，市场预测可以分为哪些类型？
(3) 市场预测的基本原理有哪些？市场预测应遵循哪些原则？
(4) 市场预测的一般步骤是怎样的？
(5) 什么是经验判断预测法？
(6) 解释德尔菲法及其操作步骤。
(7) 简述对比分析法的特点及其适用条件。

(8) 运用顾客意见法、集合意见法进行预测时的注意点有哪些?

(9) 什么是时间序列预测法? 时间序列预测法有什么特点?

(10) 怎样运用指数平滑法进行预测? 一次指数平滑法中的平滑系数应如何选择?

(11) 在实际预测活动中,季节变动预测法可以适用于哪些领域?

(12) 什么是趋势外推法?

(13) 简述回归分析的基本原理。

(14) 回归分析预测法的一般步骤有哪些?

(15) 点预测与区间预测有何区别与联系?

(16) 一元线性回归与多元线性回归分析在什么情况下使用?

**5. 计算题**

(1) 某企业 2008—2013 年销售额如表 7-10 所示,根据表中资料,分别运用简单算术平均法和加权算术平均法预测该企业 2014 年的销售额。

**表 7-10 某企业 2008—2013 年销售额表**

| 年 份 | 2008 | 2009 | 2010 | 2011 | 2012 | 2013 |
|---|---|---|---|---|---|---|
| 销售额(万元) | 105 | 98 | 100 | 95 | 102 | 97 |
| 权数 | 0.5 | 1.0 | 1.5 | 2.0 | 2.5 | 3.0 |

(2) 某商店 2004—2013 年的销售额如表 7-11 所示。按下列要求的办法,分别预测该商店 2014 年的销售额。

**表 7-11 某商店 2004—2013 年的销售额表** 单位:万元

| 年 份 | 2004 | 2005 | 2006 | 2007 | 2008 | 2009 | 2010 | 2011 | 2012 | 2013 |
|---|---|---|---|---|---|---|---|---|---|---|
| 销售额 | 600 | 640 | 620 | 880 | 950 | 980 | 960 | 1000 | 1050 | 1100 |

① 设移动跨越期数 $n=3$,试用简单移动平均法和加权移动平均法分别进行预测(加权系数分别为 0.2、0.3 和 0.5)。

② 令平滑系数 $\alpha=0.6$,试用一次指数平滑法进行预测。

(3) 某企业 2009—2013 年各季度销售额如表 7-12 所示。如果预测出该企业 2014 年的全年销售额为 1500 万元,根据表中时间序列的特点,选择适合的预测方法预测该企业 2014 年各季度的销售额。

**表 7-12 某企业 2009—2013 年各季度销售额情况表** 单位:万元

| 年 份 | 第一季度 | 第二季度 | 第三季度 | 第四季度 |
|---|---|---|---|---|
| 2009 | 278 | 240 | 200 | 244 |
| 2010 | 345 | 276 | 218 | 268 |
| 2011 | 400 | 304 | 242 | 303 |
| 2012 | 438 | 325 | 246 | 326 |
| 2013 | 466 | 346 | 258 | 339 |

(4) 某企业研究本企业广告支出费对产品销售额的影响,现有 10 个季度的统计资料,如表 7-13 所示。试用一元线性回归方程建立预测模型,若企业下季度广告费预计支出

100 万元,以 95%的概率预测该企业产品销售额将为多少?

表 7-13　某企业广告支出费与产品相应销售额情况表　　单位:万元

| 序　号 | 1 | 2 | 3 | 4 | 5 | 6 | 7 | 8 | 9 | 10 |
|---|---|---|---|---|---|---|---|---|---|---|
| 广告支出 | 31.8 | 92 | 20 | 40.9 | 41.5 | 50.2 | 31.4 | 121 | 102.2 | 122.5 |
| 销售额 | 524 | 1019 | 638 | 215 | 913 | 928 | 603 | 1516 | 1219 | 1624 |

## 技能训练

**1. 课内实训**

实训主题:大学生就业情况市场预测。

实训形式:学生 5 人一组。

实训任务:利用现有资料进行定性与定量预测。

实训步骤:

(1) 教师提供近 5 年本专业毕业生就业情况资料。

(2) 利用经验判断预测法,定性预测明年本专业学生的就业情况。

(3) 利用相关数据,定量预测明年本专业学生的就业情况。

**2. 课外实训**

实训主题:某服装专卖店销售情况的预测。

实训形式:学生 3 人一组。

实训任务:调查某服装专卖店过去若干年的每季度(或月)销售量,并用季节指数预测法预测今后两年的销售量。

实训步骤:

(1) 选择某服装专卖店,调查该店过去 4 年的每季度(或月)销售量。

(2) 利用所收集的资料,用季节指数预测法预测今后两年的销售量。

(3) 撰写实训报告。

## 案例分析

### 预测消费者需求的"三把钥匙"

营销模式的成功取决于可获得性和预测。可获得性涉及消费者使用何种技术(应用程序,手机网站,活动微型网站等)与品牌进行互动,以及我们如何去主动回应(订阅,喜欢,跟进等)。而预测可以创造出非常成功的营销活动,但是市场营销者在对消费者进行预测上常常看起来非常难。多渠道个性化会员营销服务商 Webpower 中国区分享三个预测消费者需求的关键方法,以帮助企业实现令人惊叹的客户体验。

1. 使用已有的数据

大多数公司已经在一定程度上获得了一些关于消费者兴趣、互动和事务性的数据,可利用其来理解和预测消费者的需求。目前的挑战是如何通过这些捕获的数据,去创建市场营销者可以采取行动的可见性的和分析性的见解,以识别和响应消费者需求。

实例分析:哪个品牌你更可能继续购买?

如果你最近在一个商家购买了餐厅吊灯,之后它提供给你一些有关配件的有价值的信息,如调光开关和灯泡选择,而另一个你购买了餐厅吊灯的商家,向你发送的是又一个餐厅吊灯的促销优惠信息,哪个品牌你更可能继续购买?答案显而易见。后一个商家掌握了你的浏览器历史记录,但并没有捕获到你的上一次购买,这显然是没有利用好已有的数据。这个例子也显示了为什么市场营销者需要利用已经拥有的互动和交易信息以提升消费者体验。考虑相关背景,把你已经有的数据运用到消费者中。这将使你能够更好地预测他们的需求,并在他们需要的时候恰巧提供给他们。

2. 通过分析,获取消费者互动和喜好的综合视野

你的消费者如何参与互动并从你这里购买?在多渠道环境下,你也许会发现这样一个有趣的现象:消费者在一个渠道上(商店,网络或目录)浏览并收集信息,而在另一个渠道上(在线或呼叫中心)购买产品,而接收商品又再另外的渠道(到当地零售商店取货)。这种类型的跨渠道消费行为,为市场营销者了解消费者使用哪种方法最方便、使用的简易性和对服务交付速度的要求等偏好提供了综合性参考。

当市场营销者分析各自的消费者互动和偏好数据时,他们可以:①更好地了解导致消费者购买决策的触发器;②了解哪些产品和功能是消费者最有可能去购买的;③跟踪,监控,分析和影响消费者情绪。

实例分析:从消费者响应中得到什么?

如一位消费者不关心免费送货或折扣百分比,但总是对线上获得的线下商店兑现的BOGO(买一送一)优惠做出响应。那么,通过基于消费者收到的折扣类型、互动渠道、购买渠道等信息,分析出消费者可能购买的产品类型,市场营销者可以以消费者行为作为基准,理解并交付从头到尾都符合消费者偏好的体验。

3. 使"洞察到行动"的过程实现自动化

利用数据分析去做出响应,可以帮助企业从被动的消费者反应模式转变为一个积极主动的、预测型的消费者互动模式。这种转变要求市场营销者跟进消费者的脚步。首先,市场营销者必须理解消费者的生命周期旅程,并能够识别出消费者在购买路径中的问题和需求。接下来的步骤是预测最有可能回答这些问题的互动,以减少不确定性,增加扩大消费者的使用便利性和易用性。一旦消费者的旅程,以及预期的问题和需求已经确定,沟通就可以依照特定消费者行为和旅程阶段去自动化和触发,实现一个持续的从洞察到行动的过程。

实例分析:想想租车公司。

想想租车公司都可以通过考虑以往消费者数据,优化旅途前、中、后的报价和信息。例如,一个消费者的偏好和行为数据可能还包括消费者通常租用的汽车类型,他们租赁的频率,他们是商务旅行还是休闲度假,他们通常租的地点,取车的地点,他们通常选择经济型的车型还是配置齐全的车型。所有的这些数据都可以被租车公司利用来提供符合上下情景的信息,以支持额外的增值服务,如行程前计划(当地酒店,餐饮,娱乐提供)和行程后信息(消

费者忠诚度状态和奖励提供)。

近日,亚马逊获得了一项名为“预判发货”的专利,通过分析顾客行为数据进行“预判发货”,这看起来不可思议,但是不可否认基于数据预测消费者需求,正在引起一场深远的商业变革。最成功的营销组织能够利用分析驱动的方法获取消费者需求信息,理解消费者全貌,预测下一个最佳交互并通过个性化互动渠道去执行它,而加上自动化智能化的运用,组织及市场营销者能够提升持续捕捉并不断评估动态消费者状态,实时自动响应消费者的能力,提供给消费者真正赢得喝彩的体验

(资料来源:谢晶. http://www.shichangbu.com/article-19961-1.html. Webpower 中国区. 2014-03-06)

**问题:**

结合案例谈谈如何才能准确地预测消费者需求?

# 第8章 市场调查报告的撰写

## 章节图解

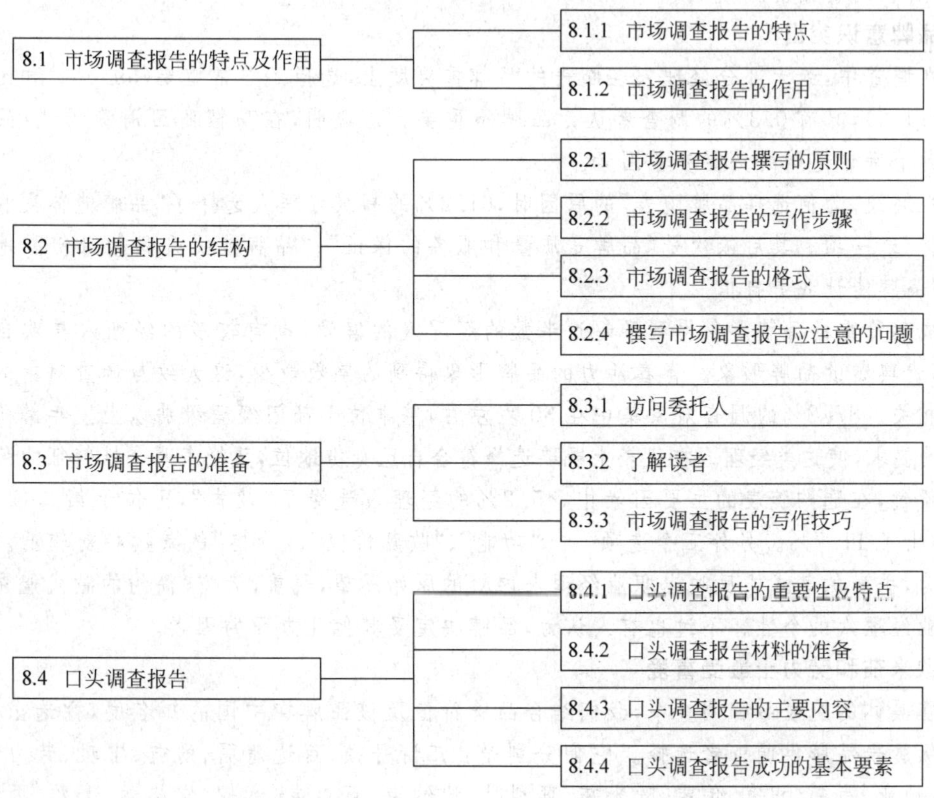


## 学习要点

### 知识点

1. 掌握市场调查报告的作用及其特点。
2. 掌握市场调查报告的结构和写作步骤。
3. 掌握市场调查报告的准备及写作技巧。
4. 了解口头调查报告的准备。

### 技能点

1. 根据市场调查报告的结构撰写调查报告。
2. 掌握市场调查报告的写作技巧,能分析评判调查报告。
3. 如何进行口头调查报告。

## 引导案例

### 经理人腕表品牌调查报告

当世界顶级钟表展——巴塞尔钟表和珠宝展及日内瓦钟表展，落下华丽的帷幕时，为期一个月的世界经理人腕表品牌调查也接近了尾声。在这个针对中国高级经理人的调查中，我们收到了共663份有效答卷。调查结果反映出，现阶段中国经理人对高档腕表品牌的喜好、理解和消费偏爱。

**品牌意识突出**

在调查中，绝大部分经理人在腕表的品牌重要度上，选择了非常重要(59.6%)和比较重要(37.1%)，只有0.3%的调查者认为品牌不重要。这说明，在高档商品消费领域，品牌已经成为消费者选购的必要参考因素。

在问及"为何选择品牌腕表"的原因时，61.2%的高级经理人选择了"品牌能体现我的个人风格"这一项。其后依次是"品牌是质量和服务的保证"、"品牌能提升我的身份和地位"，以及"品牌能让我更自信"。

成熟稳重的品牌形象得到了超过半数的经理人的偏爱，也有较多的经理人喜欢自然简约、高贵典雅的品牌形象。青春活力的品牌形象得到的票数最少，这大致与调查对象的年龄层次相关。87.2%的调查对象集中在30岁左右，基本位于部门经理级别以上。年龄阶段和职位的要求，使这类经理人在仪表上既要选择符合自己身份地位，又能表明个性特征的腕表。

不过，在选购腕表的主要因素中，45.2%的经理人选择了"款式"，比位于第二位的"品牌"高出了11.7%。另外三个选项——"功能"、"收藏价值"、"价格"的票数相对较低。调查者认为，手表的款式能反映出职业经理人内心的原始渴望，稳重、大方、简约的款式能充分体现职业经理人的个性。不过也有人认为，品牌决定了其他几方面的因素。

**欧米茄和劳力士最受喜爱**

在具体的腕表品牌调查中，我们结合品牌价值及该品牌在中国的知名度，挑选出20个世界级腕表品牌供调查者选择。它们分别是：江诗丹顿、百达翡丽、爱彼、宝玑、劳力士、万国、卡地亚、肖邦、积家、伯爵、欧米茄、真利时、沛纳海、百年灵、帝舵、宝格丽、豪雅、摩凡陀、雷蒙威、万宝龙。

在你曾经购买过哪些品牌腕表、你计划将来购买哪些品牌腕表这两项调查中，欧米茄表现不俗——不仅位居第一，并且大幅领先于其他腕表品牌。位居第二的是劳力士，江诗丹顿在计划购买的腕表中名列第三。此外，劳力士的"同家兄弟"帝舵表现也还不错。这四个腕表品牌的突出表现，与它们在中国市场上推广品牌的力度有很大关系。

此外，在最渴望拥有哪个品牌腕表的调查中，劳力士(22.8%)、江诗丹顿(19.9%)超过了欧米茄(14.9%)，分别位居第一、第二位。此外，第四位的百达翡丽也得到了较高的票数(14.8%)。足见劳力士、江诗丹顿、百达翡丽这些百年腕表品牌，在中国经理人心中积淀下的深厚魅力。

综上，中国经理人的品牌意识显著增强；注重中国市场的腕表品牌得到了最多关注。

(资料来源：世界经理人网站. FANNY HE，2007-06-06)

市场调查报告是市场调查以及分析工作的最终成果。调查人员经过一段时间的市场调查分析，可能以为市场调查报告只不过是将调查的成果用文字表达出来，甚至认为这是一件没有什么意思的例行公事，似乎所有的工作都已经完成，这种态度显然是不对的。作为市场分析人员，必须考虑将市场分析的结论和成果用恰当的形式表现出来，以便更好地为企业的市场决策服务。调查报告是其他人了解调查项目的唯一途径，一份结构混乱、语言粗糙的报告，很难被决策者采纳。

# 8.1　市场调查报告的特点及作用

## 8.1.1　市场调查报告的特点

市场调查报告是调查人员在工作中对某主题深入细致地调查之后，经过认真分析研究，最终形成的结论和成果。市场调查报告最基本的特点就是尊重客观实际，用事实说话，只有深入调查研究，力求弄清事实和原因，才能真实地反映事物的本来面目。同时市场调查报告应具有针对性、新颖性、时效性和科学性等特点。

### 1. 针对性

针对性是调查报告的灵魂，市场调查报告的针对性主要包括两个方面，即选题上的针对性和阅读对象的明确性。首先，市场调查报告在选题上必须强调针对性，明确调查的目的，使整个调查报告围绕主题展开论述。例如，《东芝笔记本电脑市场调查》的调查报告，应当始终以分析东芝笔记本电脑的用户和潜在用户为主题。其次，必须明确调查报告的阅读对象。不同的阅读对象，关心的问题也不相同。如果调查报告的阅读者是公司总经理，他主要关心的是调查的结论和建议部分，而不是大量的数字分析。如果调查报告的阅读对象是市场研究人员，他重视的是调查报告的结论是怎么得来的，是否科学、合理，因此他更关心调查采用的方式、方法，数据的来源等方面的问题。

### 2. 新颖性

市场调查报告的新颖性是指调查报告应从新的视角发现问题、分析问题。市场调查报告要紧紧抓住市场活动的新动向、新问题，提出新观点。例如，许多婴儿奶粉均不含蔗糖，但市场调查发现，消费者并不一定知道这个事实。于是有人在调查报告里建议某奶粉制造商在广告中打出“不含蔗糖”的主张，不会让小宝宝的乳牙蛀掉，结果取得了很好的效果。

### 3. 时效性

市场信息瞬息万变，经营者的机遇也是稍纵即逝。如果市场调查不注重时效性，就将失去其存在的意义。因此，市场调查要尽早完成，调查报告也应将调查中有价值的内容迅速、及时地总结出来，以供经营决策者参考，从而在竞争中取胜。例如，2014 年 4 月 29 日，《2014 年房地产蓝皮书》在京发布。

4. 客观性

市场调查报告不仅要描述市场的客观真实情况，用数据证明事实的真相往往比长篇大论更能使人信服。通过定性分析与定量分析的有效结合，达到透过现象看本质的目的，从而究竟市场活动的发展、变化过程及其规律性。更重要的是要研究调查数据，寻找市场的变化规律。这就需要我们利用科学的分析方法，以得出正确的结论，适用的经验、教训，以及有效的解决问题的方法。

### 8.1.2 市场调查报告的作用

能写出报告的市场调查人员才是合格的。如果一名调查人员在收集材料方面做得十分出色，却不能清楚、准确、简明扼要地把调查结果反映在报告里，那么对于委托人来说，这次市场调查工作将毫无价值，甚至会导致委托人市场活动的失败。因此，市场调查报告具有非常重要的作用。

1. 市场调查报告是调查工作的最终成果

市场调查是一个有始有终的活动，它从制订调查方案、收集资料、加工整理和分析研究到撰写并提交市场调查报告，是一个完整的工作程序，缺一不可，市场调查报告作为其中的最后一环，集中体现了市场调查人员的调查成果。

2. 市场调查报告是用户评价调研活动的重要依据

与调查资料相比，调查报告更便于阅读和理解。用户对调研活动及其价值的评价往往全凭调研报告，甚至企业是否会继续采用市场调研的形式了解市场，也要取决于它们自己对读过的书面报告和听过的口头报告所进行的有效性评估。因此，市场调查报告是用户评价调研活动的重要指标。

3. 市场调查报告是企业市场决策的重要参考文件

企业的经理人员不参与具体的市场调查活动，但要充分利用市场调查的结果。让决策者在某一特定时间内记住调查报告的内容是不可能的，决策者及其他研究人员在必要的时候需要反复阅读报告，以便熟悉调查的基本内容，为企业的经营决策、特别是市场活动提供重要的依据。

## 8.2 市场调查报告的结构

不管市场调查报告的格式如何，每个调查报告在结构安排和写作手法上必须能够及时、准确地把信息传递给决策者。在撰写报告时，考虑到企业决策者工作繁忙，市场调查人员应尽量用简洁的语言撰写报告，避免使用晦涩的文字。

另外，市场调查人员要恰当地安排报告的结构。市场调查报告一般由题目、目录、摘要、正文、结论和建议、附录等几个部分组成。报告的结构不是固定不变的，根据调查项目、调查者或调查公司、用户的不同以及调查项目自身性质的不同，调查报告也有不同的结构和风格。

## 8.2.1 市场调查报告撰写的原则

一份经过认真准备的市场调查报告，应使读者能够追溯到调查项目的起点，重新进行分析、推敲。这将有助于回顾发生过的事情，继而证明是否存在某种规律，或许还能看出各种判断是否存在前后矛盾的地方。因此，市场调查报告的撰写应当遵循以下原则。

### 1. 实事求是的原则

市场调查报告作为调查研究的成果，最基本的特点就是尊重客观实际，用事实说话。但是由于人们认识能力的局限，不可能轻而易举地作出准确的判断。只有深入地调查研究，弄清事实和原因，才能真实地反映事物的本来面目。

另外，市场调查报告必须是能反映出与调查内容有关的所有真实情况的文件，不应略去或故意隐藏所知事实。如果调查失败，调查者应有勇气承认，同时不能随便报道结果，以免误导。即便是成功的调查，在市场调查报告中也不应只选择那些对自己有利的结果，其他的避而不提。

### 2. 观点与证据相结合的原则

市场调查报告的特点就是以调查资料为依据，而材料中的证据材料尤其重要。证据材料具有很强的概括力和表现力，用证据证明事实的真相比长篇大论更能让人信服。如果没有证据，市场调查报告将空洞无物，所以调查证据可以增强市场调查报告的科学性、准确性和说服力。

### 3. 语言简洁、内容全面的原则

市场调查报告的读者希望能够尽快从报告中获得信息，因此，市场调查报告的语言应当简洁准确。为了让读者在了解整个调查过程的基础上使用市场调查报告，市场调查报告的内容应当全面，不仅要说明调查的过程，明确调查结论，还要说明调查的研究方法以及建议。

市场调查报告要求以调查资料为依据，准确地表达观点。市场调查报告中运用的数字要准确，情况要真实，观点要恰当。在市场调查中，恰当地运用调查数据，可以增加调查报告的科学性、准确性和说服力。市场调查报告必须有数字、有情况、有分析，既要用资料说明观点，又要用观点统帅资料，二者应紧密结合，相互统一。通过定性分析与定量分析的有效结合，达到透过现象看本质的目的，从而研究清楚市场活动的发展、变化过程及其规律。

## 8.2.2 市场调查报告的写作步骤

### 1. 构思阶段

市场调查报告的构思过程，主要是通过收集到的资料认识客观事物，经过分析判断确定主题思想。在此基础上，确立观点，列出论点、论据，安排文章层次结构，编写详细提纲。构思主要包括三个阶段。

第一阶段，阅读调查资料，理解调查的问题。通过调查中获得的实际证据材料及各方面的背景材料，初步分析调查的问题。然后深入研究调查对象的特点，分析其表层原因和本质原因。

第二阶段，在分析研究调查对象的基础上，确立主题思想。主题的提炼要做到准确、集中、深刻、新颖。准确，是指主题能根据调查的目的，如实反映调查问题的情况；集中，是指主题中心突出；深刻，是指主题能深入揭示事物的本质；新颖，是指主题要有新意。

第三阶段，列出论点、论据。围绕市场调查报告的主题，市场调查人员应当确定报告的主要论点，并相应的列出论据，以便得出合理的结论。在作出结论时，应注意是否考虑了一切有关的实际情况和调查资料；是否有相反的结论足以说明调查事实；立场是否公正客观、前后一致以及文章的层次结构安排是否合理。

2. 选材阶段

选材是指围绕主题选取事实材料。是否有丰富的、准确的证据资料作基础，是市场调查报告成败的关键。市场调查报告的撰写必须根据事实材料进行分析。即介绍情况要有数据作为依据，反映问题要用数据做定量分析，提出建议同样要用可靠的证据来论证其可行性。因此，恰当地选材可以使分析报告主题突出、观点明确、论证有力。

在开始进行调查、收集材料时，由于调查人员还没有形成任何固定的观点，收集到的大量调查事实材料，不都是切中主题、准确反映事物本质特征的典型材料，因此必须对收集的材料做去粗取精、去伪存真、由此及彼、由表及里的分析研究和加工判断。

3. 初稿写作

根据写作提纲的要求，市场调查报告的初稿可由单独一人完成，也可数人分工负责撰写。初稿各部分的写作格式、文字数量、图表和数据要协调统一。初稿完成后，必须对其进行修改，分析各部分内容和主题的连贯性如何，顺序安排是否得当，然后整理成完整的市场调查报告。

4. 定稿

写出初稿并征得各方意见进行修改后，就可以定稿。在定稿阶段，一定要坚持公正、客观的原则，使最终报告能够比较完善、准确地反映客观事实。

## 8.2.3 市场调查报告的格式

1. 扉页

扉页即市场调查报告的首页，包括市场调查标题、报告日期、委托方、调查方等，标题要简单明了、高度概括、具有较强的吸引力。

(1) 从表述方式上看，标题一般有直叙式、表明观点式、提出问题式三种

① 直叙式标题是反映调查意向或指出调查地点、调查项目的标题。这种标题的特点是

简明、客观。例如,《手机美容业市场调查》、《温州白酒市场调查》、《中国城市木地板市场调查》等。

② 表明观点式标题是直接阐明作者的观点、看法,或对事物作出判断、评价的标题。这种标题既表明了作者的态度,又揭示了主题,具有很强的吸引力。例如,《BI 将成为新年新宠——2006—2007 年中国商业智能市场的调查与预测》、《风云再起——2007 年 7 月中国液晶显示器市场关注分析报告》等。

③ 提出问题式标题是以设问、反问等形式,突出问题的焦点和尖锐性,吸引读者阅读、思考。

(2) 从形式来看,标题又可以分为单行标题和双行标题两种

① 单行标题是市场调查报告的主题或要回答的问题。一般是由调查对象及内容加上"市场调查报告"或"调查"组成。例如,《国内 PC 市场调查报告》、《中国房地产发展报告(2014)》等。

② 双行标题由主标题加副标题组成。一般用主标题概括调查报告的主题或要回答的问题,用副标题标明调查对象及其内容。例如,《消费者对 HACCP 认证的支付意愿——基于北京市乳制品市场的调查》、《保险业发展中存在的主要问题及对策研究——基于浙江省保险市场的调查分析》等。

### 2. 目录

市场调查报告涉及的内容很多,页数很多,为便于阅读,把各项内容用目录或索引的形式标记出来,使读者能够了解报告的整体框架。目录包括题目、各章节的大小标题、附件及各部分所在的页码等。具体内容如下。

① 章节标题和副标题及页码;

② 表格目录:标题及页码;

③ 图形目录:标题及页码;

④ 附录:标题及页码。

## 小资料 8-1

### 《汽车行业 2013 年 2 季度分析报告》目录

（资料来源：国研网. http://wenku.baidu.com/view/845f598bb0717fd5360cdcc9.html. 汽车行业季度分析报告(2013年2季度)[EB/OL].(2013.10.22).）

## 小资料 8-2

图 目 录



表 目 录

（资料来源：国研网. http://wenku.baidu.com/view/845f598bb0717fd5360cdcc9.html. 汽车行业季度分析报告(2013年2季度)[EB/OL].(2013.10.22).）

### 3. 摘要

摘要是市场调查报告的内容提要，是报告中十分重要的一部分。许多管理者通常只阅读报告摘要，因此摘要可能是调研者影响决策者的唯一机会。摘要不仅为报告的各个部分规定了方向，而且也使得管理者在评审调查结果与建议时有了一个大致的框架。

写摘要时需要注意，摘要只给出报告最重要的内容，一般不要超过2～3页；而且每段要有小标题或关键词，每段内容应当非常简练，不超过三四句话；同时摘要应当能够引起读者的兴趣和好奇心，激发他们进一步阅读报告的其余部分。摘要通常由以下几个部分组成。

① 调查目的。即为什么要开展调查，想要通过调查得到些什么。

② 最主要的调查结果。对每个项目的关键结果加以说明。

③ 调查的结论。在调查发现的基础上，表达观点，并对观点加以说明。

④ 建议或采取的行动。从调查结论出发，提出该调查的建议。

## 小资料8-3

### 报告摘要

**研究背景**

易观基于自己对手机视频行业的多年积累，结合对大量业界专业人士的深访、调研数据和二手资料。完成了本报告。

基于对手机视频市场、手机视频价值链的精深理解和市场现状的全面把握，易观在对手机视频市场进行深入剖析的基础上，对手机视频行业的发展趋势及其带来的商机给出了一些前瞻性的预测和建议。

本文针对以下几个问题，对手机视频行业的现状和趋势进行研究。

(1) 产业环境：手机视频行业的整体产业环境如何？是什么在困扰我国手机视频行业发展？

(2) 价值链：与产业链上下游的关系如何？怎么做到共赢？

(3) 商业模式：目前的手机视频的盈利模式是什么？

(4) 产业趋势：手机视频市场发展总体趋势如何？

(5) 竞争格局：目前国内手机视频行业厂商竞争格局是怎样的？主要厂商的竞争力是什么？

**易观发现**

(1) 2010 年中国手机视频市场总体收入规模达到 6.81 亿元。目前主要市场收入来自于用户付费。

(2) 随着手机视频行业的发展,行业的参与者也有所增多。当前中国手机视频市场主要拥有几股主要竞争力量,分别是电信运营商、中广传播、第三方视频服务提供商及广电牌照方/集成播控平台。

(3) 目前国内手机视频行业,用户付费仍然是最主流的盈利模式,广告盈利目前处于探索阶段。

(4) 鉴于互联网领域手机视频行业的激烈竞争,部分手机视频厂商 2010 年将发展领域延展至电视机和手机端。手机视频厂商通过与终端和运营商多方合作的方式切入电视机和手机领域,成功与否主要取决于市场环境和政策因素。

**易观建议**

(1) 建立灵活的盈利及收费模式。面向用户收费模式方面,可考虑采用灵活的定价方式,如按次、会员制、免费专区等模式,基于多样化的计费方式,用户可以根据喜好自行收看视频,满足用户不同需求。面向广告主收费方面,应通过多样化的广告形式与精准营销将广告信息传递给目标受众,既提升广告内容的到达率又易于用户接受。

(2) 电信运营商、服务提供商等参与者都掌握着大量的手机用户的信息,如用户的喜好、收入等信息,应充分地利用此类用户信息,详尽地分析用户的行为特征,针对不同的目标用户推广不同的手机视频的内容产品,以精准化的满足不同目标受众的多样化的需求。

(3) 体验营销先行。手机视频可以考虑多提供免费的视频内容和应用,一方面培养用户的认知;另一方面以优势的资源抢占既有用户市场和潜在用户市场,以获得用户的黏性。

(4) 此外,可在目标用户群(如大学、商业楼宇)开展产品测试与体验,邀请潜在的用户试用,利用体验与口碑营销相结合的方式迅速的建立品牌知名度与专业形象。

(5) 重视版权,共同营造版权资源良好的生存环境,各手机视频产业链的参与者,应携手共同维护视频版权,共同营造良好的数字版权内容资源的生存环境,以保护 CP、牌照运营方及用户的利益。

(资料来源:易观国际. http://wenku.baidu.com/view/a78e6e353968011ca30091c3.html. 中国手机视频市场年度综合报告 2011[EB/OL].(2012-08-24):Ⅰ-Ⅲ.)

### 4. 正文

对于某些市场研究人员,如产品经理、营销经理,除了要知道市场调查报告的结论和建议以外,还需要了解更多的调查信息。如调查结果的逻辑性,调查过程中是否有遗漏,关键的调查结论如何得出等。这些人员会详细地研究市场调查报告的主体部分,即正文。正文是市场调查报告的主要部分。这一部分必须正确阐明全部的有关论据,从问题的提出到引出的结论,论证的全部过程,分析研究问题的方法等。具体而言,正文包括开头部分和论述部分。

（1）开头部分

开头部分的撰写一般有以下几种形式。

① 开门见山，揭示主题。文章开始就交代调查的目的或动机，揭示主题。例如："为了了解消费者治疗感冒时所采用的方法及购买的感冒药品牌，受仁寿堂药店的委托，我们对仁寿堂药店隔壁一单位宿舍进行了感冒药市场的调查。这次对感冒药的调查，内容涉及人们对感冒的保健知识、购买感冒药的影响因素、国内感冒药市场中各主要品牌感冒药在消费者心目中的知名度、美誉度和使用情况，以及各种感冒药治疗功能的认知等。"

② 结论先行，逐步论证。先将调查的结论写出来，然后逐步论证。许多大型的市场调查报告均采用这种形式。这种写法的特点是观点明确，一目了然。例如："我们通过对天府可乐在北京市的消费情况和购买意向的调查认为它在北京不具有市场竞争力，原因主要从以下几方面阐述：……"

③ 交代情况，逐步分析。先交代背景情况、调查数据，然后逐步分析，得出结论。例如：中国商业智能（BI）市场持续高速发展，国内 BI 市场有望突破 10 亿元，BI 已经是继 ERP 之后最重要的管理软件之一……

④ 提出问题，引入正题。用这种方式提出人们所关注的问题，引导读者进入正题。例如："岳阳商业大厦是我市新建成的大型商业企业，也是我市最大的零售商场批发中心。今年来，在商业企业经营普遍疲软的情况下，该企业却始终保持了购销两旺的势头。截至 8 月，商品购进总额达 4327.2 万元，商品销售总额达 4825.5 万元，分别比上年同期增长 113.8%和 97.3%。商业大厦为何能在市场竞争中独占鳌头呢?"

（2）论述部分

论述部分必须根据预测所得的结论准确地阐明全部有关论据。论述主要包括基本情况、调查分析方法说明和研究主题的具体分析三部分内容。

在基本情况部分，市场调查人员对调查数据资料及背景作出客观的介绍说明并提出问题。具体而言，这部分主要说明当前市场的总体背景情况，如经济发展状况以及趋势和某类产品的市场情况等，以便给报告的阅读者一个比较完整的背景印象。例如，某区域内整个社会经济发展的状况以及在一定时期内的趋势，与企业相关的政策法律情况，当地的自然地理情况、人口情况、社会文化与背景等。在一份报告中，可以根据分析的需要，只涉及其中的几个方面，不必面面俱到。

进行市场调查分析，总要选择一定的方法，这些数据分析方法必须在文章的论述部分加以必要的说明，并列出使用这一方法的理由。此外，也有必要交代调查方法的局限性。

分析部分在市场调查报告中的篇幅最大，这一部分主要写对调查问卷、资料围绕研究主题展开的统计、分析、说明。这里的分析以调查问卷为对象，但又不局限于此，它应当充分使用在市场研究过程中得到的信息，如事先分析的资料和其他调查方式获得的资料等。

### 5. 结论和建议

市场调查报告的结论和建议应当采用简明扼要的语言。好的结语，可以使阅读者明确调查报告的主旨，加深对调查问题的认识，并指导读者进行管理决策。

一般形式是，先概括全文，再形成结论，并对企业的市场行为提出建议。在市场调查报告中，作者对问题经过层层剖析后，在结论部分说明调查报告的主要观点，深化文章的主题，在此基础上，提出建议和可行性方案。结论并不一定要单独列出来写，它与调查课题有关，如果调查课题小，结果简单，可以直接与调查结果合并成一部分来写。反之，就应分开来写。

建议是针对调查获得的结论提出可以采取的措施、方案或具体行动步骤。如：媒体策略如何改变；广告主题应是什么；与竞争者抗衡的具体方法；价格、包装、促销策略等。

### 6. 附录

附录是指调查报告中正文包含不了或没有提及，但与正文有关必须附加说明的部分。它是正文报告的补充或更详尽的说明，包括调查问卷、技术细节说明。比如对统计工具的详细阐释、问卷副本、调查对象的名单或名称、调查所在地的地图等。

### 小资料 8-4

附　录



（资料来源：易观国际. http://wenku.baidu.com/view/a78e6e353968011ca30091c3.html. 中国手机视频市场年度综合报告 2011[EB/OL].(2012-08-24).）

## 8.2.4 撰写市场调查报告应注意的问题

撰写一份好的市场调查报告不是易事，调查报告本身不仅显示着调查的质量，也反映了作者本身的知识水平和文字素养。在撰写调查报告时，要特别注意以下几个方面的问题。

### 1. 力求简明扼要，删除一切不必要的词句

在市场调查报告中，一个常见的错误是："报告越长，质量越高。"通常，在几个月的调查工作之后，市场调查者往往会试图告诉读者他所知道的与此相关的一切，因此将所有的过程、证明、结论都纳入报告当中，产生了"信息超载"的情况。实际上，调查的价值不是用报告的字数来衡量的，而是以质量、简洁与有效的程度来度量。调查报告应该是精练的，任何与主题关系不大的内容和词句都应省略。不过，也不能因此牺牲了它的完整性。

### 2. 行文流畅，易读易懂

市场调查报告中的材料要组织得有逻辑性，使读者能够很容易弄懂报告各部分内容的内在联系。在文中使用简短、直接、清楚的句子把事情说清楚，比用"正确的"但含糊难懂的词语来表达要好得多。为了检查报告是否易读易懂，最好请两三个不熟悉该项目的人来阅

读报告并提出意见,反复修改几次之后再呈交给委托人。

**3. 内容客观、资料的解释要充分和相对准确**

市场调查报告的突出特点是用事实说话,因此市场调查人员应当以客观的态度来撰写报告。在文体上,最好用第三人称或非人称代词,如“作者发现……”、“笔者认为……”、“资料表明……”等语句。在行文时,应当以向读者报告的语气撰写,不要表现出力图说服读者同意某种观点或看法的态度。读者关心的是调查的结果和发现,而非你个人的看法。

在进行资料解释时,注意解释是否充分和相对准确。解释充分是指利用图、表说明时,要对图表进行简要、准确的解释;解释相对准确是指在进行数据的解释时尽量不要引起误导。例如,在一个相对小的样本中,把引用的统计数字保留到两位小数以上常会造成虚假的准确性。例如,“有 65.32%的被调查者偏好我们的产品”,小数点以后的两位是没有必要的。

**4. 市场调查报告中若引用他人资料,应加以详细注释**

市场调查人员应当通过注释指出资料的来源,以供读者查证,这也是对他人研究成果的尊重。注释应详细准确,被引用资料的作者姓名、书刊名称、所属页码、出版单位和时间等都应予以列明,这一点是大多数人常忽视的问题。

**5. 打印成文,字迹清楚,外观美观**

最后呈交的市场调查报告应当是专业的,使用质量好的纸张,打印和装订都要符合规范。印刷格式应有变化,字体的大小、空白位置的应用等对报告的外观及可读性都会有很大的影响,不像样的外观或一点小失误或遗漏都会严重地影响阅读者的信任感。

**6. 提出的建议应该是积极的、正面的**

大多数建议应当是积极的,要说明采取哪些具体的措施或者要处理哪些已经存在的问题。尽量用积极、肯定的建议,少用否定的建议。使用否定建议只叫人不做什么,并没有叫人做什么,所以应尽量避免使用。

## 8.3 市场调查报告的准备

### 8.3.1 访问委托人

在着手写市场调查报告以前,调查人员应该访问项目委托人,了解他们对调查报告的意见和想法。比如,他们希望的报告形式是什么?他们希望通过阅读报告获得哪些信息?只有掌握了这些信息,研究人员书写报告时,才有可能满足委托人的意愿,才能把握调查报告的重点,叙述委托人关心的问题,避免遗漏和疏忽。

## 8.3.2 了解读者

报告应当是为特定的读者而撰写的，读者可能是领导、管理部门的决策者，也可能是一般的用户。因此，调查人员不但要考虑这些读者的技术水平、对调查项目的兴趣，还应当考虑他们可能在什么环境下阅读报告，以及他们会如何使用这个报告。有时候，撰写者必须适应有几种不同技术水平和对项目有不同兴趣的读者，为此可将报告分成几个不同的部分或针对对象分别进行撰写。

## 8.3.3 市场调查报告的写作技巧

### 1. 表达技巧

市场调查报告的表达技巧主要包括叙述、说明、议论、语言运用四个方面的技巧。

(1) 叙述

市场调查的叙述，主要用于调查报告的开头部分，叙述事情的来龙去脉，表明调查目的、过程和结果。此外，在主体部分还要叙述调查得来的情况。例如，“此次调查是历届中规模最大、内容最全的一次，我们将在线上调查的基础上，联合 17173 新闻采访部进行线下调查，对手机游戏、研发力量、代理运营三方面进行深入调查。从而能更全面和系统地得出当前中国网络游戏市场的现状。”[①]市场调查报告主要用概括叙述，而不对事件的细枝末节详加铺陈。这是一种“浓缩型”的快节奏叙述，文字简约，给人以整体、全面的认识，以适应市场调查报告快速及时反映市场变化的需要。在交代调查的目的、对象、经过时，往往用按时间顺序叙述的方法，次序井然，前后连贯。

(2) 说明

市场调查报告常用的说明技巧有数字说明、分类说明、对比说明、举例说明等。市场运作离不开数字，反映市场发展变化情况的市场调查报告，要运用大量数据，以增强调查报告的精确性和可信度。市场调查中所获材料杂乱无章，根据主旨表达的需要，可将材料按一定标准分为几类分别说明，每类前冠以小标题。市场调查报告中有关情况、数字说明，往往在同标准的前提下，采用对比的形式，全面深入地反映市场变化情况。为了说明市场发展变化情况，举出具体、典型事例是常用的方法。例如，“自中国移动上线手机视频业务之后，特别是 2009 年 4 月实行手机视频业务减免流量费之后，用户规模和收入规模上涨均十分迅速，2010 年中国移动手机视频业务实现了近 6 亿元收入”。[②]

(3) 议论

市场调查报告常用的议论技巧包括归纳论证和局部论证。归纳论证是指占有大量材料，作了分析研究之后，得出结论，即从具体事实中归纳出结论的过程。例如，“区域代理商和区域分公司的出现，使得手机厂商直接向区域代理商供货，减少了渠道的中间环节，很大程度上压

---

① 上海艾瑞市场咨询有限公司：《17173 第五届中国网络游戏市场调查报告》。

② 易观国际. http://wenku.baidu.com/view/a78e6e353968011ca30091c3.html. 中国手机视频市场年度综合报告2011[EB/OL].(2012-08-24)：21.

缩了渠道的成本,使得手机厂商更加靠近手机零售端,增加了手机厂商对手机零售端的控制力度。而运营商和家电连锁店(国美、苏宁等)则是直接连接手机厂商和手机用户的桥梁,这无疑是最短、最快捷、成本最低的销售渠道。国产手机厂商通过多种销售渠道的综合运用,既节省了渠道成本,又提升了渠道效率,取得了良好的效果。"①但是,市场调查报告不同于议论文,不可能形成全篇论证,只是在情况分析、对未来预测中作局部论证。如对市场情况从几个方面作分析,每一方面形成一个论证过程,用数据、事实等作论据去证明其结论,形成局部论证。

(4) 语言

语言运用的技巧包括用词方面和句式方面的技巧。在用词方面,市场调查报告中数量词用得较多,因为市场调查离不开数字,很多问题要用数字说明。此外,还要多用专业词,以反映市场发展变化,如"经营机制"、"市场竞争"等,为了表达准确,撰写者必须熟悉市场有关专业术语。在句式方面,市场调查报告多用陈述句,陈述调查过程、调查到的市场情况,表示肯定或否定判断。

### 2. 表达图表化技巧

为了强调调查报告中的重要信息,可以在市场调查报告中适当插入表格、图形和图片等,这些方式将使调查报告的信息传递更加直观,同时也能增加报告的层次和明晰度。但是,图表的使用也应当适度,否则将适得其反。

(1) 数据表

数据表对于整理和分析市场调查资料来说是非常有用的。在制作数据表时,要遵循"一表一标题一编号"的原则。标题应该简明扼要地说明数据表叙述的内容,行、列的数据各有小标题。一般在标题下方注明数据的单位。对于不便在数据表中插入的信息,要做脚注,脚注放在表格下面。最后,如果数据并非本人调查获得,而是来自其他机构,则要写明数据表的数据来源。

## 小资料 8-5

2013 年上半年乘用车市场结构情况如表 8-1 所示。

**表 8-1　2013 年上半年乘用车市场结构情况**

| 车型 | 销量 | 自主品牌 | 德系 | 日系 | 美系 | 韩系 | 法系 |
|---|---|---|---|---|---|---|---|
| 乘用车 | 销量(万辆) | 356.67 | 167.66 | 128.10 | 105.23 | 79.13 | 27.69 |
| | 占销量比例(%) | 41.16 | 19.35 | 14.78 | 12.14 | 9.13 | 3.20 |
| 其中:轿车 | 销量(万辆) | 161.53 | 146.31 | 97.95 | 91.55 | 59.53 | 25.23 |
| | 占销量比例(%) | 27.65 | 2.05 | 16.77 | 15.67 | 10.19 | 4.32 |

数据来源:中国汽车工业协会,国研网行业研究部加工整理。

资料来源:国研网. http://wenku.baidu.com/view/845f598bb0717fd5360cdcc9.html. 汽车行业季度分析报告(2013 年 2 季度)[EB/OL]. (2013.10.22):20 页.

① 易观咨询:《中国手机市场综合分析报告(2004)》。

(2) 使用图表

利用图表来表达调查报告的内容,可以更好地弥补文字和表格的不足,使调查报告的内容更加容易理解。我们可以用 Excel 来处理调查数据,形成图表。常用的图表主要有饼形图和柱形图两种。

① 饼形图。饼形图一般用于表示一个静态的结果,图中每一部分的面积反映了某一变量所占整体份额的百分比。例如图 8-1 的饼图,反映了 2013 年 3 月我国中型车市场上的品牌关注度情况,大众品牌受关注的程度最高,关注比例达到了 20.8%,远高于其他各个品牌的关注度。

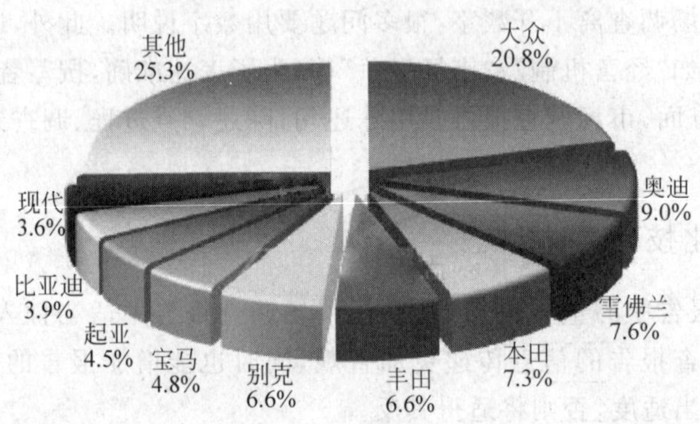


**图 8-1　2013 年 3 月中国中型车市场品牌关注比例分布**

(资料来源:http://tech.hexun.com/2013-04-10/152986054.html.2013 年 3 月中国中型车市场分析报告)

② 柱形图。柱形图利用垂直的矩形来表示数据的变化,矩形宽度相同,高度不同表示不同的数据。例如图 8-2,利用柱形图说明 2013 年上半年我国乘用车整体市场上,不同车系乘用车的销售情况,并用两种颜色分别标出了轿车和其他乘用车的销售量。

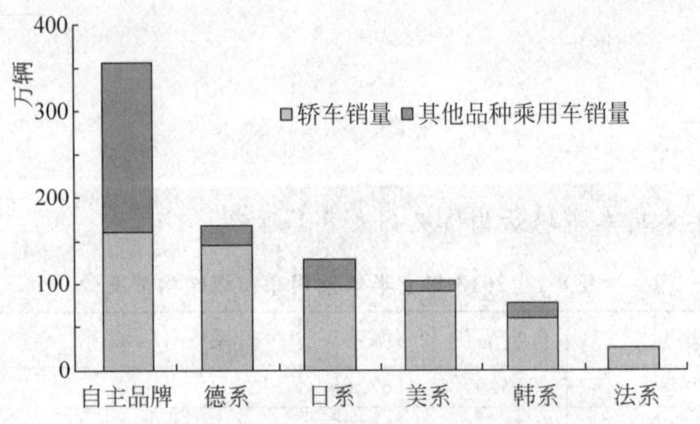


**图 8-2　2013 年上半年乘用车整体市场情况**

(资料来源:国研网.http://wenku.baidu.com/view/845f598bb0717fd5360cdcc9.html.汽车行业季度分析报告(2013 年 2 季度)[EB/OL].(2013.10.22):20.)

③ 条形图。条形图利用水平的矩形来表示数据的变化,矩形宽度相同,长度不同表示不同的数据。例如图 8-3,利用条形图说明了按照视频内容分类的 2010 年中国移动垂直频道的情况。从条形图可以看出,影视类、原创类视频的占比最高。

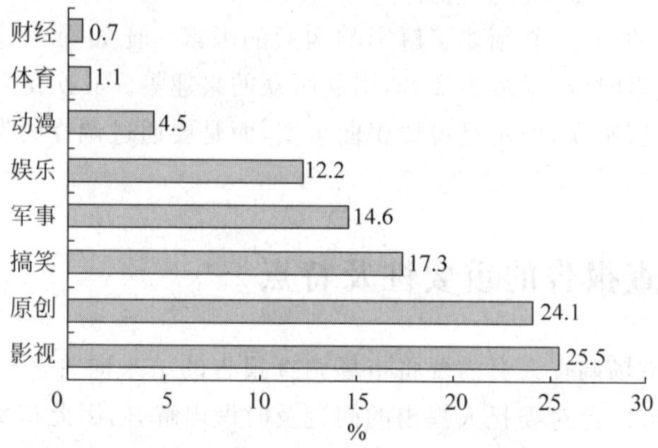


**图 8-3　2010 年中国移动垂直频道情况**

（资料来源：易观国际. http://wenku.baidu.com/view/a78e6e353968011ca30091c3.html. 中国手机视频市场年度综合报告 2011[EB/OL].（2012-08-24）：23.）

④ 折线图。折线图可以显示随时间（按照年份、季度、月份等）而变化的连续数据，非常适合反映出相等时间间隔下数据的变化趋势。例如图 8-4，利用折现图说明了 2009 年 1 季度到 2013 年 2 季度汽车行业的景气指数变化情况。

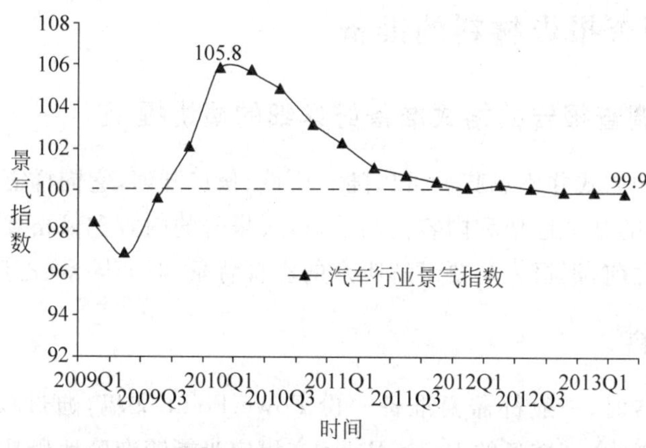


**图 8-4　2009 年 1 季度—2013 年 2 季度汽车行业景气指数变化情况**

（资料来源：国研网. http://wenku.baidu.com/view/845f598bb0717fd5360cdcc9.html. 汽车行业季度分析报告（2013 年 2 季度）[EB/OL].（2013.10.22）：16.）

注：图中 Q 为季度（quarter）。

## 8.4　口头调查报告

市场调查报告从表现形式来看，有书面报告和口头报告两种形式。不管是哪种形式，调查报告的内容是主要的，形式是次要的。对小型调查之后没有必要或没有时间组织书面报告的情况下，客户都希望能听到调查报告的口头汇报。有时在提交书面报告的同时公司的决策者也经常要求辅之以口头报告来了解调查结果。

口头汇报要达到的目的，首先是要形成良好的沟通。沟通的本质在于分享意图及彼此了解。为了达成良好的沟通,必须要了解影响沟通的因素。比如噪音、注意力集中度、选择性知觉等。在进行汇报时,尽量减少噪音,引起听众的兴趣等。其次是要说服听众。口头汇报的最终目的是要说服听众,但不是说要歪曲事实,而是要通过调查的发现来强化调查的结论和建议。

## 8.4.1 口头调查报告的重要性及特点

在很多情况下,市场调查人员需要将市场调查报告的结果向管理层或委托者作口头报告。同时,调查人员可以针对委托人提出的问题及时做出解答,因此口头报告对于管理部门或委托方理解和掌握报告内容非常重要。与书面报告相比,口头报告具有以下特点。

第一,口头报告能用较短的时间说明所需调查的问题。

第二,口头报告生动、具有感染力,容易给委托方留下深刻印象。

第三,口头报告能与听者直接交流,便于改善双方的沟通。

第四,口头报告具有一定的灵活性,一般可根据具体情况对报告内容、时间作出必要的调整。

## 8.4.2 口头调查报告材料的准备

### 1. 按照书面调查报告的格式准备好详细的演讲提纲

采用口头报告的方式并不意味着可以随心所欲、信口开河,它同样需要一份精心准备的提纲,其中包括报告的基本框架和内容。当然,口头报告的内容和风格要与听者的特点相吻合,因此,口头报告之前,汇报人员要了解听众的教育背景、时间因素、态度、偏好等。

### 2. 可视化材料

在进行口头报告时,一般都需要准备一份 PowerPoint 文稿,通过投影仪,投射到屏幕上,以此作为可视化媒介。准备的 PowerPoint 文稿应当能够准确地概括调查报告的主要内容,并且尽量使用图表,使调查结果直观生动,以便提高听众的兴趣,吸引听众的注意。

### 3. 调查报告的摘要

在进行口头报告之前,应当给听众一份调查报告的摘要,以便听众事先了解调查报告的内容,强化口头报告的效果。

### 4. 口头调查报告 PPT 制作的注意事项

(1) 简化 PPT 的内容。PPT 文稿不能过于繁杂,充满内容,应当有大量的留白空间。

(2) 限制 PPT 的要点。每张幻灯片的要点尽量控制在 5 个左右,太多要点不适合在口头调查报告时展示。

(3) 搭配 PPT 的颜色。颜色可分为冷色(如蓝和绿)和暖色(如橙或红)两类,冷色最适合做背景色,暖色最适于用在显著位置的主题上(如文本)。还要注意演示场所的灯光,暗室演示时使用深色背景配浅色文字，明亮房间内的演示可使用浅色背景配深色文字。

(4) 限制 PPT 的动画。PPT 的动画与过渡效果，只要能突出要点就可以了，尽量避免使用过于花哨的动画或者特效，特别是在正式的商务场合。

## 8.4.3　口头调查报告的主要内容

与书面调查报告相似，口头调查报告要针对听众来确定调查报告的内容和形式。如果听众是企业管理人员，应当主要报告调查的发现、结论和建议。如果是向商务咨询人员做报告，则不仅要报告调查结果，还要对调查分析方法等做必要的说明。在口头报告的具体内容上，研究人员应该围绕以下几个问题进行：调查数据的真正含义是什么？这些数据有哪些冲击性？我们能从这些数据中得到什么信息？在现有信息的基础上，我们要做什么？如何才能提高对事物本质的认识？什么使类似的信息更加有益？

在口头汇报的过程中，切忌按照事先写好的发言稿宣读，而应该使用口语化的、简明的词句来表达调研成果。报告者还要注意，在报告的时候要与听众交流，注意听众的反应，并且要充分利用肢体语言来强调报告内容的重要性。

## 8.4.4　口头调查报告成功的基本要素

口头调查报告的优势能否发挥出来，取决于许多因素。例如，你是否进行了充分的准备，是否进行了充分的练习，是否进行了适时演讲等。具体包括以下几点。

### 1. 汇报时要充满自信

有些人常在汇报开始时对其所讲的话道歉，这实际上是不明智和不自信的表现。一方面，这暗示了你没有做足够的努力准备汇报；另一方面，无谓的道歉浪费了宝贵的时间。

### 2. 进行充分练习

市场调查人员在口头汇报时，经常会紧张。因此，应事先做充分的练习，全面掌握汇报资料才是减少紧张的有效途径。汇报中最紧张的时刻常发生在报告开始时，为减少心理障碍，尤其要注意练习汇报的开头部分。

### 3. 尽量借助图表来增强效果

一张图表胜过千言万语，在做口头汇报时，要善于采用图表辅助和支持你的观点。但使用图表时也要注意：图表的制作要以客观准确的数据为基础，制作出来的图表应当清晰易懂。同时，不能用太多的图表，图表的颜色不能过于花哨。

### 4. 保持目光接触

汇报时要尽量看着听者，不要低头看讲稿或别处。与听者保持目光接触，有助于判断他们对汇报的态度和对内容的理解程度。

### 5. 易听易懂

有效的口头汇报应以听众为核心展开。由于听比讲更难集中注意力，因此，口头汇报时，语言要简洁明了、通俗易懂，内容要有说服力，并尽量注意趣味性。如果有一个十分复杂的问题需要说明，可以先做概括性的介绍，并运用声音、眼神和手势等变化来加深听者的印象。

### 6. 把握回答问题的时机

在汇报过程中，除了有关演讲清晰程度的问题之外，最好不要回答问题，以免讲话思路被打断，使听者游离于报告主题之外，或时间不够。在汇报开始前，可告知听众，报告后将回答问题或进行个别交流。

### 7. 在规定的时间内结束汇报

口头汇报常有一定的时间限制，在有限的时间内讲完报告是最基本的要求。滔滔不绝地汇报不仅浪费时间，也影响报告的效果。

## 本章小结

市场调查报告是市场调查工作中非常重要的一环。市场调查报告具有针对性、新颖性、时效性和科学性等特点。市场调查报告是调查工作的最终成果，用户评价调研活动的重要依据，是企业市场决策的重要参考文件。撰写市场调查报告，应当遵循实事求是的原则，观点与证据要结合运用，语言简洁、内容全面。市场调查报告的写作要经过构思、选材、初稿、定稿四个步骤。市场调查报告的结构包括题目、目录、摘要、正文、结论和建议、附件六个部分。撰写市场调查报告，还应当注意要简明扼要、行文流畅、准确等问题。准备市场调查报告之前，要访问受托人，了解读者，并掌握市场调查报告的表达技巧和图表技巧。准备口头调查报告的技能对市场调查人员来说也是非常重要的。准备口头报告时，应当按照书面报告的格式，准备可视化材料，给听众分发摘要。在做口头报告的过程中，应当充满自信，并与听众充分交流。本章通过学习市场调查报告的意义与特点，明确市场调查报告的撰写原则与步骤，最终掌握市场调查报告撰写的格式、内容与相应要求以及应注意的问题，达到灵活掌握的目的，从而培养学生市场调查与预测的综合能力。

## 知识训练

**1. 基本概念**

市场调查报告　口头报告

**2. 选择题(可多选)**

(1) 市场调查报告的特点不包括(　　)。

A. 针对性　　B. 新颖性　　C. 时效性　　D. 灵活性

(2) 调查结果的演示方式(　　)。

A. 幻灯片　　B. 悬挂式投影仪

C. 电脑生成的图像、图形　　D. 自制的图表或展示板

(3) 口头报告不具有以下特点(　　)。

A. 能用较短的时间说明所需调查的问题　　B. 生动、具有感染力

C. 不能与听者直接交流　　D. 具有一定的灵活性

(4) (　　)是市场调查报告的主要部分。

A. 目录　　B. 扉页　　C. 正文　　D. 摘要

(5) 口头报告要针对听众来确定报告的内容和形式,可以不准备(　　)。

A. 按照书面调查报告的格式　　B. 详细的演讲提纲、可视化材料

C. 调查报告的摘要　　D. 书面报告

**3. 判断题(下列说法正确的请打√,错误的请打×)**

(1) 调查报告是为各部门管理者、为社会、为企业服务的一种重要工具。(　　)

(2) 调查报告是从理性认识到感性认识过程的反映。(　　)

(3) 市场调查报告需要灵活掌握报告格式、详略程度等。(　　)

(4) 市场调查报告最基本的特点就是尊重客观实际,用事实说话。(　　)

(5) 采用口头报告可以随心所欲、信口开河,可以不准备提纲。(　　)

**4. 复习思考题**

(1) 市场调查报告主要包括哪几个部分?

(2) 市场调查报告有哪些写作技巧?

(3) 成功的口头报告包括哪些基本要素?

(4) 撰写调查报告的基本要求包括哪些?

(5) 撰写书面调查报告的重要性有哪些?

## 技能训练

**1. 课内实训**

实训主题:中国轿车市场调查。

实训形式:学生 1 人一组。

实训任务:通过上机,了解因特网调查方法的使用技巧和特征,学习使用搜索引擎收集二手资料的方法,并将收集的信息形成调查报告。要求学生上机获取网站上的轿车市场信息。通过因特网调查,收集到以下信息。

(1) 中国轿车市场目前的规模。

(2) 中国轿车市场的增长趋势。

(3) 中国轿车市场的领导品牌。

(4) 影响轿车市场未来十年的人口变化趋势。

(5) 其他影响因素。

实训步骤：

(1) 上机准备。认真学习使用搜索引擎的有关知识；写出要调查的各项内容的提纲。

(2) 上机。第一步，在搜索引擎中获取需要浏览的轿车市场网址，如输入“轿车市场”关键词，寻找相关链接或网址；第二步，登录网站，根据调查提纲寻找信息；第三步，重复第一步，直到找到所需全部信息为止。浏览若干汽车网站，根据调查提纲收集信息，记录或下载有关的资料。

(3) 实训报告。实训报告要求写以下内容：实训重点、实训要求、实训过程、实训中的问题和分析、使用因特网调查方法进行信息收集的优点与不足。

(4) 调查报告。分析所获得的信息，撰写中国轿车市场的调查报告。

**2. 课外实训**

实训主题：大学生双休日活动情况的调查报告。

实训形式：学生 3 人一组。

实训任务：每组设计一份“关于大学生双休日活动的调查问卷”并进行实地调查，对调查资料进行整理和分析，形成调查报告。

实训步骤：

(1) 形成小组，明确调查目的和任务。

(2) 设计调查问卷。

(3) 选择调查对象，实施调查。

(4) 对调查资料进行整理和分析。

(5) 形成调查报告。

(6) 老师评阅各组的报告，选出优秀的组。

(7) 优秀的组做好 PPT，进行课堂口头汇报，由其他学生提问，与自己所在的组进行对照。

## 案例分析

### 2013 出口展望调查报告：明年增长预期温和，企业多措并举促出口

面对现实，中国出口商承认明年外贸可能困难重重，但预计出口业绩将增长。

经过充满挑战的 2012 年下半年，中国厂商谨慎看待 2013 年出口前景。

环球资源最新出口供应商问卷调查显示，受近期海外需求上升的鼓舞，1546 家受访企业中近一半预计明年出口将好于今年。它们绝大部分来自电子、通信、计算机以及消费类产品行业。其中，很多受访企业预计出口增长一成到二成，部分企业预计增长二成到三成。

出口商的乐观情绪低于去年同期。一年前所做的同类调查显示几乎所有受访企业对 2012 上半年出口增长胜券在握。但是同时，2013 年的展望比 2012 年下半年的预期更加正面，因为预计出口下滑的企业的百分比减少了。出口展望对比图如图 8-5 所示，2011 年 10 月所做的调查显示几乎所有受访企业对 2012 年上半年出口增长胜券在握。但在经历了

艰难的 2012 年下半年之后，现在的出口商变得更加保守。过去半年积累的应对挑战的经验，增强了出口商突破重围，保持 2013 年出口至少与去年持平的信心。

过去数月，中国出口同比稳步增长。2012 年 9 月出口额同比增速为 3 个月最快，10 月增幅更创 5 个月最高，达 11.6%。2012 年中国月度出口总值同比增长如图 8-6 所示，2012 年 10 月份中国出口总值同比增长近 12%，创 5 个月最高；同时增速也是继 6 月份(同时增长 11.3%)以来最快。

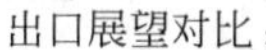


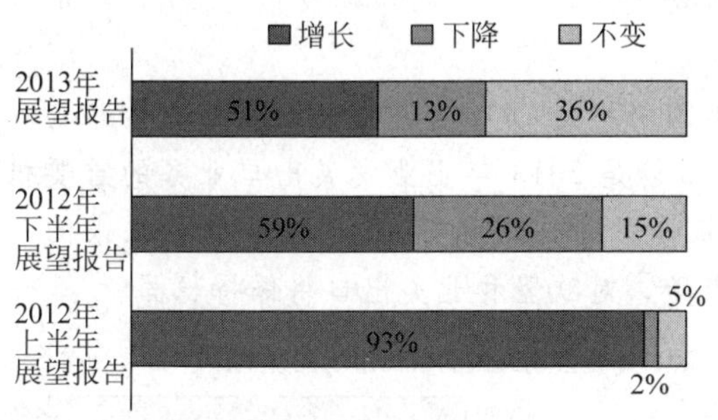


图 8-5　出口展望对比图



图 8-6　2012 年中国月度出口总值同比增长

尽管如此，许多企业对近期良好的出口数据表示谨慎，它们和一些业内人士都认为，近期出口的反弹仅仅是因为去年基数过低以及一次性圣诞采购订单等因素。

此外，2013 年国际市场需求依然疲弱，36%的受访出口商预计 2013 年出口额将和 2012 年持平。

同时，在看衰 2013 年出口的企业中，44%预计出口同比降幅小于二成；超过四分之一的企业预计降幅一成以下，表明尽管挑战重重，出口商依然预期正面。出口额预期如图 8-7 所示，中国制造商对出口前景保持谨慎态度，虽然多数企业预期 2013 年出口增长。但是预计持平的企业百分比引入注目。同时，预期明年出口下降的出口商比例高于去年同期所做同类调查的结果。预计出口额增长幅度如图 8-8 所示，出口额增长预期保守，总体反映 2013 年出口前景。少数出口商则有信心战胜挑战、再创佳绩。

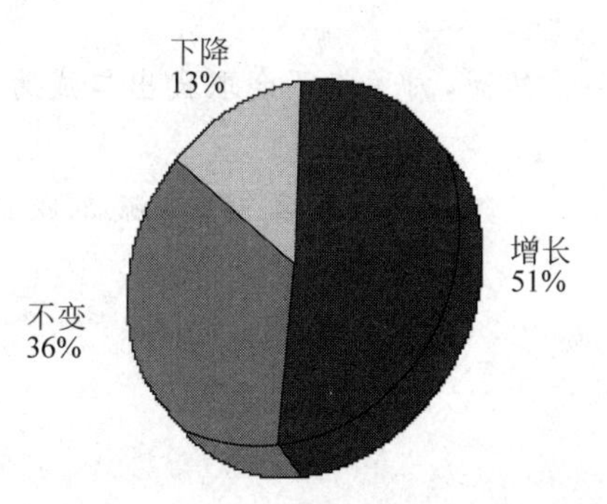


图 8-7　相比 2012 年，贵公司 2013 年出口额预期

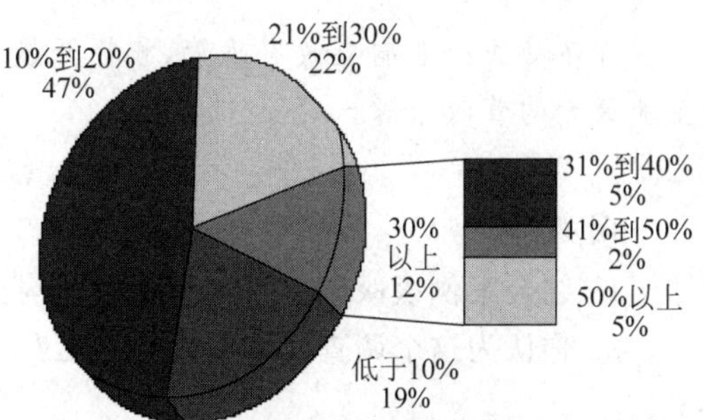


图 8-8　预计出口额增长幅度图

制造成本依然是明年出口的最大挑战。在原材料成本和劳动力齐涨的情况下，要保证利润，企业必须提高出口报价，结果导致产品竞争力下降。广泛用于制造消费类产品、电子、通信附件等产品的ABS和PP等塑料原料的国际价格同比分别上涨1%和12%，达每吨1900美元和1410美元。工人工资虽然还相对较低，但是增长迅速。出口面临的挑战如图8-9所示，挑战主要可以归纳为成本。持续上涨的成本支出不断吞噬中国的价格优势，欧盟和美国需求减弱，更令出口商境况雪上加霜。

电子安防产品制造商深圳富瑞邦科技有限公司表示，只有拥有核心技术的产品才能卖高价，大路货则要面对激烈的竞争。通过加大研发投入，深圳富瑞邦科技预计2013年出口额跳升两成以上。

欧美需求不振继续影响外贸增长，欧盟和美国仍将是2013年中国出口商最大的市场。

2013年对南美出口将稳步增长。开拓新兴市场是2013年企业发展出口业务的首要措施，而南美洲又是新兴市场的重中之重。出口市场如图8-10所示，中国出口商在未来的一年将着力扩大对南美出口，同时兼顾周边地区市场。对欧盟和北美出口将保持稳固。

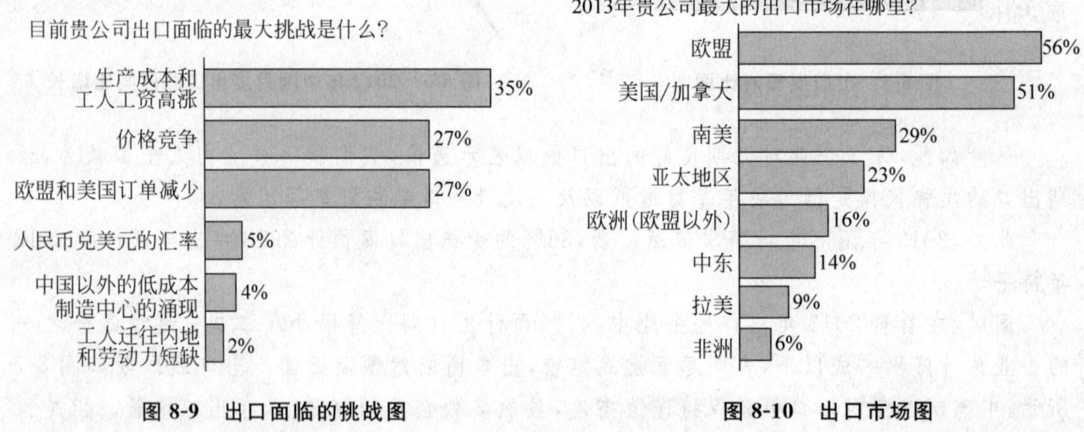


**图8-9　出口面临的挑战图**　　**图8-10　出口市场图**

对于福州日雅照明有限公司来说，过去几年里南美市场比欧盟和美国市场对其出口增长的贡献更大。节能灯、LED灯和镇流器制造商预计明年出口额增长一成到二成。

其他扩大外贸出口的手段还包括：提高效率降低成本，着重发展高端高价产品，以及转产高利润产品等。

许多受访企业响应政府政策，积极开展内贸业务。然而，内贸将不会取代出口成为出口企业最大的营收来源。

（资料来源：佚名.环球资源.2012-11-30）

**问题：**

1. 结合案例谈谈调查报告作用与结构。
2. 你认为这个调查报告有哪些不足？

# 综合案例与实训

## 综合案例一

### 药品 DA 怎么做

DA 是 Detailing Aids 的简称，可以翻译为处方药学术产品介绍手册，大家习惯称为单页。DA 制作和营销策略、产品策划一样，其前端必须经过市场调研。学术策划扎实不扎实、DA 做得到位不到位、学术推广实效不实效，涉及许多环节、取决于多种因素，但策划前市场调研，是关键性因素之一。有如下问题，需要探讨。

第一，愿不愿意调研？

这个问题，在多数企业应该是不成问题的。出于常规策划的流程，除少数仅凭借主观经验、草率出台的学术策划外，很多企业都会做调研，只是规模不同。但很多企业的误区是，做调研，但对其重视程度不够，沦为走形式；或者只是通过调研来去佐证自己主观得出的观点。一种典型的思维习惯是“我立场”。比如很多创新品种，单纯地强调“技术含量高”、“工艺好”，沿着这个方向，在调研上去诱导医生，是不是认可这些。而结论往往是肯定的。不站在“消费者立场”思考问题，结果就会以偏概全。如何看待调研，决定了调研能不能达到预期效果。史玉柱在其语录中谈到，我在我的公司只管一件事“市场调研”。他说的“不把消费者需求搞清楚一天，我就痛苦一天”和“每天做 10 个小时的网游客服”，强调了理解消费者，是多么的重要。

第二，做哪些调研？

在处方药调研的信息维度上，对医生、竞争产品和自身品牌的透彻了解，是必须做的。在信息点采集上，则是瞄准“处方品类走势”、“处方理由筛查和处方机会扫描”、“基于竞争和认知维度的 FAB 分析”等方面。在营销的世界里，唯一的事实是消费者认知。所有的调研，都是要争夺这个桥头堡。竞争产品已然抢先占据了，但它们的根基深不深、医生认可不认可、它们有没有医生比较敏感的软肋、自身的优势等，都是为了去“投机取巧”。贺普丁上市前两年，就成立了“项目小组”，小组由医学部经理、产品经理、销售经理组成，其核心职能之一就是“调研”，包括医生对乙肝病毒基因的认知程度和对乙肝药物的临床价值的判定。最终将贺普丁概念确立为“抑制病毒”，并据此形成了机理图、证据系统，并制定了临床研究方向。

第三，用什么调研手段？

在调研手段上，可以通过座谈会、一对一沟通、问卷、数据库筛查等手段，最为常用和有效的是座谈会和一对一深访，用于了解医生的认知习惯，发现机会；另外则是对文献的整理，这是为了深入了解疾病的发病机理、研究进展的过程，通过去梳理内容，找到整个学术策划和 DA 的论点、论据和论证体系。这些调研手段操作简单，如能在问题上设置得当，调研氛围轻松舒适，会得到大量一手有价值的信息。而文献调研，则可以通过把握准确方向和设置好框架，召集辅助人员，进行文献检索和整理。以个人经验判断，对于处方药策划，不要僵化地局限在教科书上的调研方法，必须与处方药的实际市场情况相结合。问卷调研是一种低效地调研方式，投入大、容易偏差，一旦调研设计不当，反倒会得到大量错误信息，加大了信息的判别成本，甚至造成误导。另外，很多企业喜欢将“调研”层层下放，或找外部调研公司合作，结果却是几个兼职大学生，弄来一堆无效问卷，其结果可想而知。调研必须由产品经理等专业人士牵头，不能到现场，则必须回顾录音，去发现有价值的信息线索。

第四，该不该清空自己？

以个人经验来看，调研前通过自身从业经验，提出一些可能性的基本判断，是必需的。这样做可以避免调研的方向偏离。但切忌市场调研前，已然先有成见，比如说希望提出“绿色天然”或“多靶点”，调查问卷设计中，就肯定有倾向性。所谓“邻人疑斧”，最终的调研分析，必然是企业想要的结果。市场调研就成为一场自我娱乐。另外，市场调研过程中，避免有强烈的指向性，以避免不客观的结果。

第五，对调研信息该怎样筛查？

对市场调研的取舍，就是审慎地排除错误信息、避免肤浅信息。

(1) 市场调研，要筛查错误信息，否则就容易反倒被信息误导。有的医生在调研过程中，因为环境、参会人员关系、个人性格或心情，特别容易“说假话”。这就像战争里的间谍战，如果遇到双面间谍，误信错误信息，反倒南辕北辙。道听途说或过时的经验、信息，都会误导自己的决策。比如，有的医生很强势，就会很热心地给出关于产品的建议，千万别以为医生在市场调研时，会是高度理性的人，误信了就会犯错。盲目相信调研结论，就容易发生重大失误。1982 年可口可乐为打击百事可乐，开展了一项新产品调研。规模是：2000 名调研员，10 个城市，结果是半数以上“愿意尝试新可乐”，结果推出后彻底失败。其原因就是，可口可乐把“消费者喜欢”等同于“消费者购买”了。

(2) 市场调研，关键是要拿到关键性信息，比如，在访谈时，如果问题是，“您对这类药品最关注的是什么？”得到的基本就是“疗效和安全”这类肤浅的东西。而这个信息，对于策划决策，是没有意义的。在实践过程中，我们看到众多结构完备、信息丰富、图表翔实的报告，但就是没有发现任何有用的价值。只剥开第一层洋葱，是无法找到刺激眼睛的信息的。

第六，信息怎样利用？

信息来了，关键看怎么用。同样的信息，不同的人可能做截然相反的决策。一个耳熟能详的故事，两个鞋厂业务员去非洲调查，一个回来很沮丧，说那里没有人穿鞋，没有市场；另一个回来则兴奋地说那里市场太大了，现在连一个穿鞋的都没有。这个时候，调研信息如何更高效地利用到学术策划和 DA 策划上，是一场头脑风暴加上个人营销策划智慧的成果，以信息为指导，来提炼产品的概念、利益、机理、逻辑体系和证据系统，讲求的是去芜存菁。在导引出 1～2 个方向后，就要更为深化的印证和测试了。简单地说，市场调研是一个数学题，紧密求证；待到信息利用时，则是要讲求一些艺术性和主观性了。

（资料来源：季伟. 中国营销传播网. 2011-05-04）

**问题：**

1. 你认为药品 DA 设计应该怎么做调查？调查对象是哪部分人群？
2. 根据这个案例，你认为本次调查选择哪种调查方法更恰当些？
3. 结合案例谈谈应该怎样设计调查问卷？

## 综合案例二

### 痛并快乐着——某休闲食品品牌战略规划纪实

某休闲食品企业作为起家于上海,辐射全国的全品类休闲食品经营企业集团,经过十多年的发展已经成为我国休闲食品业的领导品牌之一,经营范围也涉及休闲食品的研发、生产、流通;国际知名食品品牌的中方代理;房地产经营等领域。

该企业的发展受益于企业管理层做言起行的执行力和休闲食品市场的良好历史机遇,但随着市场竞争的日趋激烈、消费者对品牌消费的重视以及企业集团跨越式发展的需要,企业决策者决定引进品牌管理机构帮助其打造专业化、可持续发展的品牌化企业。在对国际4A品牌管理机构深度沟通后,笔者所在团队凭借自身对快速消费品行业的深入洞察以及对企业的精准市场分析,首轮此稿就赢得企业的赞赏,在持续数月的考察中,该企业认可了我们的专业精神和自信态度,成为我们的又一个品牌管理全案合作伙伴。

双方合作关系正式确立的时间是6月1日,之后数月正是上海一年中最热的时候,7月份最高气温突破37℃。而这一段时间,正是我们服务团队户外调研工作最多的时候。一般人眼里广告人是衣着光鲜,拿着高薪,坐在空调办公室里在计算机前敲敲打打,谈笑风生的灰领。现代广告业的鼻祖奥格威曾说:广告的目的是促进销售。我们同样认为:如果脱离了市场实际、脱离了消费者需求,天马行空的广告只能是自娱自乐的艺术而不是帮助企业发展的智慧成果。

我们深知,没有对市场一线和消费者的深度认知,就不能正确把握企业的品牌战略方向和创意传播方向。深入一线进行市场调研,这是对企业品牌战略规划和品牌管理工作最基础的和第一步的工作。

我们服务团队首先确定了调研目的、调研方向和调研方式。

因为前期同企业沟通已经确定首轮工作的重点是上海市场,而且上海市场的动态和趋势具有极强的代表性。因此,我们团队把调研分为企业内部访谈、终端渠道调研和消费者深度调研三个部分。企业内部调研由我们团队拟订调研问卷分头访谈,消费者深度调研借助专业调研公司的力量配合调研,终端调研由我们团队亲自调研。

内部访谈由于企业配合度高,十分顺利。终端调研和消费者调研专业性和难度就比较高了。先是终端调研,笔者本身有大型地面调研的实战操作经验,因此调研问卷和流程的设计没有什么难度。但在实际调研过程中还是碰到很多困难。

首先是大卖场休闲食品通道消费者问卷调研。正常情况下,大卖场是不允许在卖场内进行市场调研的,尤其是问卷调研。再说消费者平常逛街对问卷调研就很抗拒,在卖场购物碰到调研就更没好脸色了。户外调研还可以用礼品吸引人,而我们的卖场调研还不能携带礼品,只能靠专业技巧引导消费者参与调研,还要防止卖场工作人员前来干涉。那种难度可以说是所有调研形式中最难的一种。其中的辛苦,已经不需要再举例说明了。有一句俗话,只要你努力老天也帮你。虽然有难度,但我们服务团队基本完成了设定的调研任务,只不过消费者联系方式一栏有很多空白,但这不影响我们的调研结论。

其次是专卖店调研,不仅仅是某休闲食品企业自己的专卖店,还有其他的休闲食品专卖店同样要调研。6、7月份是高温天,也是休闲食品的淡季,为了在专卖店了解消费者的消费行为，我们团队成员选择不同区域、不同规模、不同品牌的几十家专卖店，不同的专卖店还分别选择上午、中午、下午、晚上分时段调研，以求得到最全面的消费者动态结论。对于重点竞争对手专卖店，我们团队成员一次至少要不间断观察3个小时，不能坐下来观察的店，就站3个小时；不能远观的专卖店就站在店门口3个小时；有时候调研白天有日晒，晚上还会碰到暴雨；需要了解消费者消费意图的，就拦住消费者跟他们聊；这其中遭受的冷落、白眼和店员奇怪的目光，曾做过调研的人都有所体会。

最担心的就是调研公司的调研了，专业调研公司在调研流程操作上都很专业，但针对具体企业的调研问卷设计和结论分析往往很难有针对性。我们团队也遇到了同样的问题，调研公司在调研问卷设计时采用了一种类似基本模板式的简单设计，根据对方提供的问卷根本无法达到品牌规划的目的，我们团队只好重新设计问卷。调研结束后，调研公司在给企业提案时，他们的分析结论笼统而又基础，企业相关领导对调研公司的成果几乎可以用失望之极评价。甚至连带对我们的专业性也提出了质疑，并直截了当的提出，如果我们的战略提案不能让他们认可，合作将终止。我们团队的压力可想而知。幸好，笔者对调研分析有比较成熟的经验，对企业的了解也比较深刻，通过调研公司的基础数据，我们给出的分析结论更有专业性和针对性，最终得到了企业的认可。

除此之外，我们公司内部在品牌战略规划方案上也经历了唇枪舌剑式的智慧激荡，为了作出对客户负责任的，能体现我们专业水平的方案，我们团队从来没有过好好先生式的明哲保身的工作态度。笔者因为自己对企业、产品和市场了解的全面透彻，以及对整个方案产生过程的专业性的自信，最终坚持了自己的观点。

3个多月后，我们对客户进行了第一次品牌战略规划提案。提案时间将近5个小时，该企业领导层从质疑到认可到赞赏，我们团队也经历了从忐忑到淡定到欣慰的过程。之前双方磨合过程中出现的误解和调研公司提案的负面影响，终因这次深入透彻而专业的提案变的烟消云散。现在，在品牌战略指引下的品牌形象管理和品牌传播管理工作都在顺利合作中。

（资料来源：谢准备.中国营销传播网.2011-10-03）

**问题：**

1. 针对这个项目，你认为应该如何确定调查目的、调查方向和调查方式？
2. 请制定科学的市场调查的调查方案。

## 综合案例三

### 云调查云情报

云技术普及，数据记录存储流转方式发生重大改变，以数据为调查对象的情报调查工作随之发生改变。云数据爆发增长，在云网络中如何开展情报工作，网络调查工作将发生怎样的改变？云网络数据流转方式发生前所未有的改变，有更多原本不被记录的数据开始被记录，有更多原本不被电子存储的数据开始被电子化，有更多原本孤立存放的数据开始存放在远端服务器，有更多原本不被共享的数据开始被分享。在云时代，数据的跟踪、记录、产生、存储、分享的流转方式开始发生悄然变革，这种变革将彻底改变用户网络使用习惯，同时将改变未来网络情报搜集工作。

云技术颠覆传统互联网服务，赋予传统互联网服务新定义，激发更多新颖服务，主要特点是远端的、共享的、同步的、即时的。云网络犹如现实世界的镜像，现实世界一切事物以数据的形式映射到云网络当中，透过云网络都将找到对应的现实事物。现实世界与云网络实时同步，云网络调查不只获得二手资料，将获得更多一手资料。随着智能眼镜、智能手表等可穿戴式智能终端普及，数据记录、存储、共享将变得更加简单与便捷，将有更多有用的数据得到实时共享，云情报搜集将获得更多有价值的一手情报，云网络调查将逐渐取代实地调查、访问调查，成为情报工作的主要调查手段。

云数据，非孤立存在，如水的存在既有聚合亦有流动。云网盘无疑是云数据的聚合点，数据从互联网各个点逐渐向云网盘聚合，同时原孤立的数据逐渐转移至云网盘，部分云数据则在不同云网盘中流窜，云网盘聚合数据后再以各种服务的形式呈现给用户。在云数据流动过程中，数据信号及数据本身是时而显现时而隐藏，而更多数据信号及数据本身则一直处于隐匿状态。传统网络数据，更多为孤立存在，没有聚合点，传统网络调查相对云网络调查更加困难。传统网络调查手法同样适用于云网络调查，例如通过搜索引擎、社交、论坛等途径挖掘。那么云网络调查与传统网络调查有什么区别？

区别一：侧重实时调查

云网络调查可实时调查跟踪实地情报，通过云视频直播、微博直播、社交直播、LBS跟踪等方式可以实时了解实地的情况。云网络调查主要优势，是可以借助各种云服务工具，跟踪实时情报。

区别二：侧重文件调查

云存储为云网络重要的云服务之一，云存储的对象则主要为文件。由于云存储的无限容量及便捷性，更多文件选择云存储，部分有价值文件则可能被云存储及分享。云网络调查其重点之一是在各个云网盘当中搜寻有价值文件。通过社交分享、云盘内搜索往往找到意想不到的情报文件资料。

区别三：侧重互动调查

由于云数据具有较强的流动性，这种流动性往往表现各种云服务互动过程中，即部分数据只能通过互动交流才能显现出来。互动交流包括自身数据共享、云服务体验、社交互动等，通过互动调查的方式，将隐匿的数据挖掘出来。

云网络调查可以获得更多有价值的数据，除了运用网络技术手段外，云网络调查方法有待更多挖掘。随着云数据的爆发性增长，善用云网络调查将大大提升情报工作效率。

（资料来源：赛立信竞争情报事业部谢剑超.中国营销传播网.2013-10-21）

**问题：**

1. 你认为云技术的使用对市场调查有什么影响？
2. 谈谈你对市场调查未来发展趋势的看法。

## 综合实训

实训主题：通过市场调查了解目前商场采用的促销方式的类型及消费者的态度，为商场制订最佳的促销手段提供依据。

实训形式：学生每3人一组。

实训任务：通过几家大型百货商店调查了解不同的商家目前采用各种促销方式的具体

做法。消费者更容易接受哪种促销方式？了解消费者对现有促销方式的意见并给商家提供一些建议。分析整理调查资料并形成调查报告。

实训步骤：

(1) 形成小组，明确任务，制定市场调查方案。

(2) 执行调查方案，实地收集资料。

(3) 整理分析调查资料。

(4) 形成调查报告。

# 参考文献


## 一、著作类

[1] 胡祖光,等. 市场调查与预测[M]. 北京：中国发展出版社,2006.

[2] 龚曙明. 市场调查与预测[M]. 北京：清华大学出版社,2005.

[3] 胡穗华,等. 市场调查与预测[M]. 广州：中山大学出版社,2006.

[4] 涂子沛. 大数据[M]. 桂林：广西师范大学出版社出版,2012.

[5] 金勇进. 市场调查方法与技术[M]. 北京：中国人民大学出版社,2004.

[6] 魏炳麒. 市场调查与预测[M]. 大连：东北财经大学出版社,2006.

[7] 刘小琳. 市场调查人员从业规范[M]. 北京：中国经济出版社,2004.

[8] 柯惠新,丁立宏. 市场调查与分析[M]. 北京：中国统计出版社,2006.

[9] 徐超丽,綦建红. 市场调查与预测习题集[M]. 北京：经济科学出版社,2004.

[10] 韩德昌,等. 市场调查与市场预测[M]. 天津：天津大学出版社,2004.

[11] 陈殿阁. 市场调查与预测[M]. 北京：清华大学出版社,2004.

[12] 周思勤,刘红霞. 市场调查与预测[M]. 北京：科学出版社,2005.

[13] 任洪润. 市场信息的收集与处理[M]. 北京：电子工业出版社,2006.

[14] 刘利兰. 市场调查与预测[M]. 北京：经济科学出版社,2006.

[15] 陈启杰. 市场调研与预测[M]. 上海：上海财经大学出版社,2004.

[16] 邱小平. 市场调研与预测[M]. 北京：机械工业出版社,2007.

[17] 马连福. 现代市场调查与预测[M]. 北京：首都经济贸易大学出版社,2006.

[18] 杨勇. 市场营销：理论、案例与实训[M]. 北京：中国人民大学出版社,2006.

[19] 龚曙明. 市场调查与预测[M]. 北京：清华大学出版社,2005.

[20] DAVID HAND,HEIKKI MANNILA,PADHRAIC SMYTH. 数据挖掘原理[M]. 张银奎,廖丽,宋俊,等,译. 北京：机械工业出版社,2004.

## 二、报纸杂志类

《销售与市场》2013 年各期

《新营销》2013 年各期

《人民日报》2013-05

《信息与电脑》2007 年

## 三、网站类

有效营销网. http://www.em-cn.com.

中国营销传播网. http://www.emkt.com.cn.

运营网. http://www.op360.com.

全球品牌网. http://www.globrand.com.

点亮网. http://www.dianliang.com.

第一营销网. http://www.top-marketing.cn.

顶峰管理网. http://www.tbmc.cn.

网易商业报道. http://biz.163.com.

零点调查. http://www.horizon-china.com.

伴你成功. http://www.bncg.com.

三人行教育网. http://www.3human.com.

中华人民共和国国家统计局. http://www.stats.gov.cn.

中华人民共和国卫生部. http://www. moh. gov. cn.
中华广告网. http://www. a. com. cn.
辽宁统计信息网. http://www. ln. stats. gov. cn.
易观咨询. http://www. analysys. com. cn.
云百科. http://www. zdnet. com. cn.
SAS 中文论坛网站. http://www. mysas. net.
阿里研究中心. http://www. aliresearch. com.
传感物联网. http://weibo. com/chaotu.
最科技. http://www. zuikjmt. com.
机房 360. http://www. jifang360. com.
云财经. http://yunvs. com.
人大经济论坛. http://bbs. pinggu. org.
国研网. http://www. drcnet. com.